Thomas Sattelberger (Hrsg.)
Handbuch der Personalberatung

Handbuch der Personalberatung

Realität und Mythos einer Profession

herausgegeben
von

Thomas Sattelberger

Verlag C. H. Beck München

Die Deutsche Bibliothek – CIP-Einheitsaufnahme

Handbuch der Personalberatung : Realität und Mythos einer
Profession / hrsg. von Thomas Sattelberger. – München : Beck, 1999
ISBN 3-406-44267-6

ISBN 3 406 44267 6

© 1999 C. H. Beck'sche Verlagsbuchhandlung (Oscar Beck), München
Satz und Druck: Freiburger Graphische Betriebe
Umschlaggestaltung: Bruno Schachtner, Dachau
Gedruckt auf säurefreiem, alterungsbeständigem Papier
(hergestellt aus chlorfrei gebleichtem Zellstoff)

Geleitwort

Vor dem gegenwärtigen weltwirtschaftlichen Hintergrund zu prognostizieren, daß der Beratungsumfang weiter steigen wird, verlangt wenig Prophetie. Die Dynamik und Komplexität der international vernetzten Märkte hat weiter zugenommen, ein starker Wettbewerbsdruck verlangt noch schnellere Reaktionen der Unternehmen. Die Elektronisierung der Geschäftsprozesse, die Verschlankung der Strukturen und die Konsequenzen der Europäisierung haben neue Anforderungen mit sich gebracht. Kein Wunder also, daß auch die deutschen Unternehmen vermehrt nach externer Beratung rufen. Ein Beratungsboom mit zweistelligen Zuwachsraten ist die (fast) logische Folge.

Gilt dieser Trend auch für die Personalberatung? Ist nicht ihr primärer Partner in den Unternehmen – die Personalabteilung – zunehmend seiner Kompetenzen beraubt und marginalisiert worden? Sind nicht die Blütenträume von der Pflege des Humankapitals an den harten Realitäten des Shareholder Value zerplatzt? Hat darum nicht – in Qualität und Quantität – ihre Bedeutung mit jedem der Management-Programme abgenommen, die einseitig auf die Veränderung von Strukturen und Abläufen setzten und Personal vor allem als zu reduzierenden Kostenfaktor definierten?

Ich meine: Ganz im Gegenteil. Natürlich wird diese Aussage von einem führenden deutschen Personalberater und Vizepräsidenten des BDU erwartet, wäre jede andere geradezu geschäftsschädigend. Ich will es darum nicht bei der Behauptung belassen, sondern meine Gründe für diese positive Einschätzung offenlegen.

Einmal hat die Verschlankung der Organisation gerade in den Zentralbereichen dazu geführt, daß hier zunehmend auch hochqualitative Service- und Beratungsleistungen nicht mehr intern realisiert, sondern extern zugekauft werden. Das gilt – in Kombination mit der Dezentralisierung der Personalverantwortung – in besonderem Maße für den Personalbereich. Seine Aufgabe bleibt, diesen Zukauf hochprofessionell zu organisieren und die angebotene Leistung zielgenau zu kanalisieren. Das setzt Kenntnis des Marktes und der Vertragsgestaltung auf seiten der Organisation ebenso voraus wie ein intelligentes Relation Management auf seiten des Beraters.

Zum anderen ist trotz der lohnkostenindizierten Rationalisierungswelle die Bedeutung des Mitarbeiters für das langfristige Überleben des Unternehmens gestiegen. In der Informations- und Wissensgesellschaft nämlich sind erfolgreiche Unternehmen vor allem solche, denen es gelingt, ständig neues Wissen zu kreieren. Als Träger, Interpret, Multiplikator, Entwickler und Organisator von formalem und informellem Know-how über Prozesse, Produkte, Kunden und Wettbewerber ist der Mitarbeiter damit zur Schaltzentrale der Unternehmensentwicklung geworden. Eine systematische Nutzung dieses Wissenspotentials kann zum entscheidenden Wettbewerbsfaktor werden. Erfolgsfaktoren dafür sind neben der informationstechnischen Infrastruktur vor allem die Förderung des Mitarbeiters als Wissensträger und die Implementierung von Wissensmanagement als organisationaler Kernkompetenz.

Zum dritten schließlich werden sich bei weiterer Qualifizierung und Akademisierung der Beschäftigten die relationalen, möglicherweise sogar die absoluten Kosten des Faktors Personal weiter erhöhen. Jede Art von Fehlentscheidung entlang der „Wertschöpfungskette Human-Ressourcen" – von Suche und Auswahl über Beurteilung und Entwicklung, über Qualifizierung und Förderung bis hin zur Nachfolgeplanung – wird eine teure und folgenreiche sein. Hohe Professionalität und Validität der eingesetzten Instrumente, hohe Kompetenz und Seriosität der agierenden Personen und absolutes Vertrauen in der Kooperation sind darum notwendige Voraussetzungen eines gedeihlichen Wirkens.

Drei Gründe, die für eine zukünftig wachsende Bedeutung auch der Personalberatung sprechen. Allerdings nur, wenn sie den hohen Anforderungen genügt, die die Unternehmen als Kunden an sie und an die Berater im Hinblick auf Qualität und Professionalität stellen.

Es genügt nicht, Konzepte zu erstellen, sondern sie müssen bei der Realisierung begleitet werden. Es genügt auch nicht mehr, diese Begleitung gutachterlich kommentierend anzulegen, sondern die Unternehmen brauchen meßbare Erfolge. Berater müssen sich dem Benchmarking ebenso stellen wie der Transparenz des Beratungsprozesses. Das aber geht nur, wenn die Beziehung zwischen Berater und Unternehmen langfristig und partnerschaftlich angelegt ist. Im übrigen funktioniert dann auch die Implementierung besser und schneller. Kurzum: Berater müssen in der Kooperation genauso gut sein wie in der Konzeption.

Professionelle Personalberatung kommt heute und zukünftig ohne ein systematisches Qualitätsmanagement nicht mehr aus. Und mit gleicher Deutlichkeit gilt: Seriöse Personalberatung kommt heute und zukünftig nicht ohne klare ethische und Berufsgrundsätze aus.

Es hieße die Augen vor der Wirklichkeit zu schließen, würde man negieren wollen, daß Personalberatung ein Tummelfeld für Scharlatanerie und Esoterik bis hin zur Sektenbildung ist. Klare und verbindliche Spielregeln für alle Beratungsarten und alle Phasen des Beratungsprozesses sind ein möglicher Trennungsstrich, explizite und implizite Qualitäts-standards ein anderer.

Der *Bund Deutscher Unternehmensberater* steht für beide, wie es auch die für alle Anwärter und Mitglieder verpflichtenden Berufsgrundsätze für Personalberater ausweisen. Auch das vorliegende Werk soll diesem Ziel dienen, soll Transparenz schaffen und Qualität sichern helfen, um optimalen Klientennutzen zu stiften. Allen Beteiligten, vor allem den Autorinnen und Autoren, danke ich für ihre Bereitschaft, daß sie dafür ihre Erfahrungen, ihr Wissen und ihre Zeit zur Verfügung gestellt haben.

Jochen Kienbaum

Vorwort

Gerne habe ich dem Wunsch des *Bundesverbandes Deutscher Unternehmensberater (BDU)* entsprochen, die Herausgabe des vorliegenden Werkes zu steuern und selbst inhaltlich mitzuwirken. Es war jedoch keine spontane Zusage, sondern eine Entscheidung, die auf reiflicher Überlegung basierte. Als Praktiker im Personalmanagement bewogen mich drei Gründe, ein Buch über externe Beratungsleistungen für betriebliche Personalarbeit herauszugeben.

Der **erste Grund** hat mit der wachsenden Bedeutung von Beratung für Unternehmen zu tun. Insbesondere Großunternehmen konzentrieren sich in ihrem Produkt- und Service-Portfolio auf Kernkompetenzen. Dies gilt aber ebenso für mittlere und kleine Unternehmen, die ja schon immer selektiv in Marktnischen tätig waren. Diese Konzentration auf Kernkompetenzen im Geschäft führt zielsicher zu der Frage, welche internen Aufgaben, Dienstleistungen und Prozesse zu den wettbewerbskritischen Kompetenzen zählen bzw. an externe Dienstleister abgegeben werden können. Die Suche und Auswahl von Führungskräften ist zunehmend zu einem Schlüsselthema unternehmerischen Erfolges geworden: nicht zuletzt vor dem Hintergrund, daß reine Inzucht in der Gewinnung von Führungsnachwuchs nicht für die nötige Bandbreite an Perspektiven, Fähigkeiten und Problemlösungsstilen garantiert. Gleichzeitig ist der Markt geeigneter Führungskräfte in vielen Fällen so unübersichtlich, differenziert und in seiner Reichweite häufig so global, daß ein Unternehmen die Fähigkeit der Suche und Auswahl gar nicht komplett „Inhouse" integrieren kann. Hochspezialisierte Berater und Beratungsunternehmen sind nötig, um dieser komplexen Aufgabe gerecht zu werden. Dazu kommt, daß es häufig bei der reinen Suche und Auswahl von Führungskräften nicht bleibt, sondern daß auch zusätzliche Beratungsleistungen wie z. B. Vergütungsberatung, Outplacement-Beratung und Coaching angesprochen sind. Die Beauftragung von Beratungsunternehmen auf den genannten Feldern ist also logische Konsequenz zunehmender Spezialisierung und Konzentration auf Kernkompetenzen. Von daher gebot schon meine intellektuelle Neugierde, mich intensiver mit der Gilde der Personalberatung zu beschäftigen.

Es gibt aber einen **zweiten, sehr viel praktischeren Grund.** Die Human-Ressourcen eines Unternehmens – noch präziser gesagt das Human-Kapital – sind zu wichtig geworden, als daß Suche und Auswahl komplett im Outsourcing an die externe Beratung realisiert werden könnte. Unter Human-Kapital verstehe ich die Fähigkeiten der Schlüsselkräfte, die wissensbasierten Systeme sowie den Markenwert des Unternehmens. Die Fähigkeiten der Schlüsselkräfte sind einerseits die Führungskräfte-Kompetenzen und andererseits das Know-how in den Köpfen und Herzen der Wissensarbeiter. Die Gewinnung dieses Kapitals komplett outzusourcen würde bedeuten, wettbewerbskritische Prozesse nicht unter Kontrolle zu haben. Da sie aber aus oben genannten Gründen auch nicht „Inhouse" realisiert werden können, ist die logische Folge die Formierung einer Partnerschaft zwischen internen Auftraggebern und externen Auftragnehmern, neudeutsch gesagt ein „Joint-Engineering" der Gewinnung. Dies fordert jedoch beide Seiten in ihrer Kompetenz außerordentlich. Die Betriebe und die betrieblichen Entscheidungsträger müssen ihre **Auftraggeberkompetenz** voll zum Tragen kommen lassen, d. h. Such- und Auswahlprozesse müssen in eine Gesamtbetrachtung der strategischen Unternehmens- und Geschäftsentwicklung, der kulturellen Fundamente des Unternehmens und der Gesamtkonzeption der Personalarbeit eingebettet sein. Andererseits muß die **Auftragnehmerkompetenz** so gut entwickelt sein, daß der externe Partner ein intelligenter Partner im Geschäft und nicht nur eine simple, verlängerte Werkbank darstellt. Vorliegender Sammelband soll dabei helfen, diese Beziehung zwischen Auftraggeber und Auftragnehmer besser zu verstehen. Es werden unterschiedlichste Perspektiven der Personalberatung aufgezeigt, das Gesamtspektrum des Angebotes verdeutlicht und die Beziehung zwischen Unternehmen und Personalberatung kompakt dargestellt.

Es gibt aber auch noch einen **dritten, ganz persönlichen Grund**, die Herausgeberschaft für dieses Buch mit Freude wahrzunehmen. In den Gesprächen mit den Autoren der einzelnen Beiträge, den Vertretern des BDU, aber auch in der Beschäftigung mit den einzelnen Themenstellungen habe ich das Geschäft der „Headhunter" besser verstanden. Es hat meinen Blick geschärft für professionelle Güte und Qualitätsmerkmale externer Dienstleister und mir dabei geholfen, die eigene Zusammenarbeit mit Beratern besser zu gestalten. Ich kann nur wünschen, daß es den Lesern und Leserinnen dieses Bandes ebenso ergeht. Denn der vorliegende Sammelband will möglichst komplett und trotzdem für den Praktiker und Ratsuchenden verständlich die unterschiedlichen Facetten der Personalberatung beleuchten. Gleichzeitig wird damit auch ein Beitrag geleistet, die Profession der Personalberater transparenter zu machen. Häufig umgibt ja eine geheimnisvolle Aura diesen Berufszweig. Manchmal wird auch seine Seriosität angezweifelt und Parallelen zur Kopfjagd und zur gewissenlosen Abwerbung gezogen. In diesem Sinne soll das vorliegende Buch auch dazu beitragen, die Personalberatung als seriösen und professionellen Berufszweig zu positionieren und ihn dem ‚Ratsuchenden' verständlich zu machen.

Im **ersten Teil** des Buches stellt der Herausgeber überblickartig Anforderungen an Führungskräfte und Führungskräftegewinnung in den Mittelpunkt. Die Positionierung einer strategischen Personalentwicklung im Human Resource Management eines Unternehmens, die Kompetenz-Profile als Navigatoren der Personalentwicklung und der Paradigmenwechsel bei Karrieren sollen für die nachfolgenden Einzelbeiträge quasi konzeptionelle Rahmen bilden.

Im **zweiten Teil** des Buches werden geschichtliche Hintergründe, Status quo, rechtliche Grundlagen sowie Perspektiven der Personalberatung dargestellt. Gleichzeitig werden sowohl das Anforderungsprofil an einen Personalberater wie auch die Gründe für die Inanspruchnahme externer Personalberatung thematisiert. Damit bietet dieser Teil ein gutes Fundament für die Ausführungen zu den einzelnen Teilaspekten der Personalberatung in den nachfolgenden Kapiteln.

Jörg Murmann betrachtet die Personalberatung in ihrem geschichtlichen Kontext. Er sieht den 40jährigen Zeitraum von den frühen Anfängen der Personalberatung in den 50ern bis zur Vollblüte in den 90ern auch als einen Prozeß immer optimalerer Allokation von Humankapital. In diesen vier Jahrzehnten ist die Notwendigkeit, neben interner Entwicklung auch auf externe Rekrutierung zu setzen, ein immer deutlicherer strategischer Erfolgsfaktor geworden. Heute ist die Personalberatung im engeren Sinne – also die Suche und Auswahl externer Fach- und Führungskräfte – zu einer blühenden Dienstleistungsbranche geworden, die sich allerdings erst nach der Lockerung gesetzlicher Rahmenbedingungen und damit der Deregulierung dieses Berufszweiges Anfang der 90er Jahre voll entfalten konnte. In diesem Prozeß sind auch langsam zusätzliche Dienstleistungen über Auswahl und Suche hinaus entwickelt worden. Murmann schließt mit einem Marktüberblick zur Struktur und zu den Umsätzen der Marktteilnehmer und prognostiziert der immer noch rasch wachsenden Branche eine gute Zukunft.

Dr. Andreas Quiring kommentiert das neue Arbeitsförderreformgesetz, das aus seiner Sicht erst bei einem gründlichen zweiten Blick substantielle Änderungen aufweist. Der oberflächliche Betrachter sieht in diesem neuen Gesetz wahrscheinlich nur unwesentliche Änderungen. Quiring präzisiert die für die Personalberatung wichtigen Teile des Gesetzes und diskutiert ihre Auswirkungen auf die Personalberatung. Den Gesamtbeitrag läßt er in die fünf Gebote der Personalberatung münden, die – wenn eingehalten – eine gute Navigationsmöglichkeit im Paragraphendschungel darstellen.

In dem sich anschließenden Beitrag arbeitet derselbe Autor trennscharf heraus, wann Personalberatung als freiberufliche Tätigkeit anerkannt wird. Er behandelt diese Frage unter vier Aspekten: Die Wahl der Rechtsform, der Erfolgsabhängigkeit bzw. -unabhängigkeit der Vergütung, der Qualifikation des Beraters sowie der Bandbreite des Beratungsansatzes über die reine „Vermittlung" hinaus. Dadurch gibt er dem Leser gute Anregungen, was zu beachten ist, wenn Personalberatung nicht als Gewerbebetrieb, sondern als freiberufliche Tätigkeit gesehen werden soll.

Antonius De Bock beschreibt in seinem Beitrag die zunehmende Komplexität von Suchen bei gleichzeitig steigendem Bedarf an Führungskräften. Er illustriert diesen Prozeß als partnerschaftlichen Prozeß zwischen Unternehmen und Berater, wobei er die Vorteile des Outsourcings von Suche und Vorauswahl in der optimalen Ressourcennutzung, der Informationspriorisierung und -bündelung sowie in der Zeiteinsparung sieht. Ein besonderer Fokus des Beitrages liegt auf der Komplexität internationaler Suchen.

Matthias Ruppert skizziert in seinem Beitrag unter der Headline „Beruf oder Berufung des Personalberaters" das Anforderungsprofil aus Sicht des Klienten, aber auch des Unternehmers bzw. Partners in der Personalberatung selbst. Er macht deutlich, daß erst in einer Kombination von Loyalität, Offenheit und Fachkompetenz das magische Dreieck aus Klientensicht stimmt. Gekoppelt mit Lebenserfahrung sowie moderierenden, kommunikativen und beratenden Fähigkeiten, wird der Personalberater im Umgang mit dem Klienten selbst erfolgreich. Aus Sicht des Beratungsunternehmens bzw. Partners gilt es zusätzlich ganz andere Rollen auszufüllen: die der Führungskraft eines Teams, des Qualitätsmanagers für Such- und Auswahlprozesse, des Akquisiteurs von Klienten sowie des Mitunternehmers im Geschäftsverbund.

Jörg E. Staufenbiel thematisiert den Zusammenhang zwischen dem Wachstum der Beratungsbranche und dem nachfragegesteuerten Wachstum des Serviceportfolios der Berater. Der Trend geht in Richtung Full-Serviceberatung. Im Rahmen umfassender Angebote sind jedoch auch deutliche Spezialisierungstendenzen erkennbar: die Spezialisierung nach Branchen bzw. Betriebsgrößen, die Spezialisierung insbesondere von Nischenanbietern auf bestimmte Funktionen und Positionen sowie die Spezialisierung auf bestimmte Formen der Internationalisierungsstrategie. Staufenbiel ist davon überzeugt, daß der Qualitätswettbewerb in der Branche deutlich zunehmen wird und die Wahl des guten Beraters zu einem strategischen Erfolgsfaktor im Human Ressource Management eines Unternehmens wird.

Jörg Murmann stellt in seinem Überblicksbeitrag den Stand der Personalberatung 1998/1999 dar: von Umsatzwachstum, über Beratungsspektrum bis hin zu Honorarstrukturen. Anhand ausgewählter Indikatoren wie z.B. der Zahl erfolgreicher weiblicher Führungskräfte, der Mobilität oder dem Zuwachs an Suchen via Internet illustriert er Schlüsseltrends zu Prozessen und Ergebnissen der Personalsuche.

Im **dritten Teil** wird die Wertschöpfung der Personalberatung in ihrem Kern herausgearbeitet. Die Komplexität des Suchprozesses, die verschiedenen Wege der Suche selbst, die Internationalisierung von Personalsuchen, Präzision und Gründlichkeit bei der Auswertung von Bewerberdaten sowie die Robustheit von Beurteilungs- und Einschätzungsverfahren sind Gegenstand dieses Kapitels. Hier wird quasi der gesamte Handwerkskasten der Personalsuche für den Leser geöffnet und die einzelnen Handwerkszeuge beleuchtet.

Horst Rückle richtet in seinem Beitrag das Augenmerk auf den kulturellen Fit zwischen Unternehmen und Kandidat. Persönliche und Unternehmenswerte, persönliche Vision und Unternehmensvision sollten weitmöglichst passen. Im Bewältigen des Spannungsfeldes von zu erreichenden unternehmerischen bzw. aufgabenbezogenen Zielen, der Integration in das Arbeitsfeld von Kollegen, Mitarbeitern und Vorgesetzten und dem Fit der Werte sieht er das Resultat erfolgreicher Suchen.

Jörg Murmann konzentriert sich in seinem Beitrag auf die Direktansprache und wägt die Vorteile gegenüber der anzeigengestützten Suche ab, wobei er auch dieser einen angemessenen Platz einräumt. Durch die systematische Darstellung des Suchprozesses – vom Erstkontakt mit dem Klienten, der Klärung der Anforderungen, der systematischen Erforschung des Marktes bis hin zum Interview bzw. zur Präsentation von Kandidaten beim Klienten und schlußendlich der Integration als neuer Mitarbeiter – erhält der Leser einen sehr praktischen, gleichzeitig jedoch auch gesamthaften Überblick über Qualitätsmerkmale beim Prozeß der Gewinnung von neuen Talenten.

Dr. Wolfgang Lichius positioniert die anzeigengestützte Suche. Er stellt deutlich die Vorteile, aber auch Nachteile und Grenzen dieser Form der Suche dar und beschreibt für den Praktiker sowohl in Personalberatung wie auch in Unternehmen präzise den Projektablauf bei anzeigengestützten Suchen bis hin zu Aufbau und Format von Anzeigen. Der Beitrag ist eine instrumentelle Hilfe für jeden, der auf diesem Gebiet Erfahrungen sammeln möchte oder sammeln muß.

Dr. Lothar Heimeier und *Claudia Wacker* thematisieren das fordernde Thema internationaler Suchaufträge. Ausgehend von einem Anforderungsprofil internationaler Führungskräfte beschreiben sie zwei Wege: zum einen die Rekrutierung lokaler Kompetenz, zum anderen die gezielte Entsendungspolitik. Bei beiden Suchstrategien benennen sie Vor- und Nachteile sowie Erfahrungen. In einem zweiten Teil des Beitrags beschäftigen sich die Autoren mit den an die wachsende Bedeutung internationaler Suchaufträge gekoppelten Internationalisierungsstrategien der Personalberatung: Selbstentwicklung bzw. eigene Expansion und/oder Integration in einem Beraternetzwerk sind hier die strategischen Optionen.

Dr. Lothar Heimeier und *Christian von Stosch* wenden sich einer ganz besonderen Facette des Suchprozesses zu: der Suche von professionellen Ratgebern in den Unternehmen, für die der Gesetzgeber keinerlei Aufsichtsgremien vorgesehen hat. Nach inhaltlicher Begriffsbestimmung und Klärung der Motivation für die Errichtung eines Beirates beschreiben die Autoren die fünf Hauptaufgaben: Kontrolle und Beratung der Geschäftsführung, Sicherung der Führungsfunktion des Unternehmens, Sicherung der finanziellen Situation des Unternehmens, Sicherung der strategischen Position des Unternehmens sowie der Beirat als Katalysator, Schlichter, Mittler und Coach. Es werden die fachlichen und persönlichen Anforderungen an Beiratsmitglieder diskutiert und in einem letzten Teil der Prozeß der Suche und Auswahl von Beiratsmitgliedern dargestellt.

Dieter Kuck richtet den Fokus seines Beitrages auf die Suche von Unternehmernachfolgern. Hunderttausende kleiner und mittlerer Familienunternehmen stehen um die Jahrhundertwende vor der Entscheidung der Nachfolge, des Generationenwechsels oder der Stillegung. Der Autor beschreibt die Barrieren einer geregelten Nachfolgeplanung – vom Glauben an die Unverzichtbarkeit der eigenen Person, dem Fehlen verbindlicher Übergaberegelungen, unzureichender Bewährungsfelder für die Nachfolgegeneration bis hin zur mangelnden Motivation bzw. Fähigkeit potentieller Nachfolger aus der Familie. Anhand eines Praxisfalles wird illustriert, wie Personalberatung hier echte Hilfestellung leisten kann.

Birgit Giesen widmet sich dem Thema neuer Medien im Personalmarketing. Dabei hat sie insbesondere das Personalmarketing im Intranet im Visier. Virtuelles Marketing wird eine deutlich wachsende, zusätzliche strategische Option der Suche. Sie hat deutlich steigenden Nutzungsgrad bzw. Zuwachsraten: entweder in der Nutzung als eigene Homepage oder im Vertretensein in externen Jobbörsen. Die Autorin gibt einen Ausblick, wie die neuen Medien bis hin zur Bewerberadministration und -auswahl nutzbar sind.

Im **4. Teil** wird das Herzstück bzw. das Ziel des gesamten Prozesses – die Auswahl selbst – thematisiert.

Dr. Wolfgang Gawlitta gibt aus dem Erfahrungsschatz seiner langjährigen Beratertätigkeit Tips und Rat für die effektive und strukturierte Analyse von Bewerbungsunterlagen. Er thematisiert Form der Unterlagen, Lebenslauf, Anschreiben, Zeugnisse, sowie die Aussagekraft des Lichtbildes. Systematisch werden zu jedem Punkt Problemfelder beschrieben, aber auch „Bewerbermanöver" benannt, deren richtige Würdigung hilft, Fehlentscheidungen in einer frühen Phase zu vermeiden.

Eine Checkliste am Ende des Beitrages stellt eine gute Zusammenfassung für den Entscheider selbst dar.

Regine Domke thematisiert das Interview bzw. die Präsentation beim Klienten als Herzstück des Auswahlverfahrens. Von der soliden organisatorischen Vorbereitung, über die inhaltliche Vorbereitung – dabei insbesondere die vorbereitende Erstellung eines Gesprächsleitfadens – hin zur Gesprächsführung selbst werden die Teilprozesse des Interviews präzisiert. Tips zu Fragetechnik, zur Gesprächsauswertung aber auch zum Umgang mit Fehlerquellen komplettieren diesen Beitrag.

Renate Ibelgaufts nimmt sich eines häufig übersehenen, aber hochwichtigen und vielschichtigen Aspektes an: der Körpersprache. Kommunikation ist allemal komplex, erst recht die nonverbale. Die Gefahr der Fehldeutung, aber auch das Risiko der Vernachlässigung nichtsprachlicher Signale sind außerordentlich hoch. Die Sitzordnung im Gespräch, Sitzhaltung, Blickkontakt, die Art des Einbezugs aller Gesprächsteilnehmer, Mimik und Gestik: alles dies sind wichtige Signale, die es bei einer ganzheitlichen Bewertung des Gespräches zu erfassen gilt. All diese Aspekte werden von der Autorin blitzlichtartig, aber nicht oberflächlich beleuchtet.

Die Bewertung von Referenzen ist Gegenstand des Beitrags von *Günter Hufschmidt*. Referenzen runden das Bild, das man von einem ernsthaften Kandidaten gewonnen hat, ab. Sie dienen der Klärung von Zweifeln, egal ob sie diese bestätigen oder ausräumen. Anhand von drei Beispielen illustriert der Autor den Wert und die Aussagekraft von Referenzen. Bedenken wie z. B. die Trübung des Vertrauensverhältnisses mit dem Kandidaten oder der begrenzte Aussagewert bei einer allemal vorhandenen positiven Einstellung des Referenzgebers werden ebenfalls thematisiert. Ein Leitfaden zur Gestaltung des Referenzgespräches schließt den Beitrag ab.

Teil V beschäftigt sich mit Beurteilungsverfahren im Detail: zum einen das Assessment-Center, zum zweiten psychologische Testverfahren und zum dritten das Management-Audit.

Doris Brenner fokussiert auf das Assessment-Center und seine Einsatzmöglichkeiten für Auswahl und Entwicklung, aber auch bei Karriereberatung. Sie beschreibt detailliert die Entwicklungs- und Umsetzungsphase eines Assessment-Centers bis hin zur Schulung der Beobachter. Praktische Beispiele von im AC benutzten Übungen – Einzelübungen, Dialogübungen oder auch Teamübungen – machen plastisch, mit welchen Übungen welche Beobachtungen gemacht und welche Schlüsse daraus gezogen werden können. Eine Nutzenbetrachtung des Assessment-Centers sowohl für Unternehmen wie für Teilnehmer komplettiert den Beitrag.

Dr. Rüdiger Hossiep und *Michael Paschen* verstehen es, das komplexe Thema psychologischer Testverfahren auch für den psychologischen Laien verständlich zu machen. Sie beschreiben deren Leistungsfähigkeit und Gütekriterien generell, bevor sie drei Verfahren detaillierter darstellen: der 16-Persönlichkeitsfaktoren-Test als ein ganz klassisches Auswahlverfahren, der Myers-Briggs-Typenindikator, der sich auch außerordentlich gut für die Selbstanalyse eignet, sowie das Bochumer Inventar, das sich ebenfalls zur Laufbahnberatung nutzen läßt. Zu Recht kommentieren sie die Rückständigkeit Deutschlands bei der Anwendung professioneller Verfahren im Beratungs- und Auswahlprozeß, geben aber gleichzeitig gute Hinweise, wie man auf diesem Weg einen Schritt nach vorne kommen kann.

Volker Wiegmann behandelt das Management-Audit als alternatives Potentialdiagnoseverfahren, das insbesondere dann Anwendung finden sollte, wenn Anforderungen nicht unmittelbar testbar sind. Insbesondere vor dem Hintergrund sich ständig verändernder Umweltanforderungen ist ein Audit geeignetes Instrument zum Umgang mit dieser Komplexität. Insbesondere die Integration des dynamischen Rollen-Sets der Führungskraft im Unterschied zur relativ statischen Stellenbeschreibung zeichnet das Management-Audit aus. Gleichzeitig ist es ein Instrument, welches relativ rasch Akzeptanz auch bei langjährig erfolgreichen Managern findet.

Der Autor beschreibt drei Typen von Auswahl-Audits: das Übernahme-Audit insbesondere bei Mergers und Akquisitionen, welches das intellektuelle Kapital des zu übernehmenden Unternehmens schätzbar macht, das Sanierungs-Audit, welches die Leistungsträger, die nachhaltige Sanierungsbeiträge liefern können, identifiziert, sowie das Organisations- bzw. Besetzungs-Audit bei Reorganisationen. Deutlich stärkere und breitangelegtere Anwendungsfelder sieht er bei der Nutzung des Audits als Führungskräfteentwicklungsmaßnahme. Hier geht es im Kern darum, einen Entwicklungsdialog zu führen und nicht ein Urteil zu fällen.

Im **sechsten Teil** werden die Beratungsleistungen, die sich an die Kernprozesse anschließen, detaillierter dargestellt: von der Personalentwicklungskonzeption über das individuelle und Team-Coaching bis hin zur ganzheitlichen Karriereberatung. Ein spezieller Aspekt ist der Suche von Unternehmensnachfolgern gewidmet. Die Personalentwicklung aus dem Unternehmen hinaus (Outplacementberatung) und die Beratung zu Vergütungsaspekten komplettieren diesen Teil.

Susanne Dudek-Marschaus thematisiert die Beratungsleistung Personalentwicklung. Ein wichtiges Thema, denn die Reduktion von Talentgewinnung auf die Suche externer Kandidaten hätte sozialdarwinistische Züge. Nach einer durchaus konstruktiv-kritischen Bestandsaufnahme zur Personalentwicklung als Entwicklungsdisziplin, zum Stand ihrer Professionalisierung und zum Profil einer geschäftsunterstützenden Personalentwicklung greift sie die Frage auf, auf welchen Feldern externe Beratung echten Mehrwert für die Organisation schaffen kann. In außerordentlich plastischer Form und angereichert mit Praxisbeispielen beschreibt sie Coachingprozesse für interne Akteure, Bedarfsanalysen, die Formulierung der passenden Lernstrategien sowie ausgewählte Instrumente, Verfahren und Förderprogramme.

Der Beitrag von *Horst Rückle* zum Coaching beginnt mit einer fast philosophischen, aber praxistauglichen Beschreibung, wie Coaching aus der Not möglichen Versagens in hochkomplexen Management- und Marktwelten heraus geboren zum Freund und Mit-Motor bei persönlichen und organisationalen Veränderungsprozessen wird. Einzel- und Teamcoaching werden beispielhaft in ihren Anwendungsfeldern beschrieben. Was aber fast noch wichtiger ist, die Professionalität und Professionalisierung der Coaches wird deutlich ins Blickfeld genommen, da hier die Grenze zu Scharlatanerie sehr fließend werden kann.

Malte Fischer schließt an diesen Beitrag nahtlos mit seinen Ausführungen zu ganzheitlicher Karriereberatung an: in der Findungsphase einer Karriere, bei Karrierestillstand, bei Karriereexpansion, bei schwierigen Übergangsphasen bis hin zur Vorbereitung auf den Ruhestand. Die persönliche Standortbestimmung, die Klärung persönlicher Zukunftsbilder, die Reflexion eigener Einschätzung mittels Fremdbildern und die Formulierung erster robuster Schritte sind die wichtigsten Phasen des Beratungsprozesses. Dies kann sich bis auf die Unterstützung bei der Erstellung des Lebenslaufes, die Vorbereitung auf Interviews oder gar auf individuelles Verhaltenstraining hin erstrecken. Karriereberatung heißt heute aber auch zunehmend Beratung zu dem Paradigmenwechsel von Laufbahn mit Aufstieg zu Laufbahn ohne Aufstieg. Diesen Beratungsaspekt thematisiert der Verfasser außerordentlich behutsam.

Eberhard von Rundstedt konzentriert sich auf einen Spezialaspekt der Karriereberatung: das Outplacement als Beratung zu beruflicher Neuorientierung. Outplacement greift, wenn – aus welchen Gründen auch immer – die Kernkompetenzen des einzelnen von seinem bisherigen Unternehmen nicht mehr nachgefragt werden. Die Beratungsleistung beginnt weit im Vorfeld, um antizipativ Schaden nicht-optimierter Trennungsprozesse zu vermeiden. Die Einzelberatung selbst dient dem Bewältigen der psychologischen Folgen von Trennung, dem Vorbereiten einer maßgeschneiderten Bewerbungskampagne bis hin zur Gestaltung des offenen und offensiven Marktauftritts des Kandidaten. Outplacement ist auch als Gruppenberatung im Gefolge umfangreicherer Restrukturierungsprozesse hilfreich. Hier sind die Grenzen zu modernen Formen von Beschäftigungs- und Qualifizierungsgesellschaften bzw. Career Centers fließend. Angesichts immer kürzerer Zyklen von individueller Karriere und organisationaler Restrukturierung liegen hier wichtige Beratungsfelder der Zukunft.

Dr. Heinz Evers greift das in der Vergangenheit zumindest in Kontinentaleuropa tabuisierte Thema der Vergütungstransparenz und -beratung auf. Im Zuge des Anwachsens von Performance-Management-Ansätzen auch in unseren Breiten wird Vergütung zu einer strategischen Führungs- und Selektionsfunktion, allerdings häufig noch auf den außertariflichen Bereich beschränkt. Zielvereinbarungssysteme gekoppelt mit differenzierten, variablen Vergütungspolitiken reflektieren den Einzug (sub-)unternehmerischer Anreizmodelle in die betriebliche Praxis. Die wichtige Rolle der externen Beratung liegt hier in der Schaffung von Markttransparenz, der Vermittlung zwischen den Stakeholders sowie in der Implementierungberatung für neue Systeme, auch auf dem Feld der flankierenden Nebenleistungspolitik.

Im **siebten Teil** werden ethische Aspekte der Beratung, der Schutz des Klienten im Wettbewerb sowie die Anforderungen an die Personalberatung aus Sicht des Klienten thematisiert. Damit werden auch tiefschürfende Fragen einer vertrauensvollen Klientenbeziehung aufgeworfen. Dies wird jedoch nicht als Einbahnstraße dargestellt. Auch und gerade das suchende Unternehmen steht hier in hoher Verantwortung. Die Gestaltung des Vertragsverhältnisses schließt dieses Kapitel ab.

Michael Harris definiert Ethik unter dem Gesichtspunkt einfacher und tagtäglicher Anwendbarkeit als " Was Du nicht willst, daß man Dir tut, das füge auch keinem anderen zu" und folgert treffsicher, daß die Betrachtung eines Unternehmens als „Geldvermehrungsmaschine" den Menschen nur als Objekt sieht. Ethisch fundierte externe und interne Personalberatung konfrontiert diese Sicht mit einer Stakeholder-Betrachtung, die neben gesellschaftlichen Interessengruppierungen und insbesondere Kunden auch die betrieblichen Human-Ressourcen als Subjekte unternehmerischen Handelns sieht. Dies hat deutliche Konsequenzen für innere Haltung und sichtbare Praxis in der Personalberatung: Fit von Kandidatenpersönlichkeit und Unternehmenskultur, charakterliche Qualität nicht nur der Kandidaten, sondern auch der Assessoren, Güte des Feedbacks insbesondere bei Absagen, Hinterfragen simpler Personalfreisetzung ohne vorheriger Prüfung anderer Optionen, all das sind praktische Prüfsteine ethischen Handelns. Der Autor sagt zu Recht, daß ethisches Verhalten Wettbewerbschancen nicht reduziert, sondern Reputation schafft, die auch einen Aufpreis rechtfertigt.

Regine Domke vertieft einen für den Klienten besonders wichtigen Ethik-Aspekt: den Kundenschutz vor und nach der Besetzung einer vakanten Position. Vor dem Hintergrund des wachsenden Beratermarktes und wachsender Nachfrage ist Wildwuchs unvermeidbar. Unternehmen und Berater haben es jedoch gemeinsam in der Hand, Seriosität zu schaffen. Über die Sicherung von Vertraulichkeit als vertraglicher Nebenpflicht hinaus, gilt es eine Vertrauensbeziehung zwischen den Partnern herzustellen, die sich oft erst über mehrmalige Zusammenarbeit herausbildet. Damit ist auch die Problematik der gleichzeitigen Beauftragung mehrerer Berater angesprochen, welche häufig in einem unwürdigen und unüberlegten „Wettlauf" um Erfolgshonorare endet. Die ethisch begründete Beschränkung des beraterischen Handlungsspielraums, z. B. durch Nicht-Agieren im Arbeitsmarkt eines Kunden bei der Suche für andere Auftraggeber ist die andere Seite der Vertrauensmedaille. Qualitätssicherung durch Berufsgrundsätze hilft, die Branche sauber zu halten und vertrauensvolle Partnerschaft zu initiieren.

Joachim von Rumohr vertieft die Forderung nach Vertrauensbeziehung, indem er aus Beratersicht den idealen Klienten beschreibt. Offen in der Informationsweitergabe zu sein und ohne zeitliche Hetze den Kontakt zu eröffnen, ist eine Anfangsinvestition, die sich im Verlauf des Beratungsprozesses mehr als auszahlt. Transparenz über die Entscheidungsprozesse, frühzeitige Einbindung in interne Überlegungen sowie kein Verschleppen nötiger Entscheidungen schaffen Vertrauen bei allen Beteiligten. *Von Rumohrs* Hinweise zu Takt, Anstand und Fingerspitzengefühl insbesondere an die Adresse suchender Unternehmen treffen den Nagel auf den Kopf. Der Herausgeber kann aus eigenem Erleben die Notwendigkeit solcher Anregungen bestätigen.

Im abschießenden Beitrag dieses Kapitels behandelt *Dr. Andreas Quiring* in einer auch für den Nichtjuristen gut verständlichen Form die vertragliche Seite der Klienten-Berater-Beziehung. Er grenzt den Dienstvertrag zu anderen Vertragsarten ab, zieht aber auch die Grenze zur Personalvermittlung und Rechtsberatung und präzisiert den Katalog möglicher Dienstleistungen. Besonderes Augenmerk wird der Vergütung der Personalberater gewidmet: Zeit-, Pauschal-, und Erfolgshonorar sowie deren unterschiedliche Kombinationsformen werden ebenso diskutiert wie die ergänzenden vertraglichen Regelungen. Eine Checkliste zur Vertragsgestaltung rundet den Beitrag ab.

Mein Dank gilt insbesondere Herrn *Jörg Murmann* (BDU), der neben eigener Autorenschaft in aufopferungsvoller Steuerungsfunktion, aber auch Kleinarbeit zur Herausgabe beigetragen hat.

Frankfurt am Main, Frühjahr 1999   *Thomas Sattelberger*

Inhaltsverzeichnis

Teil I
Anforderungen an Führungskräfte und Führungskräftegewinnung

Teil II
Personalberatung – Eine Branche im Überblick

Teil III
Die Suche und Auswahl von Führungskräften

Teil IV
Die Auswahl von Bewerbern/Kandidaten

Teil V
Generelle Beurteilungs- und Einschätzungsverfahren

Teil VI
Zusätzliche Beratungsleistungen entlang der Wertschöpfungskette in der Personalberatung

Teil VII
Chancen der Zusammenarbeit zwischen Klient und Berater

Anhang

Teil I

Anforderungen an Führungskräfte und Führungskräftegewinnung

Kapitel 1

Blaupause zur Positionierung der Führungskräftegewinnung im Rahmen der Personalentwicklung

von *Thomas Sattelberger*

Insbesondere vor dem Hintergrund der Entwicklung hin zu wissensbasierten Unternehmungen mit sich rasch ändernden Anforderungen und Karriereverläufen verdient die Suche und Auswahl von Führungskräften in diesen Unternehmen neuer Qualität höchste Aufmerksamkeit.

Da jedoch Karrierebetrachtungen, Kompetenzprofile und darauf basierende Führungskräfteauswahl bzw. -entwicklung integrale Bestandteile von Personalentwicklung generell darstellen, soll zuerst dieser umfassende Rahmen skizziert werden:

- zum einen die Positionierung der Personalentwicklung heute bzw. im Kontext der letzten Jahrzehnte,
- zum zweiten die Positionierung einer strategischen Personalentwicklungsfunktion,
- zum dritten die Positionierung von Personalentwicklung als integriertes Sub-System im Rahmen eines kompetenzbasierten Human Resources Managements.

1. Positionierung der Personalentwicklung

Unternehmens- und Personalentwicklung sind heute zwei Seiten einer Medaille. Personalentwicklung kann nicht mehr separiert gesehen werden von strategiegeleiteter Unternehmensentwicklung. Personalentwicklung und Personalstrategien folgen den Unternehmensstrategien und umgekehrt mit dem Ziel integrierter Personal- und Unternehmensentwicklung, die langfristig und vorausschauend Zukunftsvorsorge für die Organisation und Nutzen für die sie tragenden Stakeholders (Aktionäre, Kunden, Mitarbeiter u. a.) gestaltet. Bis zu dieser Standortbestimmung war es ein langer Weg über fünf Phasen hinweg (Abb. 1).

	Ziel	Inhaltliche Ausprägungen
Phase 1 (ab ca. 1950)	Steuerung des Sozialsystems ➡ **Administrator**	• Neue Führungsstilkonzepte • Psychologische Eignungstests • „Entertainment without Development"
Phase 2 (ab ca. 1965)	Instandhaltungs- und Reparaturbetrieb ➡ **Lückenfüller**	• Standardisierte Anpassungsqualifizierung an neue Technologien • Qualifizierung für künftige Führungskräfte • Motivationsprogramme
Phase 3 (ab ca. 1975)	Anerkannte Servicefunktion durch strukturierte Personalentwicklung ➡ **Dienstleister**	• Maßgeschneiderte Auftragsarbeit für Organisationseinheiten • Längerfristige Personalentwicklungsprogramme für Potentialträger • Systeme und Instrumente (z. B. Assessment Center) der FK-Planung und -Auswahl
Phase 4 (ab ca. 1985)	Strategische Personalentwicklung ➡ **Strategischer Mitspieler**	• Strategische Personalportfolios und Einbindung in strat. Planung • Human-Ressourcen als Engpaßfaktor (Personalmarketing und -rekrutierung, Schlüsselprogramme, Identifikations- und Kulturprogramme, Anreizsysteme, Development-Assessment) • Internationalisierung der Personalentwicklung • Begleitung von Unternehmensentwicklungsprozessen
Phase 5	Integrierte Personal- und Unternehmensentwicklung ➡ **Initiator für soziale und kulturelle Innovation**	• Wissenskapital als Erfolgsfaktor • Strategie folgt Personal und Personal folgt Strategie • (Kern-)Kompentenzbasierte Gewinnung, Auswahl und Bindung von Talent (Intellektuelles Kapital) • Personalentwicklung als Persönlichkeitsbildung • Individualisierte Karrierestrukturen und -wege

Abb. 1: Phasen der Personalentwicklung

Erst in Phase 4 und erst recht in Phase 5 spiegelt sich dieses Verständnis von Unternehmensentwicklung als einem kollektiven, organisationalen Lernprozeß wider (*Pautzke* 1989, S. 104). PE positioniert sich dabei in zweierlei Hinsicht: zum einen als der individuelle Lern- und Entwicklungsprozeß des einzelnen, zum anderen als der kollektive Lern- und Entwicklungsprozeß von Führungskräften (*de Geus* 1988, 1990 S. 7ff., 1996), Eliten, Belegschaftsteilen bzw. ganzer Belegschaften.

2. Positionierung einer strategischen Personalentwicklungsfunktion

Diese Positionierung zwingt die Personalentwicklung im Unternehmen zu einem veränderten Rollenverständnis: sie wird – wenn sie nicht peripher werden oder gar untergehen möchte – aus einem kurzsichtigen, reaktiven Administrator zu einem weitsichtigen, strategischen Partner im Geschäft (Abb. 2 in Anlehnung an *Hilb* 1991, S. 75).

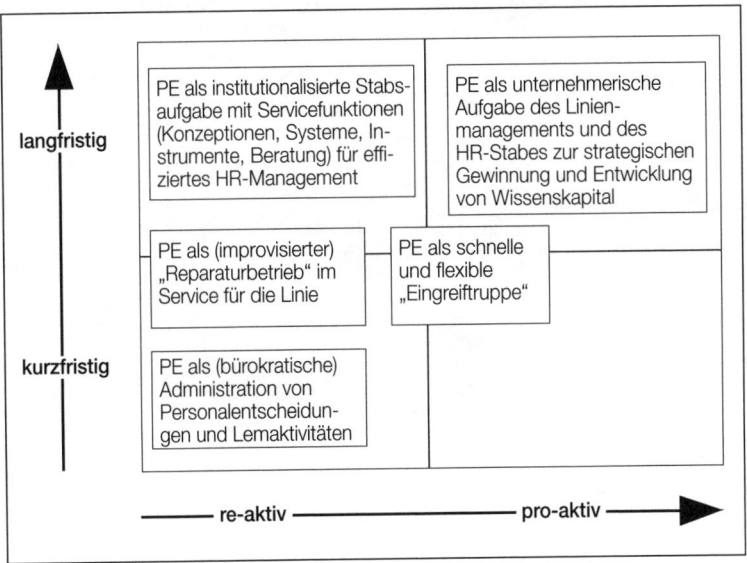

Abb. 2: Positionierung der Personalentwicklung

3. Positionierung im kompetenzbasierten Human Resources Management

In einem systemorientierten bzw. methodischen Sinne wird Führungskräfteentwicklung als integrierte Auswahl- und Fördersystematik mit spezifischen Teilfunktionen verstanden. Fünf Subsysteme bilden das Kernsystem (Abb. 3).

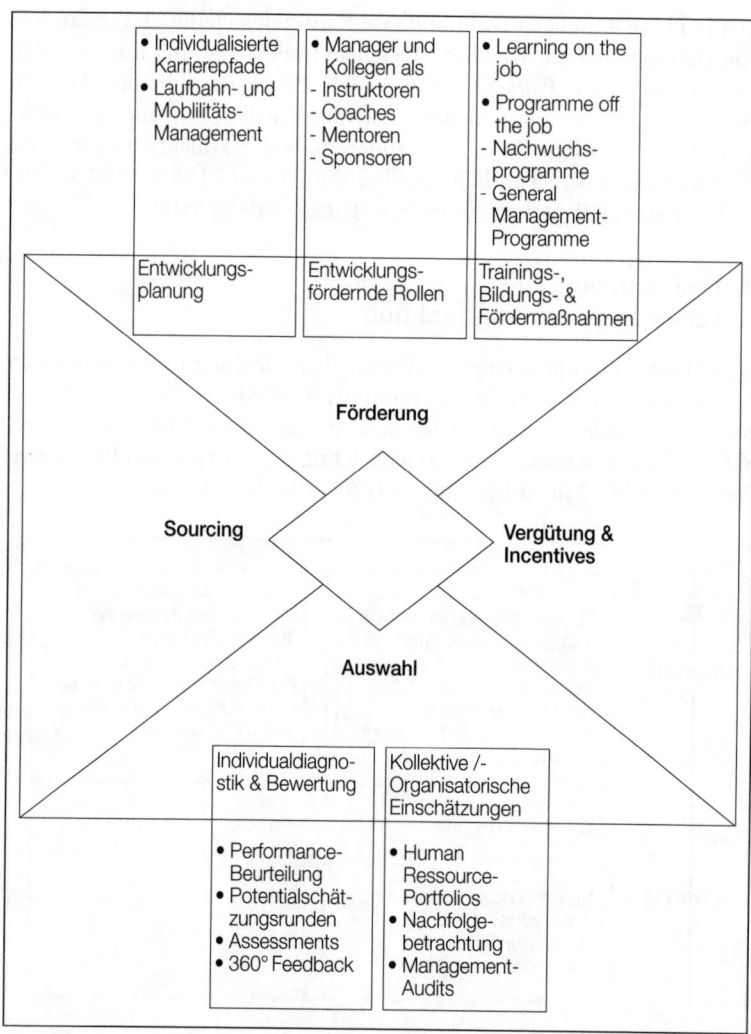

Abb. 3: Integrierte Auswahl- und Fördersystematik

● Die **Entwicklungsplanung** als das systematische Management von Mustern der Mobilität und Rotation in einem Unternehmen trägt dazu bei, bei den einzelnen Führungskräften wie bei den Managementteams Bewußtsein über funktionale und divisionale Zusammenhänge sowie über die Konsequenzen eigener strategischer Entscheidungen auf andere Organisationseinheiten – also General-Management-Kompetenz – zu schaffen. Individualisierte Karrierepfade ermöglichen differenzierte Individualplanungen und -entscheidungen. Gleichzeitig werden erfolgreiche Muster von Entwicklung in Organisationen reproduziert bzw. nicht erfolgreiche Muster verändert.

- **Fördernde Beziehungen** und insbesondere das Mentorentum – unter Mentorentum wird hier die persönliche Förderung und Unterstützung von Potentialträgern durch hochrangige bzw. erfahrene Führungskräfte verstanden – als langfristige, strategische Entwicklungsbeziehung erleichtern einerseits das Verständnis für Mikropolitik, Sozialisationsprozesse und Funktionsweisen des Unternehmens, andererseits erhält der geförderte Potentialträger die nötige Machtbasis und Glaubwürdigkeit, um Hilfe und Ressourcen der Organisation für sich und die Erreichung wichtiger Ziele zu gewinnen. Im Kontext wissensbasierter Organisationbetrachtungen ermöglicht Mentoring die Weitergabe von „Unternehmensweisheit" über die verschiedenen Management-Generationen hinweg.
- Unternehmensspezifische und -übergreifende **Förderprogramme bzw. Trainingsprojekte** tragen dazu bei, daß strategische und andere Managementkompetenzen entwickelt bzw. vertieft werden und Nachwuchs auf unterschiedlichste Positionen und Funktionen in der richtigen Qualität herangebildet wird. Damit dienen sie auch der Entwicklung, der Pflege und dem Schutz der Kernkompetenzen.
- **Prozesse der Individualdiagnostik und Auswahl** fördern den „Fit" zwischen den Talenten eines Managers und den generischen Kompetenz-Anforderungen eines Unternehmens an Leadership als auch den spezifischen Anforderungen an Funktions- bzw. Job-Kompetenzen.
- **Organisationale Einschätzungen mittels Portfolios und umfassenden Nachfolgebetrachtungen** fördern die organisatorische Flexibilität durch die Erschließung von und den Zugang zu einem viel größeren Pool an Managementtalenten und damit auch die schnelle Realisierung neuer Strategien und Geschäfte. Gleichzeitig zeigen sie strategische Lücken mit aller Deutlichkeit auf. Damit helfen sie, Defizite und Überhänge an Kernkompetenz-Professionals in aggregierter Form zu identifizieren.

Im Zentrum dieses Auswahl- und Fördersystems positionieren sich die **Kompetenzprofile.** Sie geben die Richtung für Auswahl und Förderung vor. Auf ihrer Grundlage werden die „gaps" zwischen Soll und Ist sichtbar. Gleichzeitig stellt das Vorhandensein von Anforderungsprofilen bzw. Eignungskriterien ein Korrektiv gegenüber der produktiven Subjektivität, aber auch der dysfunktionalen Einseitigkeit mikropolitisch begründeter Auswahlentscheidungen im Rahmen von Seilschaften, politischen Allianzen und kollegialen Netzwerken dar.

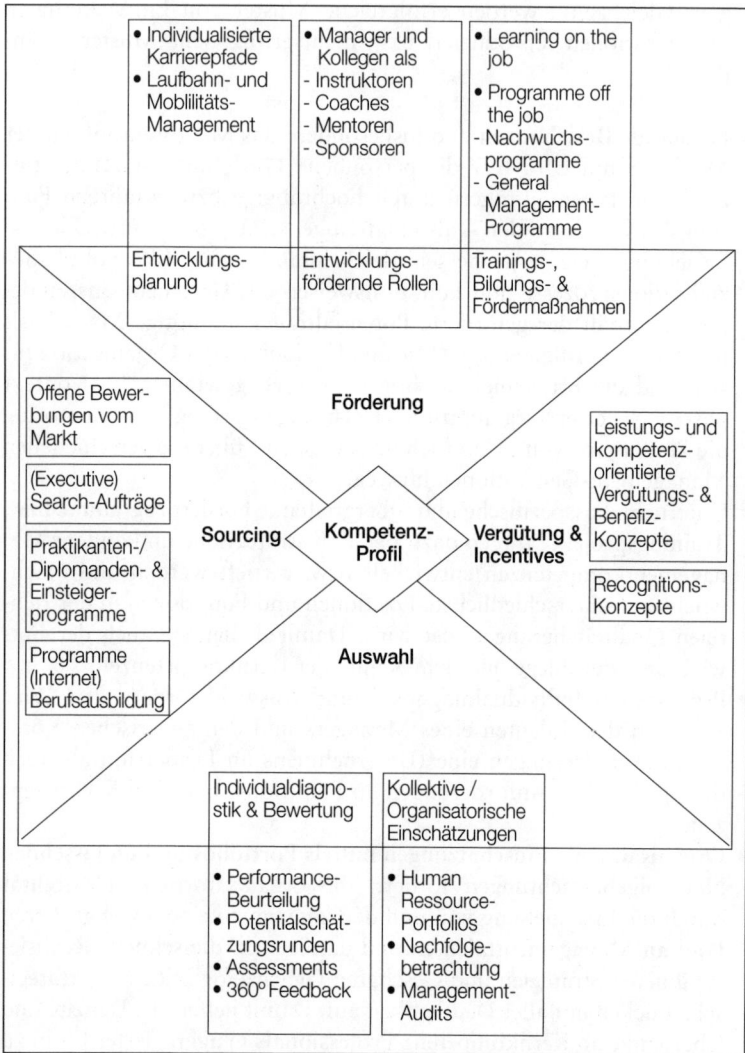

Abb. 4: Erweiterung um die Subsysteme Sourcing und Vergütung/Incentive

In einem weitgefassten Sinne wird Personalentwicklung vervollständigt durch zwei weitere Subsysteme: das Sourcing- und das Vergütungs-/Incentive-System (Abb. 4). Auch diese Subsysteme werden durch eine kompetenzbasierte Ausrichtung gesteuert.

Literatur

de Geus, A. P., Planning as learning, in: Harvard Business Review, Vol. 66, 1988.

de Geus, A. P., Stockton Lecture an der London Business School, unveröffentlichtes Vortragsmanuskript, 3. Mai 1990.

Hilb, M., Konzept eines strategischen und integrierten Personalmanagements, Neue Züricher Zeitung, 26. November 1992.

Pautzke, G., Die Evolution der organisatorischen Wissensbasis, München 1989.

Kapitel 2

Kompetenz-Profile als strategische Steuerungsgrößen der Führungskräftegewinnung und -entwicklung

von *Thomas Sattelberger*

Ausgehend von der grundsätzlichen Positionierung bzw. Beschreibung von Personalentwicklung und der Rolle von Kompetenzen in Kapitel 1 soll im folgenden präzisiert werden

- welchem Wandel Führungskräfte-Kompetenzen unterworfen sind,
- wie Kompetenz-Profile Führungskräfteauswahl bzw. ein ganzheitliches Human Resource-Management steuern und
- welche Schritte Lufthansa auf diesem Felde realisiert.

1. Wandel der Führungskräfte-Kompetenzen

Sechs Schlüsseltrends in Wirtschaft und Gesellschaft beeinflussen in hohem Maße die Soll-Anforderungen an unternehmensweit gültige Kompetenzen im Führungskräfte-Bereich. Damit definieren sie auch Konsequenzen für Auswahl und Entwicklung von Führungskräften.

Die Globalisierung von Markt und Wettbewerb erfordert Unternehmenskulturen, die sowohl durch globales Mindset als auch durch lokale Anpassungsfähigkeit geprägt sind. International ausgerichtete Manager vereinigen beides in sich:

- sowohl die Antwortfähigkeit auf lokale Charakteristika als auch den Helikopter- Blick auf das weltweite Geschäft,
- sowohl Verstehen und Umgang mit Fremdheit bzw. Unterschied als auch den Besitz globaler Perspektive.

Die **Deregulierung und Liberalisierung der Märkte** (auch der unternehmensinternen Märkte) fordert einen Quantensprung an Unternehmertum. Dies betrifft nicht nur Unternehmen auf ihrem Weg der Privatisierung, sondern insbesondere auch erfolgsverwöhnte Giganten, die jetzt feststellen müssen, daß Geschäftserfolg tagtäglich auf dem Prüfstand steht, angesichts neuer Wettbewerber erodiert und immer wieder neu gewonnen werden muß. Dies erfordert sowohl ständiges Denken und Handeln in Rendite- und Erfolgsgrößen als auch langfristiges Sichern von integriertem Shareholder-, Kunden- und Mitarbeiter-Value. Visionsfähigkeit, Gestaltung von Unternehmensentwicklung aus Kundensicht und das Eingehen unternehmerischer Wagnisse sind dabei Schlüsselanforderungen.

Die **Entwicklung zur Netzwerkorganisation** – unabhängig davon ob sich diese als strategische Allianz, als gleichberechtigter Verbund oder als Kranz von Unternehmen um ein Kernunternehmen herum darstellt (Abb. 1) – fordert Unternehmen wie Mitarbeiter in ihrer Fähigkeit des Networking und des grenzüberschreitenden Denkens und Handelns (crossboundary thinking and acting).

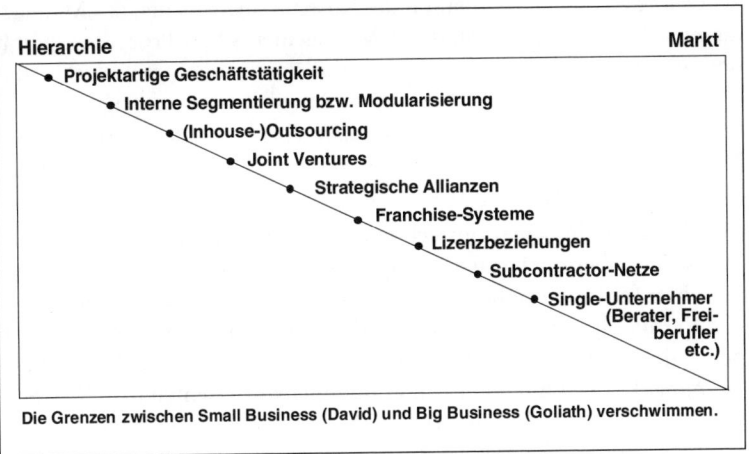

in Anlehnung an: *Reiss* 1996, S. 261

Abb. 1: Hybride Organisationsformen zwischen Hierarchie und Markt

Drei große Themen,

- das Management von Identität und Wandel in fluideren Strukturen,
- das Management von Wissen in sich komplementär ergänzenden, auf Kernkompetenzen basierenden Einheiten,
- das Management von Loyalität in zunehmend virtuelleren Strukturen,

sind hier die zentralen Herausforderungen. Sie sind die Stellgrößen, die – aus der Systemplattform heraus definiert und in lokalen Netzwerkstrukturen umgesetzt – das Funktionieren des gesamten komplexen Netzwerkgebildes sichern.

Die **generelle Liberalisierung und Deregulierung der unternehmensexternen und -internen Arbeitsmärkte** fordert den einzelnen Manager in seiner Selbstverantwortung für Laufbahn, Lernen und Leistung und zwingt ihn, seine **persönliche Marktfähigkeit** tagtäglich unter Beweis zu stellen. Eng gekoppelt mit Marktfähigkeit ist der **selbstverantwortliche Erhalt von Beschäftigungsfähigkeit (Employability)** durch Pflege und Ausbau der eigenen, persönlichen Kernkompetenzen. Lernwille und -fähigkeit gerade in Führungs- und Managementfragen, die Fähigkeit zu Reflexion, der persönliche Antrieb und Wille zum Erfolg sind für dieses „Unternehmertum in eigener Sache" unentbehrlich. So wie das Management von Identität in Netzwerkorganisationen eine organisatorische Schlüsselaufgabe ist, so ist das Management des Selbst zunehmend ein Schlüsselthema für die neuen „Unternehmer im Unternehmen".

Die **Erhöhung der Wettbewerbsfähigkeit durch Economies of Scale and Scope** fordert eine neue Qualität des Kostenmanagements, des Managements kritischer Massen und des Managements von Prozeßflexibilität und -geschwindigkeit, und dies, ohne daß Spitzenqualität und individuelle Maßschneiderung leidet. Mergers, Akquisitionen und enge Allianzverbunde sind häufig organisatorischer Ausdruck des Erzielens von Skaleneffekten. Damit ist auch das Management komplexerer Unternehmerstrukturen angesprochen.

Der durch die Informationstechnologie beschleunigte Wandel von der Industrie- , über die Dienstleistungs- zur Informations- und Wissensgesellschaft fordert in hohem Maße ständigen **Ausbau, Schutz und Pflege der Kernkompetenzen,** die sich in der wissensbasierten Organisation neben dem Buchwert meist als **intellektuelles Kapital** darstellen. Die Gewinnung, Entwicklung, Pflege und Bindung von Talenten bzw. Wissenskapital sowie das zielorientierte und herausfordernde Management von Leistung bedingen sich dabei wechselseitig.

Während es also quasi stabile, sich im Zeitverlauf kaum verändernde generische oder universelle Kompetenzen gibt (wie z.B. charakterliche Stärke, Integrität), fordern die skizzierten Trends in hohem Maße sowohl neue Kompetenzen als auch vertiefte Ausprägungen schon vorhandener Kompetenzen. Daß diese zudem eine geschäfts- bzw. unternehmensspezifische Ausprägung besitzen sollten, liegt auf der Hand (Abb. 2).

Zwei Beispiele sollen dies illustrieren:

So ist es beispielsweise in einem Konzern wie Lufthansa, in dem von den fast 60000 Mitarbeitern über 15000 Beschäftigte (Piloten und Kabinenpersonal) quasi als „Abwesende" nie in der „Unternehmensheimat" sind, unumgänglich, daß Führungskräfte die Fähigkeit besitzen,

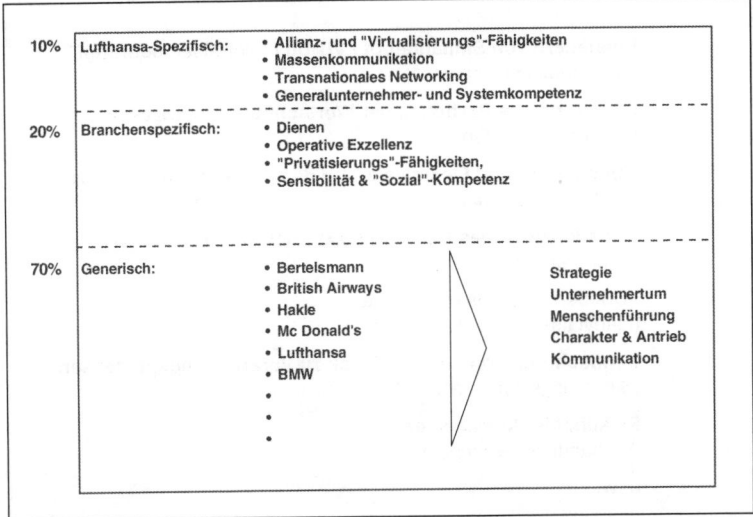

Abb. 2: Generische, branchenspezifische und Lufthansa-spezifische
Kompetenzen

eine große Zahl von Menschen, die dann für Wochen nicht mehr erreichbar sind, in ein bis zwei Stunden für eine Sache bzw. eine Problemlösung zu gewinnen. Die Fähigkeit zur emotional eindringlichen Mas-
senkommunikation drückt sich also geschäftsspezifisch in einer ganz
besonderen Form aus.

Die Fähigkeit zur Kooperation entlang der Wertschöpfungskette besitzt
in einer Netzwerkorganisation wie der Lufthansa, die

• in sich selbst schon ein konzerninternes Netzwerk von einigen großen
Unternehmen, aber auch Hunderten kleinen und mittleren Firmen
darstellt,
• gleichzeitig Franchise-Netzwerke mit Low Cost-Carriern integriert,
• Lieferanten-Verbunde von Service-Providers steuert und
• zudem als Teil der STAR-Allianz zusammen mit acht weiteren globalen Luftfahrt-Konzernen agiert,

eine deutlich andere Qualität als in einem traditionellen Stammhaus-
Konzern (Abb. 3) *(Müller-Stewens 1997)*.

2. Rolle von Kompetenzen im Rahmen eines ganzheitlichen Personalmanagements

Diese Kompetenzen – seien sie generisch bzw. universell oder geschäftsspezifisch – mit Tiefgang und Schärfe zu erfassen, ist ein Schlüsselthema

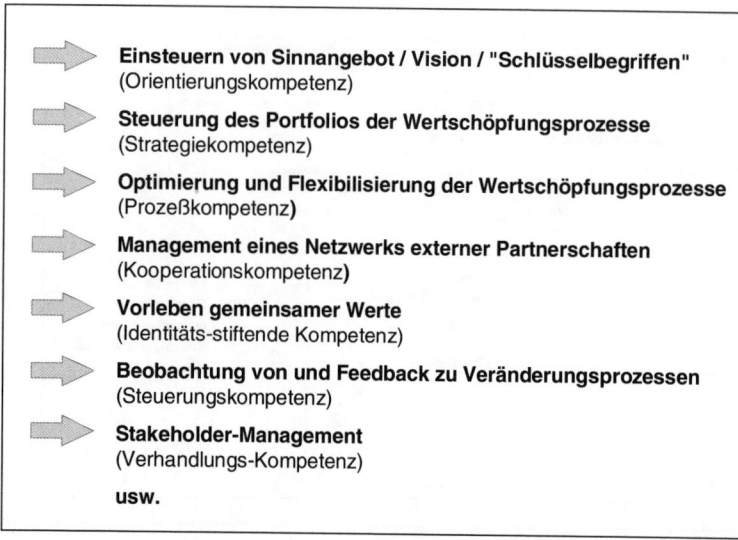

Abb. 3: Anforderungen an das Management in virtuellen Strukturen

für intelligente und proaktive Human Ressourcen-Politik. Wenn die geschäftsstrategische Ausrichtung die Personalarbeit bestimmt, dann sind strategisch abgeleitete Kompetenzen Orientierungsrahmen für

- Rekrutierungsprozesse,
- Zielvereinbarungsprozesse,
- Prozesse der Performance-Steuerung und Evaluierung,
- Potentialbeurteilungsprozesse,
- Vergütungspolitik,
- Trainings- und Entwicklungsprogramme.

Vielen Unternehmen gelingt es zunehmend besser, Human Resources-Management – von der Rekrutierung bis zur Vergütung und Entwicklung – als integriertes System zu steuern. Grundlage dafür ist in den meisten Fällen die solide Basis eines Leadership-Kompetenzprofils (Abb. 4).

Lufthansa hat in den vergangenen Jahren über mehrere Etappen hinweg ein Kompetenzprofil für Führungskräfte entwickelt: das Lufthansa Leadership Kompetenz- Profil oder auch den **Lufthansa Leadership-Compass**. Die erste flächendeckende Anforderungsanalyse für Führungspositionen war schon 1991 unter Mitwirkung von Professor *Lutz von Rosenstiel* (Ludwig-Maximilians-Universität in München) durchgeführt worden. Nach Sanierung und Restrukturierung des LH-Konzerns sowie unter Berücksichtigung der teilweise gravierenden Veränderungen des Wettbewerbsumfeldes ergab sich – wie schon an zwei Bei-

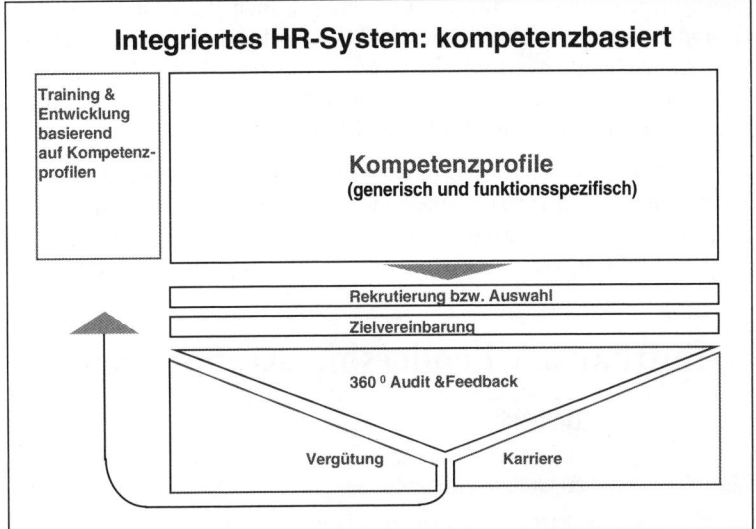

Abb. 4: Kompetenzen als Basis eines integrierten HR-Managements

spielen skizziert – die Notwendigkeit der Aktualisierung. Unmittelbar anforderungsrelevant waren beispielsweise folgende Veränderungen:

- Weiterentwicklung der dezentralen unternehmerischen Führungs-strukturen im Konzern,
- Globalisierung des Konzerns und Schaffung von Allianzen bzw. Netz-werkstrukturen,
- Entstehung von Führungspositionen neuer Qualität (z.B. Projektlei-ter und Geschäftsführer unterschiedlicher Größe und Wertigkeit so-wie Linienführungskräfte mit deutlich erhöhten Leitungsspannen),
- Veränderte Managementphilosophie, z.B.
  - Akzentuierung von Unternehmertum, Verantwortung und Risiko-übernahme,
  - Kostenmanagement, Profitabilität,
  - verstärkte Ausrichtung am Kunden („Dienen"),
- Rolle der Kommunikation in Zeiten schwieriger Veränderungspro-zesse.

In fast 200 Interviews mit Job-Holdern, Kunden des Unternehmens so-wie etlichen Shareholdern wurden diese neuen Anforderungen ermit-telt. Insbesondere galt es Antworten auf die Frage zu finden, welches die kritischen Erfolgsfaktoren sind, die Lufthansa von anderen Unternehmen unterscheidet. In einem Workshop des Top-Managements wurden die Ergebnisse der Interviews validiert und weiterentwickelt. Fragestel-lung in dem Workshop war dabei nicht nur die Identifizierung von Erfolgsfaktoren für den Status quo, sondern auch die Klärung, welche Optionen der Unternehmensentwicklung der Konzern besitzt, mit welcher Wahrscheinlichkeit welche Option eintritt und was dies über das Jahr 2000 hinaus für die Kompetenzen der Führungskräfte bedeutet. Der Gesamtprozeß ist in Abbildung 5 festgehalten.

Im Vergleich zu den bisher genutzten Profilen fokussieren die neu gewonnenen Anforderungsmerkmale insbesondere Leistungsstreben, individuelle Verantwortung und unternehmerische Führung in offenen Strukturen, klare Kommunikation und interkulturelle Komptenz.

Abb. 5: Der Weg zum Lufthansa Leadership-Compass

Vom Prozessualen her gesehen sind noch einige Hausaufgaben zu lösen:

● zum einen die Präzisierung der Kompetenz-Ausprägungen auf der Ebene des Top-Managements, des operativen mittleren Managements und des Nachwuchses,
● ggf. die Spezifizierung nach General Management, Projektleitung, Verkaufsmanagement und Spezialisten sowie
● die Crossvalidierung mit weiteren Kunden, Shareholders bzw. „verrückten Denkern" (Abb. 6) .

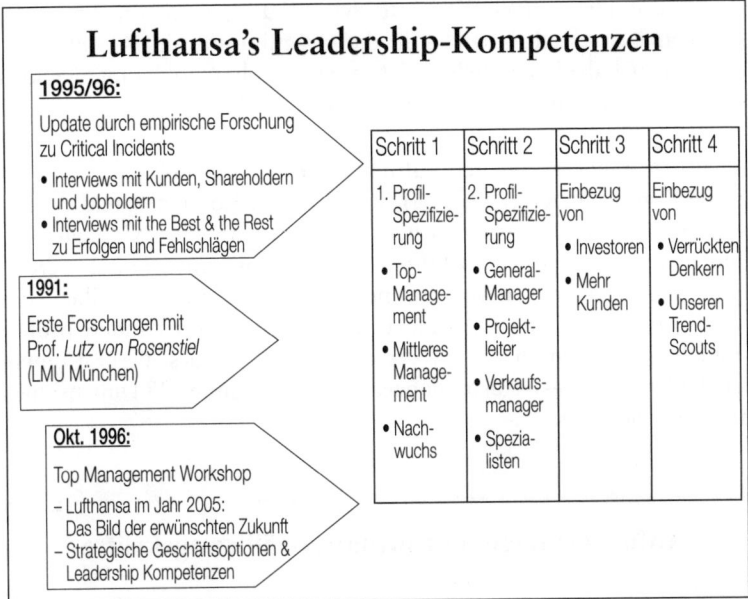

Abb. 6: Nächste Schritte zur Präzisierung des Kompetenz-Profils

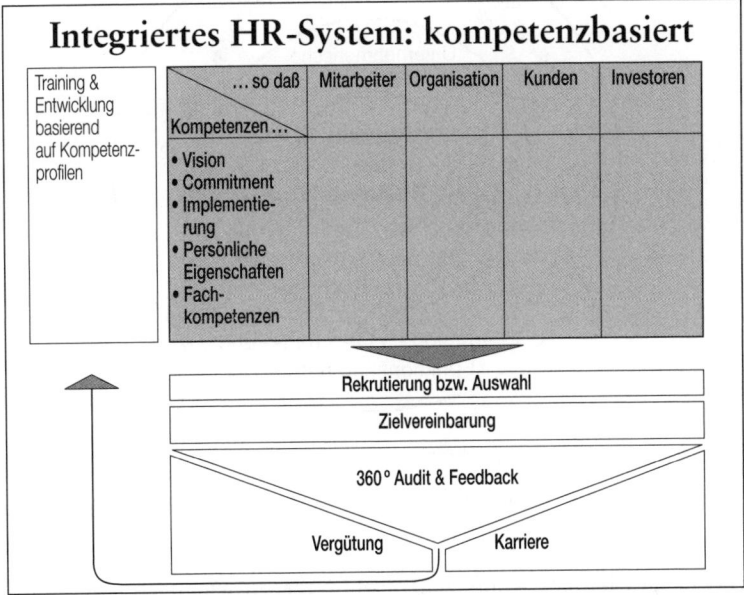

Abb. 7: Kompetenzen zur Steigerung des People-, Organisations-, Kunden- und Shareholder-Value

Hinter letzterem steht ein Kompetenzverständnis, welches nicht nur die Kompetenzen „nach innen" – in die Organisation hinein – abdeckt, sondern auch die Frage stellt, welchen Nutzen Shareholder und Kunden von den jeweiligen Kompetenzen haben (Abb. 7).

Inhaltlich gliedert sich der Lufthansa Leadership-Compass in sechs große Kompetenzfelder (Abb. 8), wobei das 6. Kompetenzfeld der geschäfts- und funktionsspezifischen Kompetenz in jedem Geschäftsfeld und in jeder Funktion des Lufthansa-Konzerns neu definiert werden muß. Marketing im Catering-Business ist in Teilen unterschiedlich vom Marketing in der Passage Airline. Und ein Controller hat andere professionelle Kompetenzen als ein Personalmanager. Jedes dieser Kompetenzfelder besitzt 4–6 Ausprägungen, so daß in Summe 28 Dimensionen angesprochen werden.

Abb 8: Anforderungsdimensionen des LH-Leadership-Compass

Das neugeschaffene Kompetenz-Profil findet in wichtigen Handlungsfeldern der Human Ressourcen-Politik des Konzerns seinen Ausdruck, insbesondere bei

- Auswahlentscheidungen:
  Besetzung von Führungspositionen (extern und intern),
  Rekrutierung von Führungsnachwuchs z. B. ProTeams;
- Führungskräfteentwicklung:
  Assessment Center-Kriterien (Verfahren und Übungen),
  Potentialeinschätzung/stellenbezogene Nachfolgebetrachtung,
  Externe Diagnostik;
- anforderungsgerechtem Management-Training;
- 360° Feedback;
- der Struktur der Zielvereinbarungen und des Orientierungsrahmens
  zur Festlegung des variablen Vergütungsanteils.

Herzstück unserer gegenwärtigen Anstrengung ist die Überarbeitung
unserer Diagnostik-Programme vom smART-AC für leistungsstarke
Praktikanten, über das Assessment für unser Nachwuchsteam, über die
ACs für potentielle Führungskräfte bis hin zum externen Einzel-AC für
Top-Manager, aber auch die Überarbeitung derjenigen unserer Diagno-
stikprozesse Nachfolge-Review und Potentialschätzung (Abb. 9), die
vom Linienmanagement getrieben werden.

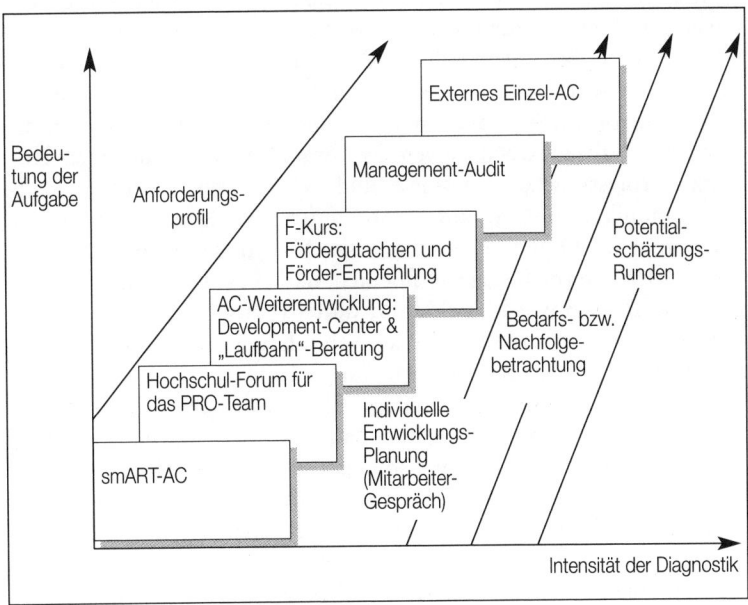

Abb 9: Linien- und PE-getriebene Auswahl- und Förderprozesse

3. Neue Systeme, Tools und Programme zum Management von Kompetenzen

Auch und gerade auf dem Feld des Managements von Kompetenzen muß die Personalarbeit neue Wege zur Sicherung der Kernkompetenzen und zur kompetenzbasierten Steuerung der Human Ressourcen geben.

- Kompetenzprofile sind Fundament für die Auswahl des richtigen Nachwuchses, sowie für interne bzw. externe Besetzung von Führungspositionen.

- Die Koppelung von Kompetenzprofilen an die **Performance Management-Politik** (Zielvereinbarung, 360°-Feedback, Leistungsbeurteilung, Vergütung und Training etc.) trägt dazu bei, daß der Blick nicht nur auf aktuelle Leistung bzw. Resultate, sondern auch auf die dafür nötigen, zugrundeliegenden Erfahrungen, Kompetenzen, Skills bzw. Mentalitäten gerichtet wird. Eine solche Perspektive – wenn sie sich auch noch auf Rekrutierungs- und Nachfolgeprozesse für Wissensarbeiter erstreckt – trägt zur Pflege, Wertschätzung und Belohnung des benötigten Wissenskapitals bei.

- Flexibilitätsfördernde Arbeits- bzw. Teamstrukturen und Geschäftsprozesse erleben einen Quantensprung. Organisationsabläufe sind weniger als jemals zuvor durch festgelegte Regeln abgesichert. Mitarbeiter und insbesondere Führungskräfte müssen sich mehr in ihrer Eigenverantwortung um die Gestaltung und interne Vernetzung der Prozesse sorgen. Sie brauchen dazu nicht nur die fachlichen Kenntnisse des jeweiligen Arbeitsgebietes, sie brauchen in zunehmendem Ausmaß professionelle Kenntnisse und Fertigkeiten, innerbetriebliche Kommunikation zu gestalten, dabei auftretende Konflikte zu steuern, sie brauchen Organisationsphantasie, Marktkenntnisse etc. Sie sind in so viele interne Bezüge verflochten, daß es oft für ein Menschenleben ausreichen würde, sich dafür durch Fortbildung zu rüsten, sich immer neu zu orientieren, um den Veränderungen gerecht zu werden, strategisch zu planen usw." (*Buchinger* 1994, S. 11). **Kompetenzbasierte „Alphabetisierungskampagnen"** zu Geschäft, Markt, Prozeßoptimierung und sozialer Kompetenz sind nicht nur ein Thema für Fachangestellte und -arbeiter, sondern auch für das Management.

- **Geschäftsspezifische Qualifizierungsplanung** erleichtert proaktive Qualifizierungsprozesse, reduziert reinen „Reparaturbetrieb" und trägt dazu bei, Kernkompetenzen zu entwickeln bzw. zu erhalten. Informationstechnologisch gestütztes **Skill-Management** wird zum Bestandteil von Geschäftsprozessen.

- **Selbstdiagnostische Instrumente** zur Klärung des eigenen Talentinventars, zur Reflexion eigener Mentalitätsdisposition und zu persönlichen Lernstil-Präferenzen tragen dazu bei, individuelle Kompetenzentwicklung zielorientiert und individualisiert in Angriff zu nehmen.

- **Selbstverantwortete Budgets für eigene Weiterbildung und Selbstlern-zentren** werden neben fremdgesteuerten und -verantworteten Lern-formen zunehmend an Bedeutung gewinnen. „Continuous develop-ment, in other words frequent retraining, helps to prevent managers from becoming obsolete. Similarly, one response to continuous change is to place emphasis on personal development: this may help people to learn quickly and to cope with the stress of change. Empo-werment and team building activities have development spin-offs" (*Tyson* 1994, S. 4). Self-Development-Assessments, Outdoor-Lernen, Coaching-Angebote u. a. schaffen Kontext für selbstgesteuertes Ler-nen insbesondere auf dem Feld der Persönlichkeitsbildung. 360°-Feedback ermöglicht die nötige Reflexion von Selbstbild und Fremdbild der Kompetenzen.

Literatur

Buchinger, K., Balancing – ein ausbaufähiges Konzept, in: Hernsteiner 2/1994.

Reiss, M., Personelle und organisatorische Grenzen der virtuellen Unterneh-mung, in: ZFW 91 (1996), 6.

Tyson, S., The Vanishing Career Ladder, in: Management Focus, Zeitschrift der Cranfield School of Management, Summer 1994, Issue 3.

Kapitel 3

Karrieren im Wandel

von *Thomas Sattelberger*

Angesichts langer Ausbildungsdauer und einer zunehmenden (freiwilligen oder erzwungenen) Vorverlegung des Ruhestands – in Tendenz eher auf das fünfzigste als auf das sechzigste Lebensjahr hin (vgl. *Ludz* 1993) – verringert sich die Gesamtarbeitszeit eines Berufstätigen: relevante Laufbahnphasen verlagern sich weit nach vorne. Dies gilt insbesondere für Wissensarbeiter und Manager, deren relevantes Know-how einer immer schnelleren Umschlagsgeschwindigkeit bzw. Anpassungsnotwendigkeit unterworfen ist, andererseits aber immer nachgefragter und teurer wird.

Eng gekoppelt mit dieser generellen Verkürzung des Berufszyklus ist eine Verkürzung betrieblicher Verweildauern. Einige Begründungen dafür sind:

- steigende Mobilitätszwänge durch veränderte Führungs- und Arbeitsstrukturen,
- Verringerung von Hierarchieebenen und Anzahl der Führungspositionen,
- steigende Mobilitätsbereitschaft durch attraktive Bezahlung von und Nachfrage an Wissenskapital sowie
- die Tatsache, daß Manager ähnlich wie Produkte zunehmend mehr nach ihrem Neuigkeitswert als nach ihrem Gebrauchswert (vgl. *Groß* 1993, S. 39) eingeschätzt werden.

1. Der Abschied von lebenslanger linearer Karriere

Die lebenslange Beschäftigung in einer Firma wird zunehmend ersetzt duch die Gestaltung mehrerer Laufbahnen in unterschiedlichen Organisationen. Abb. 1 faßt diese mehrschichtige Zyklenbetrachtung zusammen. Die Konsequenzen für eine Mehrzahl individueller Laufbahnen sind deutlich: „Der mittlere Lebensabschnitt ist nicht mehr ein einem Höhe- und Sättigungspunkt zustrebender Bogen, sondern stückelt sich in eine wachsende Anzahl von Etappenneustarts und mehr oder weniger abrupten Abbrüchen. Die sog. Midlife-Crisis … wird tendenziell abgelöst von einer immer rascheren Folge von Höhe- und Tiefpunkten … Es gibt keine Sieger mehr, sondern nur mehr Etappensieger" (*Groß* 1993, S. 42).

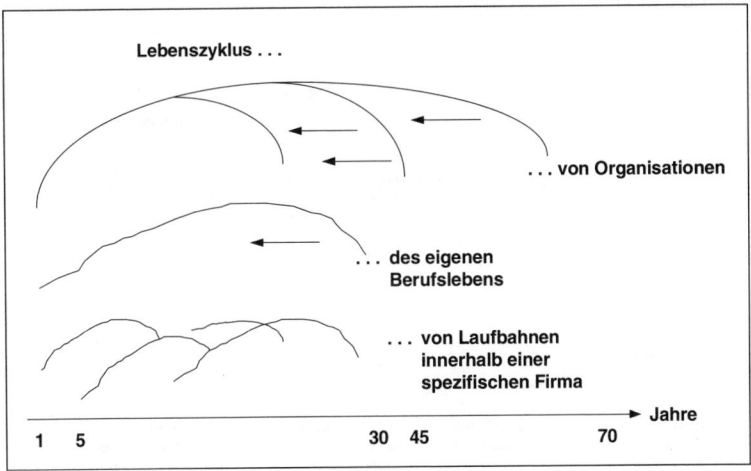

Abb. 1: Mehrschichtige Zyklen

Das klassische Phasenmodell einer Laufbahn von *Edgar Schein* (1978, Abb. 2) wird also in dieser Form weniger anzutreffen sein: Entweder es schrumpft zusammen und wiederholt sich mehrere Male, oder aber einzelne Phasen bleiben vollkommen unausgelebt. *Tyson* (1994, S. 3) charakterisiert die Situation aus angloamerikanischer Perspektive folgendermaßen:

„Immediately after the Second World War when the big corporations were seen to be economically and socially most powerful, a career was often synonymous with promotion, more or less routinely achieved. For the Organisation Man (there were few women managers in the 1950s and 1960s) each position was one of a series of stepping stones, which theoretically added value to the experience bank, to be drawn on when needed, and which also offered a network of friendships with colleagues on the way who could be relied upon for support. William H. Whyte in his famous treatise on „Organisation Man" reported that 48 % of Harvard graduates in the 1930s had worked for only one or two organisations in their entire working lifes.

This model of corporate life has been shattered by the two recessions of the 1980s. Flatter organisation structures, large-scale redundancy programmes as subsidiary companies disappeared, and the end to any guarantee of a career have produced radical changes to the career concept. Organisations such as the big banks have been scaling down their number of employees, and companies such as IBM which traditionally regarded a no-redundancy police as sacrosanct, have moved away from this position. Even the well-known Japanese company practice of a lifetime career is now being abandoned".

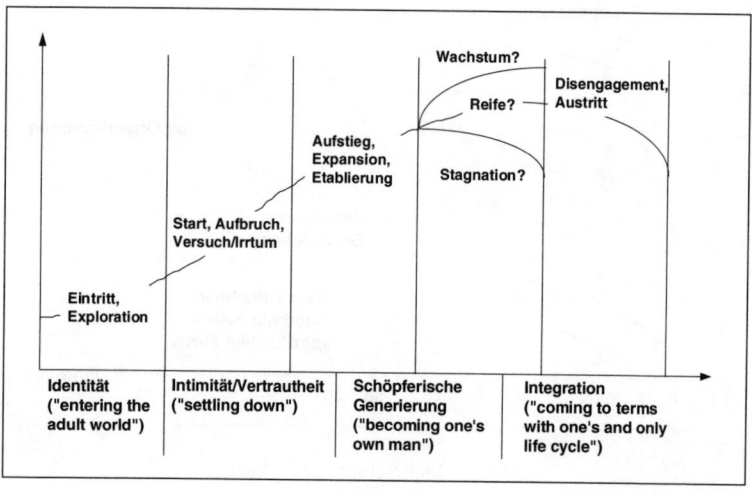

Abb. 2: Phasen beruflicher Entwicklung (nach *Schein* 1978)

Und *Peter Drucker* (1993) führt konsequenterweise mit folgenden Thesen weiter:

„Mehr als je zuvor muß der einzelne für sich selbst Verantwortung übernehmen, statt sich auf das Unternehmen zu verlassen. In unserem Land und jetzt auch in Europa und sogar Japan kann niemand erwarten, der schon 5 Jahre bei einem Unternehmen arbeitet, noch immer dabei zu sein, wenn er 40 Jahre später in den Ruhestand tritt. Auch darf niemand annehmen, er könne während der 40 Jahre im gleichen Unternehmen die Arbeit machen, die er tun will. Setzt ein Manager auf ein Großunternehmen, ist die Wahrscheinlichkeit, daß es innerhalb der nächsten zehn Jahre zerteilt wird, größer als die, daß es so bleibt, wie es ist.

Das ist eine neue Tendenz. Vor dem Ersten Weltkrieg waren Großunternehmen sehr stabil, und in den 20er Jahren erschienen sie beinahe wie tiefgefroren. Auch die große Depression überstanden viele ohne Veränderung. Es folgten 30, 40 Jahre, in denen sie um weitere Etagen zu Wolkenkratzern aufgestockt wurden beziehungsweise die Unternehmenszentralen weitere Flügel bekamen. Jetzt aber bauen Unternehmen sich nicht weiter zu Wolkenkratzern auf. Tatsächlich ist in den vergangenen zehn Jahren der Anteil der Beschäftigten, die für Unternehmen der *Fortune*-500 Liste arbeiten, von 30 auf 13 Prozent gefallen. Unternehmen, die früher wie Pyramiden für die Ewigkeit gebaut schienen, gleichen heute eher Zelten. Morgen sind sie verschwunden oder in völligem Durcheinander. Und das trifft nicht nur auf Unternehmen wie Sears, GM oder IBM zu, die ständig in den Schlagzeilen sind. Die Technik wandelt sich sehr rasch, so wie Märkte und Strukturen. Niemand kann sein eigenes Leben auf eine so vergängliche Organisation ausrichten".

1.1 Vielfalt an Laufbahnmustern

Karriere im 21. Jahrhundert wird eine neue Qualität besitzen: neben steilen vertikalen Karrierepfaden auch Portfolio-Laufbahnen oder sogar „Proteus Karrieren" (Abb. 3 in Anlehnung an: *Allred,* u. a. *1996).* Und von den alternativen Laufbahnmustern, die Hall (1985) beschrieben hat (siehe Abb. 4) werden die Pfade 5 bis 8 eher die PE-Landschaft der Zukunft bestimmen, anstelle der ständig vertikal aufwärts orientierten Pfade von 1 bis 4 bzw. der eher plateauorientierten Pfade 9 und 10. Fast warnend muß jedoch hinzugefügt werden, daß heute noch viele Manager sich ins „Plateau" entwickeln oder dorthin entwickelt werden, da die meisten Führungskräfte und Unternehmen den Übergang zu neuen Laufbahnmustern (noch?) nicht bewältigt haben. Andererseits bietet dieses Karriere-Szenario genügend Raum für rasante Aufstiege und hohe Einkommensprünge für diejenigen, die zum richtigen Augenblick rare Fähigkeiten anbieten können und kreative Karriere- bzw. Marketingstrategien besitzen und nutzen.

1.2 Flexible mehroptionale Laufbahnplanung

Bewerbungen – beim Berufseinstieg, aber auch im späteren Berufsleben – verlaufen nach veränderten Spielregeln:

- mehr Initiative,
- mehr Marktbeobachtung und -erforschung,
- mehr Versuchs-Irrtums-Schleifen,

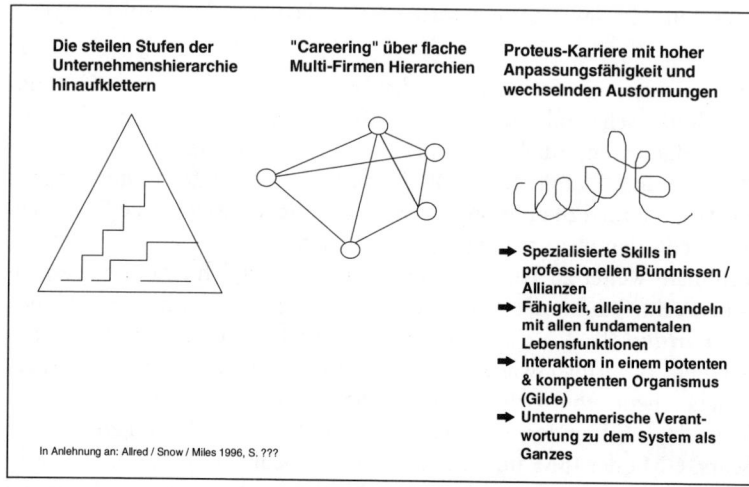

Abb. 3: Karriere-Portfolio im 21. Jahrhundert

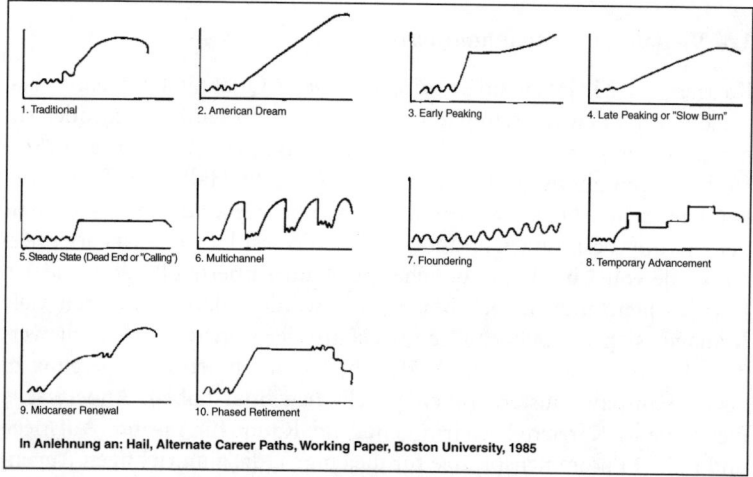

Abb. 4: Alternative Karrierepfade

- mehr und intelligentere Vorbereitung sowie
- professionellere Bewerbungsstrategien.

Berufseinstiege, Berufswechsel und Laufbahnen müssen mehroptional geplant werden und erfordern eine neue Flexibilität bezogen auf angestrebte, unterschiedliche Berufe, Arbeitgeber und Branchen, auf unterschiedliche Laufbahnperspektiven, auf Mobilität und auf Einstiegswege. Dieselbe intelligente Flexibilität wird von Unternehmen gefordert sein, die intellektuelles Spitzenkapital gewinnen und halten wollten: Professionelle Bewerbungsstrategien, Branding am Arbeitsmarkt, individuell differenzierte Einstiegs- und Entwicklungsoptionen, kulturelle und finanzielle Bindungsstrategien.

Obwohl Titel, Statussymbole, Führungsebenen und -positionen sowie Stabstellen drastisch abnehmen, ist die alte Programmierung nach „Kästchen und Stufen" aber noch schwer löschbar in den Köpfen verankert. Mentaler Wandel auf breiter Front ist angesagt. Anstelle des vertikalen Marsches durch die Hierarchie wird die eigene Entwicklung für mehr und mehr Menschen crossfunktional und horizontal stattfinden. Das Einlassen auf Zickzack-Laufbahnen, Job Rotation, die Bereicherung der eigenen Arbeit sowie die Suche nach anspruchsvollen Projekten werden deutlich zunehmen müssen. Die Verabschiedung vom Glauben an die Omnipotenz reinen Fachwissens wird noch schneller und früher einsetzen, Soft Skills werden mehr und mehr zusätzlich gefragt werden ebenso wie überfachliche methodische Schlüsselkompetenzen. Und die Verantwortung für das Erlernen bzw. Verlernen von Skills bzw. Kompetenzen wird noch mehr beim Einzelnen liegen.

1.3 Von der Planwirtschaft zur Markwirtschaft von Karriere

In Summe gesehen ist der einzelne immer weniger ein fremdgesteuertes Objekt einer planwirtschaftlichen Laufbahn- und Lerngestaltung, sondern agiert deutlich selbstverantwortlich.

„In times of great change the only way a person can be secure in their job is to become the owner of their career. Companies can no longer provide long-term security, so the skills, techniques and, most of all, the vision of how a person wants to build a career must reside within the individual" (*York* 1994, S. 71).

Anstelle des Wartens nach einem Ruf bzw. einer Berufung müssen die Mitarbeiter die Verantwortung für das eigene Fortkommen und die eigene Entwicklung selbst in die Hand nehmen: sich also aus einer (akzeptierten oder aufgezwungenen) „Opfer- zur Täterhaltung" entwickeln. „Self-Marketing" wird in diesem Zusammenhang eine Schlüsselkompetenz. Damit ist Marketing im tiefen Sinne gemeint, nicht der oberflächliche Verkaufsauftritt. Der einzelne muß Öffentlichkeit für seine echten Talente herstellen.

1.4 Entstehung von Portfolio-Laufbahnen

Insbesondere für Großkonzerne gilt, daß der Arbeitsmarkt des Mitarbeiters immer weniger nur das Unternehmen ist, sondern unternehmensübergreifend gesehen wird. Sowohl die Akzeptanz von Verantwortung für die eigene Laufbahn als auch die gesunkene Arbeitgeberloyalität einer lebenslangen Beschäftigung gegenüber legen nahe, daß Manager bzw. Wissensarbeiter vergleichbar Fußballspielern, die ihre zeitlich begrenzte aktive Zeit bestmöglich nutzen wollen, um ihr Potential auszuschöpfen, ihren Marktwert genau beobachten und entsprechend agieren müssen (siehe Abb. 5).

Neue Laufbahn- bzw. Karrieremuster

- Lebenszyklus der Karriere und Lebenszyklen von Karrieren werden kürzer
- Berufslaufbahn als „Sequenz von Erfahrungen" *(Edgar Schein)*
- Neue Klasse der Wissensarbeiter wächst, aber auch neues Analphabetentum

Neue Beschäftigungsmuster

- Keine Garantie lebenslanger Beschäftigung
- Ggf. deutlich kürzere Verweildauern in Organisationen
- Arbeitgeber- und arbeitnehmerseitig reduzierte Loyalität
- Verstärkter Wettbewerb um Bindungsstrategien für intellektuelles Kapital

Neue Muster des Laufbahn-Managements

- In alternativen Optionen der Beschäftigung denken und handeln
- Auch „worst case" als Teil des (Krisen-)Szenarios durchspielen
- Eigene Kernkompetenzen identifizieren und pflegen
- Multi-Skilling rechtzeitig beginnen
- Berufliche Varietät früh in die eigene Laufbahn integrieren
- Netzwerke aufbauen

Abb. 5: In neuen Mustern denken und handeln

„For individuals, the changing nature of careers has promoted new career strategies. Careers are no longer single employer or function-oriented. There are multiple careers. The portfolio career, or the mosaic career, is a mixture of jobs where each one can be carried out in conjunction with the others, or sequentially (siehe Abb. 6). This offers people a chance to move between different statuses, with opportunities for variety, challenge and rewards for special talents. Here we can think of the finance manager who also runs a market garden, and deals in antique clocks; the young city trader who runs a market stall at weekends; and the manager who job shares, runs a shop and works as a self-employed sub-editor for a publisher. Increasingly also, managers build careers between organisations, where experience is gained, to be displayed like campaign medals on the CV, as strategy for building a career" (*Tyson* 1994, S. 4) .

1.5 Selbstmanagement professioneller Identitäten

In Summe heißt das, daß das Individuum verschiedene professionelle Identitäten leben wird, Laufbahn zu einer Sequenz von Erfahrungen

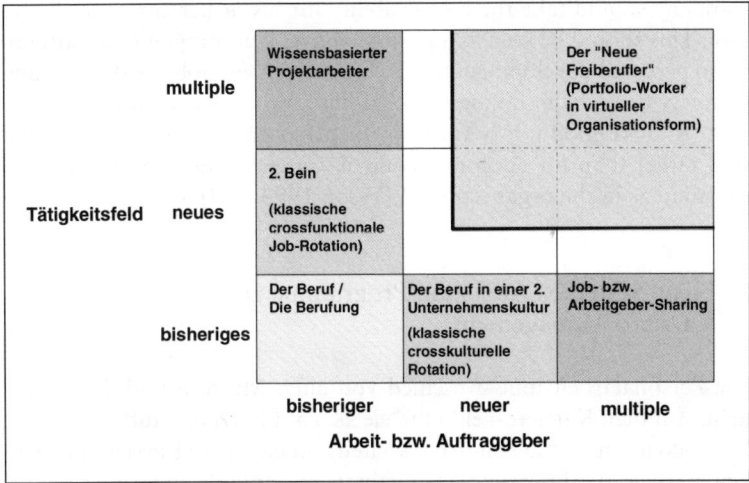

Tätigkeitsfeld	multiple	Wissensbasierter Projektarbeiter		Der "Neue Freiberufler" (Portfolio-Worker in virtueller Organisationsform)
	neues	2. Bein (klassische crossfunktionale Job-Rotation)		
	bisheriges	Der Beruf / Die Berufung	Der Beruf in einer 2. Unternehmenskultur (klassische crosskulturelle Rotation)	Job- bzw. Arbeitgeber-Sharing
		bisheriger	neuer	multiple
			Arbeit- bzw. Auftraggeber	

Abb. 6: Portfolio-Work und -Laufbahnen

wird und es eines ständigen Selbstmanagements verschiedener Optionen, Brüche und Unterbrechungen bedarf anstelle einer langfristigen Investition in eine einzige Karriere.

Die Auseinandersetzung mit und Gestaltung von Selbstentwicklung wird mit Friktionen und Stolpersteinen versehen sein. Menschen werden seltener den vollen Laufbahnzyklus von Start-up, Wachstum und Expansion, Reifung, Sättigung und Abschied er- und ausleben. Der einzelne wird mit Schnellstarts, Diskontinuität, Abbruch, unterschiedlichen Höhen, Tiefen, Krisen und Erfolgen umgehen. Zynischerweise kann man vielleicht bei dem einen oder anderen davon sprechen, daß er sich nur noch für einen begrenzten Laufbahnzyklus vorbereitet, indem er den Ersteintritt in eine neue Aufgabe trainiert, den allerersten Auftritt plant und zelebriert, den Take-off gestaltet, und vor der Reifung die Bühne verläßt – quasi wie im Show-Business (vgl. *Groß* 1993, S. 41).

„There is another kind of career strategy which is best understood by reference to Everett C. Hughes' definition of the subjective career as the image of oneself, and each career transition is seen as an opportunity for personal growth. This implies a shift away from corporate objectives towards more personal goals, including family and friends. It is rather like turning oneself into a corporation. This means the individual takes responsibility for his or her own destiny. Strengths are developed, weaknesses addressed and the personal „corporate" assets – knowledge, skills and contacts – are taken into account as much as the physical assets such as house, car and money in the bank. The shift to more personal goals coincides with the view that the individual rather than the company should take the responsibility for his or her career in the future. This should be seen as a positive move, if accompanied by attention to personal development needs. Empowerment, job satisfaction and maturity come from taking responsibility for one's own life. Commitment to do a good job is a matter for personal pride and professional skill rather than for corporate control. Career ladders are as much in the mind as in the organisation." (*Tyson* 1994, S. 4)

2. Neue Systeme, Tools und Programme zum Karriere-Management

Die Personalarbeit muß Abschied von alten Mustern und Tools nehmen. Auf dem Karriere-Feld muß sie sich auf kürzere Laufbahnzyklen, Verweildauern und Lebensarbeitszeiten, auf geringere Karrieremöglichkeiten sowie auf differenzierte Loyalitätsmuster und verstärkte Konkurrenz um Wissenskapital einstellen.

Das Ende langfristiger Laufbahn- und Nachfolgeplanungen bahnt sich an. Die Personalentwicklung muß mit Unvorhersehbarkeit und Opportunitäten umgehen lernen, Nachfolge-Reviews unter Notfall – bzw. Kurzfristaspekten gestalten und dabei Zickzack-Laufbahnmuster ermöglichen. Sie wird sich zunehmend als Koordinator und Makler von Projektaufgaben zu Menschen vice versa verstehen. Dabei wird es mehr um den Erwerb von Mobilität und Varietät gehen und weniger um Lücken(-füller)-Planung (Abb. 7).

- **Horizontale *"Fast Tracks"* in parallelen Funktionen ersetzen vertikale Laufbahn**

- **Netzwerkstrukturen fordern grenzüberschreitende "Lauf"-Bahnen**

- **Unterschiedliche Organisationsstrukturen und Motivstrukturen von Menschen erfordern differenzierte und individualisierte Entwicklungspfade**

- **Berufliche Varietät - *aber auf hohem Professionalisierungs-fundament* - erhält Employability der Wissensarbeiter (Kompetenz- Portfolio der Erfahrungen)**

- **Berufliche Varietät mit hoher Anpassungsfähigkeit erhält Employability der "Angelernten"**

Abb. 7: Mosaiksteine für eine neue Sicht der Personalarbeit

Das Unternehmen wird gefordert sein, der Selbstentwicklung ein individualisierteres Portfolio an Entwicklungswegen beizugeben. Hier ist ein Rückblick auf die *von Edgar Schein* (1978) schon vor vielen Jahren erstellte „Career Anchor"-Typologie hilfreich (Abb. 8). Unterschiedlichen Motivstrukturen von Menschen müssen individuell differenzierte Laufbahnpfade beigestellt werden. Die Entwicklung neuer Pfade wie z. B. Projektlaufbahn, Beratungsgeschäft, Netzwerk-Laufbahn, Freelancertum wird unabdingbar.

Dominierendes individuelles Orientierungsmuster (Talente, Bedürfnisse, Werte)	Entwicklungspfad
Generelle Managementkompetenz	Aufwärtsmobilität, General Management Karriere
Spezifische, technisch-funktionale Kompetenz	Experten-/Stabslaufbahn ("Knowledge Worker")
Berufliche Breite und Abwechslung	Horizontale Entwicklung (Job-Rotation, -Enlargement, -Enrichment)
Autonomie und Freiheit ("Nonkonformer Idealist")	Aufgaben mit hoher Gestaltungsfreiheit und grenzüberschreitenden Spielräumen
Kreativität und unternehmerische Herausforderung ("Entrepreneur")	Aufgaben, die Neuland darstellen (New Ventures, Start up-Geschäfte)
Sicherheit und Stabilität ("Organization Man")	Routine und Konstanz in der Aufgabe
Verantwortung für die Gesellschaft / das Wohl anderer	Wertorientierte, altruistische Aufgaben
Life Style	Balance zwischen Arbeit und Privatleben (Teilzeitarbeit)

Abb. 21: Karriereanker

Es wird mehr Wert auf valide, diagnostische Tools gelegt werden müssen und etwas weniger Wert auf kompakte Förder- und Entwicklungsaktivitäten. Die Lernperiode nach dem Eintritt in eine Organisation wird sich deutlich verkürzen müssen. Man wird Frühwarnsignale innerhalb verkürzter Laufbahnen benötigen. Leistungs- und Potentialeinschätzung muß mit dem Dilemma umgehen, daß aus kürzeren Zeiträumen heraus Qualitätsaussagen getroffen werden müssen.

„Leane" Führungsstrukturen erfordern auf jeden Fall „leane"-Programme der Personalentwicklung. Hierarchisch gestaffelte Förderprogramm-Strukturen werden endgültig der Vergangenheit angehören. Ganz im Gegenteil: Förderprogramme werden zunehmend zu Marktplätzen für Talente und Plattformen der Sichtbarkeit.

Nachdem Karriere als Anreizsystem an Bedeutung verliert, müssen neue Anreizsysteme wie Sichtbarkeit, Übernahme größerer und herausfordernder Projekte, Arbeit mit besseren Teams usw. die alten Statussym-

bole ersetzen. „Maintaining motivation at a time when there are few career prospects requires imaginative policy making. Horizontal development, job enlargement and job enrichment as well as empowerment, are
among the means adopted to keep up the challenge, interest and job satisfaction; without the carrot of promotion. At a more cosmetic level,
job retitling and redrawing the organisation chart gives the impression
of improvement, with some short-term motivational effects" (*Tyson*
1994, S. 4). Total-Compensation-Konzepte mit flexiblen Benefits sind
konsistent mit der skizzierten Individualisierungsphilosopie.

Beschäftigungsverhältnisse auch für Führungskräfte werden in ihrem
Charakter provisorischer. „Working people have always been hired and
fired according to the demand for their labour. Now managers are
equally subjected to the vagaries of the product market. Today, managers are more frequently recruited on short-term contracts and have
their work outsourced. There are temporary executives, executives who
work part-time, who job share and who can only obtain promotion if
they apply for it when they will be considered alongside external candi-
dates" (*Tyson* 1994, S. 4). Führungskräfteverträge auf Zeit (z. B. für die
Dauer von Projektaufgaben), Management-Audits zur Bewerbung auf
Aufgaben in neuen Strukturen, Interims-Management bis hin zum Job-
Sharing in Managementaufgaben sind Ausdruck dieser Entwicklung.

Und das Unternehmen wird gefordert sein, neue Wege zu finden und
auch zu gehen, um im Unternehmen mit der Gefahr sinkender Arbeit-
nehmerloyalität, mit innerer Kündigung in krisengeschüttelter Restrukturierung sowie mit potentieller Abwanderung der Besten bzw. der Leistungsträger umzugehen. Und was die Gewinnung tüchtiger Talente
vom Arbeitsmarkt betrifft, so stellt sich die Aufgabe, in einer neuen und
anderen Form die Wettbewerbsfähigkeit der eigenen Personalpolitik
und die Attraktivität für Kandidaten bzw. Interessenten am externen
Markt zu kommunizieren. „To be preferred employer", herausragende
Nachwuchsbrands besitzen, über Humankapital differenzieren: das
sind Gütemerkmale exzellenter Unternehmen.

3. Neue Philosopie: Personalarbeit wird Beratung für Karriere und Kompetenzen

All dieses fordert die Personalarbeit umfassend auf dem Gebiet der
Qualifikations- und Laufbahnberatung, der Hilfestellung in Transiti-
onsphasen und insbesondere bei kritischen Bruchstellen. Wenn *Groß*
(1993, S. 44) davon spricht, daß Organisations- und Personalentwicklung eine Art „biographischer Paketschnürdienst" sei, der sich bemühe,
„die Lebenszyklen der Mitarbeiter abzustimmen und die Anreize so zu

setzen, daß gravierende Kollisionen vermieden und relevante Entscheidungen der jeweiligen Lebensphase getroffen werden", so knüpft das an
die seit Ende der 70er Jahre geführte Praxisdiskussion um die Gestaltung lebenszyklus- bzw. lebensphasenorientierter Personalentwicklung
(*Hirth* 1980, S. 126; *Sattelberger* 1980, S. 83 f.; *Hirth/Sattelberger/Stie-
fel* 1981; *Fischer* 1989, S. 47; *Sattelberger* 1995, S. 287 ff.; *Sattelberger*,
1996, S. 218 ff.; sowie *Stiefel* in verschiedenen Publikationen über viele
Jahre hinweg) an. Allerdings haben nur relativ wenige Unternehmen die
lebenszyklusorientierte Personal- bzw. Persönlichkeitsentwicklung zu
einem der relevanten Geschäftsfelder bzw. zum Thema eigener strategischer Personalarbeit gemacht. Daß diese Aufgabe in der Selbstverantwortung des Individuums gesehen wird, ist zuvor beschrieben worden,
darf jedoch nicht zum Alibi für Faulheit des Personalbereiches werden.

- Das Selbstmanagement der Berufs- bzw. Lebenskurve(n) im Sinne einer Lebensplanung,
- das Klären eigener Kernkompetenzen und möglicher Entwicklungsbedarfe,
- die Verknüpfung von Kompetenzen mit passenden Aufgaben,
- das Management des Übergangs in kritischen Berufs- und Lebens-
  phasen im Sinne einer Evaluierung von Optionen,
- die Entscheidung zwischen teilweise widersprüchlichen Optionen sowie das Management von Karriere-Implementierung und Kompetenzentwicklung

sind zwar Kernaufgaben jedes einzelnen. Die betriebliche Personalarbeit ist jedoch gefordert, professionelle Beratungskompetenz sowie Be-
ratungsstrukturen und -kontext zu schaffen bzw. vorzuhalten.

4. Blaupause strategischer und operativer Handlungsfelder

In Summe gesehen kann eine Personalfunktion strategisch-proaktiv die
Zukunftsgestaltung betreiben oder operativ-reaktiv an der Reparatur
nach dem „Bombenwurf" mitwirken. Dies kann sachlich mit dem Fokus auf das einzelne Individuum wie mit dem Fokus auf Bereiche bzw.
die Gesamtorganisation realisiert werden (Abb. 9a). Ausgewählte
Handlungsfelder in den vier „Schubladen„dieser strategischen Blaupause sind in den Abbildungen 9 b–e dargestellt.

5. Offene Fragen zum Abschluß

Zur beruflichen Identität und Laufbahngestaltung
Was bedeutet es, daß es zunehmend weniger Berufe und Berufungen
fürs Leben gibt? Wie viele professionelle Identitäten kann ein Indivi-

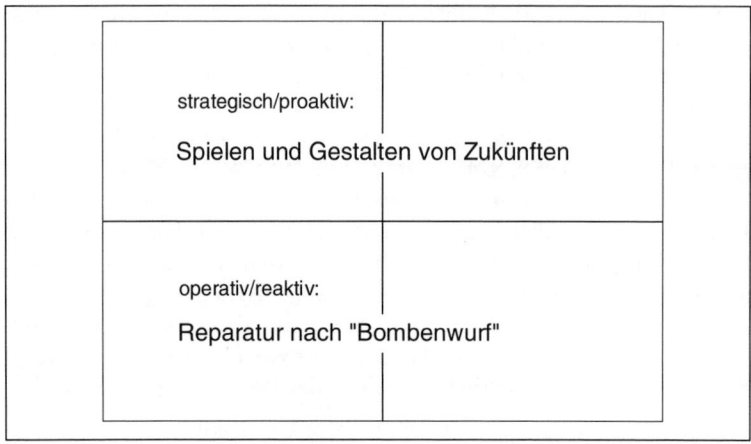

Abb. 9 a: Blaupause möglicher PE-Antworten

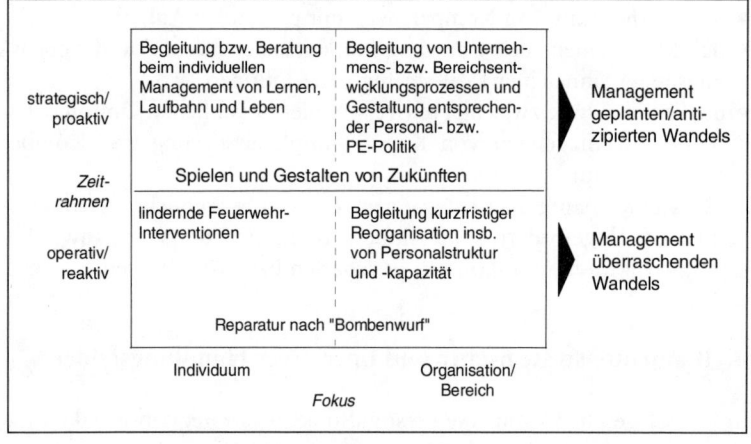

Abb. 9 b: Blaupause möglicher PE-Antworten

duum in unseren westeuropäischen Breiten, die ja kulturell deutlich anders als die amerikanischen sind, leben? Sind unsere Unternehmen kreativ genug, um Laufbahnpfade analog der individuellen Karrieremotive wirklich zu individualisieren? Ist ein ganz großer Wurf in Sicht, daß die Selbstentwicklung die Personalentwicklung ersetzt: d.h. „Development of Resourceful Humans versus Human Resource Development"? Und noch krasser: daß Auswahl- und Rekrutierungsprozesse das Primat gegenüber Förderung und Entwicklung einnehmen werden.

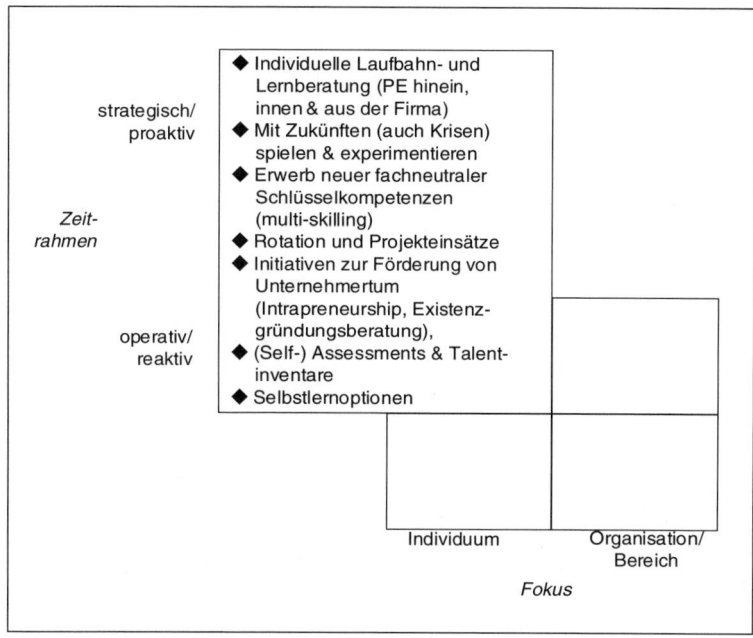

Abb. 9c: Blaupause möglicher PE-Antworten

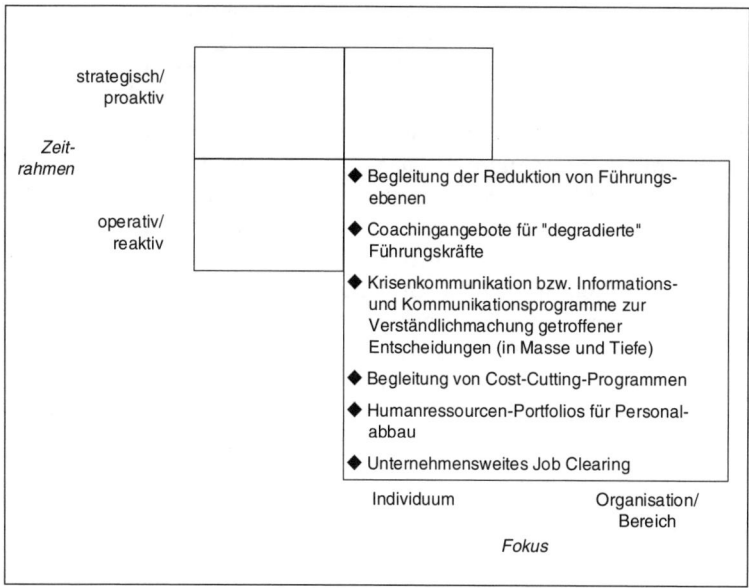

Abb. 9d: Blaupause möglicher PE-Antworten

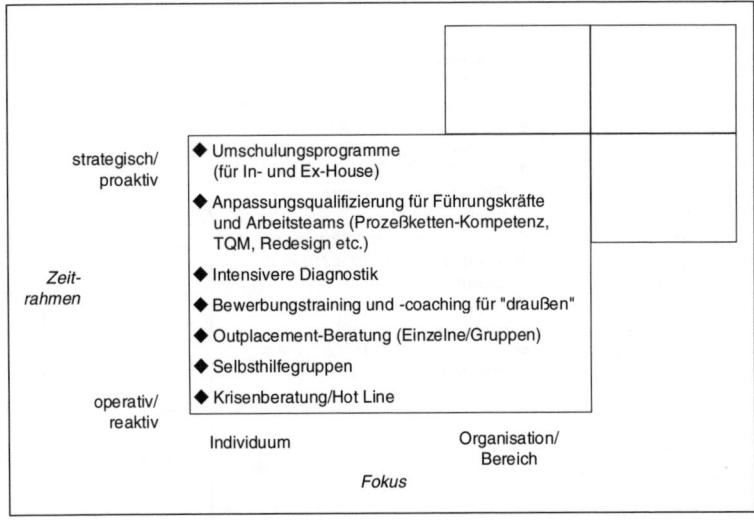

strategisch/
proaktiv

◆ Umschulungsprogramme
  (für In- und Ex-House)

◆ Anpassungsqualifizierung für Führungskräfte
  und Arbeitsteams (Prozeßketten-Kompetenz,
  TQM, Redesign etc.)

Zeit-
rahmen

◆ Intensivere Diagnostik

◆ Bewerbungstraining und -coaching für "draußen"

◆ Outplacement-Beratung (Einzelne/Gruppen)

◆ Selbsthilfegruppen

operativ/
reaktiv

◆ Krisenberatung/Hot Line

Individuum   Organisation/
                                Bereich

Fokus

Abb. 9 e: Blaupause möglicher PE-Antworten

Zur Loyalität und Motivation

Wie kann angesichts sinkender wechselseitiger Loyalität in den Arbeitgeber/Arbeitnehmerbeziehungen ein akzeptabler Standard erhalten bleiben? Wie geht die Personalarbeit mit Zynismus, Resignation und manchmal sogar Apathie in Lean Companies um, insbesondere in Europa, das unternehmerischen Kulturen und Arbeitsmärkten gegenüber (noch) nicht aufgeschlossen ist? Stehen uns ähnliche Motivationskrisen bevor, wie sie in einer groß angelegten Studie des mittleren Managements britischer Großunternehmen zu Tage gebracht wurden (*Goffee/Scase*, 1992) ? Mehr als 80 Prozent der befragten Manager geben in der Studie an, in der eigenen Karriere nicht die Position erreicht zu haben, die sie für sich in bezug auf ihr Alter und die Dauer ihrer Berufstätigkeit eigentlich für angemessen halten würden. Die Untersuchung deckt fatale Konsequenzen für Unternehmen auf. „Nur noch 35 Prozent der Manager glauben, daß sich der individuelle Einsatz und die sonstigen persönlichen Opfer, die für das Unternehmen gebracht werden, für sie selbst lohnten. Das persönliche Engagement würde deshalb auf ein gerade noch toleriertes Minimum reduziert und Initiativen und Innovationsideen von oben würden blockiert. Es verbreite sich eine zynische Veränderungsfeindlichkeit. Bei den älteren Managern sei ein starker Wunsch nach Frühpensionierung mit 55 Jahren festzustellen. Bei anderen sei dagegen der Gedanke an einen Ausstieg und die Gründung eines eigenen, kleinen Unternehmens verbreitet. .... Viele der befragten Manager klagten außerdem über Schlaflosigkeit, Kopfschmerzen, einen überhöhten Medikamentenkonsum, Schwierigkeiten mit Alkohol, in der Beziehung oder mit der Familie insgesamt. Allerdings würden die Schwierigkeiten im Unternehmen nicht angesprochen" (Unzufriedenheit im britischen Management, in: Blick durch die Wirtschaft, 3. Juni 1992)

Zur Unternehmenskultur

Werden Unternehmenskulturen angesichts kürzerer Lebenszyklen von Organisationen einerseits und kürzerer Verweildauern von Mitarbeitern andererseits zu künstlichen Zufallsgeneratoren, und was heißt dann Kulturarbeit? Welche Bedeutung haben Unternehmenskulturen in Zeiten von Rezession und Restukturierung? Ist Kultur Einweg- und Wegwerfverpackung pro Strukturveränderung?

Literatur

Allred, B. B./Snow, C. C./Miles, R. E.., Characteristics of Managerial Carees in the 21st Century, in: Academy of Management Executive, Vol. 10, No. 4, 1996.

De Geus, A. P., Unternehmen haben mehrere Zukünfte. Vom Leben und Sterben von Organisationen, in: *Sattelberger, Th.*, Human Resource Management im Umbruch, Wiesbaden 1996.

De Geus, A. P., Stockton Lecture an der London Business School, unveröffentlichtes Vortragsmanuskript, 3. Mai 1990.

De Geus, A. P., Planning as learning, in: Harvard Business Review, Vol. 66, 1988.

Drucker, P., Manager in der nachkapitalistischen Ära, in: Harvard Business Manager, 4/1993.

Fischer, H. P., Die Arbeit des Sisyphus oder unsere Mission als Bildungsbereich in einer Automobilfabrik, in: *Sattelberger, Th.* (Hrsg.), Innovative Personalentwicklung, 3. Auflage, Wiesbaden 1995.

Goffee, R./Scase, R., zitiert in: Blick durch die Wirtschaft, „Unzufriedenheit im britischen Management", 3. Juni 1992.

Groß, P., Dissonanz der Lebenszyklen. Zwischen Produktlebenszyklen und Lebensportfolio, in: gdi Impuls, Nr. 1/1993.

Hall, D. T., Alternate Career Patterns, unpublished Working Paper, Boston University 1985.

Hilb, M., Konzept eines strategischen und integrierten Personalmanagements, in: Neue Zürcher Zeitung, 26. November 1992.

Hirth, R., Partizipativer Unterricht, autonome Lerngruppen und Life-Styling für Auszubildende, in: *Kurtz, H. J./Sattelberger, Th.*, Organisationsentwicklung in der betrieblichen Ausbildung, München 1980.

Hirth, R./Sattelberger, Th./Stiefel, R. Th., Life-Styling. Das Leben neu gewinnen, Landsberg am Lech 1981.

Ludz, H., Personalentwicklung: Zwischen Produktzyklen und Lebensplanung, in: Personalführung 11/1993.

Sattelberger, Th., Sozialisation, Ausbildung und Organisationsentwicklung. Praxisrelevanz theoretischer Aussagen und deren Umsetzung, in:

Kurtz, H. J./Sattelberger, Th., Organisationsentwicklung in der betrieblichen Ausbildung, München 1980.

Sattelberger, Th., Lebenszyklusorientierte Personalentwicklung, in: *Sattelberger, Th.* (Hrsg.), Innovative Personalentwicklung, 3. Auflage, Wiesbaden 1995.

Sattelberger, Th., Personalentwicklung neuer Qualität durch Renaissance helfender Beziehungen, in: *Sattelberger, Th.* (Hrsg.), Die lernende Organisation, 3. Auflage, Wiesbaden 1996.

Schein, E., Career Dynamics, 1978.

York, B., During Difficult Times Invest in People, in MCE Yearbook 1994.

Teil II

Personalberatung – Eine Branche im Überblick

Kapitel 4

Personalberatung in Deutschland – Die Entwicklung einer Dienstleistung

von *Jörg Murmann*

1. Die frühen Anfänge – Die 50er Jahre

Personalberatung im engeren Sinn, d.h. die Suche und Auswahl von Führungskräften ist ein relativ junges Beratungsfeld der unternehmens-nahen Beratungsdienstleistungen. Es gab in den USA, dem Mutterland der Personalberatung, zwar bereits in den 30er Jahren (*Dahlems,* 1994, S. 87 f.), erste Versuche, die Dienstleistung zu etablieren, doch gewann die professionelle und organisierte Personalberatung dort erst nach dem zweiten Weltkrieg im Zuge der rasant fortschreitenden Industrialisierung an Bedeutung. Im Gegensatz zu deutschen Unternehmen hatten es amerikanische viel früher erkannt, daß sie sich nur dann gegenüber ihren Wettbewerbern behaupten können, wenn eine optimale Allokation des Humankapitals gegeben ist.

Es dauerte bis Mitte der 50er Jahre, bis sich diese Sichtweise in Ansätzen auch in Deutschland durchsetzte. Von einer konsequenten mittel- oder langfristigen Personalplanung, die sich mittlerweile in den USA durchgesetzt hatte, konnte jedoch noch lange nicht die Rede sein. Zusätzlich zu diesem zögerlichen personalpolitischen Umdenken in den Unternehmen kam der Umstand, daß insbesondere in der Altersgruppe zwischen 35 und 45 Jahren ein starker Mangel an gut ausgebildeten Fach- und Führungskräften vorherrschte. Entweder waren diese Arbeitnehmer im Zweiten Weltkrieg ums Leben gekommen oder es fehlte an praktischer Berufserfahrung. Dieses Umfeld und die fehlende Erfahrung in der Rekrutierung von Führungskräften führte dazu, daß Unternehmen vereinzelt auf die Dienste von Personalberatern zurückgriffen. Da die Direktansprache von Kandidaten, auch Executive Search oder Headhunting genannt, erst einige Jahre später an Bedeutung gewann, geschah dies fast ausschließlich über die anzeigengestützte Suche in überregionalen Tageszeitungen. Bis Anfang der 60er Jahre lag das Tätigkeitsfeld des Personalberaters ausschließlich in der Unterstützung bei der Suche und Auswahl von Kandidaten/Bewerbern. Erst später gewannen Aufgabenfelder wie die Personalentwicklung an Bedeutung.

Behindert wurde der Aufschwung der Personalberatung in Deutschland im Gegensatz zu anderen Ländern seit jeher durch rechtliche Rahmenbedingungen. Das aus dem Reichsförderungsgesetz abgeleitete und 1952 in Kraft getretene Arbeitsförderungsgesetz (AFG) sah ein grundsätzliches staatliches Arbeitsvermittlungsmonopol der Bundesanstalt für Arbeit (BA) vor. Dieses wurde im Führungskräftebereich durch eine Unterabteilung der hierfür zuständigen Zentralstelle für Arbeitsvermittlung (ZAV) wahrgenommen. Die Vermittlung von Fach- und Führungskräften durch diese Abteilung der ZAV hat jedoch unbestritten nie den erhofften Erfolg erbracht, so daß deren ursprünglicher Alleinvermittlungsanspruch über Jahrzehnte heftig diskutiert wurde.

Das oben beschriebene rechtliche Umfeld führte dazu, daß Personalberatung in Deutschland im Gegensatz zu vielen anderen Ländern, in denen entweder kein derartiges Vermittlungsmonopol existierte oder die Dienstleistung als eigenständige Beratungstätigkeit angesehen wurde, immer in einem möglichen Konflikt mit dem Monopol der BA stand. Diese untragbaren und unbefriedigenden Rahmenbedingungen sollten jedoch noch bis zum Jahr 1970 Bestand haben.

2. Die Jahre der Etablierung – Die 60er und 70er Jahre

Die frühen 60er Jahre standen weiterhin im Zeichen der anzeigengestützten Suche. Die Zahl von 300 Suchaufträgen pro Jahr mag deutlich machen, daß sich erst langsam ein Markt für Personalberatungsdienstleistungen bildete.

Mit der Personalentwicklung trat ein weiterer Beratungsbereich neben das originäre Betätigungsfeld der Suche und Auswahl von Führungskräften.

Erst Mitte der 60er Jahre gelangt die aus Amerika stammende Methode der Direktsuche von Führungskräften nach Deutschland. Hier gehörte das amerikanische Unternehmen *Spencer Stuart* 1964 zu den ersten bedeutenden Beratungsgesellschaften, die schwerpunktmäßig mit der Methode der Direktansprache von potentiellen Kandidaten arbeitete.

Die Vorgehensweise bei der Direktsuche beschränkte sich zu dieser Zeit noch ausschließlich auf das „Jagen von Köpfen", d. h., bereits identifizierten Führungskräften Managern ein lukratives Wechselangebot zu unterbreiten und Sie zu einem Unternehmenswechsel zu bewegen. Der eigentliche Beratungsaspekt spielte zu dieser Zeit eine eher untergeordnete Rolle. Im Gegensatz zur Anzeigensuche wurde die Direktansprache ausschließlich für Positionen im Top-Management eingesetzt. Es ist zu vermuten, daß die damalige Arbeitsweise des „Headhunters" zu dem auch heute noch teilweise anzutreffenden schillernden und geheimnisvollen, mit einem Flair der Halbwelt behafteten Image der gesamten Branche geführt hat. Dieses Bild ist möglicherweise auch darauf zurückzuführen, daß die Direktsuche von Kandidaten bis zum Jahre 1990 gesetzlich verboten war und „Headhunter" ihre Tätigkeit nur mit Duldung der BA ausüben konnten.

Bis zum Jahr 1970 mußten Personalberater damit rechnen, daß ihre Tätigkeit als unerlaubte Arbeitsvermittlung angesehen wurde und somit eine Angriffsfläche für rechtliche Verfolgungen bot.

Die aus dem Jahre 1957 stammenden „Grundsätze zur Abgrenzung von Personalberatung und Arbeitsvermittlung bei der Besetzung von Stellen für Führungskräfte der Wirtschaft" wurden im Jahre 1970, unter anderem bedingt durch den starken Anstieg der Zahl der Personalberatungsunternehmen, neu gefaßt. Hieran waren neben der ZAV, der BDU, das Bundesminsterium für Arbeit und Sozialordnung und die Bundesvereinigung der Deutschen Arbeitgeberverbände maßgeblich beteiligt. Die Grundsätze gingen von einem Bild des Personalberaters aus, der aufgrund eines umfassenden Unternehmensberatungsauftrags tätig wurde und bei dessen Abwicklung in vielen Fällen auch die Mitwirkung bei der Besetzung von Führungspositionen der Wirtschaft anfiel. Die dabei beschrittene Suchmethode beschränkte sich fast ausnahmslos auf die Schaltung von Stellenanzeigen in einschlägigen Medien. Diese Abgrenzungsgrundsätze bildeten innerhalb des vorgegebenen rechtlichen Rahmens des AFG eine Art „modus vivendi". Personalberatern war es demnach erlaubt, ihrer Tätigkeit zumindest im Zuge des oben beschriebenen Berufsbildes nachzugehen.

Ein Personalberater durfte fortan bei der Führungskräftesuche immer dann tätig werden, wenn

• ein Beratungsauftrag von einem Unternehmen vorlag und
• sich die Suche auf eine Führungs- oder gleichgestellte betriebswichtige Spezialposition bezog.

Eine unerlaubte Vermittlung hingegen wurde vermutet bei

• der Nicht-Führungskräftesuche,
• einem Tätigwerden ohne Beratungsauftrag,
• dem Führen von Bewerberkarteien sowie
• der Annahme von Vergütungen von Bewerbern.

An den prinzipiell unbefriedigenden Regelungen des AFG konnten jedoch auch die „Abgrenzungsgrundsätze" wenig ändern. Der Personalberater bewegte sich immer noch im „halblegalen" Umfeld. Bis zum 1.8.1994 sollte sich an dieser Situation auch wenig Grundlegendes ändern.

3. Eine Branche boomt – Die 80er Jahre

Die 80er Jahre waren durch zweistellige jährliche Umsatz- und Anbieterzuwächse insbesondere im Bereich der Direktsuche gekennzeichnet.

In diesem Zeitraum stieg nach Schätzungen des BDU die Anzahl der in Deutschland tätigen Personalberater von 1000 auf mehr als 2500 Anbieter. Der Branchenumsatz hingegen nahm in dieser Zeit von ca. DM 200 Mio. auf ca. DM 530 Mio. zu. Ein Grund für diese explosionsartige Entwicklung der Branche lag sicherlich auch darin, daß es die Unternehmen in den späten 70er Jahren versäumt hatten, Personalreserven aufzubauen.

Ein Indiz für die stetig wachsende Bedeutung der Personalberatung zu dieser Zeit ist auch die Anzahl der unter der Mithilfe von Personalberatern rekrutierten Führungskräfte. Wurden Mitte der 70er Jahre lediglich 20 % aller Führungskräfte über Personalberater gesucht, waren es Mitte der 80er Jahre bereits 50 %, im Top-Managementbereich sogar noch deutlich mehr (*Rohde* 1992, S. 8).

In dem oben beschriebenen Umfeld blieb es jedoch nicht aus, daß sich auch die Anbieterstruktur veränderte. Bislang war das Verhältnis zum Klienten i.d.R. durch eine, meist über Jahre andauernde, enge Zusammenarbeit gekennzeichnet. Der Personalberater hatte somit nicht nur ein Vertrauensverhältnis zum Klienten aufbauen können, sondern besaß einen intensiven Einblick in die Unternehmenskultur und seine Organisationsstruktur.

Durch den erhofften Erfolg angezogen, drängten verstärkt Anbieter auf den Markt, deren Existenz häufig nur wenige Jahre andauerte. Danach waren sie wieder vom Markt verschwunden und hinterließen häufig eine Flut an Prozessen und verbrannte Erde. Ziel dieser zahlenmäßig zunehmenden Gruppe, die meistens nur auf die Vermittlung von Adressen und Lebensläufen spezialisiert war, ohne jedoch die fachliche Qualifikation zur Umfeldanalyse und Beurteilung der Bewerber zu besitzen, war nicht die qualifizierte Beratung, sondern vielmehr der Reiz des „schnellen Geldes".

4. Eine Branche erhält ihre gesetzliche Legitimierung – Die 90er Jahre

Im Zusammmenhang mit dem starken Ansteigen der Zahl der Personalberatungsunternehmen hat sich in deren Tätigkeitsbild in den vergangennen Jahren ein erheblicher Wandel vollzogen. Bedingt durch die Nachfrage, sowie dem amerikanischen Vorbild entsprechend, hatte sich die Personalberatung zu einem selbständigen, von der Unternehmensberatung losgelösten Dienstleistung entwickelt. Dabei rückte die Direktsuche von Kandidaten immer mehr in den Vordergrund. Diese Entwicklungen machten eine Modifizierung der im Jahr 1970 aufgestellten „Grundsätze zur Abgrenzung von Personalberatung und Arbeitsvermittlung bei der Besetzung von Stellen für Führungskräfte der Wirtschaft" notwendig.

Im Juli 1990 paßte die BA die Abgrenzungsgrundsätze in Zusammenarbeit mit dem Bundesverband Deutscher Unternehmensberater BDU e. V. und dem Arbeitskreis der Personalberater in Deutschland (heute VDESB) den sich geänderten Verhältnisse an.

Die Personalberatung war von nun an nicht mehr an einen umfassenden Unternehmensberatungsauftrag gebunden. Wichtigstes Indiz für die Tätigkeit als Personalberater war die Art der Honorierung. Diese durfte sich ausschließlich am Zeitaufwand des Personalberaters orientieren. Auch der Begriff „Führungskräfte der Wirtschaft" fand eine Erweiterung. Führungskräfte waren demnach auch diejenigen Arbeitnehmer, die als unmittelbare Nachfolger für eine Führungsposition vorgesehen sind. Diese Position wurde regelmäßig bei Arbeitsnehmern vermutet, die ein Gehalt über DM 120 000 beziehen und in einer für den Bestand und die Entwicklung eines Unternehmens oder von Unternehmensteilen bedeutenden Position tätig sind. Somit waren erstmals auch Führungsnachwuchskräfte in die Definition einbezogen. Die bedeutendste Änderung betrifft jedoch die zu dieser Zeit bereits international übliche Direktsuche, die von nun an unter bestimmten Voraussetzungen offiziell zugelassen war.

Ein Ende des deutschen Arbeitsvermittlungsmonopols war in Sicht, als der Europäische Gerichtshof in seinem Urteil vom 23. April 1991 entschied, daß das Vermittlungsmonopol der Bundesanstalt gegen EG-Wettbewerbsrecht verstoße, soweit es die Betätigung deutscher Personalberater für Auftraggeber oder Kandidaten aus anderen EG-Mitgliedsstaaten oder die Tätigkeit ausländischer Personalberater in Deutschland betraf. Das Urteil stellte jedoch de facto nur eine Legitimierung ausländischer Personalberater auf dem deutschen Markt dar und war somit für deutsche Personalberater eher von untergeordneter Bedeutung. Es führte jedoch zumindest dazu, daß der Bundesgerichtshof die Frage, ob die geltende deutsche Rechtssituation nicht gegen den Grundsatz der Gleichberechtigung (Art. 3 GG) verstoße, an das Bundesverfassungsgericht weitergab und eine Anpassung des deutschen Rechts an internationale Rahmenbedingungen in Aussicht stand.

In den Jahren 1993 und 1994 fand das Sprichwort „In wirtschaftlich schlechten Zeiten haben Berater Hochkonjunktur" seine Bestätigung. Die rezessionsbedingte Entlassungswelle führte dazu, daß die Anbieterzahl im Jahr 1993 von 1.200 auf 1.400 Unternehmen anstieg. Viele der neu am Markt agierenden Berater verfolgten jedoch weniger das Ziel, sich langfristig zu etablieren, sondern wollten in einem für die Profession günstigen wirtschaftlichen Umfeld schnell an das „große Geld" kommen. Der Anstieg der Fluktuationsrate in der Branche mag ein Indiz für diese These sein *(Küster* 1995, S. 71).

Das damalige wirtschaftliche Umfeld hatte jedoch auch negative Auswirkungen auf die Personalberater. Um zu überleben, mußten insbesondere diejenigen Berater, die sich schwerpunktmäßig auf die Suche im Middle-Management konzentriert hatten und zudem zu einem großen Anteil für Klienten aus der EDV-Industrie, dem Maschinenbau, der Chemie oder anderen krisengeschüttelten Wirtschaftszweigen arbeiteten, in anderen Branchen Neukunden akquirieren. Diese für viele Berater oftmals unüberwindbaren Schwierigkeiten führten dazu, daß sich nicht wenige Berater mit Ihrer Tätigkeit in den Bereich der (noch) verbotenen privaten Arbeitsvermittlung orientierten. Insofern nahm der Markt eine Entwicklung voraus, die der Gesetzgeber schließlich durch die Änderung des AFG legalisierte. Wie bereits erwähnt, war es nach § 4 des AFG in der Fassung von 1952 ausschließlich der Bundesanstalt für Arbeit vorbehalten, Berufsberatung, Vermittlung in berufliche Ausbildungsstellen und Arbeitsvermittlung durchzuführen. Dieser rechtliche Rahmen wurde am 1.8.1994 nach über 40 jährigen Verhandlungen zwischen dem BDU und anderen Interessenvertretungen nicht nur an europäische Vorgaben, sondern auch an nicht mehr aufzuhaltende Entwicklungen des deutschen Marktes angepaßt.

Durch eine Ergänzung des § 13 Abs. 3 AFG wurde klargestellt, daß „die im alleinigen Interesse und Auftrag eines Arbeitgebers erfolgende Unterstützung bei der Selbstsuche nach Arbeitskräften" keine Arbeitsvermittlung darstellte. Personalberater, die sich mit ihrer Tätigkeit an die gesetzlichen Vorgaben halten – hier ist als wichtigstes Abgrenzungskriterium das zu vereinbarende Fest- oder Zeithonorar des Beraters anzusehen – benötigen auch künftig keine Zulassung als Arbeitsvermittler und unterliegen, im Gegensatz zu privaten Arbeitsvermittlern, nicht der Aufsicht durch die BA.

5. Personalberatung heute – Ein Marktüberblick

5.1 Die aktuellen gesetzlichen Rahmenbedingungen

Den aktuellen gesetzlichen Rahmen für die Personalberatung bildet das SGB III in der Fassung vom 1. 4. 1997, das mit Wirkung vom 1. 1. 1998 in Kraft trat. Hieraus ergeben sich einige markante Veränderungen zum AFG. Die Tätigkeit des Personalberaters wird ab sofort nicht mehr begrifflich von der Arbeitsvermittlung getrennt. Personalberatung ist jedoch nach § 291 unter den nachfolgenden Voraussetzungen nicht erlaubnispflichtig und untersteht somit nicht der Aufsicht der Bundesanstalt für Arbeit.

Eine erlaubnisfreie Arbeitsvermittlung liegt vor, wenn
- der Berater im alleinigen Interesse und Auftrag eines suchenden Unternehmens tätig wird und
- sich die Tätigkeit hierbei auf die Unterstützung der Selbstsuche des Arbeitgebers beschränkt und
- das vereinbarte und tatsächlich gezahlte Honorar (zumindest weit überwiegend) erfolgsunabhängig ist.

Insbesondere das letzte Kriterium wird dazu führen, daß einige Berater sich die Frage stellen müssen, ob sie (weiterhin) Erfolgshonorare vorschlagen bzw. akzeptieren und somit eindeutig in den Bereich der erlaubnispflichtigen Arbeitsvermittlung fallen. Liegt eine derartige Lizenz nicht vor, so nimmt der Berater jederzeit in Kauf, daß der Gesetzgeber derartige Verträge für nichtig erklärt und jeglicher Honoraranspruch gegenüber dem Klienten auch für bereits erfüllte Vertragsbestandteile entfällt. Versucht der Berater jedoch, derartige Risiken durch den Erwerb einer Arbeitsvermittlungslizenz zu umgehen, fällt er mit sämtlichen Rechten und Pflichten in den Geltungsbereich des AFRG und unterliegt somit der Aufsicht der Bundesanstalt für Arbeit. Auch ist die Auslandsvermittlung in diesem Fall ausschließlich der BA vorbehalten.

5.2 Die Umsatzentwicklung

Nach Schätzungen des *Bundesverbandes Deutscher Unternehmensberater BDU e. V.* verzeichnete die Branche im Jahr 1998 wieder einen starken Umsatzzuwachs von 14 % auf insgesamt 1,45 Mrd. DM (Vorjahr 1,28 Mrd. DM). In dieser Summe sind sämtliche Personalberatungsdienstleistungen im weiteren Sinn (ohne lizenzpflichtige Arbeitsvermittlung) enthalten. Der Branchenumsatz hat sich somit in den letzten 10 Jahren mehr als verdreifacht.

Die Umsatzsteigerungen der Top-Personalberatungsgesellschaften liegen jedoch zumeist deutlich über dem Marktdurchschnitt. Diese Sonderentwicklung ist, ähnlich wie bei großen Managementberatungsgesellschaften, nicht ausschließlich auf internes, sondern vielfach auf externes Wachstum durch Unternehmenszukäufe oder -übernahmen zurückzuführen.

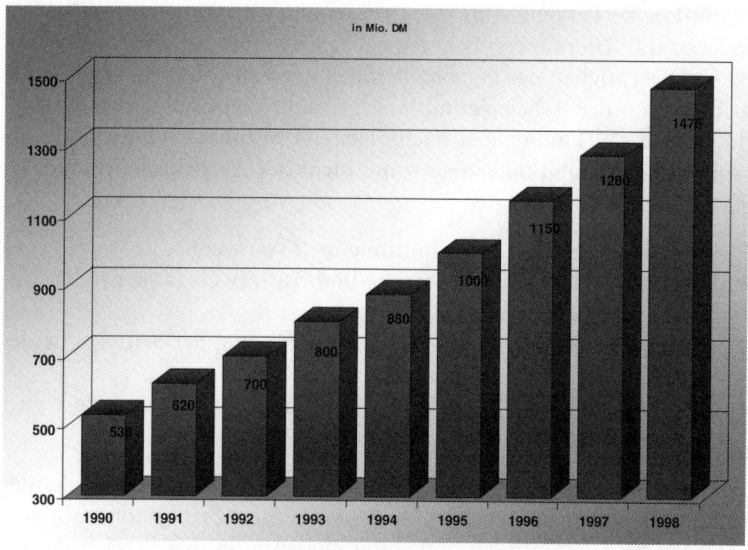

Tabelle 1: Umsatzentwicklung des Gesamtmarktes 1990 bis 1998

5.3 Die Struktur der Marktteilnehmer

Eine ähnliche Entwicklung wie der Branchenumsatz zeigt auch die Anzahl der am Markt tätigen Beratungsgesellschaften. Diese ist im Vergleich zum Vorjahr um mehr als 5 % von 1600 auf nunmehr 1700 Gesellschaften und somit in den letzten zehn Jahren um nahezu 230 % gestiegen.

In Deutschland gehen nach Schätzungen des *BDU* mittlerweile 5000 Personalberater in den verschiedensten Organisations- und Spezialisierungsformen ihrem Beruf nach.

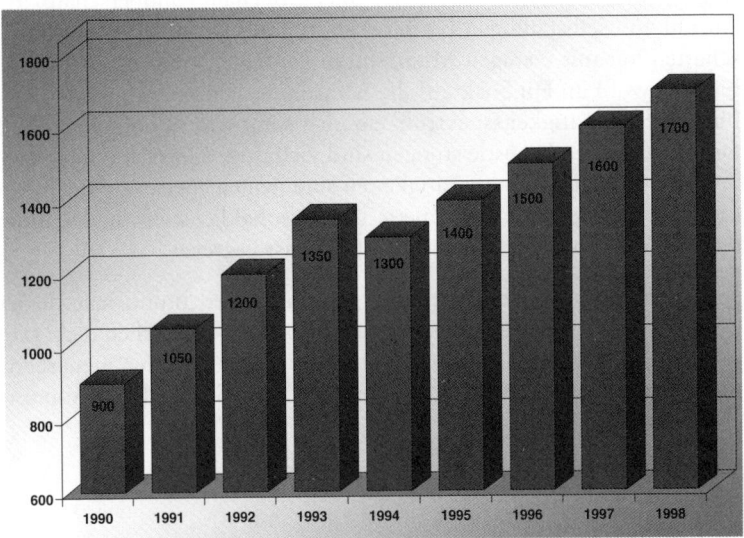

Tabelle 2: Entwicklung der Anzahl der am Markt tätigen Unternehmen
1990 bis 1998

Einer überschaubaren Anzahl von umsatzstarken Anbietern steht eine sehr viel weniger transparente, dafür um so zahlreichere Gruppe von „mittleren" und „kleinen" Beratungsgesellschaften gegenüber, wobei letztere häufig als Einzelfirma betrieben werden.

Das obere Marktsegment der etablierten und umsatzstärksten zehn Beratungsgesellschaften nimmt mit 320 Mio. DM Gesamtumsatz im Jahr 1997 einen überproportionalen Anteil von 25 % am Gesamtumsatz der Branche ein. Diese Tendenz wird sich nach Einschätzungen von Branchenkennern in den kommenden Jahren durch Fusionen und Allianzen noch weiter verstärken.

Doch auch die Struktur der führenden Personalberatungsgesellschaften ist nicht derart homogen wie man vermuten mag. Hier haben sich neben internationalen Beratungsgesellschaften (*Berndtson Paul Ray, Egon Zehnder, Ward Howell* und *Korn/Ferry*), nationale Größen ohne ausländische Muttergesellschaft im Hintergrund, die sich ausschließlich auf Personalberatung spezialisiert haben (*Delta* oder *Hofmann Herbold*), Branchenspezialisten (*H. Neumann International*), renommierte Quereinsteiger, die die Personalberatung als Teil oder Anhängsel der allgemeinen Managementberatung betreiben, (*Kienbaum, Roland Berger* oder *Baumgartner*) etabliert.

Neben den „großen" und „mittleren" Beratungsgesellschaften wird der Markt zumindest zahlenmäßig von einer großen und unüberschaubaren Anzahl von selbständigen Einzelberatern und kleinen Beratungsgesellschaften mit nur wenigen Mitarbeitern geprägt. Gerade diese Gruppe bietet sowohl im Hinblick auf die Beratungsqualität, als auch im Hinblick auf das Tätigkeitsspektrum ein insgesamt sehr inhomogenes Bild. Die angebotenen Dienstleistungen sind vielfältig. Spezialisierungen auf bestimmte Branchen oder Tätigkeiten sind jedoch ebenso zu finden wie „Berater", die die gesamte Palette der Personaldienstleistungen anbieten. Der räumliche Aktionsradius ist zumeist begrenzt.

Als letzte Gruppe, jedoch von untergeordneter Bedeutung, sind die sogenannten „Gelegenheitstäter" zu nennen. Hier versuchen sich gelegentlich insbesondere Anwälte, Notare, Wirtschaftsprüfer, Steuerberater aber auch Bankfachleute nebenbei auf dem Gebiet der Personalsuche und -auswahl.

6. Ein Ausblick

Quo vadis Personalberatung oder anders ausgedrückt: Wohin geht der Weg? Experten gehen davon aus, daß es auch im Jahr 1999 zu ähnlichen Umsatzzuwächsen wie im Jahr 1998 kommen wird. Um einige Trends in der Beratungsszene herauszustellen, seien als Ergebnis einer Studie des *Bundesverbandes Deutscher Unternehmensberater BDU e. V.* aus dem Jahr 1998 stichpunktartig einige Thesen genannt:

- Es wird verstärkt zu Unternehmenszusammenschlüssen und Kooperationen kommen.
- Die Zahl der am Markt tätigen Beratungsgesellschaften wird auch weiterhin zunehmen.
- Die Nachfrage mittelständischer Unternehmen nach Personalberatung insgesamt gesehen wird zunehmen.
- Vom Personalberater wird noch stärker als bislang Erfahrung in der Kundenbranche erwartet.
- Die Branchenspezialisierung und die internationale Ausrichtung der Beratung wird zunehmen.
- Die Suchmethoden werden sich in Richtung Direktansprache bzw. kombinierte Verfahren verändern.

- Neue Medien wie das Internet werden in Zukunft bei der Suche und Auswahl von Kandidaten eine stärkere Bedeutung erlangen.
- Ganzheitliche Personalberatung wird zunehmen.

Auch für das Jahr 1999 erwarten die Personalberater mit 13 % wieder ein zweistelliges Umsatzwachstum. Diese Prognose belegt, daß die Personalberatung, im Gegensatz zu vielen anderen Tätigkeiten, eine Branche mit Zukunft bleiben wird.

Literatur

Dahlems, R., Handbuch des Führungskräfte-Managements, München 1994.
Rohe, I., Direktansprache versus Stellenanzeige, München 1992.

Kapitel 5

Grenzen der Personalberatung und mögliche Lösungsansätze – Das AFRG als rechtliche Grundlage

von *Andreas Quiring* [*]

---

[*] Rechtsanwalt in München, Lehrbeauftragter der Fachhochschule Ludwigshafen für den MBA-Studiengang Internationale Unternehmensberatung

1. Einführung

Rechtsgrundlagen der Zusammenarbeit von Personalberatern und ihren Klienten sind in erster Linie der zwischen ihnen geschlossene Vertrag[1] und daneben das BGB[2]. Die danach grundsätzlich bestehende Vertragsfreiheit, also das Recht von Geschäftspartnern, ihre Angelegenheiten nach Belieben individuell zu regeln, wird durch diverse Gesetze eingeschränkt. Einige der für die Personalberatung[3] wichtigsten Grenzen ergeben sich aus dem Recht der Arbeitsvermittlung, das mit Wirkung ab dem 01.01.1998 durch das AFRG[4] neu gefaßt worden ist.

---

[1] Vgl. dazu näher Kapitel 33, „Vertragsgestaltung"
[2] Bürgerliches Gesetzbuch
[3] Der Begriff „Personalberatung" wird nachfolgend in dem BDU-üblichen, engeren Wortsinn verwendet, der auf Beratung und Unterstützung von Arbeitgebern bei der Suche und Auswahl von Führungskräften bezogen ist und insbesondere beratungsunabhängige Vermittlung ausschließt
[4] Gesetz zur Reform der Arbeitsförderung (Arbeitsförderungs-Reformgesetz) vom 24.03.1997, BGBl. 1997 I, S. 594 ff., (bereits vor Inkrafttreten) geändert durch das Erste Gesetz zur Änderung des 3. Buches Sozialgesetzbuch und anderer Gesetze (1. SGB III – ÄndG) vom 16.12.1997, BGBl. 1997 I, S. 2970 ff.

Seine Bedeutung für Personalberatung erschließt sich nicht auf den ersten Blick. Begriffe wie „Personalberater" und / oder „Personalberatung" sucht man im AFRG – ebenso wie in seinen Vorgängern AVAVG[5] und AFG[6] – vergebens. Die amtlichen Begründungen[7] zum neuen Recht verleiten zu der Annahme, bis auf Kleinigkeiten habe sich nicht viel geändert. Ein Vergleich der zuletzt geltenden Normen des AFG[8] mit den neuen Regeln ergibt indes beachtenswerte Unterschiede.

Der für diesen Beitrag zur Verfügung stehende Raum zwingt zur Konzentration auf das Wesentliche. Daher ist nach kurzer Vorstellung der für Personalberatung entscheidenden Teile des AFRG (Abschnitt 2) und nach Diskussion des erweiterten Vermittlungsbegriffs (Abschnitt 3) vor allem die zentrale Norm zur Abgrenzung zwischen Personalberatung und Arbeitsvermittlung zu beleuchten (Abschnitt 4). Interessant sind weiter die Regeln für grenzüberschreitende Personalarbeit (Abschnitt 5) sowie die Folgen von Gesetzesverletzungen (Abschnitt 6). Die Ergebnisse sind in Abschnitt 7 zusammengefaßt.

2. Kurzübersicht zum AFRG

2.1 Struktur des AFRG

Das AFRG umfaßt insgesamt 83 Artikel und modifiziert eine Fülle einzelner Gesetze und Verordnungen. Art. 1 AFRG beinhaltet das neue SGB III[9] über Arbeitsförderung. Art. 11 hebt das AFG als bisherige Rechtsgrundlage dieser Materie auf.

Somit ist das AFG, soweit es Regelungen zum Thema Arbeitsvermittlung durch Dritte[10] enthielt und damit die Arbeit der Personalberater tangierte, mit Wirkung ab dem 01.01.1998 ersetzt durch Art. 1 AFRG bzw. das darin kodifizierte SGB III[11].

---

[5] Gesetz über Arbeitsvermittlung und Arbeitslosenversicherung vom 03.04.1957

[6] Arbeitsförderungsgesetz vom 25.06.1969, mehrfach reformiert

[7] Vgl. für das AFRG: BT-Drucksache 13/4941, S. 207 ff., und für das 1. SGB III – ÄndG: BT-Drucksache 13/8012, S. 22

[8] in der seit dem 01.08.1994 geltenden Fassung des Beschäftigungsförderungsgesetzes (BeschFG) 1994 vom 26.07.1994, BGBl. 1994 I, S. 1786 ff.

[9] Sozialgesetzbuch 3. Buch

[10] das heißt außerhalb der staatlichen Arbeitsverwaltung stehende Personen und Organisationen

[11] Paragraphenangaben ohne Gesetzesbezeichnung beziehen sich im Folgenden immer auf das SGB III

2.2 Für Personalberatung wichtige Teile des SGB III

2.2.1 Systematik des SGB III

Eine neue gesetzliche Definition von „Arbeitsvermittlung" enthält § 35 im 3. Kapitel unter der Überschrift „Beratung und Vermittlung".

Die zentrale Abgrenzung zwischen erlaubnisfreier und erlaubnispflichtiger sowie staatlicher Überwachung unterliegender Tätigkeit von Personalberatern findet sich in § 291.

Für die nach §§ 35, 291 „erlaubnispflichtige Vermittlung" gelten ergänzend §§ 292 bis 300, die systematisch eingeordnet sind in das

- 7. Kapitel „Weitere Aufgaben der Bundesanstalt (für Arbeit)",
- 2. Abschnitt „Erteilung von Genehmigungen und Erlaubnissen",
- 2. Unterabschnitt „Beratung und Vermittlung durch Dritte",
- 2. Titel „Ausbildungsvermittlung und Arbeitsvermittlung".

Abgerundet werden sie durch § 301 im 3. Titel sowie Bußgeld- und Strafvorschriften im 12. Kapitel (§§ 404 ff.).

Bei grenzüberschreitender Personalarbeit kann zudem § 302 aus dem 4. Titel über die Anwerbung von Ausländern für Inlandstätigkeit und von Inländern für Auslandstätigkeit Gewicht erlangen.

2.2.2 Inhalt der Normen über „Vermittlung"

Gegenstand der §§ 292 bis 300 ist – überwiegend in Anlehnung an die bereits bekannten Grundsätze[12] und daneben unter Einbezug der Ausbildungsvermittlung – folgendes:

- § 292 über die Auslandsvermittlung[13] außerhalb der Europäischen Union (EU) und der Vertragsstaaten des Europäischen Wirtschaftsraumes (EWR) folgt wesentlichen Gedanken von § 18 Abs. (1) und (2) AFG sowie § 23 Abs. (2) AFG.
- § 293 regelt für Berater, die den von § 291 Abs. (2) für die Erlaubnisfreiheit gezogenen Rahmen überschreiten, analog zum bisherigen § 23 Abs. (3) AFG die Voraussetzungen für den Erhalt einer förmlichen Erlaubnis zur Arbeitsvermittlung.
- § 294 betrifft unter weitgehender Übernahme der aus § 23 Abs. (4) und § 24 Abs. (2) AFG bekannten Rechtsgrundsätze das Verfahren der Erlaubniserteilung.
- § 295 ergänzt diesen Komplex wie früher § 23a AFG mit Regeln über die Aufhebung der Vermittlungserlaubnis.

---

[12] Vgl. zum bisherigen – und ungeachtet der abweichenden §§- und Gesetzesbezeichnung – inhaltlich in großen Teilen fortgeltenden Recht der Personalvermittlung näher *Quiring* 1996, S. 54–69
[13] Vgl. dazu näher unten, Abschnitt 5.1.1, S. 63

- § 296 übernimmt die Regelungen des § 24 AFG zur Vermittlervergütung, schreibt darüber hinaus fest, daß auch alle Nebenleistungen in Zusammenhang mit der Vermittlung für die Arbeit- oder Ausbildungsuchenden unentgeltlich sein müssen, und konkretisiert den Vermittlungsbegriff.
- § 297 ordnet die Unwirksamkeit gewisser Vereinbarungen, die mit dem Gesetz unvereinbar sind, an und führt damit nahezu wortgetreu die aus § 24a AFG bekannten Grundsätze fort.
- § 298 reglementiert die Behandlung von Daten und Unterlagen; die Norm entspricht weitgehend § 23c AFG.
- § 299 übernimmt mit einigen redaktionellen Modifizierungen die Inhalte von § 23b Abs. (1) und (2) AFG zur Meldung statistischer Daten an die Bundesanstalt für Arbeit (BfA).
- § 300 räumt – wie bislang § 24b AFG – der Arbeitsverwaltung weitreichende Überprüfungsrechte ein, ob Vermittler jeweils alle für sie einschlägigen Vorschriften der §§ 291 bis 300 beachten.

2.2.3 Verordnungsermächtigungen und Weisungsrecht

§ 301 Abs. (1) bietet eine Basis für ergänzende Rechtsverordnungen in Zusammenhang mit erlaubnispflichtiger Arbeitsvermittlung. Solche Verordnungen sind die AVermV[14] und die PrAVV[15]. Zwar ergingen beide Verordnungen auf Basis des AFG, das durch Art. 11 AFRG aufgehoben worden ist. Der Gesetzgeber hat die Fortgeltung der Verordnungen jedoch ausdrücklich in seinen Willen aufgenommen, indem er die AVermV durch Art. 61 AFRG redaktionell an das SGB III angepaßt sowie die PrAVV durch Art. 62 AFRG modifiziert hat[16].

Die AVermV[17] enthält u.a. detaillierte Vorschriften über die Formalien der Erlaubniserteilung sowie über Honorarregelungen und bedroht die Verletzung bestimmter Vergütungsregeln mit Bußgeld.

§ 301 Abs. (2) räumt dem Bundesministerium für Arbeit und Soziales zudem Weisungsrechte gegenüber der BfA ein.

2.2.4 Straf- und Bußgeldvorschriften

Wie bislang §§ 227, 228 AFG bedroht auch das SGB III Verstöße gegen die wichtigsten Vorschriften des Vermittlungsrechts mit Geldbußen und Strafen (§§ 404, 406).

---

[14] Arbeitsvermittlerverordnung vom 11. 03. 1994, BGBl. 1994 I, S. 563
[15] Private Arbeitsvermittlungs-Statistik-Verordnung vom 01. 08. 1994, BGBl. 1994 I, S. 1949
[16] BGBl. 1968 I, S. 713f.
[17] Vgl. dazu näher *Quiring* 1996, S. 54–62

3. Der umfassende Vermittlungsbegriff des SGB III

3.1 Grundlagen

Das SGB III definiert in § 35 Abs. (1) Satz 2, was unter „Arbeitsvermittlung" bzw. „Vermittlung" zu verstehen sein soll. Obwohl § 35 systematisch in den Kontext der Beratung und Vermittlung durch die Arbeitsämter eingeordnet ist, soll seine Begriffsbestimmung auch für §§ 291 ff. gelten. Das folgt aus der amtlichen Begründung zu § 291, die hinsichtlich des dort verwendeten Begriffs der „Arbeitsvermittlung" ausdrücklich auf § 35 verweist[18].

Neben der allgemeinen Definition des § 35 enthält § 296 Satz 3 in Zusammenhang mit der Vergütung von Vermittlungsleistungen Hinweise darauf, was der Gesetzgeber alles zur Vermittlung zählt.

3.2 Die Definitionen des SGB III

§ 35 Abs. (1) lautet:

„Das Arbeitsamt hat Ausbildungsuchenden, Arbeitsuchenden und Arbeitgebern Ausbildungsvermittlung und Arbeitsvermittlung (Vermittlung) anzubieten. Die Vermittlung umfaßt alle Tätigkeiten, die darauf gerichtet sind, Ausbildungsuchende mit Arbeitgebern zur Begründung eines Ausbildungsverhältnisses und Arbeitsuchende mit Arbeitgebern zur Begründung eines Beschäftigungsverhältnisses zusammenzuführen".

§ 296 Satz 3 besagt:

„Zu den Leistungen zur Vermittlung gehören auch alle Leistungen, die zur Vorbereitung und Durchführung der Vermittlung erforderlich sind, insbesondere die Feststellung der Kenntnisse des Ausbildungsuchenden und Arbeitsuchenden sowie die mit der Vermittlung verbundene Berufsberatung."

Damit gelten alle üblichen Dienstleistungen eines Personalberaters, einschließlich vorbereitender Analysen, als „Vermittlung".

3.3 Änderungen gegenüber dem bisherigen Recht

Besonders deutlich wird die Ausweitung des Vermittlungsbegriffs durch einen Vergleich dieser Regeln mit § 13 AFG in der Fassung gemäß BeschFG 1994. Er lautete, soweit hier von Interesse:

---

[18] Vgl. BT-Drucksache 13/4941, S. 207 ff.

§ 13 AFG
(Begriff der Arbeitsvermittlung)

(1) Arbeitsvermittlung im Sinne dieses Gesetzes ist eine Tätigkeit, die darauf gerichtet ist, Arbeitsuchende mit Arbeitgebern zur Begründung von Arbeitsverhältnissen oder mit Auftraggebern oder Zwischenmeistern zur Begründung von Heimarbeitsverhältnissen im Sinne des Heimarbeitgesetzes zusammenzuführen.

(2) Arbeitsvermittlung sind auch die Herausgabe und der Vertrieb sowie der Aushang von Listen über Stellenangebote und Stellengesuche einschließlich der den Listen gleichzuachtenden Sonderdrucke und Auszüge aus periodischen Druckschriften. Die Aufnahme von Stellenangeboten und Stellengesuchen in Zeitungen, Zeitschriften, Fachblättern und ähnlichen periodisch erscheinenden Druckschriften sowie ihre Bekanntgabe in Ton- und Fernsehrundfunk und durch Bildschirmtext werden hierdurch nicht eingeschränkt.

(3) Keine Arbeitsvermittlung im Sinne dieses Gesetzes sind
1. Maßnahmen öffentlich-rechtlicher Träger der sozialen Sicherung ...
2. die gelegentliche und unentgeltliche Empfehlung ...
3. die im alleinigen Interesse und Auftrag eines Arbeitgebers erfolgende Unterstützung bei der Selbstsuche nach Arbeitskräften."

Auffallende Neuigkeiten der Definition von „Vermittlung" sind somit
(1) der Einbezug von Ausbildungsverhältnissen,
(2) die Streichung aller Ausnahmen vom Vermittlungsbegriff und
(3) eine Unklarheit hinsichtlich der Anbahnung von Beschäftigungsverhältnissen sogenannter „Freier Mitarbeiter"[19].

3.4 Auswirkungen auf die Personalberatung

3.4.1 Einbezug von Ausbildungsverhältnissen

Diese Neuerung erweitert zwar die Einsatzmöglichkeiten für Personalberatung, dürfte jedoch kein nennenswertes Gewicht entfalten. Obgleich ihre Zulässigkeit – anders als noch bis zum 31.07.1994 unter Geltung des Runderlasses 88/90[20] und seiner Vorgänger von 1957 und 1970[21] – nicht mehr davon abhängt, ob sie sich auf „Führungskräfte der Wirtschaft" beschränkt, bezieht sich die Arbeit der Personalberater bevorzugt[22] auf diese Zielgruppe.

---

[19] Vgl. dazu näher *Quiring* 1996, S. 135 ff.
[20] Runderlaß 88/1990 der BfA vom 03.08.1990, NZA 1990, S. 804 ff.
[21] ANBA 1957, S. 457 ff.; ANBA 1970, S. 889 ff.
[22] und definitionsgemäß, vgl. S. 47 Fn. 3

3.4.2 Streichung aller Ausnahmen vom Vermittlungsbegriff

Von praktischer Bedeutung ist dieser Aspekt zumindest für jene Personalberater, die (teilweise) gegen Erfolgshonorar arbeiten.

Tätigkeiten, die gemäß § 13 Abs. (3) Nr. 3 AFG nicht als Arbeitsvermittlung galten, neuerdings aber wieder unter diesen Begriff fallen, werden durch § 291 Abs. (2) weitgehend dem Anwendungsbereich der für die Vermittlung geltenden Vorschriften[23] entzogen. Soweit Personalberater die Grenzen des § 291 Abs. (2) Nr. 2 beachten, dürfte ihnen der erweiterte Vermittlungsbegriff praktisch nicht zum Nachteil gereichen, sofern sie schon bisher gemäß Regel 3.3[24] der Berufsgrundsätze des BDU für Personalberater keine erfolgsabhängigen Honorare vereinbart und entgegengenommen haben **und** insoweit auch keine Änderung planen.

Alle anderen Personalberater dagegen werden – zur Erhaltung ihrer Freiheit im übrigen – gut daran tun, ein etwa erfolgsabhängiges Honorar[25] ab sofort auf einen „verhältnismäßig geringen Teil"[26] ihres Gesamthonorars zu begrenzen.

3.4.3 Anbahnung von Freier Mitarbeit

Unklar ist, ob eine Anbahnung von Beschäftigungsverhältnissen Freier Mitarbeiter als „Vermittlung" gilt und damit den §§ 291 ff. unterliegt. Die Unsicherheit resultiert daraus, daß der Gesetzeswortlaut von § 35 Abs. (1) Satz 2 – aus Sicht der sonst allgemein gebräuchlichen Rechtsterminologie – in sich widersprüchlich ist:

Einerseits läßt § 35 ein „**Beschäftigung**sverhältnis" ausreichen und weicht damit von dem in § 13 AFG erwähnten „**Arbeits**verhältnis" ab. Daraus könnte gefolgert werden, es reiche für die Annahme von Arbeitsvermittlung schon aus, daß die Tätigkeit des Beraters auf die Zusammenführung von Dienstgebern und -nehmern im Rahmen einer freien Mitarbeit gerichtet ist. Denn „Beschäftigungsverhältnis" gilt als Oberbegriff für die Fallgruppen „Arbeitsverhältnis" und „sonstige Dienstverhältnisse", wie z.B. Freie Mitarbeit.

Ob dem Gesetzgeber dieser Unterschied bei der Abfassung von § 35 Abs. (1) Satz 2 bewußt und eine solche Ausdehnung des Vermittlungsbegriffs gewollt war, erscheint indes als zweifelhaft: Denn wenn es darum gegangen wäre, auch die Anbahnung von Beschäftigungsverhältnis-

---

[23] §§ 292 bis 300 nebst der zugehörigen Straf- und Ordnungsnormen
[24] Regel 3.3 lautet in Satz 3: „Ein BDU-Personalberater wird erfolgsorientierte Honorare weder vorschlagen noch akzeptieren."
[25] Vgl. dazu näher unten, Abschnitt 4.6, S. 60
[26] Vgl. dazu näher unten, Abschnitt 4, S. 61 f.

sen im Rahmen „Freier Mitarbeit" mit allen Konsequenzen dem Vermittlungsbegriff zu unterstellen, so hätte es nahegelegen, § 35 auch in seinen anderen Teilen diesem Ziel anzunähern. Insbesondere wäre das Wort „Arbeitgeber" jeweils zu ersetzen gewesen durch „Dienstgeber", weil das auf den Oberbegriff „Dienstverhältnis" und damit – anders als „Arbeitgeber" – nicht nur auf die Teilmenge „Arbeitsverhältnis" hingedeutet hätte.

Die Verwendung des Wortes „Beschäftigungsverhältnis" in § 35 Abs. (1) Satz 2 dürfte daher ein Redaktionsversehen des Gesetzgebers sein, das eine Ausdehnung des Vermittlungsbegriffs auf die „Anbahnung von Freier Mitarbeit" nicht rechtfertigt.

Indes bleibt abzuwarten, welche Auslegung die BfA sich zueigen macht und ob die Gerichte sich einer etwaigen Erweiterung des Vermittlungsbegriffs auf die Anbahnung von Kooperationen im Rahmen freier Mitarbeit anschließen würden.

Soweit Personalberater freilich die Grenzen des ihnen nach § 291 Abs. (2) Nr. 2 Erlaubten beachten, könnte selbst eine Ausdehnung des Vermittlungsbegriffs auf die Anbahnung von Beschäftigungsverhältnissen Freier Mitarbeiter nicht störend wirken.

4. Die zentrale Weichenstellung für Personalberater

4.1 Bedeutung des § 291 SGB III

Von zentraler Bedeutung für die Personalberatung ist § 291. Das beruht auf zwei Gründen: Zum ersten legt diese Norm in Abs. (2) Satz 1 die Ausnahmen von der in Abs. (1) statuierten generellen Erlaubnispflicht für „Vermittlung" fest. Zum zweiten befreit § 291 Abs. (2) Satz 2 jene „Vermittler"[27], die bei ihrer Tätigkeit sämtliche Bedingungen der Erlaubnisfreiheit nach § 291 Abs. (2) Satz 1 einhalten, von der Beachtung der §§ 292 bis 300 und damit zugleich von dem Risiko, im Fall eines Verstoßes gegen §§ 292 ff. nach §§ 404 oder 406 verfolgt zu werden.

4.2 Formulierungen des Gesetzes

§ 291 trägt die Überschrift „Erlaubnispflicht" und lautet:

„(1) Ausbildungsvermittlung und Arbeitsvermittlung durch eine natürliche oder juristische Person oder eine Personengesellschaft (Vermittler) ist nur mit einer Erlaubnis zulässig.

---

[27] im Sprachgebrauch des SGB III also auch Personalberater

(2) Nicht erlaubnispflichtig sind

1. Maßnahmen öffentlich-rechtlicher Träger der sozialen Sicherung ...,
2. die im alleinigen Interesse und Auftrag eines Arbeitgebers erfolgende Unterstützung bei einer Selbstsuche des Arbeitgebers nach Auszubildenden und Arbeitnehmern, wenn hierfür eine weit überwiegend erfolgsunabhängige Vergütung vereinbart und gewährt wird,
3. die Herausgabe und der Vertrieb von Listen über Stellenanbieter, Ausbildungsuchende und Arbeitsuchende, wenn für die Aufnahme in die Liste, ihren Vertrieb und ihren Erwerb die Ausbildungsuchenden und Arbeitsuchenden sich allenfalls in geringem Umfang an den Kosten beteiligen müssen,
4. die gelegentliche und unentgeltliche Empfehlung ...,
5. Ausbildungsvermittlung durch die nach dem Berufsbildungsgesetz, der Handwerksordnung oder dem Seemannsgesetz für die berufliche Ausbildung zuständige Stelle.

Für Tätigkeiten nach den Nummern 1 bis 5 sind die nachfolgenden Bestimmungen dieses Titels([28]**) nicht anzuwenden.** Abweichend von Satz 2 gilt für die Ausbildungsvermittlung nach Nr. 5 die Verpflichtung zur Meldung statistischer Daten nach § 299.

(3) Die Aufnahme von Stellenangeboten und Stellengesuchen in Medien, die der Verbreitung von Informationen dienen, allgemein zugänglich sind und regelmäßig angeboten werden, gilt nicht als Vermittlung."

4.3 Vergleich mit dem AFG

Ein Vergleich zwischen § 291 und § 13 AFG[29] ergibt für Arbeitsvermittler mit amtlicher Erlaubnis wenig dramatische, für Personalberater dagegen bedeutende Änderungen. Zur „Vermittlung" mag daher eine Gegenüberstellung der neuen und alten §§-Bezeichnungen genügen. Vertieft zu betrachten sind dagegen die für Personalberatung einschlägigen Änderungen.

4.3.1 Übersicht

- § 291 Abs. (1) ist, von redaktionellen Klarstellungen abgesehen, inhaltsgleich mit § 23 Abs. (1) AFG.
- § 291 Abs. (2) Nummern 1 und 4 ähneln weitgehend § 13 Abs. (3) Nummern 1 und 2 AFG.
- § 291 Abs. (2) Nr. 3 entspricht mit einigen Modifikationen, die für Personalberater regelmäßig nicht von Belang sein werden, § 13 Abs.

---

[28] das sind §§ 292 bis 300
[29] in der Fassung des BeschFG 1994

(2) Satz 1 AFG. Die Abgrenzung aus § 13 Abs. (2) Satz 2 AFG findet sich nunmehr in § 291 Abs. (3).

• Neu und ohne Vorbild aus dem AFG ist § 291 Abs. (2) Nr. 5.
• **§ 291 Abs. (2) Nr. 2** als Spezialnorm für Personalberatung entspricht nur teilweise § 13 Abs. (3) Nr. 3 AFG.

4.3.2 Erneute Relevanz der Vergütungsmodalitäten

Der wesentliche Unterschied zwischen § 13 Abs. (3) Nr. 3 AFG und § 291 Abs. (2) Nr. 2 liegt in dessen Zusatz, daß die Vergütung „weit überwiegend erfolgsunabhängig" sein muß. Der Maßstab für das Beraterhonorar war nach dem AFG zuletzt kein im Gesetz genanntes Unterscheidungsmerkmal zwischen erlaubnispflichtiger Vermittlung und erlaubnisfreier Personalberatung[30].

Seit dem 01.01.1998 ist die Vergütungsform dagegen gesetzlich fixiertes Abgrenzungskriterium und schränkt so die Rechte der Personalberater ein. Insoweit ist ein Rückschritt des SGB III hinter den Rechtsstand zwischen dem 01.08.1994 und dem 31.12.1997 zu konstatieren.

4.4 Verfassungsrechtliche Aspekte

Damit stellt sich die Frage, ob die Verschlechterung der Rechtsstellung unter allen Gesichtspunkten mit dem Grundgesetz (GG) vereinbar ist. Zu denken ist insbesondere an die Grundrechte der Berufsausübungsfreiheit (Art. 12 GG) und, nicht zuletzt wegen des Fehlens einer Übergangsregelung, des Eigentumsschutzes (Art. 14 GG). Derartige Untersuchungen würden den Rahmen des vorliegenden Beitrags sprengen, haben hier also zu unterbleiben.

Ob sich der Weg vor das Bundesverfassungsgericht lohnen würde, ist vor dem Hintergrund der Rechtsentwicklung – zumindest bei oberflächlicher Betrachtung – ohnehin eher zweifelhaft:

Die Rechtsstellung der Personalberater nach dem SGB III ist günstiger als vor August 1994. Damals galt jegliches Erfolgshonorar als Indiz für verbotene Personalvermittlung[31]. Die Ausnahmeregelung des § 13 Abs. (3) Nr. 3 AFG war erst mit dem BeschFG 1994 in das AFG gelangt. Bis dahin hatte die Praxis sich an dem – vom BDU mitbeeinflußten – Runderlaß 88/90 der BfA[32] orientiert: Dieser umfaßte neben einer Definition des Begriffs „Personalberatung" und einem Katalog typischer Merkmale hierfür unter anderem eine Auflistung von Kriterien für unzulässige

---

[30] Anderer Auffassung war die BfA; vgl. dazu *Küster* 1998, S. 23–25
[31] Arbeitsvermittlung war von Gesetzes wegen generell der BfA vorbehalten; deren Monopol ist erst durch das BeschFG 1994 allgemein aufgehoben und durch die Erlaubnispflicht ersetzt worden; vgl. *Quiring* 1996, S. 50–54
[32] Runderlaß 88/1990 der BfA vom 03.08.1990, NZA 1990, S. 804 ff.

Arbeitsvermittlung. Eines dieser „Negativkriterien" war die Annahme von Erfolgshonorar. Der Weg, das Problem durch Beantragung einer Erlaubnis zur Arbeitsvermittlung zu umgehen, war seinerzeit grundsätzlich nicht eröffnet.

Gleichwohl hatte das Bundesverfassungsgericht (BVerfG) das Arbeitsvermittlungsmonopol der BfA 1967 als mit dem GG vereinbar bestätigt[33]. Die ab 1991 erwartete Änderung dieser Rechtsprechung ist ausgeblieben. Nach dem aufsehenerregenden Urteil des Europäischen Gerichtshofes[34] zur grenzüberschreitenden Vermittlung von Führungskräften hatte der Bundesgerichtshof (BGH)[35] zwar dem BVerfG die Frage vorgelegt, ob das Arbeitsvermittlungsmonopol ungeachtet der geänderten Verhältnisse verfassungskonform sei. Eine Antwort ist indes ausgeblieben und jetzt nicht mehr zu erwarten; denn der BGH hat am 18.03.1996 seinen Vorlagebeschluß vom 25.09.1991 zurückgezogen.

Im Ergebnis erscheint es somit als lohnender, von der Verfassungsmäßigkeit des § 291 Abs. (2) Nr. 2 auszugehen und sich auf dessen Inhalt zu konzentrieren.

4.5 Die „fünf Gebote" der Personalberatung

§ 291 Abs. (2) Satz 1 Nr. 2 umfaßt in dichter Formulierung mehrere Voraussetzungen. Danach ist die Arbeit von Personalberatern nur dann erlaubnisfrei, wenn **kumulativ** sämtliche Tatbestandsmerkmale der Norm beachtet werden.

Obwohl es sich empfiehlt, jedes Wort der Bestimmung auf die sprichwörtliche Goldwaage zu legen, lassen sich ihre Tatbestandsmerkmale schlagwortartig als „die 5 Gebote der Personalberatung" wie folgt zusammenfassen:

(1) Vertrag ausschließlich mit Arbeitgeber schließen;
(2) Tätigkeit ausschließlich im Arbeitgeberinteresse entfalten;
(3) Tätigkeit auf Unterstützung des Arbeitgebers bei dessen Selbstsuche nach Arbeitnehmern beschränken;
(4) Vergütung (zumindest weit überwiegend) erfolgsunabhängig vereinbaren;
(5) (zumindest weit überwiegende) Erfolgsunabhängigkeit der tatsächlich gezahlten Vergütung.

Die der Gesetzeslage seit 01.08.1994 entsprechenden Aspekte (1) – (3) sollen hier nicht weiter vertieft werden[36]. Erläuterungsbedürftig sind die

---

[33] Vgl. BVerfGE 21, S. 245 ff.
[34] Urteil vom 23.04.1991, abgedruckt in NJW 1991, S. 2891 ff.
[35] Beschluß vom 25.09.1991, abgedruckt in NZA 1992, S. 45 ff.
[36] Vgl. dazu näher Kapitel 33, „Vertragsgestaltung", dort Abschnitte 3 und 4

beiden neuen Punkte (4) und (5). Soweit Personalberater Erfolgshonorar nicht generell ablehnen, ist besonders von Interesse, was unter „Erfolgshonorar" zu verstehen ist, wieviel Erfolgshonorar im Rahmen des § 291 Abs. (2) Nr. 2 „gerade noch erlaubt" ist und durch welche Vertragsgestaltung sich die Beachtung des „5. Gebots" absichern läßt[37].

4.6 Die „Erfolgsabhängigkeit" von Honorar

Eine Erläuterung dieses Begriffs findet sich weder im SGB III noch in dessen Begründung, ist also nach dem Normzweck zu ermitteln. Sinn des § 291 Abs. (2) Nr. 2 ist, erlaubnisfreie Personalberatung von Vermittlung abzugrenzen. Daher dürfte eine Vergütung immer dann (zumindest teilweise) als erfolgsabhängig gelten, wenn der Klient den Berater im Ergebnis nur bei Eintritt des mit dem Personalberatungsvertrag erstrebten Erfolgs in Form der Einstellung des gesuchten Mitarbeiters zu honorieren hat.

Relativ klar ist dies bei Verträgen, die nach den Maßstäben des BGB dem Maklerrecht zuzuordnen sind[38]. Erfolg ist in diesen Fällen der Abschluß eines Vertrages zwischen dem Klienten des Personalberaters und dem gesuchten Mitarbeiter.

Daneben sind jedoch weitere Konstellationen denkbar, in denen die Auslegung[39] des Personalberatungsvertrages zu dem Ergebnis führt, daß die Vergütung zumindest teilweise vom Erfolg der Beratertätigkeit abhängen soll. Denn der Erfolgsbegriff des § 291 muß sich keineswegs mit jenem des Maklerrechts im BGB decken. Identischen Begriffen wird in unterschiedlichen Gesetzen nicht selten eine jeweils divergierende Bedeutung beigelegt.

Wenn das Honorar gemäß Vertrag zwar zeitabhängig zu berechnen oder als Pauschale ausgewiesen ist, aber erst fällig („zahlbar") wird, wenn der Klient den gesuchten Mitarbeiter gefunden oder eingestellt hat, so liegt ein eindeutiger Erfolgsbezug vor.

Garantiert[40] ein Personalberater, daß ein unter seiner Mitwirkung gefundener neuer Mitarbeiter beim Klienten über einen bestimmten Mindestzeitraum angestellt bleibt, und wird diese Garantie nicht durch andere Vertragsklauseln aufgeweicht, so dürfte daraus im Regelfall gleichfalls abzuleiten sein, daß der Berater nur bei Eintritt des garantierten Erfolgs honoriert werden soll.

---

[37] Vgl. dazu im einzelnen Kapitel 33, „Vertragsgestaltung", dort Abschnitt 4.3
[38] Vgl. dazu Kapitel 33, „Vertragsgestaltung", dort Abschnitt 2.1.3
[39] Vgl. dazu Kapitel 33, „Vertragsgestaltung", dort Abschnitt 2.1.4
[40] Gemeint ist die Garantie im Rechtssinn, also das Versprechen, unter allen Umständen für ein bestimmtes Ergebnis einstehen zu wollen

4.7 „Weites Überwiegen" der Erfolgsunabhängigkeit

Wie hoch der Anteil eines Erfolgshonorars an der Gesamtvergütung sein darf, wird vom Gesetz mit dem unbestimmten Rechtsbegriff der „weit überwiegend erfolgsunabhängigen" Vergütung nur vage angedeutet, ist also gleichfalls durch Auslegung zu ermitteln.

4.7.1 Auslegungsbeitrag der Entstehungsgeschichte

Die Worte „weit überwiegend" in § 291 Abs. (2) S. 1 Nr. 2 wurden ebenso wie § 291 Abs. (2) S. 2 gleichsam in letzter Minute durch das 1. SGB III-ÄndG in das AFRG eingefügt. Die Begründung des zugehörigen Gesetzentwurfs führt dazu aus[41]:

„Durch die Ergänzung von Absatz 2 Nr. 2 wird klargestellt, daß der Tatbestand der Beratung eines Arbeitgebers bei der Stellenbesetzung auch dann noch gegeben sein kann, wenn ein ,geringer Anteil' des Honorars erfolgsabhängig vereinbart wird. Die Einfügung des Satzes 2 dient lediglich der Klarstellung."

Diese Ausführungen spiegeln die politischen Widerstände im Gesetzgebungsverfahren wider. Denn aus unvoreingenommener Sicht brachten die beiden Modifikationen des § 291 Abs. (2) keine „Klarstellung", sondern vielmehr tiefgreifende – durch den BDU mitinitiierte – Änderungen des ursprünglichen Gesetzesvorhabens:

Nach den urspünglichen Formulierungen des SGB III im AFRG[41a] hätte schon der kleinste erfolgsabhängige Vergütungsbestandteil die gesamte Tätigkeit der Personalberater erlaubnispflichtig werden lassen. Ferner hätten Personalberater selbst bei vollkommen erfolgsunabhängiger Honorierung für eine Tätigkeit mit dem in § 292 erwähnten Auslandsbezug einer Sondererlaubnis bedurft[42]. Zudem hätten alle Personalberater die Vorgaben von §§ 298, 299 beachten müssen und den weitreichenden Kontrollrechten der Arbeitsverwaltung gemäß § 300 unterlegen.

Eine brauchbare Konkretisierung, was eine „weit überwiegend erfolgsunabhängige Vergütung" sein soll, läßt sich aus der Gesetzeshistorie also nicht ableiten; das bleibt der Praxis vorbehalten, in letzter Konsequenz somit den Gerichten. Wo diese künftig die Grenze ziehen werden, ist nicht mit befriedigender Sicherheit zu prognostizieren. Gleichwohl finden sich Anhaltspunkte.

---

[41] Vgl. BT-Drucksache 13/8012, S. 22
[41a] in der Fassung vom 24.03.1997, BGBl. 1997 I, S. 594 ff.
[42] Vgl. dazu oben Abschnitt 2.2.2 (S. 51 f.) und unten Abschnitt 5 (S. 63 ff.)

4.7.2 Lösungsansatz

Mit dem Wortlaut von § 291 Abs. (2) Nr. 2 wurde eine von mehreren möglichen Abstufungen (wie z.B. „überwiegend"/„deutlich überwiegend"/„weit überwiegend"/„nahezu vollständig") für das Verhältnis zwischen Tätigkeits- und Erfolgshonorar gewählt.

Da das Gesetz nicht von nur „überwiegender" Erfolgsunabhängigkeit spricht, würde es keinesfalls reichen, das Honorar nur zu 51 % vom Erfolg abzukoppeln. Bei dieser und ähnlichen Gestaltungen könnte von dem „weiten" Überwiegen einer Vergütungsform keine Rede sein. Ähnlich zu bewerten ist ein erfolgsabhängiger Teil des Honorars von etwa 40 % der Gesamtvergütung. Ein nur zu rund 60 % tätigkeitsbezogenes Honorar wäre wohl mit dem Prädikat „‚deutlich', jedoch nicht ‚weit' überwiegend", zu belegen.

Andererseits fordert das Gesetz keine „nahezu vollständig" erfolgsunabhängige Bezahlung des Beraters. Somit kann das Limit nicht erst bei einem Erfolgshonorar liegen, das neben der weiteren Vergütung als Bagatelle erscheint. Wenn auf jede Einheit Erfolgshonorar zwei Einheiten Fest- oder Tätigkeitsvergütung entfallen, liegt eine große Differenz vor. Daher sollte ab dieser Grenze von einem „weiten" Überwiegen des erfolgsunabhängigen Honorars und infolgedessen von Erlaubnisfreiheit der Personalberatung sowie Unanwendbarkeit der §§ 292–300 auszugehen sein.

Diese Auslegung könnte nach der Gesetzesbegründung[43] freilich in Zweifel gezogen werden. Wer die Wahrscheinlichkeit erhöhen möchte, „auf der sicheren Seite zu stehen", wird daher ein etwaiges Erfolgshonorar entweder vermeiden oder möglichst auf etwa 20 % der Gesamtvergütung oder noch weniger[44] beschränken.

Alle vorstehenden Quotenangaben sind auf jeden Einzelfall einer „Personalberatung" zu beziehen. Die Bildung von Durchschnittswerten aus mehreren Personalberatungsaufträgen dürfte das rechtliche Risiko erheblich erhöhen.

---

[43] Vgl. oben Abschnitt 4.7.1 (S. 61)
[44] *Küster* 1998, S. 25, hält ohne nähere Begründung eine Grenze bei 10 % Erfolgshonorar für denkbar

5. Besonderheiten grenzüberschreitender Personalarbeit

5.1 Das Konzept des SGB III

5.1.1 Grundlagen

§§ 292 und 302 regeln die Personalarbeit mit Auslandsbezug dahingehend, daß solche Vermittlung und Anwerbung grundsätzlich der BfA vorbehalten und Dritten nur mit einer „besonderen Erlaubnis" gestattet sind. Daraus folgt: Eine Erlaubnis nach § 291 Abs. (1) läßt keine Auslandsvermittlung im Sinn des § 292 zu.

§§ 292 und 302 reduzieren den Begriff „Ausland" jeweils auf das Gebiet außerhalb der EU und der anderen Vertragsstaaten des EWR. Dasselbe Verständnis legen wir zugrunde[45].

§ 292 betrifft die Vermittlung für eine Beschäftigung im Ausland oder aus dem Ausland für eine Beschäftigung im Inland. § 302 befaßt sich mit der Anwerbung von Ausländern im Ausland für eine Beschäftigung im Inland und von Arbeitnehmern im Inland für eine Beschäftigung im Ausland.

5.1.2 Abgrenzung zwischen „Vermittlung" und „Anwerbung"

Nach dem Gesetzeswortlaut gilt für Vermittlung § 292, für Anwerbung § 302. Da „Anwerbung" als Untermenge von „Vermittlung" interpretierbar ist, bedarf es einer exakten Abgrenzung der Anwendungsbereiche dieser beiden Vorschriften.

Nur der Vermittlungsbegriff ist im Ansatz hinreichend klar: Vermittlung zielt auf die Anbahnung eines Beschäftigungsverhältnisses mit einem Arbeitgeber, der vom Vermittler personenverschieden ist. § 302 dagegen setzt in Abs. (1) den Inhalt von „Anwerbung" als feststehend voraus und skizziert in Abs. (2), unter welchen Prämissen „Arbeitgeber" eine Sondererlaubnis zur Anwerbung „für die Anstellung im eigenen Unternehmen" erwarten können.

Als Adressaten des § 302 werden nach der Systematik des SGB III nur Arbeitgeber[46] zu sehen sein, die den anzuwerbenden Mitarbeiter in ihrem eigenen Unternehmen beschäftigen wollen, nicht aber die in § 292 angesprochenen Vermittler. Jede andere Auslegung würde zu Wertungswidersprüchen führen: Denn beide Normen sind in bezug auf die Details der Sondererlaubnis unterschiedlich ausgestaltet. Überdies ergäbe

---

[45] Den komplementären Begriff „Inland" beziehen wir auf alle Mitgliedsländer von EU und EWR; analog sind „Inländer" und „Ausländer" zu verstehen

[46] Im Ergebnis ebenso zum Begriff der Anwerbung in § 42 AVAVG, der Vorläufernorm zu § 18 AFG und § 302 SGB III: BVerfGE 21, S. 271 ff.

es wenig Sinn, Personalberatern zwar[47] durch § 291 Abs. (2) Satz 2 generell das Recht zur Auslandsvermittlung ohne Sondererlaubnis einzuräumen, eine Teilmenge aus dem damit üblicherweise verbundenen Leistungspaket, nämlich das Element „Anwerbung", doch wieder von der vorherigen Einholung einer Sondererlaubnis abhängig zu machen.

§ 302 wird auf „Vermittler" deshalb nur anzuwenden sein, soweit sie nicht für Klienten, sondern für ihr eigenes Unternehmen Personalrecruiting mit dem genannten Auslandsbezug durchführen.

5.1.3 Zu den Voraussetzungen der Sondererlaubnisse

„Vermittler" und Arbeitgeber haben auf die besonderen Erlaubnisse nach §§ 292 bzw. 302 keinen Rechtsanspruch. Die Erteilung ist vielmehr in das Ermessen der BfA gestellt und kommt nur in Frage, wenn „unter Berücksichtigung der schutzwürdigen Interessen der Arbeitnehmer und der deutschen Wirtschaft keine nachteiligen Auswirkungen auf den Arbeits- oder Ausbildungsstellenmarkt" zu erwarten sind.

Angesichts der aktuellen Arbeitsmarktlage dürften diese Sondererlaubnisse bis auf weiteres nur in Ausnahmefällen zu erwarten sein, nämlich wenn für die konkrete Funktion keine geeigneten Mitarbeiter in dem Land des Einsatzortes zu finden sind.

Für die Praxis liegt es daher nahe, das besondere Bedürfnis nach grenzüberschreitender Personalarbeit bereits bei Beantragung einer Sondererlaubnis möglichst konkret zu begründen, oder einen der nachfolgend skizzierten Wege zu gehen.

5.2 Zulässige Auslandsvermittlung ohne Sondererlaubnis

Personalberater können das Erfordernis einer Sondererlaubnis nach § 292 vergleichsweise einfach vermeiden, indem sie zumindest bei Auslandsvermittlungen im Sinn dieser Norm die „5 Gebote" der Personalvermittlung beachten[48]. Denn § 292 ist in den Fallgruppen des § 291 Abs. (2) nicht anzuwenden. Die Nr. 2 von § 291 Abs. (2) knüpft – anders als z. B. dessen Nr. 1 – nicht an den persönlichen Rechtsstatus des Vermittlers an, sondern alleine an dessen konkrete Tätigkeit. Das bedeutet:

Auch Berater, die eine auf das Inland bezogene Erlaubnis zur Vermittlung besitzen und sich im Inland (mehr als nur geringfügig) erfolgsabhängig honorieren lassen, können grenzüberschreitende Personalbera-

---

[47] bei Respektieren des von § 291 Abs. (2) Satz 1 Nr. 2 gezogenen Rahmens
[48] Vgl. dazu oben Abschnitt 4.5 (S. 59 f.)

tung ohne Sondererlaubnis nach § 292 betreiben[49]; Voraussetzung ist lediglich die Einhaltung des von § 291 Abs. (2) Nr. 2 gezogenen Rahmens im Auslandsgeschäft.

5.3 Kooperation für grenzüberschreitende Personalsuche

Bei Personalsuche im oder für das Ausland werden Vertrag und Aufgabenteilung zwischen Berater und Klient besonders interessant.

5.3.1 Ausgangslage

§ 302 spricht weder vom „Abschluß eines Vertrages" noch von „Einstellung" oder „Anstellung" eines Mitarbeiters. § 302 erfaßt also schon nach seinem Wortlaut nicht ein Rechtsgeschäft, sondern nur das ihm vorausgehende Akquisitionsbemühen. Eine erweiternde Auslegung des § 302 und/oder seine analoge Anwendung auf Anstellungen sind mit Rücksicht auf die Strafbewehrung von Verstößen (§ 406) nicht zulässig[50]. Somit muß es einem Arbeitgeber ohne Erlaubnis nach § 302 gestattet sein, einen Ausländer im Inland oder einen Inländer im Ausland einzustellen, sofern dieser Mitarbeiter von einem Dritten angeworben wurde.

Legt man daneben die unterschiedlichen Anwendungsbereiche[51] von § 292 und § 302 zugrunde, so sind die Pfade vorgezeichnet:

5.3.2 Nutzanwendung in der Praxis

Ein Arbeitgeber, der Mitarbeiter aus dem Ausland für das Inland oder umgekehrt finden möchte, wird einen Personalberater mit der entsprechenden Unterstützung beauftragen. Wichtig dabei ist, daß sowohl nach dem Vertrag als auch in der praktischen Durchführung die Anwerbung des potentiellen Arbeitnehmers durch den Personalberater erfolgt, sein Klient aber Herr des Stellenbesetzungsverfahrens bleibt[52].

Wird der skizzierte Auftrag im Rahmen des § 291 Abs. (2) Nr. 2 abgewickelt, können sowohl die Gebietsgrenzen von EU und EWR als auch die Sondererlaubnisse nach §§ 292, 302 rechtlich keine Rolle spielen.

---

[49] anderer Auffassung – allerdings insoweit ohne nähere Begründung – ist wohl *Küster* 1998, S. 25
[50] Vgl. zur Eingrenzung des Begriffs der Anwerbung in § 42 AVAVG, einem Vorläufer des § 302, auch BVerfGE 21, S. 271 ff.
[51] Vgl. dazu oben Abschnitt 5.1.2 (S. 63 f.)
[52] Vgl. Regel (3) der „fünf Gebote" gemäß Abschnitt 4.5 (S. 59)

6. Folgen von Verstößen gegen §§ 291 ff. SGB III

6.1 Übersicht

Um in der Praxis eine Berücksichtigung der vom Gesetzgeber für wichtig gehaltenen Regelungen sicherzustellen, wird ihre Nichtbefolgung mit Sanktionen bedroht. So sieht das SGB III die Unwirksamkeit von Vereinbarungen sowie die Möglichkeit zur Verhängung von Bußgeldern bzw. Strafen vor.

Weitere unliebsame Folgen von Verletzungen der §§ 291 ff. können für Personalberater darin liegen, daß sie

- wegen unlauteren Wettbewerbs belangt werden,
- in bezug auf das konkrete Mandat den Schutz aus einer etwa abgeschlossenen Berufshaftpflichtversicherung verlieren,
- bei nachhaltiger Mißachtung des Gesetzes allgemein den Entzug einer ihnen etwa erteilten Vermittlungserlaubnis riskieren.

Insofern gelten die allgemeinen, schon bisher bekannten Grundsätze[53]. Hier vorzustellen sind nur die Sanktionen des SGB III.

6.2 Unwirksamkeit von Vereinbarungen

6.2.1 Formulierungen des SGB III

Gemäß § 297 sind unwirksam

„1. Vereinbarungen mit einem Vermittler, soweit dieser nicht eine entsprechende Erlaubnis besitzt;
2. Vereinbarungen zwischen einem Vermittler und einem Ausbildungsuchenden oder Arbeitsuchenden über die Zahlung einer Vergütung, es sei denn, sie darf nach Zulassung durch eine Rechtsverordnung verlangt werden;
3. Vereinbarungen zwischen einem Vermittler und einem Arbeitgeber, wenn der Vermittler eine Vergütung mit einem Arbeitnehmer vereinbart oder von diesem entgegennimmt, obwohl dies nicht zulässig ist, und
4. Vereinbarungen, die sicherstellen sollen, daß ein Arbeitgeber oder ein Arbeitnehmer sich ausschließlich eines bestimmten Vermittlers bedient."

6.2.2 Ergänzende Hinweise

§ 297 Nr. 1 zielt auf das Fehlen einer nach §§ 291 oder 292 im Einzelfall etwa notwendigen Erlaubnis. Nummern 2 bis 4 dagegen gelten auch

---

[53] Vgl. dazu *Quiring* 1996, S. 43 und S. 65–69

dann, wenn solche Erlaubnisse im Einzelfall vorliegen. Soweit Nummern 2 und 3 im Kontext von Vergütungszahlungen durch Arbeitnehmer auf eine Zulassung durch Rechtsverordnung abstellen, bezieht sich das auf die AVermV, die nunmehr auf §§ 296 und 301 beruht.

Neben § 297 gilt der allgemeine Grundsatz des § 139 BGB, wonach die Unwirksamkeit des Teils einer Vereinbarung regelmäßig zur Unwirksamkeit des gesamten Vertrages führt, wenn nicht ausnahmsweise beide Partner übereinstimmend das Geschäft auch ohne dem unwirksamen Teil abgeschlossen hätten.

6.2.3 Die wichtigsten Konsequenzen

Die wichtigste und für Personalberater schmerzlichste Folge der Unwirksamkeit einer Vereinbarung ist, daß sie keinen Honoraranspruch trägt. Das gilt unabhängig davon, ob der Berater seine Leistung erbracht hat, die Vergütung bei Wirksamkeit des Vertrages also verdient wäre.

Auf eine unwirksame Vereinbarung gestützt kann Honorar also nicht erfolgreich eingeklagt werden, wenn der Kunde die Zahlung verweigert. Umgekehrt kann der Klient von ihm etwa vorausgezahltes Honorar nach den Rechtsgrundsätzen der ungerechtfertigten Bereicherung (§§ 812 ff. BGB) zurückfordern. Dies ist in der Praxis meist mit höheren Erfolgsaussichten verbunden als der Versuch von Beratern, bei Unwirksamkeit des Vertrages eine adäquate Bezahlung für ihre Leistungen nach §§ 812 ff. BGB oder aufgrund anderer gesetzlicher Bestimmungen durchzusetzen.

Für den Klienten liegt der Nachteil einer Unwirksamkeit des Personalberatungsvertrages darin, daß der Berater zur Leistung nicht verpflichtet ist, seine Tätigkeit also jederzeit einstellen darf.

6.3 Geldbußen und Strafen

Eine Geldbuße bis zu 50 000 DM riskiert, wer vorsätzlich oder fahrlässig ohne Vorliegen der nach § 291 etwa erforderlichen Erlaubnis „Vermittlung"[54] betreibt (§ 404 Abs. (2) Nr. 9 und Abs. (3)).

§ 404 Abs. (2) Nr. 10–16 bedrohen außerdem bestimmte Verstöße gegen §§ 293, 296, 298, 299, 300 und 301 – unabhängig von dem Vorliegen einer etwa erforderlichen Erlaubnis – mit Geldbußen in wechselnder Höhe, überwiegend bis zu 50 000 DM.

Verletzungen von § 292 oder § 302 können mit Freiheitsstrafe bis zu 3 Jahren oder mit Geldstrafe, in besonders schweren Fällen mit Frei-

---

[54] Vgl. zum Begriff oben Abschnitt 3.2 (S. 53)

heitsstrafe von 6 Monaten bis zu 5 Jahren geahndet werden. Ein besonders schwerer Fall liegt regelmäßig bei gewerbsmäßigem Handeln oder
grobem Eigennutz des Täters vor (§ 406).

Die aus §§ 404, 406 drohende Unbill können Personalberater pauschal
vermeiden, indem sie ausnahmslos die Grenzen von § 291 Abs. (2) Nr. 2
beachten[55].

7. Zusammenfassung

Seit dem 01.01.1998 gilt die gesamte Berufstätigkeit der Personalberater als „Vermittlung". Diese ist grundsätzlich erlaubnispflichtig, mit bü-
rokratischem Zusatzaufwand verbunden und staatlicher Kontrolle unterworfen.

Die für Personalberater relevante Ausnahmeregelung zu diesen Grundsätzen setzt die vollständige Beachtung von „fünf Geboten" voraus.
Drei davon waren seit August 1994 wirkungsgleich geltendes Recht;
das AFRG hat sie um die Erfordernisse der Vereinbarung und tatsächlichen Beachtung einer Vergütung, die weit überwiegend vom Erfolg der
Beratung unabhängig sein muß, ergänzt.

Damit ist die Rechtslage für Personalberater zwar günstiger als bis Juli
1994, gegenüber dem vom 01.08.1994 bis zum 31.12. 1997 geltenden
Status jedoch schlechter. Ob das AFRG insoweit einer detaillierten
Überprüfung am Grundgesetz standhalten würde, bleibt offen, ist aber
nicht unwahrscheinlich.

Welchen Erfolgshonoraranteil die Gerichte für Personalberatung erlauben werden, ist nicht mit der wünschenswerten Sicherheit prognosti-
zierbar. Vieles spricht dafür, daß ein Erfolgshonorar keinesfalls mehr als
1/3 der Gesamtvergütung betragen darf.

Die als besonders sensibel eingestufte, die Grenzen von EU und EWR
überschreitende Personalsuche läßt sich durch besonnene Regelungen
und Aufgabenteilung zwischen Klient und Personalberater ohne Sondererlaubnis durchführen.

Bei Verstößen gegen Bestimmungen des AFRG drohen unter anderem
Unwirksamkeit der Vereinbarungen sowie Bußgelder bzw. – bei grenzüberschreitender Tätigkeit – Strafverfolgung.

Soweit Personalberater ihre Berufsausübung durch die neuen Regeln als
zu sehr beeinträchtigt ansehen, bleibt als Ausweg, die Erlaubnis zur Ver-

---

[55] und – natürlich – nicht für ihr eigenes Unternehmen entgegen § 302 ohne Sondererlaubnis Anwerbung aus dem oder in das Ausland betreiben

mittlung zu beantragen. Ob die mit diesem „Heilmittel" verbundenen „Nebenwirkungen" im Einzelfall als erträglich erscheinen, wird jeder Berater für sich selbst abwägen müssen.

Literatur

Küster, N., „Erfolgshonorare" – Grenze zwischen Personalberatung und Arbeitsvermittlung, in: Unternehmensberater, Heft 1, 1998

Quiring, A., Die rechtliche Absicherung der Unternehmensberatung, 2. Aufl., Kissing 1996.

Kapitel 6

Die Organisation der Personalberatung aus steuerlicher Sicht – Personalberater als Freiberufler oder Gewerbetreibender?

von *Andreas Quiring*[1]

1. Einführung

Personalberatung ist als „freiberufliche" oder als „gewerbliche" Betätigung denkbar. Entscheidend für die Einordnung sind die Rechtsform, unter der Personalberater ihrem Beruf nachgehen, ihre persönliche Vorbildung sowie ihre konkreten Tätigkeiten. In Personengesellschaften gefährdet ein einziges ‚gewerbliches' Mandat die Freiberuflichkeit der gesamten Sozietät. Die Gewerblichkeit wird oft erst bei Betriebsprüfungen erkannt und hat dann erhebliche Steuernachforderungen für mehrere Jahre zur Folge.

---

[1] Rechtsanwalt in München, Lehrbeauftragter der Fachhochschule Ludwigshafen für den MBA-Studiengang Internationale Unternehmensberatung

Daher werden wir nach kurzen Hinweisen auf die Vorteile des Status als Freiberufler (Abschnitt 2) sowie die bereits qua Rechtsform als ‚gewerblich' geltenden Berater (Abschnitt 3) die Anforderungen an die Anerkennung der ‚Freiberuflichkeit' von Einzelberatern vorstellen (Abschnitt 4) und die Besonderheiten in Personengesellschaften erwähnen (Abschnitt 5). In Abschnitt 6 sind die Ergebnisse zusammengefaßt.

2. Vorteile der Stellung als Freiberufler

Die Stellung als Freiberufler bedingt im wesentlichen drei Vorteile:

- Die Arbeitseinkünfte von Freiberuflern unterliegen ‚nur' der Einkommensteuer, nicht auch zusätzlich der Gewerbesteuer.
- Mit Zustimmung des Finanzamts können Freiberufler ihrer Umsatzversteuerung nur die tatsächlich vereinnahmten – anstelle der vereinbarten – Entgelte zugrunde legen.
- Für Freiberufler gelten keine gesteigerten Pflichten zu Buchführung und Bilanzierung, und zwar ohne Rücksicht auf die Größe ihres Unternehmens.

3. Gewerbetreibende infolge Rechtsform [2]

Juristische Personen (z. B. GmbH, AG), Handelsgesellschaften (z. B. OHG, KG) und aus ihnen gebildete Mischformen (z. B. GmbH & Co, KGaA) gelten kraft Gesetzes als Kaufmann und damit im Ausgangspunkt als gewerblich.

Gleiches gilt in Deutschland [3] für die EWIV, sofern diese sich nicht auf die Unterstützung ihrer Mitglieder beschränkt, sondern – zumindest als Nebenzweck – eigene Gewinne erzielen soll.

Solange Personalberatung unter dem Mantel einer juristischen Person oder einer Gesellschaft, an der eine juristische Person beteiligt ist, ausgeübt wird, liegt steuerlich stets Gewerblichkeit vor; insoweit ist ohne Belang, ob dieselbe Tätigkeit durch den Einzelberater oder durch die Mitglieder einer ‚Gesellschaft bürgerlichen Rechts' (GbR) oder Partnerschaftsgesellschaft als freiberuflich im Sinn des § 18 EStG einzuordnen wäre.

---

[2] Vgl. zu Formen der Rechtsträgerschaft näher *Quiring* 1996, S. 118–123
[3] infolge der ergänzenden Unterstellung der EWIV unter das für OHGs geltende Recht

Sofern sämtliche Sozien einer OHG, KG oder EWIV Freiberufler sind, ist der durch den Registereintrag begründete Anschein der Gewerblichkeit (theoretisch) zwar widerlegbar. Ob dies Personalberatern in der Praxis gelingen wird, ist eine andere, eher zu verneinende Frage. Denn die Finanzgerichte tendieren stark dahin, Personalberatung per se als gewerbliche Tätigkeit zu beurteilen.

Im praktischen Ergebnis werden Personalberater die Vorteile der Freiberuflichkeit allenfalls dann für sich nutzen können, wenn sie ihrem Beruf als Einzelberater oder als Mitglied einer GbR oder einer Partnerschaftsgesellschaft nachgehen und auch alle anderen Voraussetzungen der Freiberuflichkeit vorliegen.

4. Freiberuflichkeit von Einzelberatern

§ 18 Abs. 1 Nr. 1 EStG definiert als freiberufliche Tätigkeit

„die selbständig ausgeübte wissenschaftliche, künstlerische, schriftstellerische, unterrichtende oder erzieherische Tätigkeit, die selbständige Berufstätigkeit der ... Ingenieure, ... beratenden Volks- und Betriebswirte ... und ähnlicher Berufe"

und konkretisiert daneben (etwas) die ‚Selbständigkeit': Danach ist ein Angehöriger eines freien Berufs im vorstehenden Sinn

„auch dann freiberuflich tätig, wenn er sich der Mithilfe fachlich vorgebildeter Arbeitskräfte bedient; Voraussetzung ist, daß er aufgrund eigener Fachkenntnisse leitend und eigenverantwortlich tätig wird. Eine Vertretung im Fall vorübergehender Verhinderung steht der Annahme einer leitenden und eigenverantwortlichen Tätigkeit nicht entgegen".

Wegen des Fehlens einer klaren gesetzlichen Definition des ‚freien Berufs' ist dessen Abgrenzung vom ‚Gewerbe' nicht einfach. Zudem überschneiden sich die Merkmale der ‚selbständigen' Arbeit im Sinne des § 18 EStG mit jenen einer ‚gewerblichen' Tätigkeit nach § 15 EStG: Beide werden selbständig, nachhaltig, mit Gewinnerzielungsabsicht und unter Beteiligung am allgemeinen Wirtschaftsverkehr erbracht.

Aufmerksamkeit verdienen vor allem die Vorbildung (4.1), die praktische Tätigkeit (4.2) und die Vergütung (4.3) des Personalberaters, desgleichen weitere Fallstricke (4.4) und die Strategien zu ihrer Vermeidung (4.5).

4.1 Qualifizierte fachbezogene Vorbildung

Für ‚beratende Volks- und Betriebswirte' existiert weder eine gesetzliche Regelung der Berufstätigkeit noch ein fest umrissenes Berufsbild. Nach ständiger Rechtsprechung des Bundesfinanzhofs (BFH) kommt als ‚beratender Betriebswirt' nur in Betracht, wer nach einem entsprechenden Studium oder einem vergleichbaren Selbststudium, verbunden mit praktischer Erfahrung, mit den hauptsächlichen Bereichen der Betriebswirtschaft und nicht nur mit einzelnen Spezialgebieten vertraut ist und diese fachliche Breite seines Wissens auch bei seinen praktischen Tätigkeiten einsetzen kann und tatsächlich einsetzt. Die erforderliche fachliche Breite in diesem Sinn soll Fragen der Führung, der Fertigung, der Materialwirtschaft, der Finanzierung, des Vertriebs, des Verwaltungs- und Rechnungswesens sowie des Personalwesens umfassen. Die notwendige Breite der Betätigung ist – bei Betriebswirten mit anerkanntem Ausbildungsabschluß – schon dann vorhanden, wenn sie sich wenigstens auf einen dieser betrieblichen Hauptbereiche erstreckt[4]. Eine gewisse Spezialisierung wird demnach als unschädlich angesehen[5].

Wer als Betriebswirt über einen Abschluß als Absolvent einer Hochschule (Diplom oder graduierter Betriebswirt) oder Fachschule (staatlich geprüfter Betriebswirt) verfügt, fällt vom Grundsatz her unter den Freiberuflerkatalog des § 18 Abs. 1 EStG, kann sich also auf den betriebswirtschaftlichen Hauptbereich des Personalwesens konzentrieren, ohne alleine deswegen die Freiberuflichkeit zu gefährden.

Dagegen soll die dreijährige Ausbildung als Industriekaufmann noch nicht ausreichen, um mit dem staatlich geprüften Betriebswirt gleichgesetzt zu werden[6]. Ebensowenig läßt es die Rechtsprechung genügen, wenn die Vorbildung des Beraters zwar die Merkmale des einen Katalogberufs (z.B. Ingenieur) erfüllt, die praktischen Aufgaben jedoch im Bereich eines anderen Katalogberufs (z.B. Betriebswirt) liegen[7].

Die staatlich geprüfte Vorbildung ist keine zwingende Voraussetzung für die Annahme von Freiberuflichkeit. Die Fähigkeiten und Fertigkeiten für den Beruf eines beratenden Betriebswirts sind auch auf anderem Wege, z.B. als Autodidakt, erwerbbar. In diesen Fällen soll jedoch Arbeit in einem Hauptbereich der Betriebswirtschaft nicht ausreichen; gefordert wird dann vielmehr der Nachweis umfassender Tätigkeiten in allen Hauptbereichen[8].

Ein Berater, der nicht mindestens einen Abschluß als staatlich geprüfter Betriebswirt vorweisen kann und Wert auf den Freiberuflerstatus legt, darf sich also nicht auf Beratung zum Personalwesen beschränken, sondern muß seine Tätigkeit auf die anderen Hauptbereiche der Betriebswirtschaft ausdehnen.

---

[4] Vgl. z.B. BFH, Urteil vom 11.06.1985, BStBl 1985 II, S. 584
[5] Vgl. z.B. BFH, Urteil vom 14.03.1991, BStBl 1991 II, S. 769
[6] Vgl. BFH, Beschluß vom 29.01.1997, BFH/NV 1997, S. 559
[7] Vgl. Finanzgericht (FG) Köln, Urteil vom 25.08.1997, Az: 12 K 7811/96, n.v.
[8] Vgl. dazu die Nachweise in Abschnitt 4.2 (S. 74–76)

4.2 Umfassende praktische Tätigkeiten

Neben die qualifizierte Vorbildung muß eine genügend breit angelegte praktische Tätigkeit des Beraters treten. Die zu unserem Thema bislang publizierten Entscheidungen der Finanzgerichtsbarkeit betrafen jeweils Personalberater, die über keinen formellen Abschluß als Betriebswirt verfügten, somit in der Praxis alle Hauptbereiche der Betriebswirtschaft hätten abdecken müssen und dies nicht nachzuweisen vermochten. Von Gerichtsentscheidungen, die konkret die Freiberuflichkeit eines Personalberaters anerkannt haben, ist daher nicht zu berichten. Erkenntniswert kommt freilich auch den tragenden Gründen solcher Urteile zu, die Gewerblichkeit von Personalberatung und/oder ähnlichen Tätigkeiten angenommen haben.

(1) Das Hessische Finanzgericht[9] stufte einen Personalberater als gewerblich ein, der nach seiner Lehre bis zum Generalbevollmächtigten einer Bank aufgestiegen, später als Partner in einer Unternehmensberatungsgesellschaft tätig gewesen war und sich sodann selbständig gemacht hatte, um Kreditinstituten bei der Suche nach geeigneten Bewerbern zur Besetzung der Positionen von leitenden Angestellten behilflich zu sein. Das FG urteilte:

Eine Aufgabe, die darin besteht, nach vorgegebenen oder selbst erarbeiteten Anforderungsprofilen geeignete Stellenbewerber durch Aufgabe von Inseraten ausfindig zu machen, aus diesen Bewerbern eine Vorauswahl zu treffen und sodann den für die ausgeschriebene Stelle als geeignet erscheinenden Kandidaten dem Auftraggeber zur Einstellung vorzuschlagen, ist keine freiberufliche Tätigkeit im Sinn des § 18 Abs. 1 EStG, insbesondere nicht die eines beratenden Betriebswirtes.

Soweit der Personalberater im Hinblick auf die Eignung der Kandidaten beratend tätig war, sah das FG darin eine Tätigkeit von untergeordneter Bedeutung, die keine Hauptpflicht der mit den Auftraggebern geschlossenen Verträge darstellte.

Mit entscheidend für diese Bewertung war, daß sich der betreffende Berater nicht ein von der Anstellung des Bewerbers unabhängiges Honorar zahlen ließ, sondern nach einem bestimmten Prozentsatz vom ersten Jahresgehalt des einzustellenden Kandidaten vergütet wurde. Von diesem Honorar erhielt der Berater üblicherweise einen beträchtlichen Teil (etwa 2/3) erst bei Eintritt des Vermittlungserfolges.

(2) Der BFH[10] sah die Tätigkeit eines Beraters in den Bereichen Marketing, Verkaufsstrategien und Public Relations (PR) als nicht breit genug

---

[9] Urteil vom 05.05.1987, EFG 1987, S. 620
[10] Beschluß vom 29.01.1997, BFH/NV 1997, S. 559

angelegt an, um alle wesentlichen Bereiche der Betriebswirtschaftslehre abzudecken.

Soweit kein Schluß auf wissenschaftlich-theoretische Kenntnisse in den übrigen Bereichen der Betriebswirtschaftslehre möglich sei, könne bei Fehlen eines anerkannten Ausbildungsabschlusses als Betriebswirt nicht von hinreichend breiter Tätigkeit ausgegangen werden.

(3) Das FG Köln ordnete durch Urteil vom 25.08.1997[11] die Tätigkeit eines Management- und Personalberaters, der keine grundlegende Ausbildung in den Kernbereichen der Betriebswirtschaftslehre vorweisen konnte, als gewerblich ein.

In jenem Fall hatte der Berater ein elektrotechnisches Studium abgeschlossen und als Offizier bei der Bundeswehr, u. a. im Personalbereich, gearbeitet. Anschließend war er als selbständiger Berater im Bereich Management und Personal tätig. Dabei orientierte er sich an den ‚Berufsgrundsätzen des BDU für Personalberater' und führte alle in diesen für Personalberatung als kennzeichnend aufgeführten Tätigkeiten[12] aus.

Alleine durch diesen, in erheblichem Umfang auf Beratung (statt Vermittlung) ausgelegten Arbeitsbereich sah das FG keinen hinreichenden Hauptbereich der Betriebswirtschaftslehre als erfüllt. Aus dem Umstand, daß der Berater in seinem Beruf sehr erfolgreich war, mochte das Gericht keinen Rückschluß auf das Vorliegen der notwendigen Kenntnisse bzw. Ausbildung ziehen. Mangels grundlegender Ausbildung in den Kernbereichen der Betriebswirtschaftslehre sei nicht festzustellen, daß der Berater die hauptsächlichen Bereiche der Betriebswirtschaft beherrsche. Selbst wenn man zu seinen Gunsten davon ausgehe, daß er Teilbereiche der Betriebswirtschaft beherrsche, etwa Führung und Personalwesen, dann fehle es immer noch an der notwendigen fachlichen Breite seines Wissens im Hinblick auf die anderen hauptsächlichen Bereiche der Betriebswirtschaftslehre.

Abgesehen davon, so das FG Köln, sei Personalberatung nicht mit einem der Katalogberufe des § 18 EStG vergleichbar.

Soweit der Berater neben der Personalberatung auch andere Bereiche der Unternehmensberatung abgedeckt hatte, insbesondere Organisation und Management, sah das Gericht im konkreten Fall keine Möglichkeit, die Bereiche klar voneinander zu trennen. Daher nahm es die Gewerblichkeit sämtlicher Einkünfte an.

(4) Solche Urteile verleiten zu Überlegungen, die Freiberuflichkeit von Personalberatung unter dem Aspekt der wissenschaftlichen, künstleri-

---

[11] Az: 12 K 7811/96, n.v.
[12] Diese stimmen weitgehend mit jenem Katalog überein, der in Kapitel 33, „Vertragsgestaltung", unter Abschnitt 3.2 (S. 394 f.) aufgeführt ist.

schen bzw. unterrichtenden Tätigkeit zu begründen. Allerdings stellt die Judikatur auch insoweit hohe Anforderungen:

(5) Voraussetzung für die Annahme einer wissenschaftlichen Tätigkeit ist, daß eine hochstehende, besonders qualifizierte Arbeit ausgeübt wird, die dazu befähigt, schwierige Streitfälle nach streng objektiven und sachlichen Gesichtspunkten zu lösen. Der Begriff der Wissenschaft sei in besonderem Maße mit den Disziplinen verbunden, die an den Hochschulen gelehrt werden. Wissenschaftlich tätig sei zwar auch, wer das aus der Forschung hervorgegangene Wissen und Erkennen auf konkrete Vorgänge anwende. Davon könne aber nur dann gesprochen werden, wenn grundsätzliche Fragen oder konkrete Vorgänge methodisch in ihren Ursachen erforscht, begründet und in einen Sinnzusammenhang gebracht werden. Dagegen soll eine Tätigkeit dann keinen wissenschaftlichen Charakter haben, wenn sie im wesentlichen in einer laufenden, mehr praxisorientierten Beratung bestehe[13].

(6) Mit analoger Begründung hat das Hessische FG[14] Personalbeurteilungen aufgrund persönlicher Gespräche mit den zu beurteilenden Personen und mit Hilfe psychologischer Testverfahren nicht als wissenschaftliche, sondern als gewerbliche Tätigkeit beurteilt. Die Anzahl von 106 bis 155 Beurteilungen pro Jahr sei zu hoch, als daß man von hochstehender, besonders qualifizierter Arbeit sprechen könne, zumal die Beurteilungen keine schriftliche Begründung enthielten und die Beraterin auch nicht durch fachliche Publikationen hervorgetreten sei.

(7) Das FG Hamburg[15] beurteilte die Ausübung einer selbständigen Tätigkeit, die die gesamte Betreuung eines Künstlers einschließlich seiner Präsentation in der Öffentlichkeit beinhaltete und daneben die Entwicklung von Konzepten einschließlich deren Durchsetzung auf dem Unterhaltsmarkt umfaßte, als gewerblich. An dieser Einordnung konnte auch das Argument des Beraters, er konzipiere Kunst und trainiere den Künstler methodisch für seine Auftritte, nichts ändern.

4.3 Vergütung unabhängig vom Beratungserfolg

Vermittlungsleistungen sind eher routinemäßig abzuwickeln bzw. kaufmännisch-verwaltend und damit gewerblich. Das gilt auch für Personalvermittlung sowie – nach dem oben bei 4.2, Fall (1) zitierten Urteil des Hessischen FG[16] – für Personalberatung, die überwiegend in Abhängigkeit von dem Erfolg der Arbeit honoriert wird.

---

[13] BFH, Urteile vom 03.12.1981, BStBl 1982 II, S. 267, und vom 27.02.1992, BStBl 1992 II, S. 826
[14] Urteil vom 02.12.1993, EFG 1994, S. 751
[15] Urteil vom 25.02.1988, EFG 1988, S. 429
[16] vom 05.05.1987, EFG 1987, S. 620

Passend dazu stufte das FG Berlin[17], vom BFH[18] bestätigt, die Tätigkeit eines Steuerpflichtigen, der sich aufgrund eines Beratervertrags rein erfolgsabhängig hatte vergüten lassen, als gewerblich ein.

Noch nicht gerichtlich geklärt ist die – seit Inkrafttreten des AFRG[19] naheliegende – Frage, ob ein selbständiger Personalberater mit anerkanntem Abschluß als Betriebswirt, der seine Klienten im betriebswirtschaftlichen Hauptbereich Personalwesen umfassend berät und neben einem Zeit- und/oder Festhonorar[20] auch ein relativ geringfügiges Erfolgshonorar für seine Mitwirkung bei der Besetzung offener Stellen bezieht, durch letzteres den Status als Freiberufler gefährdet.

Bei Gesamtwürdigung der zitierten Judikatur spricht einiges dafür, daß jegliches Erfolgshonorar, auch ein geringfügiges, den Pendel in Richtung auf ‚Gewerblichkeit' ausschlagen lassen wird.

4.4 Weitere Fallstricke

Soweit es Personalberatern (ausnahmsweise) gelingt, die bislang erörterten Kriterien der Freiberuflichkeit zu erfüllen, sollten sie ergänzend darauf achten, nicht über eine der anderen klassischen Hürden für Freiberufler, nämlich die ‚übermäßige' Beschäftigung fachlich qualifizierter Mitarbeiter und/oder steuerlich sensible Nebentätigkeiten, zu stolpern.

4.4.1 Beschäftigung fachlich qualifizierter Mitarbeiter

Ein Freiberufler darf grundsätzlich fachlich vorgebildete Arbeitskräfte, z. B. Angestellte oder freie Mitarbeiter, in beliebigem Umfang beschäftigen. Steuerlich ändert dies nichts an der Einstufung als freier Beruf, solange der Berater ‚aufgrund eigener Fachkenntnis leitend und eigenverantwortlich tätig' ist.

Um freiberuflich zu sein, muß die selbständige Arbeit wesentlich auf der persönlichen Arbeitsleistung des Inhabers beruhen. Neben der Leitung, also der Festlegung der Grundzüge von Organisation und Durchführung sowie deren Überwachung, wird eine ‚eigenverantwortliche Tätigkeit' verlangt. Dafür reicht die nur formale Übernahme der Verantwortung nach außen nicht aus. Der Personalberater muß sich vielmehr in einem solchen Ausmaß an der praktischen Arbeit beteiligen, daß den Klienten gegenüber seine Leistung immer noch den ‚Stempel seiner Persönlichkeit' trägt.

---

[17] Urteil vom 15.04.1986, EFG 1987, S. 119
[18] vom 05.10.1989, BFH/NV 1990, S. 372
[19] Vgl. dazu Kapitel 5 (S. 48 ff.)
[20] Vgl. zu den Honorarformen Kapitel 33, „Vertragsgestaltung", Abschnitt 4

Dies erfordert allerdings nicht notwendig die Beteiligung in jedem Einzelfall. Einfache, schematische Arbeiten muß der Personalberater nicht selbst durchführen, sofern er seine Mitarbeiter überprüft und sich deren Leistung so zu eigen macht, daß jede einzelne Arbeitsleistung der Mitarbeiter als solche des Beraters erkennbar ist. Ein lediglich akquirierender und organisierender Personalberater hingegen gilt nicht mehr als Freiberufler, selbst wenn er schwierige Fälle persönlich bearbeitet.

4.4.2 Nebentätigkeiten

Freie Berater üben nicht selten Nebentätigkeiten aus, für die sie aufgrund ihrer Ausbildung und Erfahrung zwar prädestiniert sind, die aber grundsätzlich jedem anderen zugänglich sind. Als Beispiele sind Vermögensverwaltungen, Aufsichtsrats- und Beiratsmandate sowie Verbandstätigkeiten zu erwähnen. Während Einkünfte aus solchen Nebentätigkeiten früher meist als Teil der freiberuflichen Tätigkeit deklariert und besteuert worden sind, differenziert die Rechtsprechung heute in zweierlei Hinsicht:

Zum einen fragt sie danach, ob es sich um eine mehr persönliche geistige Leistung oder eher um ‚eine routinemäßig abzuwickelnde, kaufmännisch-verwaltende Tätigkeit' handelt. Letztere gilt als gewerblich und wurde z. B. für Steuerberater und Rechtsanwälte angenommen, soweit sie als Treuhänder Bauherrenmodelle betreuen.

Aber auch bei Nebentätigkeiten, deren Ausübung vom Grundsatz eine persönliche geistige Leistung voraussetzt, ist Vorsicht geboten: Selbständige Tätigkeiten im Sinne des § 18 EStG können dadurch gewerblich werden, daß zu ihrer Erledigung Mitarbeiter eingesetzt werden, die mehr verrichten als nur Schreibarbeiten und ähnliche Hilfsdienste[21]. Jede die erwähnten Hilfeleistungen übersteigende Mitwirkung von Angestellten oder Freien Mitarbeitern beschwört deshalb die Gefahr herauf, daß die Einkünfte als solche aus gewerblicher Tätigkeit bewertet werden[22].

4.5 Strategien für Einzelberater

Um eine Einordnung als „gewerblich" zu vermeiden, sollten Personalberater die wesentlichen Teile ihres Engagements möglichst persönlich verrichten und dafür sorgen, daß ihr persönliches Engagement auch noch im Rahmen einer – typischerweise erst Jahre später stattfindenden – Betriebsprüfung nachweisbar ist.

---

[21] Vgl. BFH, BStBl 1994 II, S. 650
[22] Vgl. BFH, BStBl 1994 II, S. 936 und BStBl 1990 II, S. 1028

Einzelberatern ist nach derzeitiger Rechtsprechung allerdings unter
Umständen eine Aufspaltung ihrer Einkünfte in solche aus freiberuflicher Tätigkeit und andere aus gewerblicher Arbeit gestattet, wenn folgende Voraussetzungen vorliegen: Die Nebenleistung muß von der
Hauptleistung abgrenzbar sein, sie muß durch Vertrag ausdrücklich geschuldet sein, und für die Nebenleistung muß ein Entgelt vereinbart
sein, das nicht unabhängig davon ist, ob die Leistung tatsächlich erbracht wird[23]. Soweit z. B. ein Steuerberater im Rahmen der – als gewerblich eingestuften – Baubetreuung typische Steuerberaterleistungen
erbrachte, letztere nach dem Vertrag auch schuldete und hierfür gesondert vergütet wurde, waren die auf klassische Steuerberatung entfallen-
den Einkünfte solche aus freiberuflicher Tätigkeit und damit gewerbe-
steuerfrei.

Bei Personalberatern, die nicht bereits infolge ihrer Vorbildung dem Katalog des § 18 EStG zuzuordnen sind (und sich überwiegend erfolgsabhängig honorieren ließen), wurde bislang die Trennbarkeit der Bera-
tungsdienste vom Vermittlungselement ihrer Gesamtleistung verneint[24].

Ob die Gerichte eine andere Beurteilung vornehmen, wenn Personalberater weit überwiegend[25] unabhängig von dem Ergebnis ihrer Arbeit
honoriert werden und schon im Vertrag mit ihren Kunden penibel zwischen Beratungsdiensten und sonstigen Leistungen sowie dem dafür jeweils geschuldeten Honorar unterscheiden, bleibt abzuwarten.

5. Besonderheiten bei Personengesellschaften

Bei Personengesellschaften wie GbR und Partnerschaft wird die Freiberuflichkeit der Einkünfte nach derzeitiger Praxis nur anerkannt, wenn –
über die in Abschnitt 4. dargestellten Bedingungen hinaus – zwei weitere Voraussetzungen vorliegen: Zum einen dürfen an dieser Gesellschaft ausschließlich Freiberufler beteiligt sein, die sämtlich leitend und
eigenverantwortlich die Tätigkeit der Gesellschaft ausüben. Zum zweiten darf die Gesellschaft als solche ausschließlich Tätigkeiten im Sinne
des § 18 EStG entfalten.

5.1 Leitende und eigenverantwortliche Tätigkeit

Für die ‚leitende und eigenverantwortliche Tätigkeit' der Partner in der
Freiberufler-Sozietät reicht es aus, daß jeder als Mitunternehmer betei-

---

[23] Vgl. BFH, BStBl 1994 II, S. 650
[24] Vgl. FG Köln, Urteil vom 25.08.1997, Az: 12 K 7811/96, n.v.
[25] Vgl. dazu Kapitel 5, Abschnitt 4.7(.2) (S. 62)

ligte Berater sich mit einem Teilbereich befaßt; somit ist es nicht erforderlich, daß jeder Einzelne die Gesamttätigkeit der Personengesellschaft leitend und eigenverantwortlich betreibt[26]. Wesentlich ist freilich, daß jede der leitend und eigenverantwortlich tätigen Personen in einem solchen Maß über Gesellschafterrechte verfügt und an Gewinn und Verlust beteiligt ist, daß sie den Status eines Mitunternehmers besitzt.

5.2 Exklusivität der freiberuflichen Tätigkeit

Jegliche gewerbliche Betätigung einer sonst freiberuflichen Personengesellschaft macht diese in ihrer Gesamtheit zum Gewerbebetrieb, selbst wenn die gewerbliche Tätigkeit nur von einem der Gesellschafter und auch von diesem nur in geringfügigem Umfang ausgeübt wird[27]. So wurde eine Steuerberatersozietät mit ihren gesamten Beratereinkünften steuerlich vom Freiberufler zum Gewerbetreibenden, weil einer der Partner für (nur) ein Bauherrenmodell als Treuhänder tätig geworden war. Eine Aufspaltung in gewerbliche und freiberufliche Einkünfte wird innerhalb einer Gesellschaft nicht zugelassen. Möglich ist allerdings das Ausweichen auf eine zweite Gesellschaft, an der dieselben Personen beteiligt sind wie an der ersten.

5.3 Strategien für Personengesellschaften

Wenn die Einkünfte einer Personengesellschaft freiberuflich sein sollen, ist also zu beachten: Ausnahmslos die Träger von in § 18 Abs. 1 EStG erwähnten Berufen dürfen an der Gesellschaft beteiligt werden, und sämtliche Gesellschafter dürfen ausschließlich freiberufliche Tätigkeiten entfalten.

Sofern nicht ohnehin jedes der für die Personengesellschaft vorgesehenen Mitglieder für sich genommen einen solchen freien Beruf ausübt, bietet sich zur rechtlichen Absicherung der steuerlichen Interessen an:

Paßt ein Kooperationspartner nicht formell in den Berufekatalog des § 18 Abs. 1 EStG, so sollte er nicht den Status eines Mitunternehmers erhalten; vorzugswürdig sind dann andere Formen der Zusammenarbeit. Soweit sich eine Personengesellschaft nicht umgehen läßt, sind für trennbare Unternehmenstätigkeiten jeweils gesonderte Personengesellschaften zu errichten, die eine mit dem Träger des – aus dem Blickwinkel von § 18 Abs. 1 EStG problematischen – Berufs, die andere ohne ihm.

Die zweite Säule der Absicherung besteht darin, bereits durch Gesellschaftsvertrag den Partnern zu verbieten, im steuerrechtlichen Sinn ge-

---

[26] Vgl. BFH, BStBl 1989 II, S. 727
[27] Vgl. BFH, DStR 1994, S. 1887

werbliche Tätigkeiten für Rechnung der Sozietät auszuführen. Ergänzbar ist dieses Verbot durch Sanktionsandrohungen für den Fall der Zuwiderhandlung und/oder eine Bestimmung, wonach etwaige gewerbliche Tätigkeiten nicht für Rechnung der Sozietät, sondern für Rechnung des Handelnden als ausgeführt gelten.

Angesichts des engen Rahmens, in dem Personalberatung nach den Kriterien der Rechtsprechung als freiberuflich gelten kann, liegt es für Unternehmensberatersozietäten in Form einer GbR oder Partnerschaftsgesellschaft nahe, für den Bereich Personalberatung eine weitere (Personen-)Gesellschaft zu gründen: Die Wahrscheinlichkeit, daß Personalberatung als gewerblich eingestuft wird, ist hoch; die Trennung in zwei Gesellschaften wahrt dann die Chance, wenigstens für die sonstige (betriebswirtschaftliche und/oder technische) Beratung von Kunden als Freiberufler anerkannt zu werden bzw. zu bleiben.

6. Zusammenfassung

Personalberatung wird allenfalls unter sehr engen Voraussetzungen als freiberufliche Tätigkeit anerkannt.

Soweit Gewerblichkeit nicht schon aus der Rechtsform folgt, unter der Personalberatung ausgeübt wird, indizieren (teilweise) erfolgsabhängige Vergütungsformen die Gewerblichkeit.

Eine Chance auf Anerkennung als Freiberufler werden im Ergebnis nur solche Personalberater haben, die über einen staatlich anerkannten Abschluß als Volks- oder Betriebswirt verfügen, bei ihrer Arbeit ein weit gespanntes Aufgabenfeld als Berater übernehmen, in welchem dem mit Personalberatung oft verbundenen Teilaspekt ,Vermittlung' nur untergeordnete Bedeutung zukommt, und die sich dementsprechend erfolgsunabhängig honorieren lassen.

Für freiberufliche Unternehmensberater, die sich in einer Personengesellschaft zusammengeschlossen haben, liegt es nahe, Personalberatung nur im Rahmen einer (evtl. personengleichen) weiteren Gesellschaft auszuführen, um nicht die Freiberuflichkeit ihrer sonstigen Einkünfte zu gefährden.

Literatur

Quiring, A., Die rechtliche Absicherung der Unternehmensberatung, 2. Aufl., Kissing 1996.

Kapitel 7

Gründe für die Inanspruchnahme externer Personalberatung

von *Antonius de Bock*

1. Zunehmende Komplexität im inner- und außerbetrieblichen Umfeld

Begründet durch die Entwicklung des Marktes, wie die fortlaufende Internationalisierung, den technischen Wandel, die Tendenz zur Spezialisierung sowie die Umstrukturierungen großer Konzerne, werden die unternehmerischen Aufgabengebiete komplexer. Dadurch steigt die Bedeutung von intellektuellem Kapital für die einzelnen Unternehmen. Aufgrund stattgefundener und weiterhin zu beobachtender Personalabbau-Prozesse („Lean Enterprise") ging und geht möglicherweise noch immer zuviel intellektuelles Kapital verloren. Andererseits aber eröffnen sich Chancen, Neubesetzungen von Schlüsselpositionen noch anforderungsgerechter als bisher vorzunehmen.

Steigender Bedarf an besser qualifizierten Fach- und Führungskräften

Die Bewältigung der komplexeren Aufgabengebiete im Unternehmen erfordert eine steigende Anzahl besser qualifizierter Fach- und Führungskräfte. Immer mehr machen sich aber qualitative Defizite bemerkbar, da sich die Qualifikation vieler Arbeitskräfte noch nicht an die veränderten Marktgegebenheiten und Marktansprüche angepaßt hat. Dieser Mangel erhöht den Schwierigkeitsgrad, geeignete Kandidaten zur Besetzung von Vakanzen auswählen zu können. Außerdem haben es viele Unternehmen bisher aus unterschiedlichsten Überlegungen unterlassen, qualifizierte Personalreserven in ausreichendem Umfang aufzubauen, so daß sie nun größtenteils auf den externen Arbeitsmarkt angewiesen sind.

Auslastung der Personalabteilung

Die aufgezeigte Entwicklung wird dadurch verstärkt, daß die Aufgabenbereiche der Personalabteilungen in Unternehmen – beispielsweise durch Gesetzesvorschriften oder Ausweitung der Mitbestimmungsregeln – in den letzten Jahren drastisch gestiegen sind, die Größe dieser Personalabteilungen aber in den meisten Fällen nicht mitgewachsen, sondern eher reduziert worden ist. Insbesondere in Betrieben, wo entweder keine eigene oder nur eine kleine Personalabteilung vorhanden ist (die oft Verwaltungscharakter besitzt), wird notwendigerweise die Professionalität und das Know-how eines externen Beraters benötigt. Diese außer- und innerbetrieblichen Einflußfaktoren, die sich aus der Marktentwicklung und der Struktur von Personalabteilungen ergeben, führen dazu, daß viele Unternehmen die Aufgabe der Rekrutierung von Führungskräften partiell ausgliedern („Joint Engineering" der Personalsuche und -auswahl) und denen überlassen, die sich neben generellen Beratungsleistungen bei personalwirtschaftlichen Problemen auf die Rekrutierung von qualifizierten Fach- und Führungskräften spezialisiert haben. Die grundsätzliche strategische Spezifikation und die wesentlichen Entscheidungen über die Art und Weise der Durchführung der einzelnen Schritte der Suche- und Auswahlprozedur aber werden weiterhin durch das Unternehmen selbst getätigt.

2. Optimale Ressourcennutzung durch Ausgliederung der Personalsuche und -auswahl

Zunächst bieten Personalberater dem auftraggebenden Unternehmen die Möglichkeit, eine Stellenanzeige in Tageszeitungen, Fachzeitschriften und – flankierend – in einem oder mehreren der inzwischen zahlreichen Stellenmärkte des Internets zu schalten. Hier führt der Berater die Vorauswahl unter den Kandidaten durch und präsentiert dem Unternehmen die am besten Geeigneten, nachdem diese sich in einem persönlichen Beurteilungsgespräch und oftmals darüber hinaus in einem eignungsdiagnostischen Testverfahren oder Assessment-Center behaupten und qualifizieren konnten. Ein weiteres Instrument innerhalb der Rekrutierungsmethodik ist die Direktansprache: Hier werden potentielle Kandidaten nicht über Zeitung, Zeitschrift oder Internet, sondern persönlich („direkt") angesprochen, wobei die kontaktierte Person dem Personalberater meistens schon vor der Ansprache namentlich bekannt ist. Im Rahmen des allgemeinen Charakters dieses Kapitels wollen wir auf sinnvolle Rekrutierungsalternativen, beispielsweise das sogenannte „Campus Recruitment", hier nicht eingehen. Durch die Einschaltung eines Personalberaters und die Ausgliederung des Aufgabenbereiches „Auswahl und Beurteilung von Fach- und Führungskräften", können somit die unternehmensinternen Ressourcen im Personalbereich optimal für die Personalverwaltung und insbesondere -entwicklung ausgeschöpft werden.

Informationsreduktion auf das Wesentliche und Zeitersparnis

Bei Personaleinstellungen wird dann auf das von der Personalberatung zur Verfügung gestellte, komprimierte Informationsmaterial der vorzustellenden Kandidaten zurückgegriffen. Der Entscheider wird nicht mit einer Vielzahl von Informationen belastet, sondern kann sich bei seiner Entscheidung für einen Bewerber auf das Wesentliche konzentrieren und dadurch ein sichereres Urteil auf der Basis einer objektiven Vor-Beurteilung durch den Personalberater fällen. Die internen Abteilungen werden entlastet und es wird eine schnellere Abwicklung der Prozeduren gewährleistet, da sich die Aktivitäten der Personalberater ausschließlich auf die Rekrutierung beschränken. Damit nimmt der Zeitfaktor, als zusätzlicher Vorteil der Personalberater gegenüber den Unternehmen, die eine Vakanz besetzen wollen, eine zentrale Rolle bei der Entscheidung für den Einsatz eines externen Beraters ein, zumal ein schnelleres Agieren am Markt den entscheidenden Vorsprung im Wettbewerb um die geeignetsten Kandidaten bedeuten kann.

3. Komplexität internationaler Personalrekrutierung

Beratung ausländischer Unternehmen – Besonderheiten des deutschen Arbeitsmarktes

Insbesondere bei der Beratung ausländischer Unternehmen, die für den deutschen Markt adäquates Personal suchen, ist die Entscheidung für das Einschalten eines Personalberaters von großer Bedeutung, um mögliche Mißerfolge schon im Ansatz vermeiden zu helfen. Der deutsche Arbeitsmarkt stellt sich im Vergleich zu anderen europäischen Ländern bekanntermaßen als noch immer recht hierarchisch gegliedert dar, so daß sich die Suche und Auswahl qualifizierter Bewerber insbesondere in diesem Umfeld als komplex darstellt. Es müssen zusätzlich zu den üblichen Anforderungskriterien an eine Fach- oder Führungskraft unterschiedliche Mentalitäten, Kulturen und Qualifikationen bewußter wahrgenommen und subtiler berücksichtigt werden. Mehrjährige ausländische Berufspraxis des Personalberaters ist daher conditio sine qua non, um das erforderliche (Extra-)Maß an Einfühlungsvermögen gewährleisten zu können, nebst der sprachlichen Befähigung.

Personalrekrutierung in ausländischen Arbeitsmärkten

Verfügen hiesige Personalberatungen auch über ein internationales Netzwerk oder sogar (eine) eigene Auslandsniederlassung(en), welche ihnen den Zugang zu den ausländischen Arbeitsmärkten ermöglichen, wird sich die Einschaltung externer Berater außerdem als lohnend erweisen, wenn deutsche Unternehmen für Auslandsmärkte Personal suchen oder für ihre deutschen Hauptquartiere international rekrutieren wollen. In Zusammenarbeit mit den dortigen Fachkollegen sind diese Personalberatungen für eine effizientere und schnellere Lösung bei der weltweiten Besetzung von Vakanzen prädestiniert („Global Recruiting").

4. Neutralität, Diskretion und Imageschutz

Ein weiterer Grund für die Einschaltung eines Personalberaters liegt in der Wahrung der Diskretion. Soll zum Beispiel der Inhaber einer Position demnächst die Kündigung erhalten, gleichzeitig aber bereits dessen Nachfolger gesucht werden, wird die Inanspruchnahme eines externen Beraters notwendig. Es wird somit sichergestellt, daß der von der Kündigung bedrohte Arbeitnehmer erst dann davon erfährt, wenn seine Vorgesetzten dieses für richtig erachten. Gründe hierfür können strategische Überlegungen der betreffenden Firma sein, da beispielsweise nicht bekannt werden soll, daß Diversifikationen oder Umstrukturierungen geplant sind, wodurch Motivationsverlust beim derzeitigen Mitarbeiter und/oder Unruhe in der gesamten Belegschaft vermieden werden kann.

Unterstützung bei erfolgloser Suche

Sehr wichtig wird die Rekrutierung durch den Personalberater bei den Unternehmen, die auch nach mehrmaliger eigener Suche nicht den geeigneten Kandidaten zur Besetzung ihrer Vakanz(en) finden konnten. Professionelle Personalberater können mehrere Methoden der Suche und Auswahl – gegebenenfalls auch gleichzeitig – anwenden (vgl. Abschnitt 2.), verfügen über eine breite Kontaktbasis und suchen Kandidaten eventuell dort, wo das Unternehmen selbst nicht suchen würde oder könnte.

Schutz vor Imageverlust

Zwingend wird dieser Sachverhalt, wenn das Unternehmen mehrmals eine offene, aber erfolglose Anzeige geschaltet hat. Um nicht ein schlechtes Image bei Bewerbern oder auch im Markt zu erzeugen, sollte der Weg über den neutralen Personalberater führen, ebenso dann, wenn eine Firma einen geringen Aufforderungscharakter besitzt und die geeignete Zielgruppe nicht ausreichend mobilisieren kann, die für die erfolgreiche Besetzung der Position erforderlich wäre.

Abnehmende Bedeutung von Chiffreanzeigen

Zwar gibt es alternativ die Möglichkeit, Chiffre-Anzeigen zu schalten, aber hier kann sich die Unsicherheit eines Kandidaten, seine Bewerbungsunterlagen einem völlig anonymen Inserenten anzuvertrauen, als Nachteil entpuppen. Die Kontaktbarriere, die Fach- und Führungskräfte davon abhält, sich ihrerseits aus der Anonymität heraus zu melden, stellt sich dann als zu hoch heraus. Es könnte sich ja um den jetzigen Arbeitgeber handeln! Es kann deshalb auch angenommen werden, daß die abnehmende Bedeutung von Chiffre-Anzeigen mit der gestiegenen Inanspruchnahme eines Personalberaters einhergeht. Der Personalberater kann aufgrund seiner speziellen Kenntnisse auch zusätzliche Entscheidungshilfen bei der Wahl des Mediums geben, zum Beispiel, ob und in welchen Fachzeitschriften oder Tageszeitungen regional oder überregional geschaltet werden soll.

Motivation der Kandidaten

Durch die Heranziehung von Beratungsunternehmen bleibt der Auftraggeber anonym und ein ungünstiges Firmenimage hält keinen Bewerber davon ab, sich – gegebenenfalls mit Sperrvermerk – für die ausgeschriebene Position zu interessieren. Zusätzlich verfügen Personalberater über die Fähigkeit, potentielle Kandidaten sowohl für die Aufgabe als auch für mögliche Perspektiven in dem jeweiligen Unternehmen zu motivieren und ein eventuell unzutreffendes Negativ-Image des zukünftigen Arbeitgebers im Vorfeld des persönlichen Kennenlernens abzubauen.

5. Fehlerreduktion bei Auswahlentscheidungen durch höhere Objektivität

Als neutraler Dritter kann der praxiserfahrene Personalberater – wie eingangs erwähnt – Objektivität wahren und daher mit seiner detaillierten Vorarbeit die definitive Entscheidung eines Unternehmens für oder gegen einen Kandidaten wesentlich beeinflussen, zum Vorteil von allen Beteiligten.

Gemeinsame Erstellung eines Anforderungsprofils

Schon im Vorfeld kann Vorsorge zur Vermeidung einer Fehlbesetzung getroffen werden, in dem die Unternehmen gemeinsam mit dem Berater ein Anforderungsprofil für den zu suchenden Kandidaten erstellen. Dadurch wird ermöglicht, daß fachliche und persönliche Anforderungskriterien klar formuliert und umgesetzt werden und nicht nur als Gedankengebilde („so ungefähr müßte der Kandidat aussehen") der Unternehmensführung existieren. Durch einen Gedankenaustausch mit dem Personalberater kann die Unternehmensführung und/oder die Personalleitung an dessen Know-how auf diesem speziellen Gebiet partizipieren.

Weitere Differenzierung des Bewerberprofils

Diese gewissenhafte Vorgehensweise kann zudem zu neuen Lösungsansätzen führen und die Unternehmen zu anderen Einsichten bezüglich der zu besetzenden Position bringen. Aufgrund dieser veränderten Sichtweise können die zunächst erarbeiteten Anforderungskriterien derart modifiziert werden, daß das adaptierte Bewerberprofil der entsprechenden Vakanz noch mehr gerecht wird und vielleicht in wesentlichen Punkten von der Ursprungsvorstellung abweicht. Insbesondere die Unvoreingenommenheit externer Berater hilft, eine höhere Transparenz zu erzielen und damit das Risiko einer Fehlbesetzung sowohl für das Unternehmen als auch für den Kandidaten erheblich einzugrenzen.

6. Ausblick

Insgesamt gesehen gibt es, wie oben dargestellt, vielfältige Gründe, um eine Personalberatung mit der Rekrutierung von Fach- und Führungskräften zu beauftragen. In Zusammenarbeit mit externen Beratern sollte jedoch auf längere Sicht gesehen nicht nur nach einer kurzfristigen Problemlösung durch die Besetzung einer momentanen Vakanz gesucht werden, sondern durch den Aufbau eines gegenseitigen Vertrauensverhältnisses zwischen Auftraggeber und Auftragnehmer ein langfristiges Lösungskonzept für Fragestellungen bezüglich der fachlich qualifizierten Personalsuche und -auswahl entwickelt werden.

Kapitel 8

Anforderungsprofil eines Personalberaters

von *Matthias Ruppert* *

„The most dynamic element of our business economy is people. The expert in people, the personnel manager, has both an opportunity and a challenge in the business management of the future." (Flippo, E. B.)

1. Personalberater – Beruf oder Berufung

„Headhunter" sind immer noch von einem Hauch von Mystik umgeben. Im Verborgenen wirkend, suchen sie nach Managementtalenten im diskreten Auftrag ihrer Klienten und manchmal sogar auch ohne einen solchen. Sie berechnen Traumhonorare – selbst dann, wenn sie auf dem Golfplatz ausschauhaltend fündig werden. Ihre Auftraggeber pflegen einen vertraulichen Umgang mit ihnen, brauchen sie doch selber „ihren" Headhunter, wenn es die Karriereleiter weiter aufwärts gehen soll, und besonders natürlich, wenn es gilt, einen Knick in dieser Leiter zu vermeiden oder auszubügeln. [1]

Die Wirklichkeit ist natürlich anders. Personalberatung ist ein hochspezialisierter Beratungszweig und wird als solcher von kompetenten und erfahrenen Menschen betrieben. Neben klangvollen Namen und weltweit agierenden Firmen mit einer Vielzahl von Beratern gibt es den individuellen Einzelkämpfer mit einschlägiger Branchenerfahrung und guten Kontakten. Beide „Prototypen" von Beratern werden an der

---

* Der Beitrag entstand im Rahmen der Tätigkeit des Verfassers bei der Roland Berger & Partner GmbH
[1] Vgl. dazu auch *Neudeck/Pranzas* 1995, S. 6 ff.

Qualität der unter ihrer Mitwirkung besetzten Führungspositionen gemessen. Tatsächlich kann das Grundschema von Spezialisten und Generalisten in drei Spezialisierungsformen aufgeteilt werden:

- die reinen Personalberater – wobei Umfang und Art der Leistung (Direktansprache vs. Anzeige) unterschiedlich sind,
- die Human Resource Managementberater, die ganz oder teilweise in diesem Feld tätig sind und entsprechendes cross-selling Potential für Besetzungsaufträge ausnutzen,
- die „Gelegenheits-Täter", die nur im Ausnahmefall aufgrund ihrer Kontakte tätig werden, wie z. B. Anwälte oder Banker.[2]

Nicht in diese Struktur passen jene, die ebenfalls in diesem Feld tätig werden, wenngleich nur durch Empfehlungen und ihr „old-boys" Netzwerk nutzend – Aufsichtsräte und Beiräte. Wir wollen diese Gruppe hier unbetrachtet lassen, auch wenn nach Schätzungen ein nicht unerheblicher Teil von besetzten Führungspositionen auf ihr Konto kommt.

Was sind das aber für Menschen, die ihre Profession in der Personalberatung gefunden haben, was zeichnet sie aus, und wie sind sie das, was sie jetzt sind – Personalberater – geworden?

Das Anforderungsprofil an einen Personalberater läßt sich, ebenso wie das Profil jeder anderen zu besetzenden Funktion, detailgenau und damit trennscharf entwerfen.

Das entwickelte Anforderungsprofil macht dabei, nach mehreren Merkmalen differenziert, Aussagen über Art und Höhe der Anforderungen an eine Stelle. Die Merkmale können, analog zum Genfer Schema, nach Größen wie Können, Verantwortung, Belastung und Umgebungseinflüsse definiert werden.[3]

Prinzipiell kann man dieses Anforderungsprofil von zwei Standpunkten aus zeichnen. Dabei entsteht die nicht leicht zu beantwortende Frage, welche Ausprägung die einzelnen Merkmale jeweils haben sollen. Die Klienten (bzw. die Kandidaten) verlangen hier eine spezifische Ausprägung, die sich mit den Anforderungen des Beratungsunternehmers bzw. Partners der Personalberatungsgesellschaft teilweise deckt, meistens ergänzt, manchmal aber auch in Konkurrenz dazu steht. Da es prinzipiell darum geht, eine gegebene Position mit dem optimalen Kandidaten zu besetzen, soll im weiteren aus beiden Perspektiven ein Blick auf die Anforderungen an einen Personalberater geworfen werden.

---

[2] Vgl. *Dahlems* 1994, S. 89.
[3] Vgl. *Scholz* 1994, S. 171 ff.

2. Das Personalberater-Anforderungsprofil aus der Sicht des Klienten bzw. des Kandidaten

Wer sind die Kunden der Personalberater? Die Ende 1996 vorgelegte BDU-Studie zeigt, daß es immer noch überwiegend die Industrie ist, die auf die Hilfe der Personalberater zurückgreift: 53 % der Kunden kamen aus dieser Branche. An zweiter Stelle rangiert der Handel mit 19 %, gefolgt von Banken und Versicherungen mit 10,5 %. Von sonstigen Dienstleistern kamen 10 % der Aufträge.

In jedem Falle ist der Klient nicht ein anonymes auftraggebendes Unternehmen, man hat es immer auch mit Menschen, seien sie Aufsichtsrat oder Vorstand, Beirat oder Geschäftsführer, mit all ihren persönlichen Neigungen, Vorlieben und subjektiven Vorstellungen, zu tun. Diese Personen könnten nun selbst irgendwann Kandidaten sein. Schon aus diesem sehr überzeugenden Grund liegt es bei der Betrachtung des Anforderungsprofils eines Personalberaters nahe, diese beiden Kategorien von „contacts" gemeinsam zu erörtern. Bitte verstehen Sie also „Klient" im folgenden immer in diesem Sinne.

Die an einem Projekt beteiligten Parteien haben das gemeinsame Ziel, den optimal geeigneten Kandidaten in angemessener Frist, d.h. meist: so rasch wie möglich, zu plazieren. Dies ist jedoch das einzige gemeinsame Interesse, welches sie miteinander verbindet. Danach beginnen die Gegensätze: Der Personalberater will mit adäquatem Aufwand das höchstmögliche Honorar erhalten. Der Klient (das Unternehmen) will den besten Kandidaten für das geringste Honorar und das geringste Gehalt erhalten. Der Kandidat will den besten Job: bezüglich der Aufgabe, seiner Kompetenz und der Gesamtvergütung. In diesem Spannungsfeld bewegt sich der Berater.[4]

Der Klient erwartet von „seinem" Personalberater unbedingte Loyalität, Offenheit und Fachkompetenz. Diese Kenntnisse und Geschicklichkeiten sind in Klassen beschreibbar und sollten bei einem erfahrenen Personalberater als deutlich ausgeprägte Eigenschaften vorhanden sein. Während Loyalität stark mit der Unternehmenskultur der ausführenden Personalberatung korreliert und damit von der Einschätzung der Wichtigkeit des Klienten und der eigenen sozialen Wertvorstellung abhängt, ist Offenheit eine grundsätzliche Fähigkeit, die nur schwierig „erlernt" werden kann.

Fachkompetenz als dritte Komponente der Anforderungen sollte sowohl im ureigenen Geschäft des Beraters – der Suche und Auswahl von Führungskräften für eine bestimmte Funktion – als auch im Geschäft

---

[4] Vgl. *Dahlems /Leciejewski* 1996

und Marktfeld des Klienten entwickelt sein. Denn nur so ist der Berater in der Lage, die „Sprache" des Klienten zu verstehen und zu sprechen. Eine unmittelbare Berufserfahrung auf der „anderen", sprich der Seite des Klienten, am besten in einer gehobenen Managementfunktion mit entsprechender unternehmerischer Verantwortung, gehört somit fast immer zur notwendigen Qualifikation des kompetenten Beraters. Oft kann eine andere gleichwertige Erfahrung, z. B: in der klassischen Managementberatung, adäquaten Ersatz bieten. Wenn eine ausgesprochene Top-Positionen im Management zu besetzen ist, bekommt auch das dichte und tragfähige persönliche Beziehungsnetzwerk des Beraters zu den Insidern der jeweiligen Branche bei der Informationsgewinnung eine besondere Bedeutung. Zu guter Letzt ist auch eine gewisse Prise Lebenserfahrung, die es erlaubt, kulturelle Gegebenheiten beim Klienten rasch und umfassend zu erfassen und in das Auswahlkalkül einzubeziehen, ganz hilfreich – auf gut Neudeutsch mag man hier auch von „Management-Intuition" sprechen.[5]

Mit all dem sind jedoch erst einige der wichtigen Komponenten des Anforderungsprofils eines Personalberaters beschrieben.

Im höchsten Maße wichtig sind kommunikative und kognitive Eigenschaften. Mehr als andere Berufsgruppen muß ein Personalberater gelernt haben, ein Gespräch so zu führen, daß er in kurzer Zeit die größtmögliche Informationsmenge sammeln kann. Dies gilt natürlich zuerst beim Gespräch mit dem Klienten. Hier geht es darum, durch gezieltes Nachfragen die Anforderungskriterien an die zukünftige Führungskraft bzw. die Funktion oder Position möglichst genau herauszuarbeiten.

Dabei ist „Zuhören" sicherlich die wichtigste Tugend, die allerdings gelernt sein will. Ausgesprochene „hard-seller" der Zunft tun sich hier oftmals schwer. Die notwendigen „hard-facts" liefern unternehmensinterne Unterlagen, Strategieabrisse, Organigramme, Vergütungsstrukturen etc. In der Phase des Aufbaus der Suchstrategie und des Zusammentragens von relevanten Branchen- und Zielfirmeninformationen ist eine klare und effiziente Kommunikation mit dem Researcher, der letztendlich mit der Identifikation und Erstansprache einen Großteil der arbeitsintensiven Suche ausführen muß, der Schlüssel zum Erfolg. Ebenso wichtig ist das zielgruppengenaue Erstellen eines Anzeigentextes unter Kommunikationsgesichtspunkten.

Im Auswahlinterview selbst sind dann besonders die Beobachtung und die Steuerung des Gespräches gefordert, denn es soll die Eignung des Kandidaten für eine verantwortungsvolle unternehmerische Führungsfunktion beurteilt werden.

---

[5] Vgl. dazu *Garrison* 1993, S. 41 f.

Dabei muß ein möglichst optimaler „fit" des zukünftigen Mitarbeiters mit den Klientenvorstellungen überprüft werden: in fachlicher Hinsicht, in Fragen des ziel-optimalen Einsatzes, der Initiative, der Sozialkompetenz und Fähigkeit, Mitarbeiter zu führen und zu motivieren sowie der Fähigkeit, sich in bestehende Firmenkulturen zu integrieren bzw. diese gezielt verändern zu können. Ebenso gefragt von der zukünftigen Führungskraft sind Urteilsfähigkeit und das Vermögen, anderen Orientierung zu geben. Der Berater wird immer danach streben, die Position in angemessener Zeit mit dem am besten qualifizierten Kandidaten zu besetzen. Oft muß der richtige Mann oder die richtige Frau aber erst in intensiven und manchmal auch langwierigen Gesprächen „gewonnen" werden. Hier sind also Hartnäckigkeit und ein hohes Maß an Urteilsfähigkeit, gepaart mit vorheriger aufmerksamer Beobachtung, erforderlich.

Mit der Vorstellung – der „Präsentation" – der letztendlich aus der Auswahl als am qualifiziertesten hervorgegangenen Kandidaten ist jedoch der Auftrag noch nicht abgeschlossen. Eine sorgfältige Auswertung gemeinsam mit dem Klienten, die in der Diskussion nochmals detailliert herausgearbeiteten „pro's" und „con's" eines jeden Kandidaten, führen zu einem Kompromiß, der dem Bild des idealen Kandidaten meist sehr nahe kommt.

In diesem Prozeß fungiert der Berater als Moderator, Marktkenner (des zur Verfügung stehenden Potentials an qualifizierten Kandidaten) sowie als diplomatischer Bote (u.a. der Außenansicht des Klienten aus der Perspektive der Wettbewerber im Markt).

Bei Vertragsverhandlungen steht er moderierend beiden Parteien im Sinne einer optimalen Vereinbarung zur Seite, ersetzt jedoch nicht anwaltlichen Rat.

Der in den meisten Verträgen zu findende Passus „Referenzüberprüfungen sind integraler Bestandteil unseres Auftrages" verpflichtet den Berater ferner, mit Geschick, der notwendigen Hartnäckigkeit, aber auch mit Genauigkeit und Sachkenntnis (Urteilskraft!) die Qualifikation, die Erfahrung, das Potential sowie Integrität und Persönlichkeit des in der engeren Auswahl befindlichen Kandidaten fundiert und für den Klienten nachprüfbar zu untermauern.

Während der Einarbeitungs- bzw. Integrationsphase des nunmehr neuen Mitarbeiters kann der Berater moderierend vermittelnd, aber auch eventuell auftretende Schwierigkeiten motivierend und problemlösend begleiten.

3. Das Personalberater-Anforderungsprofil aus der Sicht des Unternehmers bzw. Partners

Neben seiner beratenden Tätigkeit ist der Personalberater gleichzeitig auch Manager, Führungskraft, Produktentwickler, Qualitätsmanager, Controller, Akquisiteur und Unternehmer. Er managt ein hocheffizientes Team, unterhält „state of the art"-Informationssysteme und will, wie übrigens jeder erfolgreiche Unternehmer, Gewinne erzielen. Verkäuferisches Talent, professionelles Projektmanagement und kaufmännische Kenntnisse und Erfahrungen bilden neben der Beratungskompetenz den Grundstock für seine erfolgreiche Tätigkeit.

Als Verkäufer muß er zunächst in den Lage sein, Entscheidungsträger im Unternehmen zu lokalisieren, anzusprechen und auf seine speziellen Kernkompetenzen im Bereich dieser Dienstleistung aufmerksam zu machen. Dabei ist es oft weniger schwierig, den Klientenkontakt aufzubauen, als im persönlichen Gespräch zu überzeugen und den Auftrag erteilt zu bekommen. Der Berater handelt hier vertrauenschaffend sowohl in seinem Namen, als auch im Namen des Unternehmens, das er als Partner oder Berater vertritt.

Professionelle Beratungen besitzen interne Steuerungsinstrumente zur Handhabung von Klientenkontakten und zur Abstimmung und Definition von „Zielkunden" und handhaben diese, besonders unter dem Aspekt des Klientenschutzes, mit besonderer Aufmerksamkeit.

Jüngere Berater finden sich in der Situation, einem Partner des Unternehmens unterstellt zu sein, und werden interne Regelungen zur Geschäftsentwicklung zu respektieren haben.

Im Klientengespräch ist der Personalberater sowohl Verkäufer, als auch und immer Berater – im besten Sinne des Wortes. Er ist ebenso selbstsicher wie verhandlungsbereit, ebenso zielgerichtet wie anpassungsfähig. Diese Gespräche verlangen ein Höchstmaß an Flexibilität und Überzeugungskraft, die als „soft skills" unabdingbar sind. Ein Personalberater kann dabei nicht immer nur „Freund und Helfer", sondern muß stets auch Geschäftsmann sein.[6]

Bei der Bearbeitung eines Auftrages spielen ferner auch seine interne Kommunikations- und Teamfähigkeit eine nicht unwichtige Rolle, denn nur in einem arbeitsteiligen Prozeß können die vom Klienten gestellten Anforderungen erfüllt werden.

In der Wirkung nach außen wird das Bild des Personalberaters von einer Reihe von Faktoren geprägt: seinen professionellen Standards, der Form und Präsentationsweise seiner Unterlagen, seinem Umgang mit

---

[6] Vgl. *Raisig* 1992, S. 175 f.

den Kandidaten und deren Unterlagen, seiner Vertraulichkeit gegenüber Klient und Kandidat sowie der Einhaltung strikter „off-limits" und Klientenschutzregelungen.

Als Unternehmer schließlich trägt der Berater Risiken bei Investitionen, die er, oft den Wünschen seiner Klienten folgend, unternimmt. Als Beispiel sei hier etwa die Expansion in neue Märkte wie Osteuropa genannt. Ebenso wie jede andere Führungskraft ist er den Risiken bei der Einstellung von Personal ausgesetzt und muß in seine eigene Weiterbildung investieren.

Partnerschaftliche Strukturen und schlagkräftige, effiziente Beratungsgesellschaften werden sehr oft und nahezu zwangsläufig von starken Individuen geprägt. Eben diesen ist aber auch eine gewisse „Zentrifugalkraft" eigen. Deshalb sind „spin offs" nicht unüblich, und gelegentlich wechseln Beratern auch in andere Gesellschaften.

Multinationale Klienten erfordern von Personalberatern, sich weltweit ebenso kompetent zu organisieren, wie sie selbst. So entsteht ein Zwang zur Konzentration und zur Formierung großer weltweit tätiger Personalberatungsgruppen mit mehreren hundert Beratern und Mitarbeitern. Auch sind in jüngerer Vergangenheit Merger und Kooperationen zwischen bislang unabhängigen Beratungsfirmen zu beobachten gewesen.[7] Demgegenüber sind aber auch nationale Spezialisten außerordentlich erfolgreich tätig.

Die Qualifikationsprofile der einzelnen Berater liegen dichter beieinander, als man denkt: Rund 95 % verfügen über eine akademische Ausbildung, wobei die Betriebswirtschaft den größten Anteil einnimmt, und ebenfalls 95 % haben bereits einschlägige Führungserfahrung gesammelt.[8]

Dieter Rickert gilt in Deutschland als erfolgreicher Personalberater. Insbesondere seine Beratungsaufträge auf höchster Ebene, aber auch seine direkte Persönlichkeit haben ihm den Ruf eingebracht zu polarisieren. Bekannt sind sein Gespür für besondere Konstellationen und sein Talent, „proaktiv" geeignete Kandidaten gezielt ins Gespräch zu bringen. Als Branchenpionier in Deutschland sollte man ferner den leider bereits 1982 verstorbenen Dr. *Maximilian Schubarth* nennen.

Das Wettbewerbsumfeld der Personalberatungsunternehmen unterliegt einer ständigen Veränderung, die Wettbewerbsstruktur ist außerordentlich heterogen. 90 % der deutschen Personalberater sind in Firmen mit weniger als drei Mitarbeitern oder gar als Einzelkämpfer tätig. Nur wenige Große sind international tätig und weithin bekannt.

---

[7] *Mülder & Partner* und *Heidrick & Struggles* in Deutschland
[8] Vgl. *Gazdar* 1992, S. 105 f.

Absolute Kundenorientierung, hohe Professionalität, Urteilsvermögen, konstante Qualität, ausgeprägte berufliche Ethik und im besten Sinne unternehmerisches Handeln zeichnen somit einen erfolgreichen Personalberater aus.

Viele der größeren Gesellschaften sind, ebenso wie die Mehrzahl kleinerer Berater, im BDU organisiert. Die Mitgliedschaft ist Garant für die Einhaltung hoher professioneller Standards und der gesetzlichen Regelungen für die Personalberatung. Sie bietet die Gewähr für profunde Beratung im sensiblen Feld der Suche und Auswahl von Führungskräften.

Literatur

Dahlems, R., Personalberatung, in: *Dahlems, R.* (Hrsg.), Handbuch des Führungskräfte-Managements, München 1994.

Dahlems, R./Leciejewski, K., Mit Headhuntern Karriere machen, Düsseldorf 1996.

Garrison, J. N., Executive Search in Europe. Choosing and using a headhunter, 1993.

Neudeck, E. R./Pranzas, D., Research – Direktansprache in der Personalberatung, 2. Aufl., Düsseldorf 1995.

Raisig, G. J., Freud und Leid im Umgang mit Personalberatern, in: *Gazdar, K.* (Hrsg.), Köpfe jagen: Mythos und Realität der Personalberatung, Wiesbaden 1992.

Scholz, Ch., Personalmanagement. Informationsorientierte und verhaltenstheoretische Grundlagen, 4. Aufl., München 1994.

Kapitel 9

Quo vadis, Personalberatung?

von *Joerg E. Staufenbiel*

1. Aktuelle Situation der Personalberatung

Glaubt man den Zahlen der in diesem Handbuch veröffentlichten *BDU*-Studie 1997/98, die auch unter Nicht-Mitgliedern durchgeführt wurde, scheint die Zunft der Personalberater der Zukunft insgesamt recht gelassen entgegensehen zu können. 76,3 % der befragten Personalberatungen erwarten für das Geschäftsjahr 1998 eine Umsatzsteigerung, wobei der Gesamtumsatz der Branche in diesem Zeitraum um durchschnittlich 14,4 % steigen soll. Nach dem Regierungswechsel und anderen Einflußfaktoren dürfte diese Prognose allerdings in Frage gestellt werden. Auch *BDU*-interne Umfragen in den letzten Jahren ergaben überwiegend eine positive Geschäftsentwicklung, was allerdings aufgrund unterschiedlicher Unternehmensgrößen und Spezialisierungen sehr unterschiedlich bewertet wurde.

Befragt man jedoch Unternehmen über die Zukunftsprognosen, wie dies beispielsweise die Zeitschrift „Capital" im Jahre 1994/95 tat, sehen die Ergebnisse eher negativ aus. Diese Diskrepanz in der Einschätzung von Unternehmen und Personalberatern ist sicherlich dadurch zu erklären, daß die meisten Personalabteilungen inzwischen professionellere Methoden des Personalmarketings im Rahmen der Unternehmensstrategie erarbeitet haben. Diese groteske Situation der Markteinschätzung ist sicherlich auch mit einem Überangebot an Personalberatern zu erklären, die in letzten Jahren regelrechte Akquisitionsschlachten durchgeführt haben. Gleichzeitig klagten auch in Zeiten der Restrukturierung viele Firmen über die Schwierigkeiten der Gewinnung von geeigneten Fach- und Führungskräften. Neuerdings wird auch im Nachwuchsbereich ein erheblicher Mangel, vor allem an Informatikern, Wirtschaftsingenieuren und sogar bei einigen betriebswirtschaftlichen Studienrichtungen festgestellt.

Neben dem Beratungsmarkt ist, nicht zuletzt aufgrund verschiedener gesetzlicher Änderungen, ein Vermittlungsmarkt entstanden. Während Personalberater im Auftrag von Klienten tätig werden und sich den Arbeitgebern verpflichtet fühlen, verstehen sich lizensierte **Arbeitsvermittler** eher als „Personalmakler", die Arbeitssuchende bei Firmen auf Erfolgsbasis plazieren. Auch wenn die Tätigkeiten nicht immer klar abgegrenzt werden können, soll sich der folgende Beitrag auf Personalberater konzentrieren, die überwiegend im *Bundesverband Deutscher Unternehmensberater BDU* und der *Vereinigung Deutscher Executive Search Berater (VDESB)* zusammengeschlossen sind.

Einige bekannte Personalberatungsfirmen haben sich bisher noch nicht zu einer Mitgliedschaft in einem der beiden **Berufsverbände** entschlossen. Beide **Verbände** haben strenge Aufnahmekriterien und Qualitätsstandards entwickelt, wobei der *BDU* neuerdings den international anerkannten Titel Unternehmensberater „CMC" für Personalberater mit langjähriger Berufspraxis verleiht.

Neben der *BDU*-Studie werden wir in diesem Beitrag noch öfter auf die wissenschaftlichen Untersuchungen von *Gaugler* (Universität Mannheim) eingehen, insbesondere die Untersuchung aus dem Jahr 1986 zu dem Thema „Funktionen und Arbeitsweisen der Personalberatung". Damals haben sich über 1200 Unternehmens- und Personalberatungsfirmen sowie spezialisierte Werbeagenturen beteiligt.

Nach Schätzungen des *BDU* hat sich die Gesamtzahl der spezialisierten Personalberatungsgesellschaften zwar nicht wesentlich vergrößert, jedoch ist die Gesamtzahl der angestellten und selbständigen Personalberater auf ca. 4500 Consultants gestiegen. Der Gesamt-Branchenumsatz wurde vom *BDU* 1997 auf 1,35 Mrd. DM bei ca. 46 500 Mandaten geschätzt, wobei 1998 ein Umsatz von 1,55 Mrd. bei 51 500 Mandaten erwartet wird.

Geht man von den Berechnungen der Zentralstelle für Arbeitsvermittlung (ZAV) in Frankfurt aus, werden jährlich knapp 15 000 Führungs-

kräfte der Wirtschaft extern rekrutiert. Berücksichtigt man die Vermitt-
lungstätigkeit der ZAV, die Selbstsuche der Unternehmen sowie die
Empfehlungen von Aufsichtsräten, Banken und anderen Institutionen,
wird deutlich, daß Personalberater nicht nur Führungskräfte suchen,
sondern inzwischen auf sämtlichen Management-Ebenen einschließlich
Spezialisten tätig sind. Diese Zahlen zeigen, daß es sich bei dem wachsenden Personalberatungsmarkt um einen hart umkämpften Dienstlei-
stungswettbewerb handelt, in dem Nachfrage sowie Angebot zunehmen
– in Form einer wachsenden Zahl von Personalberatungsgesellschaften
und vor allem Einzelberatern. Typisch in diesem Zusammenhang ist
auch die hohe Fluktuation angestellter Personalberater sowie die zahlreichen Neugründungen durch „spin offs".

Vor diesem Hintergrund ergeben sich für Personalberater zahlreiche
Fragestellungen nach **Erfolgsfaktoren**, um langfristig in einem wettbe-
werbsintensiven Umfeld erfolgreich agieren zu können. Angesichts der
anhaltenden Globalisierung der Wirtschaft stellt sich auch die Frage einer optimalen Betriebsgröße, **Spezialisierung** und **Internationalisierung**.

Beantwortet werden sollen auch Fragen nach den veränderten Anforderungen von Klientenseite.

2. Vom Kopfjäger zum Personalberater

Unbestritten ist heute, daß Personalberatungen nicht nur bei der Besetzung von Führungkräften eine wichtige Rolle einnehmen, sondern vielfältige Dienstleistungen im Personal- und Ausbildungsbereich anbieten.
Vorbei sind die Zeiten, in denen Personalberater von vielen Unternehmern und Personalmanagern als Kopfjäger angesehen wurden, die die
besten Manager aus anderen Unternehmen „abwerben", um damit
auch noch gutes Geld zu verdienen. Diese frühe Einsicht ist längst der
Erkenntnis gewichen, daß die Institution Personalberatung ihre Exi-
stenzberechtigung hat, weil im Zuge der gesamtwirtschaftlichen Arbeitsteilung Spezialisierungsvorteile und Lerneffekte wirksam werden,
die bestimmte Transaktionen im Rahmen der Personalbeschaffung erleichtern bzw. erst ermöglichen. Unternehmen aller Größenordnungen
haben dies längst, auch unter Berücksichtigung nicht unerheblicher Be-
schaffungskosten, erkannt. Um das Risiko von Fehlbesetzungen zu minimieren, und damit Fluktuationskosten zu vermeiden, die ein vielfaches der Beratungshonorare betragen, greifen weltweit Firmen
zunehmend auf die Erfahrungen und das spezielle Know-how der Such-
und Auswahlmethoden von Personalberatern zurück. Einer zu Beginn
der 90er Jahre veröffentlichten Untersuchung der Leicester Business
School zufolge wurden in den 500 größten kontinentaleuropäischen

Unternehmen bei externen Einstellungen bereits 85 % der Geschäftsführer und 70 % der Vorstandsmitglieder durch Personalberater gesucht. Personalberatungen erfüllen damit einen nicht zu unterschätzenden volks- und betriebswirtschaftlichen Zweck.

Entwicklung der Personalberatung

Wir wollen uns kurz der Frage widmen, wie das Headhunting bzw. vornehmer, Executive Search, in den USA und in Europa entstand und sich als umfassende Personalberatung weiterentwickelt hat.

Der Bereich des Headhunting hat sich während des Zweiten Weltkrieges in den USA entwickelt, als die amerikanischen Streitkräfte zivile Führungskräfte für logistische Aufgaben suchten. Nach dem gewonnenen Krieg begannen amerikanische Direktinvestoren mit der Suche nach Führungskräften für Europa und Asien, wobei zunächst amerikanische Manager bevorzugt wurden. In den 60er Jahren schließlich kamen die ersten amerikanischen Consultants nach Europa und gründeten Niederlassungen, um nicht nur amerikanische Klienten zu betreuen.

Da in Deutschland durch das Arbeitsvermittlungsmonopol der Bundesanstalt für Arbeit sowie in weiteren europäischen Ländern gesetzlich eingeschränkte Möglichkeiten der Personalberatung bestanden, entwickelte sich vor allem die Schweiz zu einem beliebten Standort für europäische Operationen. Insbesondere der Aufbau und die Pflege von Datenbanken für die Direktansprache durch Kontakte mit den potentiellen Kandidaten wurde gerne rund um den „Zürcher See" vorgenommen.

Die 70er Jahre können als Zeitraum für die Entstehung spezialisierter Beratungsfirmen bzw. der Gründung eigenständiger Tochtergesellschaften von größeren Unternehmensberatungen betrachtet werden.

Erst die unter anderem vom *BDU* und der Bundesanstalt für Arbeit (BA) entwickelten „Abgrenzungen zwischen Personalberatung und Arbeitsvermittlung" im Jahre 1970 verbesserten die Rechtssicherheit für Personalberater. In den Folgejahren ergaben sich jedoch mit der BA Diskussionen über die Definition einer Führungskraft und die Suchmethoden. Erst das im Sommer 1994 novellierte Arbeitsförderungsgesetz (AFG) ergab eine gesetzliche Klärung der Personalberatung im Unterschied zur Arbeitsvermittlung. Mit Geltung zum 1.1.1998 ist zwar jede Art von Arbeitsvermittlung weiterhin erlaubnispflichtig, regelt jedoch die erlaubnisfreie Tätigkeit für Personalberater. Wesentliche Voraussetzung für eine erlaubnisfreie Tätigkeit ist die Unterstützung der Arbeitgeber bei deren Suche nach Arbeitnehmern sowie überwiegend erfolgsunabhängige Vergütungsvereinbarungen.

Während ausländische Personalberater eindeutig die Identifizierung und Direktansprache von Kandidaten bevorzugten, favorisierten deutsche Personalberater auch vor dem Hintergrund der Rechtslage lange die mediengestützte Personalberatung durch Stellenangebote. Zwar stellte *Gaugler* bereits 1986 in seiner Untersuchung eine Zunahme der Direktansprache auf 24,1 % fest – im Vergleich zu 70,7 % der Personalberatungen, die überwiegend über Personalanzeigen arbeiten. Die *BDU*-Studie 1997/98 ermittelte, daß inzwischen fast 60 % über Direktansprache und knapp 30 % über Anzeigensuche tätig werden. Einige Beratungsfirmen haben eine Kombination beider Methoden entwickelt. Trotz derzeit wieder steigender Stellenmärkte beispielsweise in der F. A. Z. und der Süddeutschen Zeitung wird sich der Trend zur Direktansprache auf allen Managementebenen weiterentwickeln. Bemerkenswert ist auch ein gegenläufiger Trend von Executive Search Firmen, die neuerdings über Tochtergesellschaften im Bereich der mediengestützten Personalberatung tätig sind.

3. Veränderte Anforderungsprofile und Klientenbedürfnisse

Die Nachfrage nach Personalberatungsleistungen ist keineswegs originär; sie ist vielmehr eine abgeleitete Nachfrage, die von der Nachfrage der Unternehmen nach Fach- und Führungskräften und damit in hohem Maße von dem gesamtwirtschaftlichen Umfeld und dessen Rahmenbedingungen abhängig ist.

Dieses Umfeld wandelte sich in den letzten Jahrzehnten ständig, wobei sich in den 90er Jahren durch Restrukturierungen und neue Laufbahnsysteme die Anforderungsprofile vor allem auf Top-Management-Ebene veränderten. Auch immer kürzere Entwicklungs- und Produktzyklen sowie die Einbeziehung lokaler Manager im Rahmen der Globalisierung auf nahezu allen Märkten gehören zu den wesentlichen Phänomenen unserer Zeit und haben Einfluß auf die Personalsuche und -auswahl. Verstärkt werden diese rasanten Entwicklungen noch durch innovative Informations- und Kommunikationstechnologien, die Wissen und Zeit zu entscheidenden Wettbewerbsfaktoren machen und damit die Planungs- und Entwicklungshorizonte weiter verkürzen. Zudem entwickeln sich traditionsreiche Industriekonzerne durch neue Geschäftsfelder zu Handels- und Dienstleistungsunternehmen. Im Banken- und Versicherungsbereich, aber auch in der Automobil- und Markenartikelindustrie entwickeln sich teilweise durch grenzüberschreitende Fusionen Mega-Konzerne mit unterschiedlichen Sprach- und Unternehmenskulturen.

In diesem durch permanenten Wandel gekennzeichneten Unternehmensumfeld werden nicht nur Führungsentscheidungen immer komplexer und bedeutungsvoller. Am Beispiel von Projektleitern, Finanzexperten, aber auch internationalen Personalreferenten wird deutlich, daß diese neuen Anforderungsprofile inzwischen auch für mittlere und untere Hierarchieebenen eines verschlankten Unternehmens Gültigkeit haben.

Als Konsequenz dieser Entwicklung werden über Personalberater in zunehmendem Maße Führungspersönlichkeiten gesucht, die sich vor allem durch folgende drei Eigenschaften auszeichnen sollten:

- Koordinator und Controller, der in der Lage ist, sich aktuellen Strukturen und Prozessen anzupassen und die Geschicke des Unternehmens durch Abweichungs-Analysen zu steuern und zu lenken;
- Motivator und Coach, der es versteht, durch Vorbild und Förderung anspruchsvolle und selbstbewußte Mitarbeiter zu führen und mit Hilfe geeigneter Ziel- und Vergütungsvereinbarungen zu motivieren;
- Visionär und Organisator, der einerseits frühzeitig Chancen für das Unternehmen erkennt, um geeignete Ziele, Strategien und Organisationsformen für den langfristigen Unternehmenserfolg abzuleiten, und andererseits bereits schwache Signale im Unternehmensumfeld nutzt, um Risiken rechtzeitig aufzuspüren.

Neben diesen meist als „weiche" oder „Soft Skills" bezeichneten Auswahlkriterien dürfen selbstverständlich fachliche Kriterien wie exzellente Ausbildung, internationale Berufserfahrung, Sprachkenntnisse sowie das zukünftige Entwicklungspotential einschließlich Mobilitätsbereitschaft nicht unterschätzt werden.

In einem Unternehmensumfeld, in dem Fehl- oder Nichtentscheidungen des Managements möglicherweise langfristige Unternehmenskrisen zur Folge haben und damit den Bestand des Unternehmens existenziell gefährden können, erlangt die qualifizierte Besetzung von Führungs- und Nachwuchspositionen eine immer größere Bedeutung. Da auch die beste „Personalentwicklung" (PE) in einem Unternehmen nicht für alle Positionen im In- und Ausland geeignete Kandidaten bereitstellen kann, gewinnt die externe Personalsuche über Personalberater zunehmend an Bedeutung. Das spezielle Know-how bei der Identifikation und Ansprache von Kandidaten über Datenbanken oder Anzeigen sowie die zeitintensive Durchführung von gut vorbereiteten Interviews einschließlich Beurteilung ist darüber hinaus eine wesentliche zeitliche Entlastung für die Personal- und Fachabteilungen. Durch die Konzentration auf nur zwei bis drei geeignete und interessierte Kandidaten kommt es meist auch schneller zu einer Einstellung und kann zu Wettbewerbsvorteilen führen.

4. Zukünftige Betriebsformen

Da im Bereich der Personalberatung praktisch keine „Markteintritts-
barrieren" existieren, offerierten in den letzten Jahren immer mehr
frühpensionierte oder freigesetzte Führungskräfte und Personalleiter
ihre Dienste als Personalberater. Nicht selten scheiterten sie nach kurzer
Zeit – mit allen negativen Konsequenzen für den Berufsstand. Unver-
ständlicherweise sind auch renommierte Unternehmen bereit, diese un-
professionellen Dienstleistungen in Anspruch zu nehmen. Vor dem Hintergrund dieser Entwicklungen werden sich nur die Personalberatungen
weiterhin erfolgreich entwickeln, die sich durch eine systematische Personalsuche mit evtl. Spezialisierung strategisch richtig positionieren.

Gleichzeitig stellt sich die Frage der geeigneten Betriebsgröße und
Rechtsform. Die *Gaugler*-Studie stellte 1986 fest, daß ein typischer Repräsentant der Personalberatung ein relativ kleines Team ist, das von einem oder mehreren Inhabern persönlich geleitet wird. So firmierten ein
Drittel der Personalberatungen als Einzelunternehmen, knapp die Hälfte besaß damals die Rechtsform einer GmbH bzw. einer GmbH &
Co.KG.

Bei größeren partnerschaftlich organisierten Beratungsgesellschaften
gibt es heute sehr unterschiedliche Tendenzen. Während sich einige größere Personalberatungsunternehmen aus einem Mehrheitsgesellschafter
und mehreren Partnern mit ein bis zwei Prozentanteilen zusammensetzen, gibt es auch erfolgreiche Beteiligungsmodelle mit gleichen Partner-
anteilen. Im Segment international operierender Consultants ist es in
den letzten Jahren zu einigen Zusammenschlüssen bzw. Verkäufen gekommen, meist bedingt durch die Altersstruktur der Gesellschafter. In
der *BDU*-Studie erwarten vor allem größere Gesellschaften über 3 Millionen DM Umsatz weitere Unternehmenszusammenschlüsse und
-übernahmen. Vor diesem Hintergrund wird es einige jüngere Partner
geben, die möglicherweise zusammen mit anderen Kollegen Neugründungen wagen.

In den letzten Jahren wurden auch filialisierte Beratungsgesellschaften
teilweise auf „Franchise-Basis" gegründet, wobei regionale Lizenzen
oder auch Optionen auf Branchen vergeben wurden. Auch wenn einige
dieser Gesellschaften mit einem beachtlichen Anzeigenvolumen in den
Stellenmärkten vertreten sind, stellt sich die Frage, ob ihr Dienstleistungsangebot beispielsweise den *BDU*-Standards entspricht. Aufgrund
der meist knallharten und erfolgsabhängigen Entlohnungssysteme handelt es sich weitgehend um „Einzelkämpfer" ohne Beratungspraxis, so
daß kaum Teamarbeit und Projektkooperationen zustande kommen.

Im europäischen Ausland, z. B. in Großbritannien, sind darüber hinaus börsennotierte Aktiengesellschaften entstanden. Eine erfolgreiche Personalberatungsgesellschaft wird sicherlich seine Berater auch im Interesse einer langfristigen Bindung am Unternehmen und am Gewinn beteiligen.

5. Erfolgsfaktoren einer zeitgemäßen Personalberatung

Im folgenden sollen die wichtigsten **Erfolgsfaktoren** sowie zukünftige Entwicklungen und Tendenzen auch vor dem Hintergrund der *BDU*-Studie aufgezeichnet werden. Die Studie geht im übrigen auch auf die Einschätzung von Beratern ein, die nicht dem *BDU* angehören und unterscheidet neben Umsatz auch zwischen „Direktsuche" und „Mediensuche". Im einzelnen ergeben sich folgende Ergebnisse:

Alle befragten Personalberater waren sich einig, daß die **ganzheitliche Personalberatung**, d. h. die Full-Service Personalberatung an Bedeutung gewinnen wird. Insbesondere die anzeigenspezialisierten Personalberater waren zu über 70 % der Meinung, daß sämtliche Auswahlschritte bis zur Präsentation und Einstellung eines Kandidaten von Personalberatern mitbegleitet werden. Während in der *Gaugler*-Studie 1986 die Hälfte der befragten Berater Einstellungstests durchführten und auch ein knappes Drittel graphologische Gutachten berücksichtigt, stellte die *BDU*-Studie 1997 hier einen Trend zum klassischen Interview als entscheidenden Beurteilungsbaustein fest. Im Nachwuchsbereich werden verstärkt Assessment-Center (AC) und firmenspezifische Recruitment-Workshops eingesetzt.

Die neuen Medien gewinnen in der Personalberatung sowohl im Bereich Personalmarketing als auch Personalsuche an Bedeutung. Dabei kommt die flankierende Veröffentlichung von Beratungsaufträgen in elektronischen „Jobbörsen" in Frage und zwar unabhängig davon, ob man über klassische Medien oder direkt sucht. Derzeit ist zwar sowohl die quantitative als auch qualitative Bewerberresonanz unbefriedigend, auch bei Positionen im IT-Bereich. In dem Zusammenhang kann jedoch der leergefegte Arbeitsmarkt die geringe Resonanz erklären. Übereinstimmend sind Personalberater und Firmen der Meinung, daß die Internet-Präzenz insbesondere zur Ansprache jüngerer Kandidaten sowie zur internationalen Suche erforderlich ist.

Vom Personalberater werden zunehmend Erfahrungen in der Kundenbranche sowie Spezialisierungen erwartet, auf die wir näher eingehen. Der generelle Trend dabei ist, daß sich sowohl große Beratungsgesellschaften durch „Kompetenz-Center" als auch „Einzelkämpfer" spezialisieren.

5.1 Branchenspezialisierung und Mittelstand

Während die *Gaugler*-Studie noch von einer geringen Spezialisierung berichtete, ergab die *BDU*-Studie eine eindeutige Spezialisierungstendenz. Auch heute noch gibt es Personalberater, die sich als „Allround-Berater" verstehen und bewußt die „Methodenkompetenz" in den Vordergrund stellen. Vor allem in den Bereichen Finanzdienstleistungen d. h. Banken, Versicherungen und Leasinggesellschaften, aber auch in der High-Tech-Branche sowie im Software-Bereich ist eine starke Tendenz zur Spezialisierung festzustellen. Es gibt inzwischen kaum eine Branche ohne spezialisierte Berater, auch ehemalige Führungskräfte, die ihre Dienste anbieten.

Gute Branchenkenntnisse sind außerdem in der Kundenakquisition von Vorteil, da man eine „gemeinsame Sprache" spricht. Auch bei der Identifikation und Ansprache von Kandidaten können Branchenkenntnisse hilfreich sein, führen jedoch meist im Laufe der Jahre zu Interessenkonflikten, insbesondere bei der Direktansprache. Da ein seriöser Personalberater nicht für mehrere Wettbewerbsunternehmen gleichzeitig tätig und sowohl Kandidaten suchen und ansprechen kann, ist sein Aktionsradius erheblich eingeschränkt. Insofern empfiehlt sich für Personalberater eher ein guter Branchen-Mix entsprechend den eigenen Fachkenntnissen und Neigungen.

In letzter Zeit haben sich einige Personalberater auf mittelständische Unternehmen spezialisiert, um diese auch bei der Nachfolgeplanung und dem Generationswechsel zu unterstützen. Dieser Tendenz werden in der *BDU*-Umfrage gute Chancen eingeräumt. Mittelständische Unternehmen, die meist über keine professionelle Personalabteilung verfügen, sind besonders auf Dienstleistungen und Beurteilungsfähigkeiten von Personalberatern angewiesen. Auch die Kenntnis der firmenspezifischen Unternehmenskultur sowie der Persönlichkeitsmerkmale des Inhabers ist für eine erfolgreiche Personalbesetzung besonders wertvoll. Hilfreich kann der Personalberater auch nach der Einstellung in der Integrationsphase sein. Nicht selten ergeben sich beim Eintritt des Junior-Unternehmers in die Geschäftsführung zahlreiche grundsätzliche Fragen der Unternehmenspolitik, wobei einige Personalberater einen externen „Personalleiter-Service" mit regelmäßiger Konsultation anbieten. So können auch die jährlichen Gespräche mit den Mitarbeitern bezüglich Ziel- und Vergütungsvereinbarungen begleitet werden.

5.2 Funktions- und positionsorientierte Spezialisierung

Nach der *BDU*-Studie ist die Spezialisierung beispielsweise auf technische und kaufmännische Funktionen bzw. Spezialisierungen auf Marketing- und Vertriebs-positionen nicht so eindeutig ausgeprägt wie auf bestimmte Branchen. Eher kleinere Beratungsgesellschaften, darunter viele Nicht-*BDU*-Mitgliedern positionieren sich im Markt als Nischen-Spezialisten. Auch wenn sich größere Gesellschaften im Markt nicht als Spezialisten positionieren, können sich die einzelnen Personalberater intern auch aufgrund ihrer Hochschulausbildung und Berufserfahrung spezialisieren. Dies gilt insbesondere für Positionen im Bereich Datenverarbeitung und Informations-Technologie. Die Gefahr besteht auch hier in eingeschränkten Suchmethoden und der Verlockung, bereits bekannte Kandidaten regelmäßig anzusprechen.

5.3 Regionale und internationale Spezialisierung

Während sich auf die **Regionalisierung** eher kleinere und anzeigenorientierte Personalberater spezialisiert haben, sind größere Beratungsgesellschaften meist durch internationale Netzwerke vertreten. Gründe sind die Globalisierungstendenz der deutschen Wirtschaft sowie die internationale Suche nach Kandidaten. Deutsche Gesellschaften verfügen neben einem breiten Netz von **Regionalbüros** im Inland inzwischen auch über Niederlassungen im Ausland.

Die Kenntnis des regionalen bzw. internationalen Arbeitsmarktes sowie die Kundennähe sind für diese Entwicklung meistgenannten Argumente. Auch der Wohnort eines Personalberaters kann Grund für ein Regionalbüro sein.

Im Rahmen der Globalisierung ergeben sich unterschiedliche **Internationalisierungstendenzen**. Wie bereits erwähnt, haben große Executive-Search-Unternehmen eine weltweite Präsenz, teilweise durch Zusammenschlüsse oder Aufkäufe. So gab es meist für US- amerikanische Gesellschaften vor allem in Asien, aber auch in Europa, noch einige weiße Flecken. Auch große deutsche Gesellschaften haben inzwischen eigene Büros eröffnet, beispielsweise in Paris, London, Mailand, Sao Paulo, aber auch in Singapur und Shanghai eröffnet. Darüber hinaus haben sich die meisten größeren Beratungsgesellschaften zu einem weltweiten Verbund bzw. Netzwerk zusammengeschlossen, um auch Kundenaufträge im Ausland professionell durchführen zu können. Sofern ein regelmäßiger Erfahrungsaustausch unter den Partnerfirmen stattfindet, kann diese Form der Kooperation erfolgreich sein. Einige eher mittelgroße Unternehmen haben sich auf die Suche nach „Expatriates" mit Schwerpunkten, z. B. Japan und China, spezialisiert. Auch für die Suche und Auswahl von qualifizierten ausländischen Absolventen, die als lokale Führungskräfte vorbereitet werden, kann eine sinnvolle Spezialisierung sein.

6. Such- und Auswahlmethoden

Vergleicht man die *Gaugler–* und *BDU*-Studien, hat sich bei Personalberatungen aller Größenordnungen eine klare Tendenz in Richtung **Direktansprache** entwickelt, wobei von *BDU*-Beratern teilweise kombinierte Verfahren zur optimalen Marktansprache eingesetzt werden.

Voraussetzungen für eine erfolgreiche Direktsuche sind neben erfahrenen Beratern vor allem der Search-Bereich mit umfassendem Zugang zu Datenbanken und Informationssystemen. Erstaunlicherweise bewerten 86 % aller befragten Personalberater in der *BDU*-Studie persönliche Kontakte nach wie vor als Hauptquelle zur Ansprache von Kandidaten. Ob bei dieser hohen Quote bekannter Kontakte bei allen Personalberatern eine systematische Suche durchgeführt wird, wurde nicht nachgefragt. Auch ist nicht immer gewährleistet, ob bei einer internationalen Suche nach Kandidaten die Büros im Ausland bzw. die Kollegen involviert werden. Wie bereits erwähnt, gibt es auch bei internationalen Executive-Search-Firmen eine gegenläufige Tendenz, sich bei Positionen meist auf mittlerer Management-Ebene auf die mediengestützte Personalberatung zu konzentrieren.

Weiterhin gibt es auch Personalberater, die Bewerber fast ausschließlich über Stellenangebote ansprechen. Nicht immer sind diese Personalberater in das gesamte Auswahlverfahren involviert, sondern fungieren als „Briefkasten" bzw. führen lediglich eine Analyse der schriftlichen Bewerbungsunterlagen durch. Die von Gaugler noch erfaßten Werbeagenturen mit Personaldienst treten nur noch selten im Markt als Personalberater auf und haben sich meist nur auf die Schaltung von Personalanzeigen spezialisiert.

7. Honorarkomponenten

Während in der *Gaugler*-Studie neben Zeithonoraren das sogenannte Drittel-Modell üblich war, haben sich inzwischen eine Vielzahl von Honorarsystemen innerhalb und außerhalb der gesetzlichen Vorschriften entwickelt. Personalberater tendieren dazu, entsprechend dem Schwierigkeitsgrad, aber weitgehend unabhängig vom Jahresgehalt ein **Festhonorar** zu vereinbaren. Dieses wird entsprechend dem Projektfortschritt entweder monatlich oder in 3–5 Raten gezahlt. Hinzu kommen üblicherweise Kommunikations- und Reisekosten, entweder als Einzelnachweis oder als Pauschale, beispielsweise zwischen 10 und 20 % der Honorarsumme. Die ausschließliche Orientierung des Honorars am zukünftigen Gesamteinkommen der Führungskraft wird von Klientenseite immer weniger akzeptiert. In diesem Falle kann der Verdacht aufkommen, daß der Personalberater nur Kandidaten mit hohen Gehalts-vorstellungen präsentiert.

Bei der **Direktansprache** bzw. bei kombinierten Verfahren ist es zwar weiterhin üblich, sich am Jahreseinkommen zu orientieren, meist jedoch auf der Basis von Unter- oder Obergrenzen.

Bei der gleichzeitigen Besetzung von mehreren Positionen mit vergleichbarem **Anforderungsprofil** werden gelegentlich besondere Honorarvereinbarungen getroffen, wobei neben einem Grundhonorar auch zusätzliche Zeithonorare in Frage kommen.

Nicht zuletzt durch die neuen **Arbeitsvermittler,** die vollständig auf Erfolgsbasis arbeiten, ergibt sich die Tendenz zu einer erfolgsorientierten Vergütung. Das neue Arbeitsförderungs-Reformgesetz hat inzwischen die Honorarfrage geregelt, wobei ein Erfolgsbestandteil bis zu einem Drittel möglich ist. Da ein seriöser Personalberater im Rahmen eines Full-Service-Auftrages bis zur Einstellung eines Kandidaten tätig bleibt, ergeben sich beispielsweise für *BDU*-Berater mit dieser Regelung keine Probleme.

8. Die Zukunft der Personalberatung

Die kommende Dekade gehört dem Human-Resource-Management, so kann man immer häufiger in der Management-Literatur lesen. Entsprechend wird die Bedeutung des Personalmanagers als strategischer Partner der Unternehmensleitung aufgewertet. Selbstbewußte Unternehmer und Personalmanager werden deshalb stärker den Rat und die Mithilfe von Personalberatern in Anspruch nehmen, nicht nur in Fragen der Personalbeschaffung. Schon heute sind Personalberater mit der Durchführung von „Management-Audits" z.B. bei Fusionen und Übernahmen tätig. Auch die Entwicklung von Beurteilungs- und Vergütungssystemen ist ebenso ein neues Beratungsgebiet wie die Mitwirkung bei Change-Management-Prozessen. Neben der Suche nach Führungskräften haben sich auch einige Pesonalberater auf die Beratung bei der Besetzung von Aufsichtsräten und Beiräten spezialisiert.

Aber auch in Zukunft wird die Personalbeschaffung das Kerngeschäft aller Personalberatungen bleiben, wobei ein noch stärkerer Qualitätswettbewerb stattfinden wird. Ein Qualitätssiegel für Personalberater ist seine Lernfähigkeit und -bereitschaft sowie Problemlösungskompetenz. Nicht immer sind große bekannte Namen die sichere Adresse, z.B dann, wenn Projekte von überlasteten Senior-Beratern an Junior-Berater delegiert werden.

Neben der Orientierung an internen Standards so wie beispielsweise den *BDU*-Grundsätzen für Personalberater ist die Unabhängigkeit und das Projektmanagement wichtiger als die Honorarhöhe. Der Einsatz einer modernen Eignungsdiagnostik einschließlich Testverfahren z. B. im Funktionsbereich Vertrieb erlebt eine neue Renaissance. Innovative Fach- und Führungskräfte können deshalb von Personalberatern sicherer beurteilt werden, wenn diese innovativen Auswahl- und Beurteilungsverfahren aufgeschlossen gegenüber stehen.

Als ehemaliger Schüler von *Erich Gutenberg* darf ich mir abschließend die Bemerkung erlauben, daß heute die Besetzung von Führungspositionen mehr denn je zu den wichtigen nicht delegierbaren Führungsentscheidungen des dispositiven Faktors zählt.

Literatur

Brenner, D./Brenner, F./Giesen, B., Individuell bewerben. Mit praktischen Übungen zum Assessment Center, 3. Auflage, Köln 1997.
Bundesverband Deutscher Unternehmensberater BDU e. V., Grundsätze für die Berufsausübung der Personalberater im BDU.
Bundesverband Deutscher Unternehmensberater BDU e. V., Personalberatung in Deutschland 1997/1998, Bonn 1988.
Capital-Personalberater Jahrbuch 1996/97, Köln 1996.
Gaugler, E./Weber, B., Funktionen und Arbeitsweisen der Personalberater, Forschungsstelle für Betriebswirtschaft und Sozialpraxis, Mannheim 1986.
Gazdar, K., Köpfe jagen: Mythos und Realität der Personalberatung, Wiesbaden 1992.
o. V., Personalberater 1995/96 in Deutschland, Österreich, Schweiz, in: Management & Karriere, Ratingen 1995.
Staufenbiel, J. E., Personalbeschaffung, in: *Knief, P.* (Hrsg.), Steuerberater Handbuch Unternehmensberatung, Bonn 1996.

Kapitel 10

Personalberatung in Deutschland 1998/1999[1]

von *Jörg Murmann*

Kaum eine Branche hat sich in den vergangenen Jahren derart grundlegend verändert wie die Personalberatung. Diese Aussage trifft insbesondere auf das Tätigkeitsspektrum des Personalberaters zu. Eine ganzheitliche Personalberatung umfaßt heute neben der Suche und Auswahl von Fach- und Führungskräften weitere gezielte Beratungsleistungen wie die Gestaltung und Durchführung von Beurteilungsmaßnahmen (Assessment-Center, Management-Audits o.a.) und Weiterbildungsmaßnahmen, die Karriereberatung sowie strategische oder konzeptionelle Fragestellungen der Personalarbeit, beispielsweise Fragen der Personalentwicklung oder der Vergütungsberatung.

Bedingt durch die starke Nachfrage, sowie dem amerikanischen Vorbild entsprechend, hat sich die Personalberatung mittlerweile zu einer selbständigen, von der Unternehmensberatung losgelösten Dienstleistung entwickelt.

Das SGB III bildet den gesetzlichen Rahmen

Den aktuellen gesetzlichen Rahmen bildet das SBG III (trivial als Arbeitsförderungs-Reformgesetz AFRG bezeichnet) vom 24. 3. 1997. Hieraus ergeben sich zwei für Personalberater nicht unbedeutende Veränderungen im Vergleich zum Arbeitsförderungsgesetz AFG. Zum einen wird das Verbot erfolgsorientierter Honorare explizit in den Gesetzestext aufgenommen und zum anderen wird Personalberatung nicht mehr begrifflich von der Arbeitsvermittlung getrennt. Es wird lediglich zwischen erlaubnispflichtiger (Arbeitsvermittlung im eigentlichen Sinn) und erlaubnisfreier Arbeitsvermittlung (Personalberatung) unterschieden. Die Tätigkeit des Personalberaters ist jedoch nach § 291 AFRG unter bestimmten Voraussetzungen nicht erlaubnispflichtig und untersteht folglich auch nicht der Aufsicht der Bundesanstalt.[2]

---

[1] Die im Text dargestellten Daten und Fakten sind Ergebnis der BDU-Studie „Personalberatung in Deutschland 1997/98"

[2] Für Details siehe *Quiring*, Kapitel 5

Der Branchenumsatz hat sich in den vergangenen 10 Jahren nahezu vervierfacht

Die zunehmende Bedeutung der Personalberatung spiegelt sich auch in der Entwicklung des Branchenumsatzes wider. Nach Schätzungen des Bundesverbandes Deutscher Unternehmensberater BDU e.V. verzeichnet die Branche im Jahr 1998 einen starken Zuwachs von 14 % auf nunmehr 14,5 Mrd. DM (Vorjahr 1,28 Mrd. DM). Der Branchenumsatz konnte sich somit in den letzten 10 Jahren nahezu vervierfachen. Die Steigerungsraten der führenden Beratungsgesellschaften liegen zumeist deutlich über dem Marktdurchschnitt. Diese Sonderentwicklung ist jedoch nicht immer auf internes, sondern vielfach auf externes Wachstum durch Unternehmenszukäufe oder -übernahmen zurückzuführen.

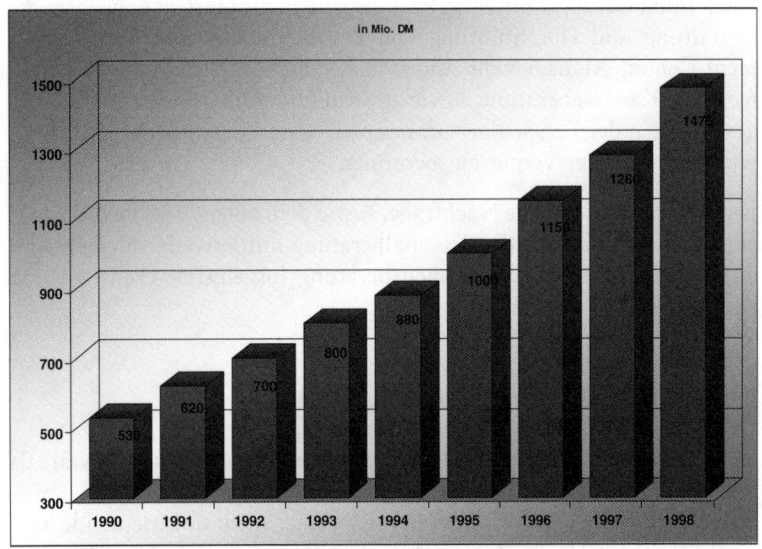

Abb. 1: Umsatzentwicklung des Gesamtmarktes 1988 bis 1998

In Deutschland gehen nach Schätzungen des BDU mittlerweile 5200 Personalberater in über 1700 Beratungsgesellschaften in den verschiedensten Organisations- und Spezialisierungsformen ihrem Beruf nach. Die Anzahl der Marktteilnehmer hat sich somit im letzten Jahrzehnt mehr als verdoppelt.

Das Marktsegment der zwanzig umsatzstärksten Beratungsgesellschaften nimmt mit über 510 Mio. DM einen überproportionalen Anteil von mehr als 40 % am Gesamtumsatz der Branche 1997 ein. Dieser Trend wird sich nach Einschätzungen des BDU in den kommenden Jahren weiter verstärken.

		Umsatz 1997* in Mio. DM
1	Heidrick & Struggles, Mülder & Partner	64,0
2	Kienbaum	55,0
3	Ray & Berndtson	46,0
4	Baumann	45,4
5	Egon Zehnder	36,5
6	Baumgartner	27,1
7	Delta	27,0
8	Amrop Hofmann Herbold & Partner	22,2
9	Roland Berger	21,0
10	Ward Howell International	20,8
11	Deininger	20,6
12	Ifp	20,1
13	Spencer Stuart & Associates	19,8
14	Korn Ferry International	14,6
15	Civitas	14,5
16	Dr. Heimeier & Partner	12,4
17	Interconsilium/Curriculum	12,3
18	Russel Reynolds Associates	11,7
18	H Neumann	11,5
20	Corporate Consult	10,4

* Honorarumsatz 1997 in Mio. DM im Bereich Personalberatung Quelle:
Bundesverband Deutscher Unternehmensberater BDU e.V.

Abb. 2: Die größten Beratungsgesellschaften im Überblick

Betrachtet man hingegen die Anzahl der Suchaufträge der 20 umsatzstärksten Personalberatungsgesellschaften im Jahr 1997, ergibt sich
eine veränderte Reihenfolge.

Das Beratungsspektrum hat sich ständig weiterentwickelt

Die Suche und Auswahl von Fach- und Führungskräften bildet traditionell den Tätigkeitsschwerpunkt des Personalberaters. Der Anteil am
Gesamtumsatz beträgt einer BDU-Studie aus dem Jahr 1998[3] zufolge
im Durchschnitt 88,4 %. Ein Vergleich mit den Ergebnissen einer Studie
aus dem Jahr 1979[4] zeigt, daß der Anteil derjenigen Berater, die sich

---

[3] Bundesverband Deutscher Unternehmensberater BDU e.V., Studie „Personalberatung in Deutschland 1997/98", Bonn, Oktober 1998
[4] Lehrstuhls für Allgemeine Betriebswirtschaftslehre, Personalwesen und Ar-
beitswissenschaft, *Prof. Dr. Gaugler*, Universität Mannheim, 1979

		Anzahl Suchaufträge 1997
1	Kienbaum	1100
2	Baumann	1031
3	Heidrick & Struggles, Mülder & Partner	700
4	Baumgartner	510
5	Deininger	462
6	Ifp	429
7	Amrop Hofmann Herbold & Partner	300
8	Egon Zehnder	277
9	Ward Howell International	276
10	Dr. Heimeier & Partner	252
11	Corporate Consult	250
12	Roland Berger	244
13	Civitas	200
14	Spencer Stuart & Associates	146
15	H Neumann	130
16	Russel Reynolds Associates	120
17	Interconsilium/Curriculum	92
	Ray & Berndtson	k.a.
	Delta	k.a.
	Korn Ferry International	k.a.

Quelle: Bundesverband Deutscher Unternehmensberater BDU e.V.

Abb. 3: Anzahl der Suchaufträge

ausschließlich auf die Suche und Auswahl spezialisiert haben, in etwa konstant geblieben ist (1997: 32 %; 1979: 36 %), das Leistungsspektrum jedoch erheblich zugenommen hat. Des weiteren fällt auf, daß der Grad der Spezialisierung auf das Kerngeschäft mit der Größe der Beratungsgesellschaft zunimmt.

Suchaufträge für Führungspositionen im Ausland, hier liegt der Anteil am Gesamtauftragsvolumen bei etwa 5 %, werden fast ausschließlich über die Direktansprache von potentiellen Kandidaten abgewickelt. Die Mandate beziehen sich jedoch nicht nur auf das Top-Management, sondern ebenfalls auf die mittlere und untere Führungsebene.

Die meisten Suchaufträge kommen aus dem verarbeitenden Gewerbe

Das verarbeitende Gewerbe war auch im Jahr 1997 gemessen an dem Anteil am Honorarumsatz im Bereich Suche und Auswahl von Fach- und Führungskräften mit 26,2 % der größte Nachfrager nach Personalberatungsleistungen. Einen weiterhin hohen, jedoch leicht rückläufigen Beratungsbedarf verzeichnet das Kredit- und Versicherungsgewerbe mit

9 %. Ein starker Rückgang im Vergleich zum Vorjahr ist im Bereich Handel und Handwerk zu beobachten.

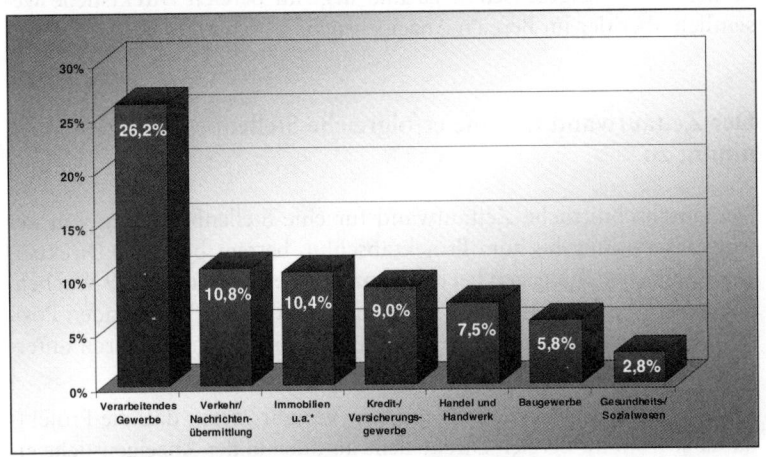

Abb. 4: Aufteilung des Honorarumsatzes nach Wirtschaftsbereichen

Die Honorarstruktur

80 % der befragten Unternehmen gaben an, ausschließlich auf Festhonorar-Basis zu arbeiten. Mit 10 % fällt der Anteil der Unternehmen, die ausschließlich auf Erfolgsbasis arbeiten, erstaunlich hoch aus. Lediglich 1/3 dieser Beratungsunternehmen gab jedoch an, erlaubnispflichtige Arbeitsvermittlung als einen ihrer Tätigkeitsbereiche zu betreiben. Die Zahl von 10 % ist erstaunlich vor dem Hintergrund der zuvor beschriebenen rechtlichen Rahmenbedingungen des Arbeitsförderungsreformgesetzes (AFRG) und den hiermit verbundenen Konsequenzen bei Nichteinhaltung. Es ist jedoch davon auszugehen, daß sich der in den vergangenen Jahren abzeichnende Trend hin zu erfolgsorientierten Honoraren nicht weiter fortsetzen wird.

Was den Zeitpunkt der Fälligkeit des Honorars anbelangt, greifen Personalberater fast ausschließlich auf die klassische 1/3 Regelung zurück. Hier wird zumeist 1/3 bei Auftragserteilung, 1/3 bei Präsentation der Kandidaten/Bewerber und 1/3 bei Projektabschluß fällig. Das Honorar liegt im Durchschnitt bei 27 % des zukünftigen Bruttojahreseinkommens des plazierten Kandidaten. Bemerkenswert ist, daß dieser Anteil im oberen Führungskräftebereich deutlich über dem Anteil im unteren liegt und mit der Größe der Beratungsgesellschaft zunimmt. Eine Honoraruntergrenze besitzen 51 % der Befragten. Diese liegt im Durchschnitt bei rund 27000 DM, schwankt jedoch zwischen 1.500 DM und 120000 DM. Die Höhe dieser Honoraruntergrenze nimmt mit der Größe der Beratungsgesellschaft zu und liegt im Bereich Direktsuche wesentlich über der im Bereich Anzeigensuche.

Der Zeitaufwand für eine erfolgreiche Stellenbesetzung nimmt zu

Der durchschnittliche Zeitaufwand für eine Stellenbesetzung von der Auftragserteilung bis zum Projektabschluß beträgt bei einer Direktsuche 12 Wochen, hingegen bei einer anzeigengestützten Suche 9 Wochen. Die Beratungsdauer ist jedoch, abhängig von der zu besetzenden Position, einer großen Bandbreite zwischen 2 Wochen und 2 Jahren unterworfen.

Ein Vergleich mit den Zahlen aus dem Vorjahr[5] zeigt, daß die Projektdauer sowohl im Bereich Direktsuche als auch in der Anzeigensuche erheblich zugenommen hat (1996: 10 Wochen bzw. 6 Wochen). Mehr als die Hälfte der Direktsuchaufträge (60%) wurden in 2 bis 4 Monaten erfüllt. Bei lediglich 5% der Mandate im Bereich Executive Search (3% der Gesamtmandate) lag der Zeitaufwand über 6 Monaten. Ebenfalls mehr als die Hälfte der anzeigengestützten Suchaufträge (55%) wurden in 1 bis 2 Monaten erfüllt. Bei lediglich 5% der Mandate in diesem Bereich (1,5% der Gesamtmandate) lag der Zeitaufwand über 4 Monaten.

Psychologische Testverfahren werden auch in der ersten Führungsebene angewandt

Oftmals werden neben dem Interview spezielle Auswahlverfahren angewandt (im Bereich Direktsuche 42%, Anzeigensuche 71%). Unter den psychologischen Testverfahren finden klassische Instrumente wie der 16PF oder der DNLA die häufigste Anwendung. Assessment-Center werden von 28% und graphologische Gutachten von immerhin 17% der Befragten durchgeführt. Unter den sonstigen Methoden (17%) finden sich Arbeitsproben, Fallstudien oder/und Rollenspiele.

Auf psychologische Testverfahren wird erstaunlicherweise auch in der Direktsuche nicht verzichtet. 23% der auf diesem Gebiet spezialisierten Unternehmen wenden derartige Verfahren an (Anzeigensuche 43%).

---

[5] Bundesverband Deutscher Unternehmensberater BDU e.V., BDU-Personalberaterstatistik 1996, 1996

Geht es um die Besetzung von Positionen der ersten Führungsebene, werden derartige Auswahlverfahren fallweise immerhin von 12,5 % der hier spezialisierten Unternehmen angewandt.

Die Chancen weiblicher Führungskräfte nehmen zu

Nahezu die Hälfte aller plazierten Kandidaten fällt in die Altersklasse der 35- bis 44jährigen. Dieses Ergebnis deckt sich mit den Vorjahreswerten[6]. Lediglich der Anteil der über 50jährigen ist merklich gefallen. Hingegen ist der Anteil der Nachwuchsführungskräfte von 22 % auf nunmehr 26 % gestiegen. Die Altersstruktur der plazierten Kandidaten scheint die These zu bestätigen, daß „kleinere" Personalberatungsgesellschaften eher im Nachwuchsbereich bzw. im mittleren Management suchend tätig werden.

Mit 84 % ist der Anteil der männlichen Kandidaten im Vergleich zum Vorjahr (89 %) leicht rückläufig. Diese Entwicklung ist jedoch nicht durchgängig durch alle Branchen zu beobachten. Auffällig hoch ist der Anteil der plazierten weiblichen Kandidaten bei Beratungsgesellschaften, die im unteren Führungskräftebereich suchend tätig werden (30 %).

Nahezu 80 % der plazierten Kandidaten verfügen über einen Hochschul- oder Fachhochschulabschluß und 40 % über eine kaufmännische bzw. praktische Ausbildung. Mehr als die Hälfte der Akademiker kann neben dem Studium weitere Qualifikationen vorweisen (kaufm./praktische Ausbildung 30 %; Promotion 9 %; MBA 5 %).

Der Anteil der Kandidaten mit einem zukünftigen Jahreseinkommen über 250000 DM ist im Vergleich zum Jahr 1996[7] von 16 % auf nunmehr 24 % gestiegen. Die neuen Stelleninhaber konnten sich hierbei gehaltsmäßig um durchschnittlich 14 % verbessern (Maximum 30 %). 80 % der Positionen mit einem Jahresgehalt über 500000 DM wurden von Personalberatungsunternehmen mit einem Jahresumsatz, der größer als 10 Mio. DM ist, besetzt. 3/4 der von kleineren Beratungsgesellschaften besetzten Positionen liegen unter 150000 DM.

Die Ergebnisse der Studie belegen die These, daß sich die Anzeigensuche weniger für Positionen der ersten und zweiten Führungskräfteebene anbietet. Lediglich 3 % der Suchaufträge von Unternehmen, die sich auf diese Methode spezialisiert haben, beziehen sich auf ein zu erwartendes Jahresgehalt über 250000 DM.

---

[6] Bundesverband Deutscher Unternehmensberater BDU e. V., BDU-Personalberaterstatistik 1997, 1997
[7] Bundesverband Deutscher Unternehmensberater BDU e. V., BDU-Personalberaterstatistik 1996, 1996

In 62 % der Fälle wurde mit dem plazierten Kandidaten eine leistungsbezogene Einkommenskomponente vereinbart (Vorjahreswert 37 %)[8]. Diese macht im Durchschnitt 19 % des Gesamteinkommens aus und liegt maximal bei 100 %.

Die Mobilität der deutschen Führungskräfte

Ist Mobilität eine Frage des Alters? Diese Frage läßt sich eindeutig mit einem „Ja" beantworten.

Am stärksten ist eine fehlende Mobilität in der Altersklasse der 35- bis 44jährigen zu beobachten. Für 51 % der Befragten trifft die Aussage für diese Gruppe zu. Als Gründe werden seitens der Kandidaten die Familie, das soziale Umfeld oder Immobilienerwerb angegeben. Die größte Bereitschaft, mit dem Arbeitsplatz auch den Wohnort zu wechseln, findet man in der Altersgruppe der über 50jährigen bzw. bei Führungsnachwuchskräften.

Die Bedeutung des Internets bei der Suche und Auswahl von Führungskräften nimmt zu

Fast die Hälfte der befragten Beratungsunternehmen (44 %) gab an, das Medium Internet neben der klassischen Anzeigensuche über Printmedien und der Direktansprache zur Ansprache von potentiellen Kandidaten zu nutzen. Fast 60 % derjenigen Berater, die das Internet noch nicht nutzen, planen dies jedoch spätestens bis Mitte 1999.

Häufig wird von Personalberatern als ein Argument für die Direktsuche hervorgebracht, daß sich Spitzenführungskräfte nicht auf Stellenanzeigen bewerben. Um so mehr überrascht es, daß die Gesellschaften, die schwerpunktmäßig in diesem Bereich tätig sind, das Medium Internet häufiger einsetzen als Berater mit dem Suchschwerpunkt untere Führungsebene.

Als Hauptgrund dafür, daß das Internet noch nicht zur Kandidatensuche genutzt wird, führen die Befragten an, sich noch nicht mit der Thematik auseinandergesetzt zu haben.

Beratungsunternehmen, die ihren Schwerpunkt in der Direktsuche haben, stehen einem möglichen Erfolg positiver gegenüber als Personalberater mit dem Schwerpunkt anzeigengestützte Suche. Mit der Suche von

---

[8] Bundesverband Deutscher Unternehmensberater BDU e. V., BDU-Personalberaterstatistik 1997, 1997

geeigneten Kandidaten über eine Stellenanzeige im Internet haben sich 43 % aller befragten Einzelberater noch nicht beschäftigt. Die gleiche Antwort gaben hingegen lediglich 11 % aller Beratungsgesellschaften über 1 Mio. DM Jahresumsatz.

53 % der Berater, die das Internet bereits zur Kandidatensuche nutzen, tun dies generell zur Unterstützung im Bereich Direktsuche. Bei 46 % geschieht dies parallel zu einer geschalteten Anzeige in Printmedien. Lediglich 2 % machen eine Entscheidung, ob eine Suchanzeige im Internet erscheinen soll, von der zu besetzenden Position und der damit verbundenen Zielgruppe abhängig.

Bei den Erfahrungen mit der Stellensuche im Internet und den hier getroffenen Aussagen muß berücksichtigt werden, daß diese nicht für alle Positionen bzw. Branchen in gleichem Maße gelten. Suchaufträge für Nachwuchskräfte bzw. den DV/IT- oder PR/Marketing-Bereich bieten sich sicherlich eher für eine Suche über das Internet an. Auch wird die Resonanz hierauf aufgrund der stärkeren Zielgruppenansprache des Mediums Internet vielfach größer sein als bei anderen Branchen.

Pro Suchauftrag erhalten die Befragten positions-, funktions- und branchenabhängig im Durchschnitt 6 Bewerbungen (Tendenz steigend). 50 % der Befragten beurteilen die Qualität der eingegangenen Bewerbungen auf eine Stellenausschreibung im Internet als gut. Lediglich 5 % sind mit der Qualität nicht zufrieden.

Die Qualität der eingehenden Bewerbungen spiegelt sich auch bei der Beantwortung der Frage wider, ob bereits Positionen mit Bewerbern aus dem Internet besetzt wurden. 36 % gaben an, bereits Kandidaten plaziert zu haben, die sich auf eine Stellenausschreibung im Internet beworben haben.

64 % der Beratungsunternehmen plazierten ihre Stellenanzeigen bei Online-Anbietern wie dem Business-Channel von Gruner & Jahr, Jobs & Adverts oder anderen Anbietern. Immerhin 51 % nutzen die eigene Homepage für diese Art der Kandidatensuche. Dies ist um so erstaunlicher, da die Bedeutung eines Eigenmarketings über die eigene Homepage bislang nur von wenigen Beratungsunternehmen erkannt wurde.

Lediglich 18 % der Beratungsgesellschaften berechnen ihrem Klienten die Schaltung einer Stellenanzeige im Internet als zusätzliche Dienstleistung.

Quo vadis Personalberatung?

Auch im Jahr 1999 werden die TOP-Beratungsgesellschaften im Hinblick auf die internationale Wettbewerbsfähigkeit versuchen, ihre

Marktstellung durch Unternehmensübernahmen und Fusionen zu festigen bzw. auszubauen. Nicht zuletzt durch diese Politik kann auch der stetig zunehmende Bedarf der Personalberatungsgesellschaften an hochqualifizierten Beratern gedeckt werden.

Als weitere Trends für das Jahr 1999 sieht der BDU:

- Zunahme der Personalsuche über das Internet
- Zunahme der Direktansprache als Suchmethode
- erhöhte Anforderungen an das Fach- und Branchenwissen des Beraters
- Entwicklung hin zu einem Full-Service-Angebot des Personalberaters
- Zuverlässigkeit und Schnelligkeit des Beraters als entscheidender Erfolgsfaktor jedoch Zunahme der Dauer für eine erfolgreiche Stellenbesetzung
- Entwicklung weg von Erfolgshonoraren (da gesetzlich verboten) hin zu Festhonoraren (BDU-Mitgliedsunternehmen lehnen derartige erfolgsbezogene Honorare im übrigen in ihren Berufsgrundsätzen grundsätzlich ab).

Der Boom wird sich auch im Jahr 1999, jedoch mit einer gebremsten Wachstumsdynamik fortsetzen. Der BDU prognostiziert für dieses Jahr einen Umsatzanstieg von 13 % auf 1,7 Mrd. DM.

Teil III

Die Suche und Auswahl von Führungskräften

Kapitel 11

Unternehmenskultur und Personalauswahl

von *Horst Rückle*

1. Grundlagen der Personalauswahl

Jahrzehnte hindurch bestanden in der Wirtschaft relativ einfache und trotzdem gut funktionierende Ausleseverfahren. Schon aufgrund sozialer Herkunft, des Besuches bestimmer Oberschulen und Universitäten, der Mitgliedschaft in studentischen Verbindungen, in Vereinen oder dem Militär konnten Unternehmer in einem von klaren Normen und Regeln bestimmten Umfeld relativ sicher erschließen, ob Bewerber ihre Erwartungen und Güteanforderungen erfüllen würden.

Heute stellt sich die Situation viel komplexer dar. Institutionen wie die Schulen und die Universitäten verloren ihre Auswahlfunktionen. Anforderungen sind differenzierter geworden und wandeln sich ständig. Zunehmender Wettbewerb, geänderte Konsumentenhaltungen, differenziertere Produkte und Dienstleistungen und der Wertewandel erfordern, daß sich Unternehmen eigene Werte geben, um ein klares, unterscheidbares Profil zu gewinnen, um Synergieeffekte zu erreichen und um zu ermöglichen, daß die Transaktionen innerhalb des Unternehmens aber auch mit der Außenwelt hochflexibel, aber dennoch nach erkennbaren Prinzipien gestaltet werden.

2. Unternehmenskultur und Unternehmensphilosophie

Heute sind es nicht mehr in erste Linie die Produkte des Unternehmens und deren Preise, sondern es ist die durchgängige, Synergie schaffende Philosophie des Unternehmens, die langfristigen Imitationsschutz und den Unternehmenserfolg sichert. Unternehmensphilosophie bezeichnet die Gesamtheit der angestrebten Werte und Normen des Unternehmens. Diese werden allein durch die Menschen im Unternehmen mit Inhalt erfüllt und transportiert. Nahezu alle erfolgreichen Unternehmen zeichnen sich dadurch aus, daß sie ein durchgängiges, eigenständiges und einzigartiges Wertesystem schaffen und Mitarbeiter haben, die hierzu in positiver Resonanz stehen. Dem muß auch die Personalauswahl Rechnung tragen, nicht nur durch immer komplexer werdende Auswahlverfahren, sondern durch eine Besinnung auf die grundlegenden Erfolgsfaktoren aufgrund der eigenen Werte und der gelebten Kultur.

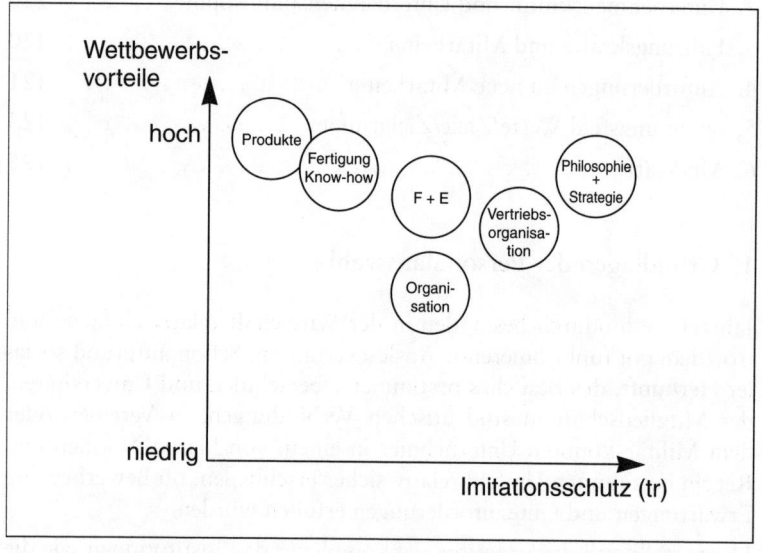

Abb. 1: Aufbau von Imitationsschutz und Wettbewerbsvorteilen

3. Führungskräfte und Mitarbeiter

Führungskräfte und Mitarbeiter sind als Mittler der Werte wahrscheinlich der wichtigste Wettbewerbsfaktor. Da Menschen in ihrer Mitarbeiterrolle nur die Fähigkeiten und Fertigkeiten entwickeln können, für die sie Anlagen (Dispositionen für Fähigkeiten) mitbringen, ist sorgfältige

Potentialanalyse, Beachtung der jeweiligen Unternehmensziele, der Unternehmenswerte und der Zielgruppe der potentiellen Mitarbeiter notwendig. Werden die zur Aufgabe und zum Unternehmen passenden „richtigen" Mitarbeiter eingestellt, ist eine entsprechende Leistung wahrscheinlich. Werden die „Falschen" eingestellt, sinkt die Erfolgswahrscheinlichkeit.

Überall dort, wo wir als Berater bei der Mitarbeiterauswahl tätig werden, stehen wir vor der Aufgabe, genau herauszukristallisieren, was das Unternehmen ist, will und wo es hin will. Wir müssen klären: Was ist die Unternehmensvision? Mit welchen darin enthaltenen Werten will das Unternehmen welche Ziele erreichen? Welche Zielgruppen mit welchen Erwartungen werden angesprochen, um die Ziele und Werte der Vision zu erreichen? Wie funktioniert das Unternehmen? Was macht seine Einzigartigkeit aus? Welche Verhaltensweisen werden positiv und welche werden negativ sanktioniert? Welche Glaubenssätze über Führung, Zusammenarbeit, über Kunden, über Erfolg prägen in diesem Unternehmen die Wirklichkeit? Diese und weitere Fragen müssen geklärt sein, wenn Personalauswahl zur Unternehmensentwicklung einen sinnvollen Beitrag liefern will.

4. Anforderungen an neue Mitarbeiter

Irrtümlicherweise werden neue Mitarbeiter meist nur in bezug auf die Fähigkeiten und Fertigkeiten zur Erledigung der Aufgaben gemessen. Auch angestellte Personalverantwortliche schauen nicht immer durch die ganze Brille, sondern sehen oft nur die Stellenbeschreibung und die Aufgabe! Ist ihre Brille dann noch durch persönliche Animositäten, Konkurrenzängste oder andere Konflikte getrübt, sind Fehlbesetzungen vorprogrammiert. Oft müssen dann Tests dafür herhalten, falsche Entscheidungen nachträglich zu rechtfertigen.

Leider erleben wir in vielen Unternehmem, daß interne Personalverantwortliche oder externe Personalberater mit fertigen Standardprofilen, mit geschnürten Testbatterien und vermeintlichen Forschungsergebnissen ihre eigenen ungeprüften Vorstellungen über „ideale Führungskräfte und Mitarbeiter" durchsetzen. Kein Wunder, daß diese Unternehmen im Extremfall auf das Schlimmste in ihrer eigenen Identität und Erfolgsfähigkeit gefährdet werden. Die Wirtschaftspresse ist voll mit Beispielen aus Unternehmen, in denen nicht zur Kultur passende Topmanager eingekauft wurden, die ihre eigene, dem neuen Unternehmen völlig konträre Philosophie „durchzudrücken" versuchten und – nicht nur persönlich scheiterten, sondern das gesamte Unternehmen gefährdeten.

Andererseits besteht für jedes Unternehmen die Chance, durch ein gelebtes Wertesystem und dessen konsequente Berücksichtigung schon bei der Personalauswahl enorme Motivationsquellen und Erfolgspotentiale zu erschließen.

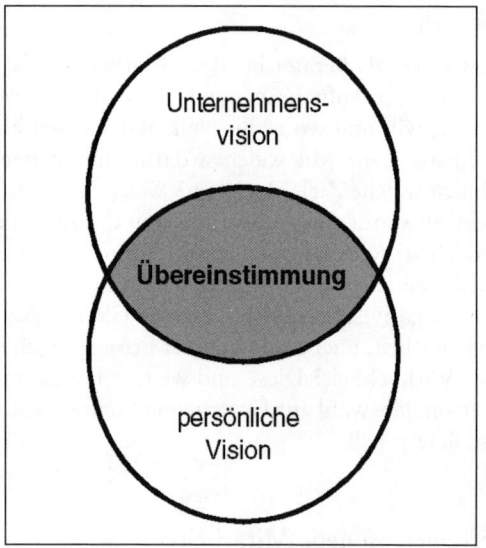

Abb. 2: Mitarbeiter suchen Resonanz

Je größer die Übereinstimmung zwischen der Unternehmensvision und der persönlichen Vision der Mitarbeiter, je mehr jeder neue Mitarbeiter die in der Vision enthaltenen Werte selbstmotiviert mit Leben erfüllen kann, desto leichter wird es ihm fallen, mit dem und für das Unternehmen erfolgreich zu wirken. Beides, die fachlichen Qualifikationen und die Übereinstimmung mit den Unternehmenswerten muß passen. Immer wieder zeigt sich jedoch, daß der zum Unternehmen und zur Kultur passende, aber fachlich eventuell weniger qualifizierte Mitarbeiter langfristig eine höhere Leistungsfähigkeit und einen höheren Wirkungsgrad erreicht als der vielleicht besser qualifizierte, jedoch nicht zur Kultur passende Mitarbeiter.

Vor jeder Personalsuche und Personalauswahl sollte daher die Frage stehen: Wie muß der Neue sein, in welches Umfeld muß er hineinpassen, was muß er dafür können?

Mit jeder Position sind bestimmte Funktionen und Aufgaben verbunden. Diese Funktionen dienen der Erreichung der Unternehmensziele, wie z. B. Umsatz und Gewinn. Die reine und ausschließliche Sach- und Ertragsorientierung führt tagtäglich in vielen Unternehmen dazu, daß Mitarbeiter nur nach Funktion und sachlichen Kriterien ausgewählt werden – oder aufgrund fehlender Kriterien aus den Werten des Unternehmens nach vordergründiger Wirkung und nach persönlichem Geschmack. Unerwünschte Nebeneffekte sind: Reibungsverluste aufgrund gestörter Kommunikation, „Mobbing", Lustlosigkeit bis hin zur inneren Kündigung, sich gegenseitig bekämpfende Führungskräfte und Abteilungen. Das liegt nicht nur – aber oft auch an der falschen Personalauswahl.

In zunehmend mehr Unternehmen gibt es in Unternehmensgrundsätzen oder Leitbildern verankerte Vorstellungen, wie die Zielerreichung erfolgen und wie die Zusammenarbeit im täglichen Miteinander, mit Kunden und Lieferanten gestaltet werden sollen. Leider werden diese Ausarbeitungen nur selten und nur wenig konsequent für die Personalauswahl in entsprechende Auswahlkriterien „übersetzt". Versteht sich das Unternehmen vornehmlich als „kreativ", resultieren in allen Rollen andere Anforderungen an einen Bewerber als wenn sich das Unternehmen in erster Linie als „korrekt" oder als „solide" definiert. Handelt es sich um einen internationalen Konzern, werden aufgrund der Kultur andere Verhaltensweisen gefordert als beim mittelständisch geprägten Unternehmen. In einer Bank gibt es andere ungeschriebene Gesetze als z.B. in der Baubranche. Und auch innerhalb einer Branche gibt es meistens ein großes kulturelles Spektrum. Vergleichen wir beispielsweise Hewlett Packard, IBM und Siemens Nixdorf miteinander, oder VW, Mercedes, BMW, Ford und Opel, so werden sich aufgrund der Werte und der gelebten Kultur andere Archetypen idealer Mitarbeiter herauskristallisieren – Mitarbeiter einen spürbar anderen „Stallgeruch" haben.

Aus den Werten, der Tradition, den Zielgruppen, der besonderen Kompetenz u. a. bzw. der realisierten Kultur resultieren demnach hochspezifische Anforderungen an den auszuwählenden Mitarbeiter.

Doch damit noch nicht genug. Der einzustellende Mitarbeiter wird Kollegen, Mitarbeiter und Vorgesetzten haben mit einer bestimmten regionalen Herkunft, einer Altersstruktur, einem bestimmten Bildungsniveau und vielem mehr. Auch zu diesen Aspekten der Unternehmenskultur muß der „Neue" passen.

5. Spannungsfeld Werte/Ziele/Zielgruppen

Wir sehen: Die Personalauswahl muß sich immer im Spannungsfeld zwischen den drei rahmengebenden Faktoren Ziele, Zielgruppen und Werten bewegen, um den passenden Mitarbeiter zu finden.

Was sagen gute Zeugnisse und hervorragende Fachkenntnisse darüber aus, ob der Mensch in das Unternehmen passt? Qualifizierte Berater

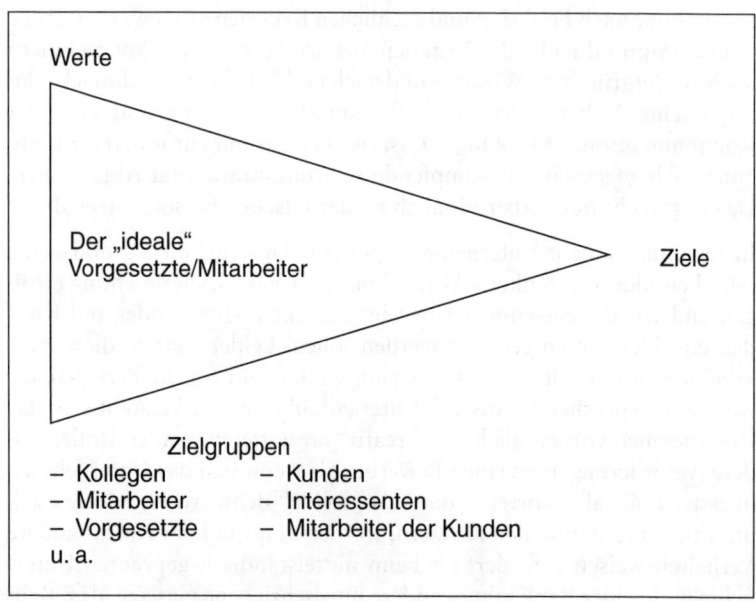

Abb. 3: Spannungsfeld Ziele/Zielgruppen/Werte

schauen daher genauer auf den Menschen und überlegen, wie er als Persönlichkeit mit dem Unternehmen und den dort tätigen Menschen harmonieren wird. Viele Gründerunternehmer scheinen dieses Gespür für die „richtigen" Mitarbeiter noch intuitiv zu haben. Dies kommt u.a. dadurch zustande, daß der Gründerunternehmer als Repräsentant seiner eigenen Philosophie die Anforderungen verinnerlicht hat und ein sehr genaues Bild vom „richtigen" Mitarbeiter hat. So fällt es ihm relativ leicht, Bewerber durch die für sein Unternehmen „richtige" Brille zu betrachten.

Wir kennen viele Beispiele, wo Spitzenführungskräfte, die in ihrem bisherigen Umfeld, z.B. in einem Konzern, als souverän, hochkompetent und erfolgreich galten, zu inhabergeführten Familienunternehmen wechselten. Dort wurden plötzlich dieselben Verhaltensweisen als überheblich, arrogant und abgehoben erlebt. Trotz anerkannt überragender Fachkompetenz kam es zum Scheitern dieser „an sich" sehr guten Führungskräfte. Insbesondere Unternehmen mit stark ausgeprägter und verankerter Kultur reagieren erfahrungsgemäß mit ihrem Immunsystem sehr schnell und sehr unerbittlich auf nicht passende Führungskräfte und Mitarbeiter.

In jeder „Wirk-statt" Unternehmen gelten jeweils eigene Gesetzmäßigkeiten, die über Erfolg oder Mißerfolg (neuer) Mitarbeiter entscheiden.

Diese Prinzipien herauszufiltern und unternehmensindividuell zu berücksichtigen ist Aufgabe und Verantwortung des qualifizierten Personalberaters!

6. Merksätze

- Da Menschen inzwischen älter werden als die in Institutionen geltenden Werte, ist die Fähigkeit zum Wandel überlebenswichtig.

- Wo Firmenwerte, Ziele und Zielgruppen nicht zu den Werten, Zielen und Zielgruppen des Mitarbeiters passen, driftet Leistung oft in die Freizeit.

- Unternehmen konkurrieren mit ihren Werten mit Freizeitangeboten. Deshalb ist es wichtig, daß der Geist des Unternehmens Begeisterung beim Mitarbeiter auslöst.

- Die Menschen bahnen sich einen Weg zu dem, der etwas besser kann. Deshalb werden Führungskräfte und Mitarbeiter die wahrscheinlich wichtigste Wettbewerbsfaktoren in der Zukunft sein.

- Eine Orientierung ist eine „eindeutige Ausrichtung". Deshalb müssen Unternehmen entscheiden, ob sie werte-, ziel-, mitarbeiter- oder kundenorientiert sein wollen.

- Wichtiger als seitheriges Können ist die Resonanz zur Kultur und Vision des neuen Unternehmens. Deshalb brauchen Auswahlverfahren Anforderungen aus den gelebten und gewollten Werten.

- Auch in der Personalentwicklung ist Trendextrapolation gefährlich. Deshalb sollten Mitarbeiter nicht nach vergangenen Leistungen, sondern nach den Anforderungen aus der neuen Position ausgewählt werden.

Kapitel 12

Direktansprache – Ein effektiver Weg der Personalsuche

von *Jörg Murmann*

1. Einführung

Für viele ist die Tätigkeit des „Headhunters" auch heute noch von einer Aura des Geheimnisvollen umgeben. Dieses Bild wurde sicherlich auch nachhaltig durch das Auftreten einer der schillerndsten Persönlichkeiten in diesem Bereich, *Dr. Maximilian Schubarth,* geprägt. Auch hat eine Vielzahl populär geschriebener Beiträge in verschiedenen Medien zu dem Mythos beigetragen.

Es wird jedoch häufig vernachlässigt, daß für die erfolgreiche Stellenbesetzung eine hohe berufliche Qualifikation des Beraters, eine möglichst mehrjährige Erfahrung in der Kundenbranche sowie ein Netzwerk aus sozialen und geschäftlichen Kontakten unabdingbar sind. Potentielle Kandidaten werden nicht, wie häufig suggeriert, „aus der Schublade gezaubert", sondern sind das Ergebnis eines klar strukturierten und aufwendigen Suchprozesses.

Der nachfolgende Beitrag soll dazu beitragen, etwas von dem Mythos des „Headhunting" zu nehmen.

2. Begriffsbestimmung und Geschichte

Begriffsbestimmung

Unter dem Begriff Direktansprache versteht man eine Methode der Führungskräfte- und Spezialistensuche, bei der potentielle Kandidaten nicht über eine Anzeige, sondern direkt durch den Personalberater, d. h. am Telefon individuell für eine zu besetzende Position interessiert werden sollen. Hierbei wird der Kandidat jedoch nicht überredet, ein Unternehmen zu verlassen und zu einem anderen zu wechseln. Auch erhält der Angesprochene vom Berater kein direktes Angebot. Vielmehr liegt die Aufgabe des Personalberaters darin, in einem ersten Dialog mit dem Angesprochenen auf eine zur Disposition stehende Position hinzuweisen und zu klären, inwieweit der potentielle Kandidat für die Vakanz in Frage kommt.

Neben dem Begriff Direktansprache gibt es noch eine Vielzahl synonymer Bezeichnungen. Am verbreitetsten ist zweifelsohne das aus dem amerikanischen Sprachgebrauch übernommene „Headhunting" (Kopfjagd). Der englische Ausdruck, „Executive Search" (Suche nach Führungskräften) gibt den eigentlichen Sachverhalt, d.h. die hiermit verbundene Art der individuellen Kandidatenansprache durch den Personalberater am Telefon ebenfalls nur unzureichend wieder.

Geschichte[1]

Ihren Ursprung hat die Direktansprache nach dem Zweiten Weltkrieg in den Vereinigten Staaten. Bedingt durch die ständig zunehmende Industrialisierung und des daraus resultierenden steigenden Bedarfs an Führungskräften wurden die ersten Beratungsunternehmen gegründet.

Heute ist die Direktansprache die in den USA fast ausschließlich praktizierte Methode der externen Personalsuche. Einige der zu dieser Zeit entstandenen Beratungsunternehmen, wie *Boyden International, Heidrick & Struggles, Korn/Ferry* oder *Spencer Stuart* zählen, teilweise in veränderter Organisationsstruktur, noch heute zu den führenden Personalberatungen.

In Deutschland gehört der bereits erwähnte und nicht zuletzt auch wegen seiner extravaganten Persönlichkeit erfolgreiche *Maximilian Schub-*

---

[1] Vgl. hierzu auch *Gazdar* 1992

arth zu den sogenannten „Gründungsvätern". Dieser nahm 1961 seiner Tätigkeit als „Headhunter" auf.

Parallel hierzu ließ sich 1964 die amerikanische Beratungsgesellschaft *Spencer Stuart* im Zuge der Erschließung des europäischen Marktes durch amerikanische Unternehmen in Düsseldorf und Frankfurt nieder. 1968 integrierte der auch heute noch als Berater tätige *Jörg Zauber* sein Beratungsunternehmen in die *Eurosearch Consultants GmbH.*

Anfang der siebziger Jahre etablierten sich einige bereits in anderen europäischen Ländern erfolgreiche Beratungsunternehmen, wie *Berndson Paul Ray* (1971, Schweden) und *Egon Zehnder* (Schweiz). Hinzu kamen 1979 die bereits oben erwähnten *Heidrick & Struggles* (heute im Verbund mit *Amrop Mülder*) sowie *Korn/Ferry.*

Die späten siebziger und frühen achtziger Jahre sind durch eine Vielzahl von „spin-offs", d. h. Unternehmensgründungen ehemaliger Berater gekennzeichnet. Dr. *Jürgen Mülder* (vormals Berater bei *Spencer Stuart*) gründete 1978 *Mülder & Partner* (heute *Heidrick & Struggles, Mülder & Partner*). Ihm folgten *Dieter Rickert* und *James Fulghum* (beide vormals TASA) 1982 mit der *Interconsilium. Friedbert Herbold* und *Dieter Hofmann,* die ihre Beratungserfahrungen bei *Berndtson Paul Ray* gesammelt hatten, gründeten 1986 die *Hofmann, Herbold & Partner GmbH.*

Heutzutage wird die Suchmethode Direktansprache nicht, wie vielfach behauptet, vornehmlich für Positionen des Top-Managements eingesetzt. Vielmehr werden angesichts flacherer Hierarchieebenen insbesondere Spitzen-Know-how-Träger in zunehmendem Maße in den Prozeß der Direktsuche einbezogen.

3. Anzeigensuche oder Direktansprache?

Unbestritten besitzt die Anzeige auch heute noch einen hohen Stellenwert als Kontaktmedium zu potentiellen Kandidaten und es gibt eine Vielzahl von Situationen, in denen diese Art der Kandidatensuche vorzuziehen ist. Gründe für oder gegen die eine oder andere Suchmethode lassen sich leicht finden, werden jedoch häufig lediglich zur Unterstützung von geschäftspolitischen Interessen des Personalberaters hervorgebracht

Die folgenden Ausführungen sollen kein Plädoyer für die Direktansprache darstellen, sondern lediglich Situationen aufzeigen, in denen die direkte Personalsuche Vorteile gegenüber der Anzeigensuche aufweist. Zweifelsohne bietet auch diese Methode Vorteile und es gibt Situationen, in denen sie das geeignetere Mittel darstellt. Dies trifft immer dann zu, wenn eine Position sehr schnell besetzt werden soll. Einer Erhebung des *Bundesverbandes Deutscher Unternehmensberater BDU e.V.* zufolge, liegt die durchschnittliche Abwicklungsdauer einer anzeigengestützten Suche bei 2 bis 3 Monaten[2]. In der Direktsuche liegen zwischen der Erstellung des Positions-/Anforderungsprofils und der Vertragsunterzeichnung durch den Kandidaten hingegen erfahrungsgemäß 3 bis 4 Monate[3].

Eine Anzeigenschaltung bietet sich ferner an, wenn keine spezielle Branchenerfahrung gefragt ist und somit ein großer Bewerberkreis angesprochen werden soll. Ein weiterer Bereich stellt die Suche nach Nachwuchsführungskräften dar, da diese häufig nur schwer über die direkte Personalsuche zu identifizieren sind.

Wie sehen aber die Situationen aus, in denen eine Anzeige erfahrungsgemäß nur selten den erwünschten Erfolg bringt?

1. Die Direktansprache von Kandidaten erweist sich dann als sinnvoll, wenn eine Position der ersten Führungskräfteebene (Vorstand, Geschäftsführung oder Vergleichbares) besetzt werden soll. In diesem Fall wird es kaum möglich sein, qualifizierte Kandidaten über eine Stellenanzeige zu einer Bewerbung zu bewegen.
   Untersuchungen haben gezeigt, daß beruflich erfolgreiche Führungskräfte zwar regelmäßig den Stellenteil, insbesondere überregionaler Tageszeitungen, aufmerksam studieren, jedoch hierauf nicht aktiv reagieren. Dies ist darauf zurückzuführen, daß die Anzeige naturgemäß nur vage Aussagen über das suchende Unternehmen, das genaue Tätigkeitsfeld oder die Höhe des zu erwartenden Gehalts enthält und der Top-Manager nicht riskieren möchte, daß eventuelle Veränderungsabsichten, auf welchem Weg auch immer, zu früh bekannt werden.

2. Verfügt das suchende Unternehmen über einen geringen Bekanntheitsgrad und ist es somit problematisch, geeignete Führungs- und Spezialistenkräfte über eine Anzeige zu einer Bewerbung zu motivieren, kann dies ein wesentlicher Grund dafür sein, einen Personalberater mit einer Direktsuche nach einem geeigneten Kandidaten zu beauftragen.

3. Die Direktansprache empfiehlt sich auch, wenn Kandidaten für Tätigkeitsfelder gesucht werden, die sehr spezifische Kenntnisse und Erfahrungen erfordern, und somit nur ein sehr begrenzter Personenkreis für eine erfolgreiche Besetzung in Frage kommt.

4. Immer dann, wenn die Bemühungen eines suchenden Unternehmens solange wie möglich geheim gehalten werden sollen, ist die Direkt-

---

[2] BDU-Studie Personalberatung in Deutschland 1997/98, Bonn, 1998
[3] BDU-Studie Personalberatung in Deutschland 1997/98, Bonn, 1998

ansprache der Anzeigensuche vorzuziehen, da die Anzeige oftmals Rückschlüsse auf das suchende Unternehmen zuläßt oder Informationen hierüber durch fingierte Bewerberanrufe zu beschaffen sind. Eine Geheimhaltung der Suche kann immer dann erforderlich werden, wenn der bisherige Stelleninhaber noch keine Kenntniss von einer bevorstehenden Neubesetzung de Position besitzt.

Auch beim Aufbau neuer Geschäftsbereiche, der Erschließung neuer Märkte oder sonstiger Veränderungen, sollte die Konkurrenz zur Wahrung möglicher Wettbewerbsvorteile so spät wie möglich von den Absichten des suchenden Unternehmens erfahren.

5. Gerade in besonders engen (IT-Branche/Telekommunikationsbranche) oder unattraktiven Märkten ist es fast unmöglich, Führungskräfte oder Spezialisten über eine anzeigengestützte Suche zu erreichen.

4. Der systematische Ablauf eines Suchprozesses

Sicherlich gibt es Unterschiede in der Arbeitsweise von Beratern, die sich auf die Direktansprache von Kandidaten spezialisiert haben. Dennoch verläuft die Suche bei etablierten Beratungsgesellschaften und Einzelberatern mehr oder weniger nach den gleichen Standards.

Unterschiede, die den Ablauf einer anzeigengestützten Suche und einer Direktsuche betreffen, liegen vornehmlich in der Identifizierung und Ansprache geeigneter Kandidaten. Hier findet man auf der einen Seite die Schaltung einer Stellenanzeige und die nachfolgende Eigeninitiative potentieller Bewerber. Auf der anderen Seite steht die Identifizierung möglicher Kandidaten durch umfangreiche Researchmaßnahmen und die telefonische Kontaktaufnahme durch den Berater oder einem Mitarbeiter seines Teams.

4.1 Das erste Gespräch mit dem potentiellen Klienten

Am Anfang des eigentlichen Suchauftrages steht zumeist die Kontaktaufnahme durch das suchende Unternehmen. Handelt es sich hierbei um einen Neukunden, sollte der Berater versuchen, sich in dem ersten Gespräch mit dem Auftraggeber ein umfassendes Bild über dessen Persönlichkeit, das Unternehmen und die damit verbundene Unternehmenskultur und Organisationsstruktur zu verschaffen. Darüber hinaus muß er detaillierte Informationen über den Aufgabenbereich des gesuchten Mitarbeiters sowie das soziale Umfeld der Stelle in Erfahrung bringen. Nicht selten kommt es jedoch vor, daß der Berater bereits zu diesem Zeitpunkt auf unrealistische Vorstellungen des Auftraggebers, beispielsweise in Bezug auf die Anforderungen an den neuen Mitarbeiter, das zukünftige Gehalt, die Suchstrategie oder auch das Suchumfeld einwirken muß. Hierbei sind Erfahrung und Fingerspitzengefühl des Beraters gefragt, um mögliche spätere Probleme zu vermeiden.

4.2 Erstellen der Positionsbeschreibung und des Anforderungsprofils

Erscheint dem Berater die Suche erfolgversprechend, macht er dem potentiellen Klienten einen schriftlichen Vorschlag zur Lösung des Personalproblems. Dieser enthält neben den vertraglichen Regelungen die sogenannte Positionsbeschreibung, d.h. Angaben zur Situation und Kultur des suchenden Unternehmens, dem Umfeld der zu besetzenden Stelle, der Funktion und der zu übernehmenden Aufgabe sowie die im Anforderungsprofil spezifizierten wünschenswerten Eigenschaften des zukünftigen Stelleninhabers. Es spricht in diesem Zusammenhang nicht unbedingt für die Qualität des Beraters, wenn dieser ein, wie es teilweise in der Praxis zu beobachten ist, standardisiertes und aufgrund allgemeingültiger Floskeln wenig auf die spezifischen Belange des Unternehmens eingehendes Profil erstellt. Da der Berater nur selten persönlich den Erstkontakt zu den in Frage kommenden Kandidaten aufnimmt, sollten die Positionsbeschreibung und das Anforderungsprofil alle Informationen enthalten, die der Kandidat in den ersten Gesprächen mit dem Researcher braucht, um sich für die vakante Stelle zu interessieren und zu einem Interview zu entscheiden.

4.3 Systematisches Research

Nach der Auftragserteilung durch den Klienten schließt sich die nächste Phase im Suchprozeß, das Research an. Durch die aus dem Gespräch mit der Unternehmensleitung gewonnenen Informationen bezüglich gewünschter Eigenschaften, Fähigkeiten und Erfahrungen der zu suchenden Führungskraft oder aufgrund bereits fester Vorstellungen des Klienten, erstellt der Personalberater, oftmals in Zusammenarbeit mit dem Researcher, eine sogenannte Zielfirmenliste. Diese beinhaltet die Zielbranchen und je nach Suchauftrag zwischen 40 und 80 Zielunternehmen, in denen geeignete Kandidaten vermutet werden. Da diese Zielfirmenliste die Grundlage für den Erfolg der Arbeit des Researchers bei der Identifizierung und Ansprache möglicher Kandidaten darstellt, kommt hier der Kompetenz und Erfahrung des Beraters eine besondere Bedeutung zu, die im Gespräch mit dem Klienten erhaltenen Informationen umzusetzen. Als mögliche Quelle für die in der Zielfirmenliste aufgeführten Unternehmen kommen Informationen aus Nachschlagewerken über Unternehmen, Messekataloge, Fachzeitschriften, Verbandsdirectories und in zunehmendem Maße auch Informationen aus elektronischen Datenbanken und dem Internet in Frage.

Nach der Abstimmung der Zielfirmenliste mit dem Klienten gilt es, die potentiellen Kandidaten in den jeweiligen Unternehmen zu identifizieren.

Hierfür gibt es im wesentlichen zwei Wege. Zum einen stellt der Berater eine sogenannte „source-list" auf, in der Branchenkenner, Insider, oder auch Geschäftspartner der Zielfirmen aufgeführt sind. Hierbei greift der Berater auf ein Netzwerk von bereits bestehenden sozialen oder geschäftlichen Kontakten zurück. In meist telefonischen Gesprächen mit den Sourcen versucht der Berater, so viele Informationen wie möglich über allgemeine Entwicklungen in der Zielbranche, konkrete Zielunternehmen und Namen der jeweiligen Stelleninhaber zu erhalten. Da insbesondere bei erstmals befragten Sourcen kein persönliches Interesse am Ausgang des Suchprozesses vorhanden ist, ist es teilweise schwer, über diesen Weg an alle für den Berater wichtigen Grundinformationen über die im nächsten Schritt anzusprechenden potentiellen Kandidaten in den jeweiligen Zielfirmen zu gelangen.

So bleibt oftmals nur der direkte, wesentlich zeitaufwendigere telefonische Kontakt zu der Zielfirma, um an die relevanten Informationen über die Organisationsstruktur und Namen von bestimmten Stelleninhabern zu gelangen. Dieser Teil des Researchs, „kalte Ansprache" oder auch „cold search" genannt, wird selten vom Berater persönlich, sondern von einer Backofficekraft, dem Researcher durchgeführt. Qualifizierte Research-Teams setzen sich zumeist aus akademisch ausgebildeten Mitarbeitern mit entsprechender Fachspezialisierung zusammen. Zuweilen wird dieser Teil des Suchauftrages auch von Sekretariatskräften durchgeführt, was jedoch nicht für die Professionalität des Researchs spricht.

Sind die im folgenden zu interviewenden Personen identifiziert, schließt sich die nächste Phase des Suchprozesses, die Kandidatenansprache, an.

4.4 Die telefonische Kontaktaufnahme zum Kandidaten

Wie bereits angesprochen, erfolgt der telefonische Erstkontakt zu dem Kandidaten selten durch den Berater, sondern direkt durch den Researcher. Dieses erste Gespräch dient dazu, einerseits auf die vakante Führungsposition aufmerksam zu machen, andererseits jedoch durch gezielte Fragen zum Alter, der Ausbildung, der Branchen.- und Führungserfahrung, den letzten beruflichen Stationen, der Einkommenssituation sowie der Motivation und Möglichkeit einer beruflichen Veränderung eine Vorselektion unter den Kandidaten vorzunehmen. In der ersten Ansprache werden Berater oder Researcher jedoch in den seltensten Fällen das Gespräch mit der Abfrage des Eigeninteresses des Angesprochenen auf die zu besetzende Stelle einleiten. Vielmehr bittet er den

Kandidaten um Unterstützung bei seiner Suche. Ein persönliches Interesse klärt sich am Ende des Gesprächs häufig von selbst. Ist es dem potentiellen Kandidaten nicht möglich, frei zu sprechen und ein Informationsaustausch somit nicht möglich, bietet der Researcher dem Angesprochenen ein weiteres Gespräch, beispielsweise am Abend oder am Wochenende an.

Beim Erstkontakt gilt es für den Researcher einerseits die vom Mandanten zu diesem Zeitpunkt des Suchprozesses geforderte Diskretion zu wahren, andererseits jedoch den Gegenüber motiviert zu halten und alle für den weiteren Entscheidungsprozeß relevanten, oben beschriebenen Informationen, in Erfahrung zu bringen.

Kandidaten, die für die zu besetzende Position interessant erscheinen und ein persönliches Interesse an der zu besetzenden Stelle zeigen, werden zu einem persönlichen Gespräch mit dem Berater eingeladen. Dieser bittet den Kandidaten, ihm schriftliche Unterlagen wie Lebenslauf, Zeugnisse früherer Arbeitgeber oder ein vorhandenes Zwischenzeugnis des aktuellen Arbeitgebers zuzusenden. Eventuell wird der Berater dem Kandidaten im Gegenzug eine anonyme Beschreibung des suchenden Unternehmens und der zu besetzenden Stelle zukommen lassen.

4.5 Das Kandidateninterview

Das erste persönliche Gespräch mit dem Kandidaten findet aus zeitlichen und Diskretionsgründen häufig in der Lobby von Hotels oder auf Flughäfen statt. Hier kann und muß sich der Berater innerhalb kurzer Zeit ein erstes Bild von der Persönlichkeit des Kandidaten machen. Diesem Gespräch können abhängig von der Ebene der zu besetzenden Position weitere folgen. Im Anschluß an das Interview fertigt der Berater einen Bericht über diejenigen Kandidaten an, die er dem Mandanten präsentieren möchte. Dieser enthält neben dem Persönlichkeitsprofil auch noch die einzelnen Stationen seiner beruflichen Laufbahn und nicht zuletzt die Gründe, aus denen der Kandidat einen Wechsel ins Auge faßt.

4.6 Die Präsentation der Kandidaten beim suchenden Unternehmen und das Einholen von Referenzen

Hat der Personalberater auf diesem Weg eine Auswahl von üblicherweise zwei bis drei Kandidaten getroffen[4], schließt sich die Präsentation der Kandidaten beim Auftraggeber an. Diese sollte aus Diskretionsgründen nicht beim suchenden Unternehmen stattfinden.

---

[4] BDU-Studie Personalberatung in Deutschland 1997/98, Bonn, 1998

Oftmals ist es nicht möglich, mehrere gleichwertige Kandidaten zu finden. An dieser Stelle offenbart sich dann auch wieder die seriöse Arbeitsweise des Beraters. Er sucht das Gespräch mit dem Klienten, um diesem klarzumachen, daß es in dieser Situation sinnvoll ist, lediglich einen einzigen Kandidaten zu präsentieren. Viele Berater sehen dies jedoch nicht als Zeichen von Stärke, sondern als vermeintliches Eingeständnis einer teilweise erfolglosen Suche und präsentieren dem Klienten sogenannte Zählkandidaten, die entweder nicht dem geforderten Anforderungsprofil entsprechen oder den Job gar nicht wollen und dem Berater einen Freundschaftsdienst erweisen.

In der Kandidatenpräsentation zeigt sich dann, ob sich die vorgeschlagenen Kandidaten in der Weise darstellen, wie sie der Berater kennengelernt hat. Um einen optimalen Gesprächserfolg zu erzielen, sollte der Berater den Kandidaten im Vorfeld der Präsentation auf die Persönlichkeit des Klienten einstellen. Nur selten trifft dieser, insbesondere bei Top-Positionen, bereits nach dem ersten Gespräch eine Entscheidung über eine Einstellung oder Ablehnung eines Kandidaten. Es schließen sich dann weitere Gespräche an, die oftmals mit Beteiligung weiterer Vertreter des suchenden Unternehmens stattfinden.

Referenzen werden aus Diskretionsgründen erst zu einem Zeitpunkt eingeholt, zu dem der Klient sich bereits für einen Kandidaten entschieden hat. Referenzen dienen folglich nicht dazu, eine Entscheidungsfindung auf Seiten des Klienten über die ihm präsentierten Kandidaten herbeizuführen, da alle wesentlichen Entscheidungskriterien ohnehin bereits im Vorfeld der Präsentation vom Berater zusammengetragen sein sollten. Referenzen dienen vielmehr dazu, das Bild vom zukünftigen Mitarbeiter zu komplettieren. Es kommt in der Praxis relativ selten vor, daß eine Einstellung noch an den eingeholten Referenzen scheitert. Bei der Einholung ist vom Berater größte Sorgfalt gefordert, da der bisherige Arbeitgeber noch nicht von den Wechselabsichten seines Mitarbeiters erfahren sollte. Referenzen werden aus praktischen Gründen mündlich eingeholt. Zeugnisse haben in diesem Zusammenhang eher eine untergeordnete Aussagekraft. Dies nicht zuletzt durch die vom Gesetzgeber vorgesehenen Einspruchsmöglichkeiten und die Tatsache, daß heutzutage kaum eine Führungskraft ein Zeugnis erhält, ohne dies zumindest zu einem großen Teil mitgestaltet zu haben.

4.7 Die Unterstützung bei der Integration des neuen Mitarbeiters

Mit der Vertragsunterzeichnung ist jedoch die Funktion des Personalberaters noch nicht abgeschlossen. Der Berater bleibt im Zusammenhang mit der besetzten Position für einige Zeit mit dem Auftraggeber in Kontakt. In dieser Phase übernimmt der Personalberater die Rolle eines neu-

tralen Dritten, um bei aufkommenden Problemen in der Einarbeitungsphase gegebenenfalls praktische Hilfestellung zu leisten. Es kommt
jedoch eher selten vor, daß der Personalberater in dieser Phase noch aktiv werden muß.

4.8 Die Kosten der Direktansprache

Das Entgelt des Beraters setzt sich zum einen aus dem eigentlichen Honorar und zum anderen aus den abgerechneten Nebenkosten der Suche
zusammen.

Das Honorar liegt bei etablierten Beratungsgesellschaften im allgemeinen bei 25–30 % des von seiten des suchenden Unternehmens angestrebten Bruttojahresgehalts für die zu besetzende Position. Die Zahlung erfolgt zumeist in drei oder vier Raten[5]. Erfolgshonorare sind gem.
§ 291 SGB III nur in geringem Umfang gesetzlich erlaubt.

Die berechneten Spesen setzen sich hauptsächlich aus den Reisekosten
des Beraters, den Kosten für Übernachtungen und Bewirtungen der
Kandidaten sowie aus Kommunikationskosten zusammen und werden
vielfach pauschal mit 10 bis 20 % der Honorarsumme angesetzt. Eine
detaillierte Ausweisung der Spesen durch den Berater ist praxisunüb-
lich. Aus diesem Grund sollte dieser Entgeltbestandteil im Vorfeld mit
dem Klienten abgestimmt sein, um spätere Unstimmigkeiten zu vermeiden.

Literatur

Gazdar, K., Köpfe jagen: Mythos und Realität der Personalberatung, Wies-
baden 1992.
BDU-Personalberaterstatistik 1997.
BDU-Studie zum Personalberatermarkt 1997/98.

---

[5] BDU-Studie Personalberatung in Deutschland 1997/98, Bonn, 1998

Kapitel 13

Anzeigengestützte Suche

von *Dr. Wolfgang Lichius*

Vorwort

Immer wieder – insbesondere angeschoben durch Veröffentlichungen meist konjunkturell bedingter Schwankungen der Anzeigen-Seitenzahl in den Printmedien – wird die Frage diskutiert, ob die Suche und Auswahl von Fach- und Führungskräften mittels Stellenanzeigen noch zeitgemäß, effizient und zielführend ist. Leider ist dabei des öfteren zu beobachten, daß die vorgebrachten Argumente sowohl auf seiten der Personalberater als auch bei den Verlagen offensichtlich nicht nur durch das Bemühen um die objektive Wahrheitsfindung geprägt, sondern auch durch Geschäftsinteressen der Diskussionsteilnehmer beeinflußt sind. Als Vertreter des Hauses *Kienbaum*, für das die Direktansprache und die anzeigengestützte Suche und Auswahl von Fach- und Führungskräften absolut gleichrangige Bedeutung haben, wird der Autor im folgenden versuchen, die Diskussion zu versachlichen und ausschließlich objektive Fakten darzulegen.

1. Marktvolumen und Bedeutung der Stellenanzeigen

Versucht man, sich einen Überblick über das Volumen der geschalteten Stellenanzeigen für Fach- und Führungskräfte zu verschaffen, stellt man zunächst fest, daß die Verlage nicht eben offensiv mit der Veröffentlichung einschlägiger statistischer Daten umgehen. Deshalb beruht die vom Autor dieser Zeilen recherchierte Angabe bezüglich der Zahl der 1997 in Stellenanzeigen ausgeschriebenen Vakanzen einerseits – und zwar zum überwiegenden Teil – auf präzisen Angaben der Verlage und andererseits auf Hochrechnungen und Schätzungen. Danach kann man davon ausgehen, daß 1997 in den vier überregionalen Tageszeitungen, den wöchentlich erscheinenden Zeitungen, den lokalen Tageszeitungen und in den Fachzeitschriften rund 100 000 Positionen für Fach- und Führungskräfte ausgeschrieben worden sind.

Einen interessanten Hinweis auf die Entwicklung in den letzten Jahren gibt eine führende deutsche überregionale Tageszeitung. Sie weist für 1997 einen Wert aus, der 45 % über demjenigen des Jahres 1972 liegt. Dieser im Verlauf von 25 Jahren registrierte Zuwachs verlief allerdings nicht kontinuierlich, sondern war durch signifikante Rückgänge in den Jahren 1975, 1982/83 und 1993/94 unterbrochen.

Es zeigt sich also, daß die Suche und Auswahl von Fach- und Führungskräften mittels Anzeigen von großer Bedeutung für diesen Teilmarkt des gesamten Arbeitsmarktes ist.

Eine Anfang 1998 veröffentlichte Befragung einer großen internationalen Personalberatung bei 2000 europäischen Führungskräften belegt darüber hinaus, daß Stellenanzeigen bei Managern eine hohe Akzeptanz besitzen. 70 % der Befragten gaben an, den Stellenanteil in überregionalen Tageszeitungen und in Fachzeitschriften regelmäßig zu lesen.

Eine – allerdings schon ein paar Jahre zurückliegende – Studie bei westdeutschen Managern kommt zu ähnlichen Ergebnissen. 52 % der Befragten gaben an, den Stellenteil in Tageszeitungen regelmäßig jeden Samstag zu lesen. 12 % nutzen ihn alle zwei Wochen. Rund 15 % der Befragten lesen jede einzelne Seite, 39 % nur das, was sie besonders interessiert. Als Begründung für die Lektüre wird angegeben, man wolle sich informieren, eine Stelle finden oder den eigenen Marktwert prüfen.

Eine Analyse einer namhaften Fachzeitschrift zeigt ähnliches: Danach liest mehr als die Hälfte der Leser die Stellenausschreibungen, ca. 40 % tun dies häufig, etwa 15 % haben sich schon einmal auf eine in dieser Fachzeitschrift publizierte Anzeige beworben.

Im Zusammenhang mit der Betrachtung des Marktvolumens von Stellenanzeigen dürfte schließlich noch folgende Information interessant sein: In Deutschland haben rund 70 Zeitungen und 120 Fachblätter einen eigenen Stellenteil.

2. Stärken der Stellenanzeigen als Instrument der Personalbeschaffung

Wie das aufgezeigte Marktvolumen vermuten läßt, bieten Stellenanzeigen für Personalberater und damit auch für die sie beauftragenden Unternehmen eine Vielzahl von positiven Voraussetzungen für erfolgreiche Personalbeschaffungen.

Stellenanzeigen werden aus sehr **unterschiedlichen Motivationen** durchgesehen. Zu den Lesern zählen nicht nur die Arbeitnehmer, die gerade akut eine neue Tätigkeit suchen. Vielmehr überprüfen viele vorwärtsstrebende gehobene und leitende Angestellte – wie oben dargestellt – mehr oder weniger regelmäßig die Marktgegebenheiten bezüglich Aufstiegschancen und Dotierung. Immer wieder lassen sich Mitglieder dieser Personengruppe durch professionell gestaltete Anzeigen seriöser Personalberatungen zu einer Bewerbung animieren, obwohl sie einen Stellenwechsel eigentlich erst zu einem späteren Zeitpunkt geplant hatten.

Sehr effizient ist in diesem Zusammenhang die von nahezu allen Beratern angebotene Möglichkeit der telefonischen Vorabinformation, da die noch unentschlossenen Anrufer durch Vermittlung weiterer Details zu einer Bewerbung veranlaßt und andererseits auch schon einem ersten „Check" unterworfen werden können. Darüber hinaus können mit dem Vorab-Telefonkontakt Fach- und Führungskräfte erreicht werden, die mit dem suchenden Unternehmen selbst aus Furcht vor vorzeitigem Bekanntwerden ihrer Wechselabsichten in ihrem jetzigen Unternehmen nicht in Kontakt treten würden. Dies gilt insbesondere für Mitarbeiter von Wettbewerbsunternehmen in engen und transparenten Branchen. Häufig sind aber gerade diese Bewerber von besonderem Interesse für das suchende Unternehmen. Für solche Interessenten hat die Kontaktaufnahme mit Personalberatern den Vorteil, die psychologische Hemmschwelle, direkt mit dem suchenden Unternehmen verbunden zu sein, nicht vorzufinden. Der Personalberater ist auch Partner des Kandidaten; er möchte für seine Kunden die vakante Position optimal besetzen und benötigt dazu auch qualifizierte Bewerber.

Mittels durch Personalberater geschaltete und attraktiv gestaltete Anzeigen können qualifizierte Kandidaten auch für kleinere und auf den ersten Blick weniger attraktive Unternehmen an möglicherweise ungünstigen Standorten interessiert werden. Wenn dann im ersten persönlichen Kontakt mit dem Bewerber die Identität des suchenden Unternehmens und der genaue Standort offenbart werden, hat der Berater die Möglichkeit, die Vorzüge des Unternehmens und der angebotenen Position einerseits und des Standortes andererseits darzustellen. Sehr häufig können dann falsche Vorstellungen und Vorurteile bei den Kandidaten und deren Familien ausgeräumt und die Besetzung der vakanten Positionen sichergestellt werden.

Im Gegensatz zu offenen Unternehmensanzeigen wird mit einer Beraterinsertion vermieden, daß der Markt und insbesondere Konkurrenzunternehmen von der gegebenen Vakanz Kenntnis erhalten. Außerdem wird ermöglicht, daß die Suche eines Nachfolgers für einen – aus welchen Gründen auch immer – ausscheidenden bisherigen Stelleninhaber bereits zu einem frühen Zeitpunkt möglich ist, so daß ein nahtloser Übergang bei der Neubesetzung erreicht wird. Firmenintern wird vermieden, daß der geplante Wechsel zu früh bekannt wird.

Eine besonders wesentliche Stärke von Personalberater-Anzeigen sowohl gegenüber offenen Unternehmensanzeigen als auch gegenüber der Direktansprache von potentiellen Kandidaten liegt in dem Sachverhalt begründet, daß mit Berateranzeigen auch Fach- und Führungskräfte angesprochen und gefunden werden können, die heute zwar in einer anderen Branche tätig sind, früher jedoch in der Branche des suchenden Unternehmens beschäftigt waren und deshalb besonders interessant sind. Dieser Personenkreis ist mittels Headhunting nur schwer zu ermitteln.

Gegenüber der Suche per Headhunting sind darüber hinaus noch folgende Aspekte positiv zu würdigen. In aller Regel können Vakanzen per Anzeige schneller besetzt werden. Dies liegt sicherlich daran, daß die über Inserate angesprochenen Kandidaten bereits die Entscheidung zu wechseln getroffen haben, was bei den direkt angesprochenen Personen nicht der Fall ist. Deshalb ist die Zahl derjenigen, die sich nach einem oder mehreren Vorstellgesprächen dann doch zurückziehen, in der anzeigengestützten Suche erheblich geringer.

Wegen der Ernsthaftigkeit der Wechselabsichten und der üblicherweise hauptsächlich mit dem Streben nach beruflicher Weiterentwicklung begründeten Wechselmotivation haben über Anzeigen kontaktierte Bewerber meistens moderatere Vorstellungen bezüglich der angestrebten Gehaltsverbesserung. Direkt angesprochene Kandidaten sehen sich hier in einer erheblich besseren Verhandlungsposition und sind deshalb in aller Regel für das suchende Unternehmen teurer.

Als wesentliche Voraussetzung, die Stärken der Stellenanzeigen zum Tragen kommen zu lassen, bedarf es der genauen Kenntnis des gesamten Bewerbermarktes einschließlich der Branchen-, Funktions- und regionalen Segmentierung. Die Medienauswahl muß zielgruppenorientiert und an der sich ständig verändernden regionalen sowie branchen- und funktionsbezogenen Verfügbarkeit von Bewerbern ausgerichtet vorgenommen werden. Cum grano salis läßt sich sagen, daß Anzeigen in lokalen und regionalen Tageszeitungen gute Resonanzen für niedrig angesiedelte Funktionsebenen zeitigen. Personen für das mittlere und insbesondere obere Management sowie besonders gesuchte Spezialisten sind hier weniger gut erreichbar. Stellenangebote für die letztgenannten Personenkreise gehören in die Wochenendausgaben überregional verbreiteter Tageszeitungen. Diese Medien ermöglichen eine breite und branchenübergreifende Marktansprache.

Eine besondere Fokussierung bieten zielgruppenspezifische Wochenzeitungen und Fachzeitschriften, die gezielt sowohl bestimmte Berufsgruppen (z. B. Geisteswissenschaftler, Ingenieure, Juristen, Mediziner, Werbefachleute, Computerspezialisten) als auch Angehörige bestimmter Branchen (z. B. Food und Non-Food, Elektronik, Druckereien, Autohandel) ansprechen. Diese Fachzeitschriften leben von ihrer Zielgruppenaffinität und davon, daß Stellenangebote für ihre Leser zum „normalen" Lesestoff gehören. Spezialisten wollen nämlich wissen, was in ihrem Bereich läuft und wie sich ihr Marktwert entwickelt. Die Stellenanzeigen erweisen sich damit als zusätzliche Fachinformation zum redaktionellen Teil. Einschränkend muß in diesem Zusammenhang allerdings bemerkt werden, daß Fachzeitschriften meist von Unternehmen abonniert und damit zu „Umlauf-Objekten" werden. Das bedeutet, daß Bewerber oft nur sehr spät reagieren können und manche vom Versand der Bewerbung absehen, weil sie glauben, zu spät zu sein.

Wichtig für die Effizienz der anzeigenstützten Suche ist die permanente Kontrolle der Resonanzen auf die Anzeigen in den unterschiedlichen Medien. So erhält man einen zeitnahen Überblick über die Entwicklung der Attraktivität der verschiedenen Publikationen bei Fach- und Führungskräften und kann bei der Auswahl der Schaltungen entsprechend angemessen und zielführend reagieren.

3. Schwächen der Stellenanzeigen als Instrument der Personalbeschaffung

Trotz der beschriebenen großen Bedeutung der Stellenanzeige als „klassisches" Instrument der Personalbeschaffung und der dargestellten Vorzüge und Stärken kann nicht übersehen werden, daß die Zuwachsraten des Headhunting, der zur Zeit wesentlichsten Alternative zur Suche von Fach- und Führungskräften, über denjenigen der Stellenanzeigen liegen. Es liegt also auf der Hand, daß es Segmente gibt, in denen die Führungskräftesuche über Stellenanzeigen Schwachstellen hat.

Bei Rekrutierungsprojekten in engen Bewerbermärkten und in Branchen, in denen nur wenige Unternehmen tätig sind, treffen Stellenanzeigen oft auf nur in äußerst geringer Zahl vorhandene Know-how-Träger, die offensichtlich nur mit geringer Wahrscheinlichkeit Stellenangebote

lesen und mit noch geringerer Wahrscheinlichkeit Wechselabsichten he-
gen. In solchen Fällen läßt die Resonanz auf Ausschreibungen sehr zu
wünschen übrig. Hier wird der aus Sicht des Beraters bzw. des suchenden Unternehmens im Grundsatz passive Ansatz einer jeden Stellenanzeige deutlich: Den ersten Schritt zur konkreten Kontaktaufnahme muß
die Fach- bzw. Führungskraft machen, während im Headhunting der
Berater als aktiv Tätiger den ersten Kontakt herstellt und hieraus Va-
kanzenbesetzungen generieren kann.

Eine eingeschränkte Effizienz der Anzeige resultiert auch aus der Beobachtung, daß insbesondere Top-Führungskräfte sich aus Standing-
Gründen nicht auf Insertionen bewerben, sondern erwarten, auf adäquate Positionen hin angesprochen zu werden. Sie empfinden – sicherlich zu unrecht –, sich mit einer Bewerbung auf eine Anzeige auf den
Status eines Bittstellers zu begeben, was sie mit ihrem Niveau und dem
Anspruch an die eigene Person nicht vereinbaren zu können glauben.
Besonders augenfällig wird dieser Sachverhalt, wenn nach einer Auslo-
bung einer Spitzenposition in einer Anzeige führende Manager der
deutschen Wirtschaft in Kontakt mit Personalberatern treten und vorgeben, von Dritten auf die Ausschreibung aufmerksam gemacht worden
zu sein, die Anzeige selbst aber nicht gelesen zu haben.

Gegen von Personalberatern geschaltete Stellenanzeigen kann auch die
nur beschränkt gegebene Möglichkeit sprechen, Elemente des Image-
und Personalmarketings für das suchende Unternehmen mit einzubringen. Diese Schwäche kann insoweit relativiert werden, als man die Stellenanzeige als Eigenanzeige des suchenden Unternehmens formuliert
und aufmacht und den involvierten Berater nur im Fließtext angibt.
Eine andere – wenn auch in diesem Zusammenhang weniger effiziente –
Alternative ist die Aufnahme des Firmenlogos des suchenden Unternehmens in die nach dem Layout des Beraters gestaltete Anzeige.

Schließlich kann gegen durch Personalberater geschaltete Stellenanzeigen ins Feld geführt werden, daß Insider die Identität des suchenden Unternehmens erkennen können. Diese vermeintliche Schwäche kann allerdings in den meisten Fällen durch geschickte Formulierungen
ausgeschlossen werden.

4. Projektablauf der anzeigengestützten Suche

Das Procedere einer anzeigengestützten Suche dürfte allgemein und
insbesondere dem Adressatenkreis dieses Handbuchs der Personalberatung bekannt sein, so daß hier auf eine detaillierte Darstellung verzichtet werden soll. Im folgenden werden deshalb die einzelnen Ablauf-
schritte nur stichwortartig dargestellt:

- Erörterung und Festlegung sachlicher und persönlicher Anforderungen einschließlich der organisatorischen Einordnung der vakanten Position gemeinsam mit dem Auftraggeber.
- Gestalten und Texten einer prägnanten Anzeige zur Veröffentlichung in geeigneten Werbeträgern. Schaltung der Anzeige.
- Möglichkeit zur telefonischen Kontaktaufnahme für Interessenten, dabei Vorprüfen der Eignung und Information der Bewerber bei Beachtung der Anonymität des Auftraggebers.
- Prüfen und Bewerten der eingegangenen Bewerbungsunterlagen anhand der Kriterien des Anforderungsprofiles sowie Unterrichtung des Auftraggebers über den Auftragsstand nach vollständigem Bewerbungseingang.
- Vorbereitung und Durchführung von Interviews mit geeignet erscheinenden Bewerbern, ggf. einschließlich psychologischem Support.
- Unterrichtung des Auftraggebers über den in die engere Wahl gezogenen Kandidatenkreis sowie Vorlage aussagefähiger Berichte und Unterlagen über diese Kandidaten.
- Präsentation der ausgewählten Kandidaten beim Auftraggeber und Beratung bei der Einstellungsentscheidung.
- Einholen von Auskünften und Referenzen nach Absprache bei Einstellungsverhandlungen mit den End-Kandidaten.
- Bewerber- und Kundenservice als begleitende Arbeiten der Beratungsleistungen, auf Wunsch auch während der Einarbeitungszeit.

5. Aufbau und Format einer Stellenanzeige

Entscheidende Voraussetzung für den Erfolg anzeigengestützter Suchen ist neben der schon besprochenen Mediaauswahl die optimale Gestaltung der Insertion, insbesondere hinsichtlich Text und Format. Im Gegensatz zur Produktwerbung, bei der Demoskopie und Originalität in hohem Maß die Medienauswahl, den Inhalt und die Gestaltung beeinflussen, unterliegt die Stellenanzeige weit rationaleren Anforderungen.

Das Format der Anzeige sollte sich in erster Linie am Niveau der ausgeschriebenen Position orientieren. Die Größe einer Anzeige assoziiert nach wie vor die Wertigkeit der ausgeschriebenen Stelle. Wählt man ein zu großes Format, bewerben sich zu viele Interessenten mit zu hohen Erwartungen an den gegebenen Verantwortungsrahmen und an das Gehalt. Ist umgekehrt die Anzeige zu klein formatiert, melden sich Bewerber, die den Ansprüchen des suchenden Unternehmens nicht gerecht werden.

Diese Grundsatzregeln müssen allerdings insoweit relativiert und flexibel gehandhabt werden, als die Anzeigenformate auch an den Gesamt-

formaten der Stellenmärkte der jeweiligen Insertionsmedien auszurichten sind. Außerdem kann die Enge spezifischer Bewerbermärkte
(z.B. SAP-Spezialisten, Telekommunikations-Fachleute o.ä.) tendenziell größere Anzeigenformate erfordern, um höhere Aufmerksamkeit
zu erzielen.

Hinsichtlich des textlichen Inhalts und der textlichen Gestaltung von
Stellenanzeigen gibt es angesichts der verschiedenen Hierarchiestufen,
der unterschiedlichen Berufsgruppen, der vielfältigen Branchen, der unterschiedlichen Unternehmensgrößen keinen generellen und grundsätzlich gültigen Königsweg. Eine vor ein paar Jahren durchgeführte Untersuchung eines renommierten deutschen Verlags zu diesem Thema hat
ergeben, daß es keine erfolgreiche Einheitsanzeige gibt. Erfolgreiche
Personalinsertionen sind vielmehr sorgfältig auf den jeweils angesprochenen Bewerbertyp abgestimmt und markt- und damit erwartungsge-
recht getextet.

Die erfolgreiche Suche hängt in hohem Maße von der individuellen Ansprache ab, denn das Informationsbedürfnis und Bewerbungsverhalten
ist bei unterschiedlich strukturierten Personengruppen durchaus differenziert. So ruft z.B. der vertriebs- und marketingorientierte Interessent
üblicherweise zunächst den Personalberater an. Angaben zum Unternehmen, zur Funktion und zum konkreten Einsatzbereich sollten nur
kurz dargestellt werden, während Informationen zur Branche, zum Pro-
duktspektrum und zu eventuell gegebenen Konditionen sehr prägnant
herausgestellt werden sollten.

Eher **managementorientierte Persönlichkeiten** suchen den Anreiz zum
Wechsel in erster Linie im Verantwortungsbereich. Deshalb sollten hier
Informationen zum Verantwortungsrahmen, zur hierarchischen Einbindung und zu den Perspektiven besonders deutlich werden. Ausgewo-
genheit in der textlichen Information über Unternehmen und Aufgabenbereich sowie über fachliche und persönliche Voraussetzungen des
Bewerbers sind wesentlich. Dominierendes Element der textlichen Gestaltung sollte der Informationscharakter der Anzeige sein.

Spezialisten, z.B. für die EDV, für das Personalwesen, für das Finanz-
und Rechnungswesen, für die Produktentwicklung, für die Arbeitsvor-
bereitung o.ä., lassen sich stärker funktions- als firmenbezogen ansprechen. Wesentliche Elemente von Anzeigen zur Ansprache dieser Personengruppen sind die Beschreibung der Aufgabe, des Funktionsbereichs,
der Rahmenbedingungen sowie der persönlichen und fachlichen Anforderungen an den Bewerber.

Trotz der oben genannten Anmerkungen bezüglich der Sinnhaftigkeit
der individuellen Gestaltung von Stellenanzeigen gibt es einige **Informa-**

tions-Kernelemente, die – in der besprochenen unterschiedlichen Ausprägung – in jeder Insertion enthalten sein sollten.

Das **suchende Unternehmen** sollte mit Informationen zur Branchenzugehörigkeit, zur Firmengröße, zur Marktstellung und gegebenenfalls zu wesentlichen Zukunftsperspektiven beschrieben sein.

Natürlich muß **die zu besetzende Position** als Headline genannt werden, wobei die Positionsbezeichnung präzise und in marktüblicher Diktion vorgenommen werden sollte, damit die gesuchte Zielgruppe sich auch angesprochen fühlt. Sinnvoll kann auch die Zusatzinformation sein, warum die zur Rede stehende Position neu besetzt werden soll.

Eine weitere Headline als zusätzlicher „**Eye-Catcher**" kann die Attraktivität der Anzeige durch weitere prägnante und essentielle Hinweise zur Position und/oder zum Unternehmen deutlich erhöhen.

Besondere Sorgfalt muß auf eine klare, verständliche und realistische **Aufgabenbeschreibung** gelegt werden. Sie gibt dem potentiellen Bewerber nicht nur Auskunft über seine Aufgabe und seine Einordnung im Unternehmen und die zu erreichenden Ziele, sondern erspart beiden Seiten auch spätere Enttäuschungen bzw. Mißverständnisse bei der Erstellung der Bewerbungsunterlage und bei der persönlichen Vorstellung.

Ein weiteres zentrales Element ist die **Darstellung des Anforderungsprofils**, mit der auch die Anzahl der Bewerbungen reguliert werden kann. Die Qualifikationsbeschreibung hat nicht nur die Aufgabe, die von den Bewerbern erwartete Ausbildung und Erfahrung anzugeben, sie sollte sich auch am aktuellen Stand von Angebot und Nachfrage auf dem Arbeitsmarkt orientieren. Ist eine Position wegen reichlichen Angebots leichter zu besetzen, wird man die Qualifikation tendenziell höher ansetzen, um die Bewerberflut einzudämmen, besteht eher eine Engpaßsituation, wird man den Anforderungsrahmen flexibler gestalten, um in jedem Fall einen ausreichend großen Interessentenkreis zu erreichen.

Natürlich muß die Anzeige Informationen darüber enthalten, an wen der Bewerber sich schriftlich und/oder zwecks telefonischer Vorabinformation wenden kann. An dieser Stelle können auch Angaben bezüglich der gewünschten einzusendenden Unterlagen gemacht werden.

Die Frage, ob das **Firmenlogo** des suchenden Unternehmens in der Anzeige des Personalberaters erscheinen sollte oder nicht, kann nur einzelfallbezogen beantwortet werden. Bei gegebenem Diskretionserfordernis verbietet sich selbstverständlich der Hinweis auf die Identität des suchenden Unternehmens. Ebenso sollte hierauf verzichtet werden, wenn das Unternehmen selbst und der Standort auf den ersten Blick unattraktiv erscheinen. Leitlinie für die Entscheidung pro oder contra Firmenlogo sollte die Abschätzung sein, ob man durch Veröffentlichung des Logos mehr oder weniger Bewerber anspricht. Sollte diese Frage nicht

klar beantwortet werden können, so sprechen die – schon diskutierten –
Aspekte der Bildung eines positiven Unternehmensimages und des Personalmarketings für die Aufnahme des Firmensignets in die Anzeige.

Bestandteil von Stellenanzeigen sollte auch ein Hinweis auf die **Leistungen** des suchenden Unternehmens sein. Wenn auch in Deutschland präzise Angaben zum erzielbaren Gehalt unüblich sind, können dennoch
Informationen zu Entwicklungsperspektiven, zur Altersversorgung und
zu sonstigen Fringe Benefits wie Firmen-PKW, Tantiemen, o. ä. geeignet
sein, die Attraktivität der ausgeschriebenen Position zu erhöhen. Eine
Stellenanzeige, in der jeglicher Hinweis auf Gegenleistungen des Unternehmens fehlt oder diese nur sehr vage beschrieben sind, kann zum Gefühl der Ungleichbehandlung und damit zu Mißtrauen führen.

Bezüglich des **Stils des Anzeigentextes** sollte beachtet werden, daß
Kürze und Prägnanz sowie die Vermeidung von Floskeln und Worthül-
sen, undeutlicher Formulierungen und unwichtiger Details zwecks
„Aufbauschung" des Textes der Akzeptanz einer Stellenanzeige sehr
dienlich sind.

Kapitel 14

Internationale Suchaufträge und -strategien

von *Lothar Heimeier* und *Claudia Wacker*

1. Ausgangssituation

Im Zuge des Zusammenwachsens der EU, dem Wegfall der Grenzen bläst zunehmend ein neuer Wind durch die Unternehmen. Und er wird immer stärker und schneller: „The wind of change". Neben radikalen Verschlankungsmaßnahmen in den Unternehmen führen Entbürokratisierung und die weltweite Vernetzung dank der rasanten Entwicklung der Kommunikationstechnologien zu erheblichen und vor allem schnellen Veränderungen in den Unternehmen. Um wettbewerbsfähig zu sein, sind immer mehr Betriebe dazu gezwungen, ihre Produktion ins Ausland zu verlagern und Vertriebsgesellschaften und Servicecenter in der Nähe ihrer Kunden aufzubauen. Klassische Vorreiter waren die Automobilzulieferer: Sie waren die ersten, die die Internationalisierung ihrer Kunden mitmachten und im Ausland, „vor Ort", Niederlassungen gründeten.

Es gibt unterschiedliche Stufen der Internationalisierung:

- Gründung lokaler Verkaufs- und Service-Büros im Ausland,
- Gründung lokaler Verkaufsgesellschaften im Ausland,
- Aufbau lokaler technischer Kapazitäten, allein oder in Joint-Ventures mit lokalen Produzenten,
- Dezentralisierung der Entscheidungskompetenzen durch die Gründung selbständiger Tochtergesellschaften,
- Bildung strategischer Partnerschaften und Allianzen mit ausländischen Partnern.

Den Erfolg bestimmen dabei ganz entscheidend die umsetzenden Personen, die „Human Resources". „Going international" bedeutet somit zwangsweise die Internationalisierung (auch) des Personalmanagements. Weltweites Operieren und Agieren erfordert entsprechend qualifizierte Mitarbeiter *und* eine auf Internationalität ausgerichtete Unternehmenskultur. Vor allem in der Unternehmensspitze werden zunehmend international erfahrene Persönlichkeiten notwendig. Dabei genügt es nicht, Handelssprachen wie englisch oder französisch verhandlungssicher zu beherrschen; vielmehr gilt es, konkret gemachte Auslandserfahrung auf neue Geschäftsbeziehungen übertragen und sich auf „internationalem Parkett" genauso sicher bewegen zu können wie auf dem heimischen. Sprachkenntnisse sind hierfür notwendige Voraussetzung; die Fähigkeit, andere Kulturen, Gepflogenheiten und Geschäftspraktiken zu verstehen und diese im Ausland ein Stück weit selbst zu „leben", das bedeutet letztlich Internationalität.

1.1 Anforderungsprofil „Internationale Führungskraft"

Betrachtet man verschiedene Standardsituationen, mit denen eine Führungskraft im internationalen Geschäftsleben konfrontiert wird, so erkennt man eine Reihe von Schlüsselqualifikationen und Fähigkeiten, die deren erfolgreiche Bewältigung erleichtern. Zahlreiche Untersuchungen zum Anforderungsprofil einer international tätigen Führungskraft benennen im wesentlichen sieben Kriterien, die international erfolgreiche Manager von weniger erfolgreichen unterscheiden:

- Offenheit, im Sinne von Toleranz und Vorurteilsfreiheit,
- Kontaktfreude,
- Flexibilität,
- Belastbarkeit,
- Einfühlungsvermögen,
- Lernbereitschaft,
- Leistungsmotivation.

Ein international tätiger Manager sollte diese Skills möglichst in überdurchschnittlicher Ausprägung besitzen. Einzige, kurios klingende Ausnahme bildet eine blind ausgelebte Leistungsmotivation, die hinderlich wirkt, wenn sie zu Lasten der sozialen Kompetenz geht. Schlägt beispielsweise eine deutsche Führungskraft ihrem japanischen Geschäftspartner mehrfach Einladungen zum Essen aus oder begleitet nicht ihre japanischen Kollegen zu dem in Japan üblichen „Feierabend-Drink", so wird ihr manche Tür verschlossen bleiben. Deutsches Karrieredenken, Erfolg um jeden Preis, Ungeduld im Verhandlungsstadium und mangelhafte Integration in die soziale Gemeinschaft haben im Ausland fatale Folgen und bewirken letztendlich genau das Gegenteil des Gewollten.

Grundsätzlich sind junge, intelligente Personen mit gutem Bildungsniveau schneller und besser zu interkulturellen Anpassungsleistungen fähig als ältere, „einfach strukturierte", mit geringer Ausbildung. Allerdings kann diese Fähigkeit durch Kulturwechsel und intensive internationale Kontakte trainiert und damit verbessert werden. Bei allen Typologisierungen des „international fitten" Managers darf aber nicht vergessen werden, daß die eigene Nationalität und Kultur stets auch im Ausland das Verhalten und die Interpretation des dort Erlebten beeinflußt. Hinzu kommt, daß es geradezu unmöglich ist, die Gepflogenheiten, Verhaltenskodexe aller Nationalitäten, zu denen Geschäftsbeziehungen bestehen, im Detail zu kennen bzw. zu adaptieren. Es ist weiterhin Wunschdenken, dasselbe Beziehungsnetzwerk und Knowhow im Inland wie im Ausland aufbauen zu können.

Grundsätzlich bieten sich Unternehmen zwei Wege, den „internationalisierungsbedingten" Bedarf an „Human Resources" im Ausland zu decken:

- Gezielte Entsendungspolitik, unterstützt durch eine systematische Personalentwicklung,
- Rekrutierung von lokalen Spitzenkräften vor Ort.

1.2 Entsendung von Mitarbeitern ins Ausland

Im Zuge der weltweiten Internationalisierungsaktivitäten reagierten vor allem Großunternehmen und Konzerne mit entsprechenden Maßnahmen in ihrem Personalmanagement. Mehrmonatige bis mehrjährige Auslandsstationen für „High Potentials" wurden in der Vergangenheit immer mehr zum Standard systematischer Laufbahnplanungen und Personalentwicklungskonzepte. Fehlende Auslandserfahrung versperrt bereits heute schon in manchem Großkonzern den „Weg nach oben".

Bei **mehrmonatigen** Entsendungen geht es meist um Projektarbeit vor Ort, wie Installation einer neuen Software in einer ausländischen Niederlassung oder um gezielten Know-how-Transfer. Über den Erfolg dieser zeitlich befristeten Auslandstätigkeit entscheidet dann meist die fremdsprachliche und die spezifische Fachkompetenz des Entsandten.

Bei **mehrjährigen Auslandseinsätzen** geht es i. d. R. um größer angelegte Aufgaben und strategische Zielsetzungen. Während es sich noch vor einigen Jahren vorwiegend um die Repräsentation des deutschen Stammhauses im Ausland handelte, so geht es heute meist um den Auf- und Ausbau lokaler Gesellschaften und Niederlassungen, um die gezielte Suche von Kooperationspartnern, die wirtschaftlich profitable Führung von Produktions- und Vertriebsgesellschaften, kurz um unternehmerisches Handeln „vor Ort". Dies erfordert einen entsprechend qualifizierten, sozialkompetenten „Managertyp", der idealerweise international angelegt ist. Das zuletzt genannte Kriterium wird dabei häufig vernachlässigt. War ein Mitarbeiter im Inland erfolgreich, so setzt man denselben Erfolg auch im Ausland voraus. Das spezifische Eignungsprofil für internationales Agieren wird entweder nicht beachtet oder das Unternehmen verfügt nicht über geeignete Instrumente und Verfahren zu dessen Assessment. Tatsächlich gibt es bislang kaum Verfahren, um „Auslands-Fitneß" qualifiziert beurteilen zu können. Damit geht notgedrungen mit jeder Entsendung ein Risiko einher.

So scheitern in der Praxis nicht wenige Auslandseinsätze, indem sie vorzeitig abgebrochen werden oder der Entsandte im Ausland seine Zeit „absitzt", wenig effizient, zu Lasten der Motivation der dortigen Mannschaft und der eigenen. Eine solche Negativerfahrung verursacht neben immensen Kosten empfindlichen Motivations- und Imageverlust und kann zur nachhaltigen Frustration der betroffenen Führungskraft führen. Durch eine sorgfältige Auswahl der ins Ausland zu Entsendenden kann dieses Problem gemindert werden. Voraussetzung ist die Verfügbarkeit qualifizierter Personalbeurteilungssysteme und ein ausreichender zeitlicher Vorlauf. Ist der geeignete Mitarbeiter gefunden und hat sich dieser bereit erklärt, im Ausland für einige Jahre tätig zu werden, so beginnt die maßgebliche Phase der Vorbereitung auf den Auslandseinsatz. Dazu zählen Besuche von Sprachkursen, Informationsveranstaltungen über Land, Leute und Kultur, Klärung der (finanziellen) Rahmenbedingungen und vieler Fragen zum Leben vor Ort, Organisation des Umzugs und Besprechung der Konsequenzen für die Familie. Bereits diese Phase führt bei vielen zu Ängsten und Befürchtungen: Ein Umzug ins Ausland bedeutet das Verlassen des gewohnten Umfeldes und des sozialen Netzwerkes, einschneidende Veränderungen für die Familie, aber vor allem Unsicherheit in Bezug auf „das Neue" und die eigene Erfolgswahrscheinlichkeit. Mit zunehmender Entfernung und Kulturdiskrepanz sind solche Ängste wahrscheinlicher. Bereits in der Vorbereitungsphase macht daher manch „Auserkorener" einen Rückzieher und verzichtet auf diese Stufe in seiner Karriereleiter.

Ist die Entsendung vollzogen, so entscheidet nicht unwesentlich die Qualität des Kontakts zum Stammhaus, d. h. die Betreuungsintensität, über

die Zufriedenheit des Entsandten. Überwiegen die Ängste um „das Da-
heim" und befürchtet der Betroffene, abgeschnitten vom Entscheidungs-
zentrum in Deutschland zu sein und damit vielleicht doch den „Anschluß
zu verpassen", so erschwert dies eine erfolgreiche Auslandtätigkeit.
Hinzu kommen die Sorgen um die weitere Entwicklung nach der Rück-
kehr. Leider kommt es in der Praxis immer wieder vor, daß einem Aus-
landsrückkehrer keine adäquate Position im Inland angeboten werden
kann. Meist haben dann in der Zwischenzeit im Inland Umstrukturierungen und eingreifende Organisationsveränderungen stattgefunden
oder es wurden ganze Hierarchieebenen abgebaut, so daß die ursprünglich geplante Position nicht mehr zu besetzen ist. Das bedeutet für die betroffene Führungskraft, entweder ihre Auslandsstation zu verlängern
oder mit einer weniger attraktiven Position im Inland vorlieb zu nehmen.

Diese Probleme können erheblich reduziert oder ganz vermieden werden, wenn frühzeitig die Reintegration geplant wird. Im Idealfall werden bereits vor der Entsendung mögliche Anschlußpositionen besprochen und die Entwicklung des Mitarbeiters während der Auslandstätigkeit weiterverfolgt. Gelingt es dem Unternehmen, diese drei Phasen der
Vorbereitung, Entsendung und **Reintegration** erfolgreich zu meistern,
so ist ein mehrjähriger Auslandseinsatz unbedingt zu empfehlen und für
alle Seiten von Nutzen.

Leider zeigen die Erfahrungen, daß jedoch nur wenige Unternehmen in
der Lage sind, diese drei kritischen Phasen reibungslos zu gestalten. In
der Regel sind es Großunternehmen, Konzerne, die es sich „leisten"
können, die entsprechenden Rahmenbedingungen für eine erfolgreiche
Entsendepolitik zu schaffen. Für kleinere Unternehmen stellt sich die
Frage häufig schon aufgrund Kapazitätsgründen nicht. Eine Abordnung
ins Ausland würde ein nicht überbrückbares Loch in die Organisation
reißen und zeit- und kostenaufwendige Schulungen oder Veranstaltungen sind wirtschaftlich meist nicht realisierbar. Diese Unternehmen
wählen daher alternative externe Wege, die notwendigen „Human resources" direkt im Ausland zu gewinnen: über die Suche von Kooperationspartnern vor Ort oder die Rekrutierung „lokaler Kompetenz". Die
letztere Variante der Führungskräftesuche im Ausland soll im folgenden
näher betrachtet werden.

1.3 Rekrutierung lokaler Kompetenz

Im Hinblick auf die sukzessive Angleichung von Bildungs- und Qualifikationsstandards in vielen Ländern ist es heute schon von geringerer Bedeutung, ob eine Führungsaufgabe von einem deutschen, französischen
oder einem Manager anderer Nationalität wahrgenommen wird. Positive Erfahrungen mit ausländischen Mitarbeitern und Managern und

die Erkenntnis, daß „auch" im Ausland Spitzentechnologien entwickelt werden – und das teilweise unter Extrembedingungen – und neue Märkte mit rasanter Geschwindigkeit entstehen, lassen viele Unternehmer und Personalverantwortliche umdenken: „High Potentials" sind (mittlerweile) nicht nur in Deutschland, sondern weltweit zu finden. Vor allem im Hinblick auf bestimmte Wirtschaftszweige, wie z. B. in der Textil- und Modebranche, sind Italiener oder Franzosen führend in Bezug auf Design und Trendbewußtsein und damit sogar Vorbilder. Warum nicht für eine Geschäftsführungsposition in der italienischen Auslandstochter bevorzugt einen Manager aus Italien oder Frankreich suchen? Kurzum: der Trend geht weg von der ausschließlichen Entsendepolitik hin zum Aufbau lokaler Kompetenz. Immer mehr deutsche Unternehmer übertragen bewußt die Verantwortung für eine ausländische Gesellschaft einem „nationalen", mit dem Markt und dem Kulturkreis vertrauten Manager.

Ist die Entscheidung gefallen, eine leitende Funktion im Ausland mit einem nationalen Manager zu besetzen, so ist bei der Suche und Auswahl einer geeigneten Person vom Einstellenden außerordentliche Kompetenz gefragt. Da der Arbeitskräftemarkt im Ausland nicht transparent ist, kulturelle Unterschiede zum Teil unüberbrückbar erscheinen, liegt es nahe, die Auswahl der „richtigen" Führungskraft kompetenten, mit internationalen Personalsuch-Projekten erfahrenen Personalberatern zu überlassen.

2. Bedeutung internationaler Suchaufträge für Personalberater in Deutschland

Seit einigen Jahren registrieren Personalberatungen einen verstärkten Nachfragetrend, grenzüberschreitend Führungskräfte zu suchen. So auch wir – die *Dr. Heimeier & Partner* Management- und Personalberatung GmbH –, seit 1989 erfolgreich am Markt tätig. Während Großkonzerne ihre Auslandsgesellschaften und lokalen Personalabteilungen für die Rekrutierung beauftragen können, stehen kleine und mittelständische Unternehmen diesem Problem oftmals hilflos gegenüber. Für sie ist neben dem Kapazitätsaufbau in Form der Gründung eigener Auslandsniederlassungen oder Joint Ventures die Zusammenarbeit mit einer Personalberatung ein wichtiger Weg, Führungspositionen im Ausland zu besetzen. Hat ein Berater bereits erfolgreich für ein Unternehmen gearbeitet, so wird er i. d. R. auch bei grenzüberschreitenden Personalsuchen konsultiert. „Schließlich kennt der Berater unser Unternehmen, unsere Kultur und Ziele und weiß damit genau, welchen „Typus" wir suchen und brauchen".

Noch nehmen internationale Suchaufträge eine nachgeordnete Bedeutung ein und machen bei uns insgesamt knapp 10 % des Umsatzes aus, aber die Tendenz ist klar steigend.

2.1 Zielländer internationaler Suchaufträge

Im folgenden werden wir vor allem Bezug nehmen auf die konkreten Erfahrungen in unserer eigenen Personalberatungspraxis als Mitglied im internationalen Beratungsverbund *IMD-International Search*. Diese sind sicherlich geprägt von unserer – überwiegend mittelständisch geprägten – Klientel, doch der Vergleich mit anderen Beratungsgesellschaften zeigt, daß unsere Aussagen durchaus einen allgemeinen Trend wiedergeben.

Für welche Länder werden vorzugsweise Management-Kandidaten gesucht? In gut 80 % der Fälle handelt es sich um Führungskräfte für Länder der Europäischen Union, dabei mit Schwerpunkt für Großbritannien, Frankreich, Italien, Spanien, die Benelux-Länder und Skandinavien. Daneben werden fallweise auch Kandidaten für Tochtergesellschaften in den USA, Brasilien oder Australien gesucht. Dem weltweiten wirtschaftlichen Entwicklungstrend zufolge werden künftig noch verstärkt Führungspositionen in den Ländern Südostasiens und vor allem Osteuropas zu besetzen sein. Vor allem in „exotischen" Ländern, die sich von unserer Kultur stark unterscheiden, ist es notwendig, lokale Kompetenz aufzubauen und Spitzenkräfte vor Ort zu rekrutieren. Ein deutscher Manager hat es im Vergleich zu einem Asiaten mit vergleichbarem Ausbildungsstand und Erfahrungshintergrund ungleich schwerer, sich z. B. in Asien zu etablieren und denselben Erfolg zu erzielen.

2.2 Zielpositionen internationaler Suchaufträge

Im Hinblick darauf, daß in Deutschland in fast 40 % der Fälle Management-Positionen über externe Berater besetzt werden, kann auch für die Suche im Ausland ein vergleichbarer Prozentsatz angesetzt werden. Der Schwerpunkt liegt dabei auf strategisch bedeutsamen Schlüsselfunktionen, wie „General Manager", „Managing Director" oder „Werkleiter für die ausländische Produktionsgesellschaft".

Bezogen auf den Funktionsbereich sind es vor allem Vertriebsaufgaben, häufig in Verbindung mit Marketing, oder im Falle von Produktionsgesellschaften Leitungsfunktionen in der Produktion, aber in allen Fällen generalistisch geprägt. Je nachdem, welche Ziele im Ausland verfolgt werden und wie weit der Internationalisierungsprozeß fortgeschritten ist, werden Positionen lokal besetzt. D. h. die Suchaufträge beziehen sich auf Vertriebsgesellschaften, teilweise mit Service und Montage, oder – etwas weniger häufig – auf Produktionsgesellschaften. Der Trend geht jedoch weg von reinen Repräsentationsfunktionen hin zu **operativen** Managementaufgaben mit lokaler Gesamtverantwortung.

3. Internationalisierungsstrategien von Personalberatungen

Im Zuge der Internationalisierung der auftraggebenden Unternehmen sind auch Personalberatungen gezwungen, ihr Leistungsprogramm entsprechend anzupassen. Personalsuche und -auswahl für Positionen im Ausland erfordern Zusatzqualifikationen, die entweder beratungsintern aufgebaut oder extern „zugekauft" werden müssen. Im wesentlichen sind es zwei Strategien, die Personalberatungen ergreifen, um selbst international zu werden:

- eigene Expansion im Ausland durch die Gründung von Niederlassungen/Tochtergesellschaften oder durch Aufbau einer Franchise-Organisation,
- Aufbau eines internationalen Beratungsverbundes als Kooperations-Netzwerk jeweils führender lokaler Gesellschaften.

Beide Varianten sind verbreitet und haben ihre spezifischen Vorzüge und Nachteile. Unsere Beratungsgesellschaft *Dr. Heimeier & Partner* hat sich für die zweite Strategie-Variante entschieden und ist seit 1989 das deutsche Mitglied im internationalen IMD-Netzwerk, einem weltweiten Verbund führender Personalberatungsgesellschaften. Diese „operative Allianz" mit Partnerfirmen in 18 unterschiedlichen Ländern in Europa und Übersee versetzt jedes Mitglied in die Lage, Mandate im Ausland übernehmen und seinen Kunden dort eine der eigenen vergleichbare Methodik, Beratungsqualität und Problemlösung garantieren zu können.

Bevor auf beide Internationalisierungsstrategien näher eingegangen wird, soll Abbildung 1 einen Überblick über die 20 im internationalen Personalberatungsmarkt führenden Gesellschaften geben. Sie beinhaltet Beispiele zu beiden Internationalisierungsvarianten; *kursiv* gedruckt sind *internationale Netzwerke*, d.h. Zusammenschlüsse unabhängiger, jeweils national führender Gesellschaften zu einem internationalen Beratungsverbund. *Korn/Ferry International* oder *Heidrick & Struggles* dagegen repräsentieren klassisch internationale Beratungsgesellschaften mit zahlreichen Niederlassungen und Büros in allen bedeutenden Wirtschaftszentren der Welt.

Rang-folge	Personalberatungsgesellschaft	1995 Weltumsatz (in Mio. $)	Anzahl Berater	Anzahl Büros
1.	Korn/Ferry International	215,7	442	62
2.	Heidrick & Struggles	161,0	192	33
3.	SpencerStuart Ass.	158,5	187	37
4.	Egon Zehnder International	146,3	161	44
5.	Russell Reynolds Associates	132,1	182	29
6.	*Amrop International*	126,7	220	66
7.	Paul Ray Berndtson	90,0	138	32
8.	Ward Howell International	73,0	165	58
9.	GKR Neumann	72,5	155	48
10.	Norman Broadbent International	57,5	82	26
11.	*Transearch International*	47,5	145	52
12.	*InterSearch*	46,8	133	70
13.	*The Hever Group*	44,5	54	21
14.	Boyden	40,4	72	53
15.	TASA International	40,0	81	28
☐	***IMD-International Search***	**38,0**	**120**	**30**
16.	*IIC Partners*	35,2	93	28
17.	*Accord Group*	32,6	97	29
18.	KPMG Peat Marwick/Foster P.	32,3	114	57
19.	A. T. Kearney Executive Search	31,4	70	27
20.	Horton International	30,5	89	31
Totals		**1.652,5$**	**2.992**	**861**

Abb. 1: Die 20 weltweit größten Personalberatungen einschließlich der Positionierung des IMD-Netzwerks, dessen deutsches Mitglied wir – Dr. Heimeier & Partner – sind (Quelle: Executive Recruiter News, July/August 1996)

3.1 Eigene Expansion im Ausland

Große Beratungsgesellschaften, insbesondere in den USA, Großbritannien und der Schweiz, haben frühzeitig erkannt, daß Personalberatung nicht nur „local business" ist, sondern daß mit dem Internationalisierungsprozeß ihrer Kunden auch Beratungsbedarf im Ausland entsteht. Sie gründeten im ersten Schritt Auslandsniederlassungen – meist kleinere Büros – in den wichtigsten Industrieländern; andere nutzten alternativ dazu das Franchising-System und „verkauften" ihren Namen einschließlich Tools und Standards an selbständige, unabhängige Gesellschaften im Ausland. So entstanden internationale Beratungsorganisationen, „brands" mit gleichem Erscheinungsbild und vergleichbarer „Corporate Culture". Heute sind die großen internationalen Beratungsgesellschaften weltweit in allen wichtigen Wirtschaftszentren vertreten. Die Methoden der Akquisition und Projektabwicklung, die Beurteilungsinstrumente und vor allem die „Beratungsphilosophie" sind innerhalb der Gesellschaft bzw. der unter gleichem Namen agierenden, unabhängigen Einzelgesellschaften international identisch. Der Kunde weiß somit, daß sich die Beratungsleistung in Deutschland von der in Spanien oder in den USA inhaltlich nicht oder nur unwesentlich unterscheiden wird.

Diese Expansionsstrategien haben den Vorteil, den Bekanntheitsgrad der Beratungsgesellschaft und den einheitlichen „brand" rasch zu erhöhen. Je mehr Niederlassungen weltweit entstehen, desto größer ist der erreichbare Kundenkreis und die angestrebte „Markenpenetration". Weiterhin ist die interne Kommunikation sehr viel einfacher, da hierarchisch geregelt und leicht durchsetzbar. Die Projektabwicklung ist somit insgesamt reibungsloser, da man innerhalb der eigenen Organisation „dieselbe Sprache" spricht und die Informationswege kürzer und direkter sind.

Ein Nachteil bzw. eine Gefahr dieser „Corporate-Expansionsstrategie" liegt jedoch auf der Hand: Dominiert das Hochhalten der Corporate Identity gegenüber den spezifischen Bedürfnissen des jeweiligen lokalen Marktes, so kann sich dies erschwerend auf die Projektabwicklung auswirken. Konkret heißt das, daß bei der Suche von hochkarätigen Führungskräften nationale Eigenheiten, die andersartige Kultur, andere Verhaltensmuster und Gepflogenheiten teilweise unterschiedliche Instrumente und Verfahren im Rahmen der Rekrutierung verlangen. Es ist logisch nachvollziehbar, daß die in einem Land bewährten Systeme und Methoden nicht unbedingt auf jedes andere Land systematisch „übergestülpt" werden können, sondern vielmehr nationale Besonderheiten Berücksichtigung bei Suche, Auswahl und Beurteilung von Kandidaten finden müssen.

Ein weiteres Problem der „Corporate-Expansionsvariante" (Gründung von Auslandsgesellschaften) liegt darin, daß die Aufbauphase im Ausland langwierig und sehr kostenintensiv ist. Die Gesellschaft muß sich dort zunächst einen Namen schaffen, insbesondere wenn der Bekanntheitsgrad noch nicht weltweit gegeben ist. Der Weg zum Erfolg durch den Aufbau eines „einträglichen" Kundenkreises kann sehr langwierig und zäh sein. Dies ist beim Vorgehen nach dem Franchising-Prinzip nicht der Fall. Dort ist vielmehr die Sicherstellung des einheitlichen Auftretens in Erscheinung und Geschäftsphilosophie im einen oder anderen Fall ein Problem.

3.2 Aufbau eines internationalen Beratungsverbundes

Die zweite Möglichkeit, sich internationale Kompetenz und Durchführungskapazität aufzubauen, besteht in der Gründung bzw. Mitgliedschaft eines internationalen Beratungsverbundes, d. h. dem Zusammenschluß mehrerer Gesellschaften in verschiedenen Ländern zu einem kooperierenden Netzwerk. Zielsetzung ist, in dem jeweiligen Land gezielt auf lokales Know-how zurückgreifen zu können, sobald ein entsprechendes Suchmandat vorliegt.

Ein entscheidender Vorteil dieser Strategie liegt darin, daß landeskundige, lokale Partner sehr genau ihren Markt kennen, die landesspezifischen Besonderheiten des Personalmanagements in ihrer Vorgehensweise berücksichtigen und damit eine optimale Kandidatenansprache und -auswahl sichergestellt wird. Ein weiterer Vorzug liegt im Bekanntheitsgrad der lokalen, im nationalen Markt etablierten Beratung, gerade im Hinblick auf Bewerbungsquantität und -qualität. Hochkarätige Kandidaten wenden sich vorzugsweise an ihnen vertraute, renommierte Beratungsadressen, da sie diesen Kompetenz, eine hochrangige Klientel und damit für sich interessante Chancen und Kontakte unterstellen. Die lokale Gesellschaft profitiert zusätzlich davon, daß über Nachfragen und Mandatsübertragungen aus den Partnerorganisationen auch eine Umsatzsteigerung erzielt werden kann.

Für den Erfolg eines Beratungsverbundes sind im wesentlichen vier Aspekte entscheidend:

• sorgfältige Auswahl der Partnergesellschaften,
• Festlegung und Beachtung verbindlicher „Grundsätze" hinsichtlich „Skills" und „Ethics",
• sorgfältige Auftragsklärung,
• einheitliche, methodisch „saubere" Projektabwicklung,
• weitgehend standardisierte Tools und Methoden.

3.2.1 Auswahl der Partnergesellschaften

Analog zur Suche und Auswahl einer Spitzenkraft muß auch beim Aufbau einer ausländischen Partnerorganisation, bei der Suche lokaler Partnergesellschaften, sehr sorgfältig und systematisch vorgegangen werden. Die für die eigene Gesellschaft erfolgsentscheidenden Kriterien sollten unbedingt auch von den ausländischen Beratungskollegen erfüllt werden. Beratungsphilosophie, Anspruch, Methodik, Vorgehensweisen und Leistungsschwerpunkte der einzelnen Organisationen sind abzugleichen, und nur bei ausreichender Vergleichbarkeit ist eine Partnerschaft sinnvoll. Ein ähnliches Kunden- und Mandats-Portfolio erleichtern ebenfalls die Zusammenarbeit.

Die Auswahl einer Partnergesellschaft ist sehr zeit- und kostenaufwendig: Es ist erforderlich, mehrere Gesellschaften persönlich kennenzulernen, zu besuchen und sich intensiv über deren Geschäftsphilosophie und Vorgehensweise, Verfahren und Methodik auszutauschen, bevor eine ausgewählt und in den Beratungsverbund aufgenommen wird.

3.2.2 Grundsätze für die Zusammenarbeit

Eine wesentliche Grundvoraussetzung für den Erfolg eines international zusammengesetzten Beraterverbundes ist ein gemeinsamer „Verhaltenskodex", d. h. Grundsätze, die für alle Partnergesellschaften verbindlich sind und das Verhalten der Mitglieder in ihren Beziehungen zu Kunden, Kandidaten, zur Öffentlichkeit und zueinander festlegen. Im Falle des IMD-Verbundes beinhaltet ein „Code of Conduct" verbindliche Richtlinien, die bei der Durchführung eines internationalen Projekts zu beachten sind.

Der „Code of Conduct" regelt zum einen die **Festlegung des „Briefings"** durch Maßnahmen wie Klärung der Verantwortlichkeiten oder Festlegung des Stellen- und Anforderungsprofils. Weiterhin beinhaltet er **allgemeine Geschäftsbedingungen** und **Grundsätze zur Durchführung der Mandate.** Außerdem wird die **Beziehung zu Kunden und Kandidaten** grundsätzlich geregelt, indem beispielsweise keine persönlichen Unterlagen von Kandidaten ohne deren vorheriges Einverständnis an den Kunden ausgehändigt werden dürfen, oder eine inhaltlich und zeitlich angemessene Rückmeldung an Kandidaten über den Stand des Projekts und ihre diesbezüglichen Chancen gewährleistet sein muß.

Die einzelnen Partnergesellschaften haben sicherzustellen, daß ihre Berater und neue Mitglieder diese Vereinbarungen kennen und beachten. Eine „Kontrollinstanz" ergreift bei Nichtbeachtung oder Verstoß dieser Regeln entsprechende Maßnahmen, die bis zum Ausschluß einer Gesellschaft aus dem Verbund reichen.

Der kontinuierliche Austausch zwischen den Beratungsgesellschaften garantiert zudem eine optimale Qualitätsprüfung und -sicherung. Auf diese Weise profitieren die einzelnen Mitglieder des Netzwerkes wie auch deren Kunden in mehrfacher Hinsicht:

• Die intensive Zusammenarbeit mit ausländischen Beratungskollegen führt zur Kompetenzerweiterung im Hinblick auf die verschiedenen internationalen Führungskräftemärkte.
• Die Professionalität und Qualität wie auch Mängel und Verbesserungspotentiale der internationalen Partner werden transparent und veränderbar.
• Sicherstellung einer vergleichbaren Beratungsleistung und -qualität in allen Ländern, u. a. durch regelmäßige Trainingsmaßnahmen.

3.2.3 Auftragsklärung

Auch wenn das Suchmandat von einem ausländischen Beratungspartner vor Ort ausgeführt wird, bleibt der vom Kunden beauftragte Berater während der Projektdauer dessen „erster Ansprechpartner" und ist letztlich für den Erfolg des Projekts verantwortlich.

Eine frühzeitige Auftragsklärung mit allen am Projekt Beteiligten – Auftraggeber und Berater in Deutschland, der hinzugezogene Berater der ausländischen Partnergesellschaft – ist Grundvoraussetzung für eine reibungslose Projektabwicklung. Begrifflichkeiten des Stellen- und Anforderungsprofils, Hinweise zu den Positions- und Umfeldbedingungen, zur Begründung der Suche, der Ausgangslage, den Kompetenzen, Unterstellungsverhältnissen und möglichen Entwicklungsperspektiven sind gemeinsam zu besprechen und festzulegen. Das Ergebnis der Auftragsklärung ist schriftlich festzuhalten, so daß alle Seiten den gleichen Kenntnisstand besitzen. Mißverständnisse können dadurch von Anfang an minimiert werden.

3.2.4 Projektabwicklung

Nach einer sorgfältigen, umfassenden Auftragsklärung startet der ausländische Berater den Suchprozeß. Abhängig von Position, Funktion, landesüblichen Gepflogenheiten und eigener Beratungsphilosophie werden geeignete Kandidaten – anzeigengestützt oder durch gezielte Direktansprachen – identifiziert. Der Auftraggeber bleibt zunächst nach außen „anonym", und seine Personalpolitik und Expansionsstrategien werden der Konkurrenz nicht bereits durch die Personalsuche offenbart. Entscheidend ist dann die **Auswahlphase**, in der unter den vorausgewählten Kandidaten „der Richtige" zu finden ist. Welche Methoden und Instrumente angewendet werden, hängt – trotz vieler Standardisierungsbemühungen – auch von den jeweiligen „Corporate tools" und den landesüblichen Gepflogenheiten ab.

In allen Phasen des Projekts muß ein intensiver Austausch zwischen dem ausländischen Partner und seinem deutschen Beraterkollegen, der wiederum direkten Kontakt zu seinem Kunden in Deutschland hält, stattfinden. Hierin liegt gerade die Schwierigkeit und Herausforderung internationaler Mandate. Arbeitet der ausländische Berater im Alleingang, so kann es spätestens bei der Kandidaten-Präsentation zu Problemen kommen, die das Projekt zum Scheitern bringen können.

Ist der „richtige" Kandidat gefunden, bleibt der lokale Berater vor Ort mit dem plazierten Kandidaten während der **Integrationsphase** in Kontakt, um ihn in der Anfangsphase in seinem neuen, fremden Umfeld zu begleiten und bei Problemen vermittelnd eingreifen zu können. Der deutsche Berater hält seinerseits engen Kontakt mit seinem Kunden, um eventuell Signale für Handlungsbedarf unverzüglich weiterleiten zu können.

Das Ergebnis einer methodisch sauberen, sorgfältigen Projektdurchführung ist letztendlich für den Kunden eine komplette und gute **Problemlösung**.

4. Fazit

Wie in den einleitenden Ausführungen dargestellt, ist der Internationalisierungsprozeß noch lange nicht abgeschlossen. Im Gegenteil: Zukünftig werden zunehmend mehr Wirtschaftsmärkte am globalen Wirtschaftsgeschehen beteiligt sein. Die weltweite Kommunikation und Interaktion wird dank neuer Medien und rasanter Entwicklungen in der Informationstechnologie diesen Prozeß unterstützen. Es ist davon auszugehen, daß die Anforderungen an Personal und Management weiter steigen werden; dies wiederum wird einen erhöhten Qualifizierungsbedarf und ausgefeiltere Methoden der Personalsuche und -auswahl zur Folge haben.

Nur ein Teil des „internationalen" Führungskräfte- und Mitarbeiterbedarfs kann über eine systematische Entsendepolitik abgedeckt werden. Aufgrund des weltweit steigenden Qualifikationsniveaus werden künftig auch „vor Ort" auf den lokalen Märkten geeignete „High Potentials" zur Verfügung stehen. Dann gilt es, unter ihnen „den oder die Richtige(n)" auszuwählen. Die Nachfrage nach internationalen Führungskräften und damit nach internationaler Rekrutierungskompetenz wird folglich zunehmen.

Ausgeprägte Kundenorientierung und Dienstleistungsbereitschaft zwingen schon heute Personalberatungen zur „Internationalisierung". Dies bedeutet eigene Expansion ins Ausland oder Beschränkung auf die nationale Kernkompetenz und Anschluß an ein internationales Beratungsnetz. Beide Varianten fordern von den einzelnen Beratern grenzüberschreitendes Denken und Handeln. Langfristig werden sich die erfolgreichen von den weniger erfolgreichen Personalberatungen darin unterscheiden, wie kompetent sie zur Lösung der Probleme ihrer Kunden im In- *und* Ausland beitragen können. Problemlösungskompetenz heißt dann:

● Erfolgreiche Positionsbesetzung,
● Angemessenheit des Zeit- und Kostenaufwandes der Projektdurchführung,
● Sicherstellung gleichbleibender Projektdurchführungsqualität bei nationalen wie internationalen Suchmandaten.

Auch Personalberatungen werden in Zukunft größere Anforderungen an ihre „Human Resources" stellen müssen. Während den erfolgreichen Berater bislang vor allem überdurchschnittliche psychologisch-analytische Beurteilungsfähigkeit, fundierte Branchenkompetenz und ein gut funktionierendes, nationales Beziehungsnetzwerk auszeichneten, müssen künftig zusätzlich Sprachkenntnisse, internationale Beratungskompetenz und das Interesse am Umgang mit „anderen" Kulturen hinzukommen.

Dieser Trend bietet Chancen und Herausforderungen für den teilweise „angegrauten" Personalberatungsmarkt in Deutschland. Personalentwicklung wird künftig auch in dieser Branche verstärkt ein Thema sein, und es werden sich interessante Ansätze für eine systematische Laufbahnplanung ergeben und damit für jüngere Berater überdurchschnittliche Chancen für eine persönliche Weiterqualifizierung mit entsprechenden Perspektiven eröffnen. Schon heute bietet die Einbindung in internationale Projekte, beispielsweise durch die Mitgliedschaft in einem internationalen Beratungsverbund, die Möglichkeit, mit Kollegen, Kandidaten und Kunden anderer Länder zu kommunizieren und Erfahrungen auszutauschen.

Zur vollständigen Behandlung des Themas muß zum Abschluß noch ein letzter Punkt erwähnt werden. Betrachtet man die finanzielle Seite, so wird es auch künftig nur *ein* Honorar für die Problemlösung des Kunden geben, obwohl dies nun unter mindestens zwei Projektverantwortlichen – dem Berater in Deutschland und seinem durchführenden Kollegen der ausländischen Partnerorganisation – fair aufgeteilt werden muß. Ein steigender Anteil internationaler Projekte bedeutet somit nicht zwangsläufig höhere Profitabilität. Andererseits ist dies die einzige Möglichkeit, international orientierte Auftraggeber auch zukünftig als Kunden zu erhalten und zu binden. Dieser Aspekt sollte alle beteiligten Partner anspornen, durch effiziente Zusammenarbeit und Nutzung aller Potentiale die gemeinsame Projektabwicklung weiter zum Nutzen der „gemeinsamen" Kunden zu optimieren.

Kapitel 15

Der Beirat im Familienunternehmen – Gesucht werden professionelle Ratgeber

von *Lothar Heimeier* und *Hans-Christian v. Stosch*

Einleitung

Der Gesetzgeber hat für – in der Regel große – Kapitalgesellschaften Aufsichtsräte vorgeschrieben, die die Geschäftsführungen bzw. Vorstände kontrollieren, Vorstände bestellen und entlassen sollen und somit deren Entscheidungsbefugnisse in gewisser Weise einschränken. Anders verhält es sich in mittelständischen Familienunternehmen, für die der Gesetzgeber keinerlei Aufsichtsgremien vorgesehen hat. Das bedeutet, daß der Inhaber als Gesellschafter frei entscheiden kann und keinerlei Einschränkungen unterliegt. Das bedeutet zugleich, daß er sich auch wenig abstimmen kann, wenn für das Unternehmen gravierende Entscheidungen anstehen. Er trägt allein die Verantwortung, er als Gesellschafter entscheidet über Wohl und Wehe des Unternehmens. Dies führt vermehrt dazu, daß sich für mittelständische Unternehmen Beratungsbedarfe ergeben, die über übliche Beratungsprojekte weit hinausgehen. Ein Unternehmer braucht wohlwollende, impulsgebende, aber auch kritische Ratgeber, die ihm bei schwerwiegenden unternehmerischen Entscheidungen mit Rat, unterstützender Hilfe und Erfahrung zur Seite stehen. Diese Überlegungen haben dazu geführt, Beiräte zu gründen, sie zu institutionalisieren und sogar als Organ des Unternehmens zu verankern. Damit ein solches Organ möglichst effizient ist, in die Verantwortung mit eingebunden wird, soll im Nachfolgenden dargestellt werden, welche **rechtlichen Gestaltungsmöglichkeiten** es bei der Gründung eines Beirates gibt, welche **Kompetenzen** an ihn übertragen werden sollten, welche **Gründe** für die Errichtung eines Beirates sprechen, wie die **Funktions- und Aufgabenverteilung** am besten zu regeln ist und letztlich, wie ein solcher Beirat **zu organisieren** ist. In einem zweiten Teil gehen wir darauf ein, wie Mitglieder für Beiräte und Aufsichtsgremien gesucht werden können, mit welchen Besonderheiten und Schwierigkeiten gerechnet werden muß und welches Einfühlungsvermögen notwendig ist, um entsprechende Persönlichkeiten für ein Unternehmen zu interessieren, auszuwählen und zu gewinnen.

1. Gründung von Beiräten

1.1 Begriffsbestimmung

Der Beirat steht als zusätzliches, freiwillig geschaffenes Organ auf der obersten Unternehmensebene, in der Regel zwischen Geschäftsführung und Gesellschafterversammlung. Auf den ersten Blick ist er organisatorisch dem Aufsichtsrat der AG nachempfunden, soll jedoch von Fall zu Fall ganz unterschiedliche Aufgaben wahrnehmen; das Spektrum reicht von der bloßen Informationsbeschaffung bis hin zur Ausübung von Entscheidungsrechten. Diese Beiräte sind in die Organisationsstruktur der Gesellschaft eingebunden und werden zu Organen der Gesellschaft, wenn ihre Kompetenzen in einer Satzung geregelt sind und sie in Gesellschafts-relevanten Fragen entscheiden sollen. Natürlich kann auch ein statutarisch errichteter Beirat in seinen Kompetenzen soweit beschnitten werden, daß er kaum mehr denn beratende Funktionen ausübt. Sinnvoll erscheint dies allerdings nicht, wie oben bereits dargelegt.

1.2 Beiratsbildung

Der Gesetzgeber läßt den Unternehmen größtmögliche Freiheit bei der Errichtung von Beiräten. Es gibt keine zwingende Vorschrift (unterhalb bestimmter Größenordnungen), die eine Beiratsbildung vorsehen. Auch wenn ein Beirat gebildet wird, ist das Unternehmen nicht an bestimmte Satzungsformen oder Inhalte gebunden. Es gilt der Grundsatz der Gestaltungsfreiheit, eine Überprüfung auf Zweckmäßigkeit oder Rechtmäßigkeit findet nicht statt. Allerdings gibt es Einschränkungen durch zwingende gesetzliche Regelungen. Ein Beirat darf z. B. nicht in die unabdingbaren Kompetenzen der Geschäftsführung eingreifen, da damit die Haftung der Geschäftsführer „verwaschen" würde; ebenso wenig darf ein Beirat in die unabdingbaren Kompetenzen der Gesellschafter bzw. einer Gesellschafterversammlung hineinwirken. Unter Beachtung dieser beiden Eckpfeiler ist eine Beiratsbildung nach freiem Ermessen möglich. Auch über die Anzahl der Beiratsmitglieder gibt es keinerlei gesetzliche Vorschriften.

1.3 Motive für die Errichtung eines Beirates

Für die Bildung eines Beirates gibt es im wesentlichen vier Hauptmotive, die im folgenden kurz dargestellt werden sollen. Das häufigste Motiv ist die **Überwachung der Geschäftsführung.** Unter Umständen sind die Gesellschafter fachlich nicht ausreichend kompetent, um eine Geschäftsführung zu überwachen. Es kommt auch nicht selten vor, daß die Geschäftsführung aus Familienmitgliedern besteht, die dann von „neutralen", externen Persönlichkeiten überwacht werden sollen. Nicht selten sind auch die Fälle, in denen die Gesellschafter uneins sind und deshalb einen Beirat „als Dolmetscher" für die Überwachung der Geschäftsführung einsetzen.

Als weiteres Hauptmotiv kommt die **Nutzung externen Fachwissens** und die bereichsübergreifende Beratung in Betracht. Man gründet einen Beirat, den man mit kompetenten, professionellen Beiratsmitgliedern – mehr und mehr Unternehmern! – besetzt, die aus ähnlichen Umfeldern oder eigenen Unternehmen kommen, die die Markt-, Produkt- und wirtschaftliche Situation des Unternehmens aus einer anderen Perspektive durchleuchten können und von daher objektivere, sachgerechte Entscheidungen ermöglichen. Sie bringen unter Umständen spezielles Know-how mit, das im Unternehmen nicht vorhanden ist oder nur schwer hinzugekauft werden kann. Wir meinen, daß diese Motive nicht hoch genug eingeschätzt werden können und die Notwendigkeit eines Beirates unterstreichen.

Natürlich ist ein guter Beirat auch Garant dafür, daß Fehlentscheidungen minimiert werden können. Grundsätzlich wird durch die Errichtung eines Beirats die Entscheidungsqualität verbessert. In dem Gremium sitzen fachkompetente Ratgeber, die keinerlei Eigeninteressen verfolgen, lediglich zum Wohle des Unternehmens an wichtigen, zum Teil überlebenswichtigen Entscheidungen des Unternehmens partizipieren. Sie bringen sich ein, um über Strategien zu beraten, die die Überlebensfähigkeit des Unternehmens auf Dauer sichern sollen. Wenn Beiräte richtig, d. h. gezielt ausgewählt wurden (mehr dazu weiter unten), verstehen sie sich als engagierte Mitkämpfer mit dem Ziel, sich und ihre Ideen voll zum Wohle des Unternehmens einzubringen.

Wie bereits angedeutet, ist ein häufiger Grund für die Bildung eines Beirates der **Ausgleich unterschiedlicher Gesellschafterinteressen.** Wie oft erlebt man eine zersplitterte bis zerstrittene Gesellschaftergemeinschaft, die nicht mehr das Wohl des Unternehmens im Auge hat, sondern vehement eigene Kapital- oder Machtinteressen vertritt. Es gibt genügend Beispiele dafür, daß allein durch unterschiedliche Gesellschafterinteressen gute Unternehmen zerstört wurden, daß unterschiedliche Gesellschaftermeinungen wichtige Entscheidungen blockierten und auf diese

Weise ertragsstarke Unternehmen in existentielle Krisensituationen geführt wurden.

Neben diesen Hauptmotiven gibt es eine Reihe weiterer Gründe, die die Errichtung eines Beirates sinnvoll machen. Der Vollständigkeit halber seien sie hier nur kurz aufgezählt: Versachlichung der Zusammenarbeit mit der Geschäftsführung, Schaffung einer fachkundigen Entscheidungsinstanz, Sicherung der Nachfolge in der Geschäftsführung, Vermeidung von Streitigkeiten zwischen den Gesellschaftern über die Besetzung der Geschäftsführungsposition(en), Bildung einer Notgeschäftsführung ad interim. Auch können Einzelmotive der Gesellschafter die Bildung eines Beirates ergänzen, wenn man z. B. an das Knüpfen oder Verstärken von Geschäftsbeziehungen denkt; die Förderung des Images der Gesellschaft; die Wahrnehmung von Sonderaufgaben, die im Unternehmen sonst nicht wahrgenommen werden könnten; gegebenenfalls auch schiedsgerichtliche Funktionen, oder letztendlich die Sicherstellung des Willens des Erblassers.

Die große Palette zeigt schon, daß für einen Beirat ein großes Feld an Aufgaben bereitstehen kann, je nach Situation im Unternehmen bzw. im Gesellschafterkreis. Deshalb sollen kurz die Hauptaufgaben des Beirates dargestellt werden.

1.4 Hauptaufgaben

Beiräte konzentrieren sich in der Regel auf fünf Hauptaufgaben, die wie folgt kurz skizziert werden sollen:

Kontrolle und Beratung der Geschäftsführung

Der Beirat versteht sich als Mittler zwischen Gesellschaftern und Geschäftsführung. Seine Hauptaufgabe ist deshalb, die Gesellschafterinteressen in Führungsentscheidungen der Unternehmensleitung einzubringen und sicherzustellen. Das heißt nicht, daß er Direktiven der Gesellschaft an die Geschäftsführung weitergibt; vielmehr wird er Gesellschafterinteressen mit der Unternehmensleitung diskutieren, beraten und letztendlich dabei mitwirken, daß die für das Unternehmen besten Entscheidungen getroffen werden. Dadurch wird auch die Geschäftsführung gestärkt; sie gewinnt an Vertrauen, auch seitens der Mitarbeiter und Geschäftspartner, findet zu einer eigenen Führungs- und Entscheidungskultur, was letztlich das Unternehmen als ganzes nach innen und außen stärkt.

Der Beirat kann auch als Filter wirken, um Gesellschafterinteressen objektiviert an die Geschäftsführung weiterzugeben. Emotionen – häufig Ursachen für Fehlentscheidungen – können dadurch ausgeschaltet, eine Versachlichung durch den Beirat bewirkt werden. Die Unabhängigkeit des Beiratsgremiums sowie dessen Abstand zum Unternehmen und dem Tagesgeschäft verschaffen ihm wiederum eine hohe Souveränität und Bedeutung, was seine Beratungs- und Kontrollfunktion noch verstärkt.

Sicherung der Führungsfunktion des Unternehmens

Sicherstellung der Führung eines Unternehmens heißt in erster Linie, über eine funktionsfähige Geschäftsführung zu verfügen. Die Berufung, aber auch Abberufung von Geschäftsführern ist somit eine Hauptaufgabe des Beirats. Dadurch wird die Führungskontinuität bei wechselnden persönlichen Besetzungen innerhalb der Geschäftsführung gewahrt; der Beirat sorgt für einen ordentlichen Übergang von einem zum anderen Geschäftsführer. Gleichzeitig kann der Beirat sachlich nüchtern z. B. darüber entscheiden, ob Familienmitglieder geeignet sind, eine Geschäftsführungsaufgabe im Unternehmen zu übernehmen. Der Beirat sorgt für einheitliche Vergütungsregelungen innerhalb der Geschäftsführung und legt Verantwortlichkeiten und Kompetenzen der einzelnen Geschäftsführer fest. Der Beirat kann darüber hinaus für das Unternehmen Repräsentationsaufgaben übernehmen, Beziehungen knüpfen, Wege ebnen; er ist beteiligt bei der Vorbereitung des Generationswechsels, steht mit Rat und Tat zur Seite und kann auf die Versachlichung und Harmonisierung eventuell auftretender Interessenkonflikte hinwirken. Er kann ein „Management by Erbschaft" unterbinden, sofern dies nicht angebracht ist, und nicht zuletzt Impulse für eine systematische Personalentwicklung geben.

Sicherung der finanziellen Situation des Unternehmens

Wichtig ist die Einflußnahme des Beirats auf die Entnahmepolitik der Gesellschafter, die neutrale Vermittlung bei unterschiedlichen Gesellschafterinteressen in Finanzfragen. Gerade in finanziellen Angelegenheiten treten die größten Differenzen auf der Gesellschafterseite auf, was ganz natürlich ist, wenn Haupt- und Minderheitsgesellschafter aufeinandertreffen. Der Beirat kann sich bei Verhandlungen mit Banken einschalten und auf eine Verminderung der Abhängigkeit von fremden Kapitalgebern hinwirken. Er wirkt mit bei der Vorbereitung und Abwägung weitreichender Investitionsentscheidungen und kann somit deren Tragweite überschauen. Er sollte die Eckdaten und Zeitlinien für eine zukunftsorientierte Ertrags- und Finanzpolitik vorgeben und gegebenenfalls ein Risk Management nicht ausufern lassen.

Sicherung der strategischen Position des Unternehmens

Ein guter Beirat wirkt darauf hin, daß das Unternehmen kurz-, mittel- und langfristige Unternehmensziele erarbeitet und definiert. Er gibt Impulse, z.B. in Richtung Strategie, Innovation, Internationalisierung/ Globalisierung. Er ist involviert in Wachstums-, Konsolidierungs-, Umstiegs- oder Rückzugsüberlegungen. Beim Beteiligungserwerb, der Suche nach strategischen Allianzen, Joint Ventures oder Diversifikationen bis hin zur Liquidation von Unternehmensteilen ist er ein wichtiger Diskussions- und Sparrings-Partner. Dank seiner Kompetenz kann er möglicherweise bei neuen Geschäftsfeldentwicklungen ebenso mitreden wie bei der Erforschung von Zukunftsmärkten. Dies wiederum hat Auswirkungen auf die Produktentwicklung, die viel zielgerichteter realisiert werden kann. Auch nach innen kann er durch die Initiierung und Mitgestaltung von Unternehmensgrundsätzen und -leitbildern, einer Unternehmenskultur und Corporate Identity Zeichen der Erneuerung setzen. Und nicht zuletzt wird er mit Ideen beitragen zur Weiterentwicklung der Unternehmensstruktur, einer Veränderung der Fertigungstechnologie oder zu einem generellen „Management des Wandels".

Der Beirat als Katalysator, Schlichter, Mittler und Coach

Natürlich spielt die hohe Fachkompetenz sehr häufig eine entscheidende Rolle bei der Entscheidung, eine Persönlichkeit in einen Beirat zu berufen. Doch Fachkompetenz allein reicht längst nicht mehr aus. In den meisten Gesellschaften – insbesondere in Familienunternehmen – wird das Beiratsmitglied als Mittler und Coach gesucht, zwischen Gesellschaftern und Geschäftsführung, aber auch bei Meinungsverschiedenheiten innerhalb des Gesellschafterkreises. Durch die konsensorientierte Mittlertätigkeit des Beirates können erhebliche Streitpotentiale bis hin zu externen Schiedsgerichtsverfahren vermieden, andererseits aber auch die erdrückende Dominanz eines Patriarchen neutralisiert werden. Häufig ergeben sich Pattsituationen zwischen den Gesellschafterstämmen, die durch den Beirat aufgelöst werden können. Auf diese Weise gewinnt er an Vertrauen, kann dadurch entstandene Fronten aufweichen, den offenen Dialog fördern, ohne Konsequenzen fürchten zu müssen. Das Vertrauenspotential wächst aber auch dadurch, daß der Beirat die Gesellschafterseite in der Durchsetzung berechtigter Zielsetzungen unterstützt, ein anderes Mal aber auch Forderungen der Geschäftsführung gegenüber den Gesellschaftern beipflichtet. All dies führt dazu, daß der Beirat in seiner Funktion als wichtig und notwendig angesehen wird.

1.5 Anforderungen an Beiratsmitglieder

Aus der Vielseitigkeit der Aufgaben und dem weit gespannten Aktivitätsfeld ergeben sich natürlich auch hohe Anforderungen an die Beiratsmitglieder, – sowohl fachlich als auch persönlich; auf sie wollen wir im folgenden eingehen:

Fachliche Anforderungen

Beiratsmitglieder sollten nicht mehr danach ausgewählt werden, daß sie „vorzeigbar" sind, über beste Umgangsformen verfügen und für die Gesellschafter pflegeleicht sind. Beiratsmitglieder sollten vielmehr dem Unternehmen und seinen Gesellschaftern einen „Added Value" verschaffen; dieser kann unternehmerisch-generalistisch sein, ein spezielles Branchen-Know-how oder konkretes Ressortwissen einer Fachdisziplin beinhalten. Auf jeden Fall aber sollte er die Fähigkeit zu interdisziplinärem Denken mitbringen, und nicht nur in der Routine seines eigenen Erfahrungsumfeldes verharren. Dies setzt Lebenserfahrung und langjährige Berufspraxis ebenso voraus wie eine gründliche, möglichst breit angelegte Aus- und Weiterbildung. Idealerweise sollte er Erfahrungen aus erfolgreich geführten Unternehmen innovativer oder schwieriger Branchen mitbringen und aufgrund analytischer Fähigkeiten in eine unternehmerische Vordenker- und Gestaltungsfunktion hineingewachsen sein. Vor allem aber sollte das Beiratsmitglied Kenntnis und Verständnis für die Besonderheiten mittelständischer Familienunternehmen mitbringen, um so auch den Interessen und Anforderungen einzelner Gesellschafter gerecht werden zu können.

Persönliche Merkmale

Für Beiräte gesucht werden Persönlichkeiten, die sich durch ihre Individualität, häufig durch unternehmerische Pioniertaten einen Namen gemacht haben. Innerhalb des Beiratsgremiums aber müssen sie kooperativ und teamfähig sein und zu den übrigen Beiratsmitgliedern wie auch zu den Gesellschaftern „passen". Bei allem selbstbewußten Selbstverständnis gehört somit auch die Fähigkeit der Anpassung, des Zuhörenkönnens und der Reflektion zu den wichtigen persönlichen Anforderungen. Beiräte brauchen den Blick für das Wesentliche, müssen interdisziplinär denken und generalistisches Verständnis haben, weil von ihnen zukunftsweisende Ratschläge und Entscheidungen erwartet werden. Beiratsmitglieder sollten über schöpferische Begabung, über Motivationskraft sowie Talent verfügen, in Analogien zu denken; Ideenreichtum, die Fähigkeit zu analytischem, aber auch zu strategischem Denken sind ebenso gesucht wie Standfestigkeit, diplomatisches Gespür, Innovationskraft und Kreativität, um immer wieder neue Wege und Lösungsmöglichkeiten einzuschlagen. Dies erfordert Weltoffenheit und die Bereitschaft zu lebenslangem Lernen, aber auch Tatkraft und Umsetzungsstärke. Eine natürliche Autorität – ohne Arroganz –, gewachsen aus bewiesener Leistung, sowie eine sympathische Ausstrahlung erleichtern Beiräten ihre Arbeit; unabdingbar sind selbstverständlich positive charakterliche Merkmale wie Loyalität, absolute Vertrauenswürdigkeit und untadeliger Leumund.

Sonstige Merkmale

Um eine effiziente Beiratsarbeit zu gewährleisten, sollten seine Mitglieder „unabhängig" sein, – nicht unbedingt zeitlich, sondern eher wirtschaftlich und geistig, – frei von verpflichtenden Bindungen hinsichtlich Souveränität und fachlichem Input. Sie sollten an mindestens zehn Tagen pro Jahr einem Unternehmen zur Verfügung stehen, um ganze Arbeit leisten zu können. Vor allem aber sollten sie eine positive Einstellung zum leistungsorientierten Privat- und Familienunternehmen mitbringen – dann sind gute Voraussetzungen für eine produktive Beiratsarbeit gegeben.

2. Suche und Auswahl von Beiratsmitgliedern

Wie findet man nun geeignete Kandidaten für einen Beirat, und nach welchen Kriterien wählt man sie aus? Die Vielgestaltigkeit eines Beiratsgremiums erfordert gemäß den oben genannten Aufgaben und Anforderungen Persönlichkeiten, die es in dieser idealen Mischung nur selten gibt. Da Beiräte in der Regel aus mehreren Personen bestehen, sollte bei der Zusammensetzung darauf geachtet werden, daß die einzelnen Beiratsmitglieder unterschiedliche Erfahrungen einbringen und sich auch als Persönlichkeiten gegenseitig ergänzen und fördern. Einerseits soll das Beiratsgremium in sich harmonisch zusammenpassen, andererseits aber auch mit großem Geschick Mittler zwischen Gesellschaftern und Geschäftsführung sein. Selbstverständlich kann nicht jedes Beiratsmitglied gleich geschickt und diplomatisch veranlagt sein; dies gilt es bei der Auswahl von Beiratsmitgliedern zu berücksichtigen. Dem fachlich versierten „Star" – gegebenenfalls nicht so sehr diplomatisch – ist ein unternehmerischer Generalist gegenüberzustellen, der über größeres Vermittlungs- und Konsenspotential verfügt und gut die Rolle als Mittler und Coach übernehmen kann. Über eine Beiratsordnung kann geregelt werden, daß einzelne Beiräte sich bestimmten Themenstellungen oder Projekten besonders widmen oder aber konkreten Geschäftsführern in ihrer Ressortverantwortung kritische Sparringspartner sein sollen. Idealerweise sollte in einem Beiratsgremium ein enger persönlicher Vertrauter des Unternehmers sitzen, der insbesondere dessen persönliche, vermögens-, steuer- und erbschaftsrechtlichen Rahmenbedingungen intim kennt, während die übrigen Beiratsmitglieder nach professionellen Anforderungskriterien gesucht und ausgewählt werden sollten.

Ist das Gremium komplett und hat seine Arbeit aufgenommen, sollte es nicht als Forum zur Selbstdarstellung und persönlichen Profilierung dienen; ausschließlich das Wohl des beratenen Unternehmens sollte im Vordergrund stehen, und dies ohne Neid, Mißgunst oder Machtstreben innerhalb des Beirates. Selbstverständlich ist es legitim, gewonnene Erfahrungen, Erkenntnisse oder auch Synergien aus dem beratenen Unternehmen in das eigene Unternehmensumfeld mitzunehmen. Andererseits sollte man kein Beiratsmandat annehmen in einem Unternehmen, zu dem man fachlich, mentalitätsmäßig oder persönlich nicht paßt. So wenig ein „bester" Geschäftsführer in jedes Unternehmen paßt, so paßt auch nicht jede beiratsfähige Persönlichkeit zu jedem Gesellschafterkreis; hier gilt es, die „Chemie" eines Unternehmens vorab kritisch zu erfassen, um richtige Personen für den Beirat ansprechen und gewinnen zu können.

Unabhängig von den hohen fachlichen und persönlichen Anforderungen ist die Besetzung von Beiräten in Deutschland schwierig, weil es bislang zumindest keinen festgefügten „Markt" für Beiräte, Aufsichts- oder Verwaltungsräte gibt. Deshalb finden wir in ihnen neben den klassischen Beratungsberufen (Anwalt, Wirtschaftsprüfer, Banker), neben Familienmitgliedern und „Freunden" häufig frühere Geschäftsführer und Vorstandsmitglieder, denen man entweder den Abgang aus dem Unternehmen erleichtern oder deren fachlichen Rat man sich durch die Berufung in das Aufsichtsgremium erhalten möchte. Doch dies bringt dem Unternehmen nicht nur Vorteile. Das Unternehmen braucht souveräne, professionelle und ohne Eigeninteressen arbeitende Beiratsmitglieder, und die muß man gezielt suchen. Für diese Zielgruppe gibt es noch keinen offiziellen Stellenmarkt oder Suchweg und erst sehr wenige entsprechend ausgerichtete Beratungsgesellschaften.

Hochqualifizierte Personalberatungen, deren Schwerpunkt in der Suche und Auswahl von Führungskräften auf oberer und oberster Ebene liegt, bieten sich dafür in besonderer Weise an. Die bisherigen Zielfelder und Zielpersonen sind vielfach identisch mit denen des Beirats- und Aufsichtsrats-„Marktes". Durch ihr breites Kontakt- und Beziehungsnetz zu Unternehmen, deren Führungsspitzen und Aufsichtsgremien, verfügen sie über einen breiten Kranz an Personeninformationen, aus dem sie geeignete Manager und Unternehmer jeden Anforderungsprofils schnell identifizieren und gewinnen können. Aufgrund ihrer speziellen Erfahrungen sind sie darüber hinaus in der Lage, Umfelder richtig zu erfassen und Kandidaten – bezogen auf Anforderungsprofil und Umfeldbedingungen – sicher zu beurteilen im Sinne schneller, unternehmensspezifisch guter Problemlösungen. Ihre Erfahrungen in der Suche und Beurteilung von Führungskräften sowie deren Präsentation vor Beiräten und Aufsichtsgremien versetzen sie in die Lage, auch Beirats- und Aufsichtsratsmitglieder jeden Profils schnell und sicher zu finden und dem Unternehmen zuzuführen.

Projektablauf

Das Ablauf-Procedere der professionellen Beiratssuche und -auswahl ist in vielerlei Hinsicht vergleichbar dem klassischen Executive Search in der Führungskräftesuche.

In einer ersten Phase der **Problemanalyse und Konzeption** geht es zunächst darum, möglichst viele Informationen über das auftraggebende Unternehmen einzuholen: Unternehmensdaten, Gesellschafter- und Führungsstruktur, vorhandene Aufsichtsgremien, deren Zusammensetzung etc.; gleichzeitig findet ein Austausch bezüglich Erwartungshaltungen und Zielsetzungen statt.

Der nächste Schritt ist die sogenannte **Zieldefinition** mit der Festlegung erwarteter Qualifikationsschwerpunkte und -erfahrungen und einer Zielfelderbestimmung mit Zielbranchen, -gruppen und -personen.

Schließlich stimmt man sich ab mit dem Auftraggeber über die einzuschlagende **Suchmethodik,** den Abstimmungsprozeß und das Procedere des Projektablaufs, über den notwendigen Zeitbedarf und den Kostenrahmen.

Der Projektablauf besteht – ähnlich wie bei der Managersuche – aus zwei großen Arbeitsblöcken:

- **Suche und Gewinnung geeigneter Persönlichkeiten**
  über die Schritte: Definition und Bestimmung in Frage kommender Zielpersonen; individuelle und persönliche Kontaktaufnahmen und Ansprachen; Einbeziehung des dafür notwendigen gesamten Kontakt-Know-hows und Adressenpools sowie laufende Information und Abstimmung mit dem Auftraggeber.

- **Zielfindung und Zusammenführung**
  über die Schritte: persönliche Erstgespräche, in der Regel im Unternehmen des Angesprochenen oder an einem neutralen Ort; erste Begegnungsgespräche zwischen geeigneten und interessierten Persönlichkeiten einerseits sowie dem Gesellschafter- oder Ratsvorsitzenden auf der anderen Seite, in der Regel im Hause des neutralen Beraters; Vertiefungsgespräche in der Entscheidungsphase, in der Regel im Unternehmen des Auftraggebers; entsprechende Dokumentation und laufende Berichterstattung; schließlich Präsentation des neuen Ratsmitglieds vor dem Gesamtgremium.

Der zeitliche Aufwand für die komplette Durchführung eines solchen Suchprojektes beträgt zwischen drei und sechs Monaten; die Kosten belaufen sich je nach Schwierigkeit und notwendigem zeitlichen Aufwand auf ca. 30 bis 50 TDM. Jedenfalls steht das Honorar in keinem direkten Zusammenhang zur Beirats-/Aufsichtsratsvergütung, da diese von Unternehmen zu Unternehmen stark variiert in einer Bandbreite von 10 bis 100 TDM pro Jahr.

Welches sind die Argumente, mit denen man Persönlichkeiten für eine solche Beiratstätigkeit gewinnen kann? Natürlich stößt man im Einzelfall auch auf egozentrierte Gründe wie Geltungsbedürfnis, Stolz, Freude über externe Anerkennung, etc. Völlig untergeordnet sind finanzielle Aspekte, da der zeitliche Einsatz häufig überproportional ist im Verhältnis zur Vergütung. Manager, insbesondere Unternehmer, sind interessiert an der Übernahme von Beiratsmandaten in der Erwartung, daß sie zur Erweiterung ihrer eigenen Sach- und Fachkompetenz und zu ihrem persönlichen unternehmerischen Reifeprozeß beitragen. Andererseits sind sie an einem Austausch mit anderen Unternehmen auch interessiert, um eigene Erfahrungen weiterzugeben und sie dabei auf einen externen Prüfstand zu stellen. Unternehmer treffen in Beiräten auf Unternehmer mit ähnlichen strategischen, produkt-, markt-, technik- oder personalorientierten Fragestellungen, aber auch bezüglich existentieller Fragen wie der rechtlichen, steuerlichen, erbschaftsrechtlichen Gestaltung oder der Unternehmernachfolge. Hier gibt es gegenseitige Befruchtungen und Informationen, die den hohen zeitlichen Aufwand rechtfertigen und kompensieren.

Seitdem wir in unserer Gesellschaft vor drei Jahren das Segment der Beirats- und Aufsichtsratsuche in unser Leistungsangebot aufgenommen haben, hat sich dieser Bereich schnell entwickelt. Ohne besonderen Akquisitionsaufwand wurden wir im vergangenen – dritten – Jahr schon mit ca. zwanzig Suchmandaten betraut, die alle zur größten Zufriedenheit erstklassig besetzt werden konnten. Aber trotz aller Vergleichbarkeiten mit der Managersuche gibt es gravierende Unterschiede, die in der Zielgruppe selbst liegen: Zielpersonen für Beiratsaufgaben sind weder „Kandidaten" noch „Bewerber" und können in keiner Weise so behandelt werden. Ein Kandidat – auch für eine Top-Position – muß sich irgendwann für eine Aufgabe wirklich interessieren, sich dafür auf den fachlichen und persönlichen Prüfstand stellen und beurteilen lassen, muß sich irgendwann vor einem Gremium präsentieren und um die neue Aufgabe kämpfen. Verliert er, gehört dies zum Geschäft.

Einen Unternehmer, der voll ins Zielfeld für eine Beiratsposition fällt, muß ich nicht nur als wertvolles Unikat behandeln, sondern muß ihm auch die Befürchtung nehmen, „im Wettbewerb" mit anderen zu stehen. Er ist interessiert und „bereit", weil ich ihn in seiner Einmaligkeit anspreche. Dies einem auftraggebenden Gesellschafter oder Ratsgremium zu verdeutlichen, fällt nicht immer leicht; sie sehen den Unterschied zur klassischen Managersuche oft nicht.

Wie ist der ideale Ablauf eines solchen Projektes der Beiratssuche für ein Unternehmen, mit dem man seit Jahren zusammenarbeitet?

Der Personalberater lernt im Laufe der Jahre viele Persönlichkeiten kennen, kann sie fachlich und persönlich beurteilen und aufgrund von zusätzlichen Referenzbefragungen auch für ihre Integrität garantieren. Andererseits erlebt er den auftraggebenden Unternehmer im Umgang mit seinen Mitarbeitern und Geschäftsführungskollegen und kann dessen Ausstrahlung, Persönlichkeit und Kompetenz beurteilen. Er kennt das Unternehmensumfeld mit all seinen Chancen und Schwierigkeiten, Machtströmungen, Ränkespielen etc. Mit dieser Vielfalt an Informationen fällt es dem Personalberater nicht schwer, „passende" Persönlichkeiten zu finden, die auch unter schwierigen Rahmenbedingungen in einem neuen Beiratsgremium positiv wirken können. Der Personalberater ist ideal geeignet, auf unterschiedlichen Ebenen absolut vertrauliche Vieraugengespräche zu führen, sowohl innerhalb des Unternehmens wie auch extern bei der Gewinnung von Beiratsinteressenten. Im offenen Gespräch können Vor- und Nachteile dargelegt werden, und ein zunächst Interessierter kann sich ohne Gesichtsverlust wieder zurückziehen, sofern das Gespräch ergeben hat, daß das Angebot für ihn nicht „paßt". Er kann im Vorfeld bereits gewisse Bedingungen stellen, die der Personalberater wiederum gegenüber dem Unternehmer abklopfen kann, um eine fruchtbare Arbeit im Beirat sicherzustellen. In jedem Falle also empfiehlt sich die Einschaltung eines externen Beraters für die schwierige, aber auch gestaltungsintensive Aufgabe der Beiratsbesetzung mit hochrangigen, sehr unterschiedlichen Persönlichkeiten, die sowohl zueinander als auch im Verhältnis zum Unternehmer „passen" müssen. Unabdingbar dafür ist, sich vorab intensiv mit den Persönlichkeiten und Charaktereigenschaften der einzelnen Gesprächspartner zu beschäftigen.

Dies setzt voraus, daß der Berater selbst über eine breite und lange Berufserfahrung verfügt, um über das entsprechende Kontakt-Know-how und die notwendige Beurteilungssicherheit zu verfügen. Nur wer weiß, wie das auftraggebende Unternehmen wirklich „tickt", kann „richtige" Persönlichkeiten für den Beirat finden und gewinnen. Sein Honorar bemißt sich nicht allein in Geld, sondern idealerweise in lang anhaltender, vertrauensvoller Zusammenarbeit mit dem Unternehmer, seiner Geschäftsführung und dem Beirat.

Kapitel 16

Die Suche von Unternehmernachfolgern – Ein Thema für den Personalberater?

von *Dieter Kuck*

1. Veränderte Anforderungen an mittelständische Unternehmen

Viele mittelständische Unternehmen stehen neuen Herausforderungen und Risiken gegenüber. Großunternehmen, die bisher ein Mengengeschäft betrieben haben, sind angesichts des zunehmenden Wettbewerbs gezwungen, auch in der Mittelstandsdomäne „Marktnische" tätig zu werden. Darüber hinaus nimmt für die Mittelstandsfirmen der Wettbewerbsdruck aus dem Ausland zu. Diesem Druck versucht man zu entgehen, indem die Exportaktivitäten verstärkt werden. Damit kommen neue Anforderungen auf die bisherigen Führungskräfte zu, die mittel- und langfristig nur durch eine Kontinuität in der Führung abzudecken sind. Ein zentrales Problem, insbesondere für mittelständische Familienunternehmen ist die Führungsnachfolge. Viele dieser Unternehmen sind gezwungen, aufgrund der fehlenden personellen Kontinuität ihre Existenz aufzugeben oder sind in eine erhebliche Krise geraten.

2. Fehlende personelle Kontinuität in der Unternehmensführung: Ein volkswirtschaftliches Problem?

Deutschlands Unternehmen bzw. Unternehmer kommen in die Jahre. Nach statistischen Berechnungen des *Institutes für Mittelstandsfor-*

schung in Bonn steht bis zum Jahr 2000 für rund 299 000 mittelständische Familienunternehmen ein Wechsel in der Unternehmensführung oder die Stillegung des Unternehmens an, wenn kein geeigneter Nachfolger gefunden werden kann, wobei etwa 137 000 von den zu erwartenden Wechseln aus Altersgründen stattfinden.

Zu einer Stillegung kommt es laut *Institut für Mittelstandsforschung* bei rund 80 000 Unternehmen durch einen fehlenden, geeigneten Nachfolger. Das heißt für eine halbe Million Beschäftigte die Entlassung.

Leider wird von vielen Unternehmern das Problem, einen geeigneten Nachfolger aus der eigenen Familie, aus den Reihen der eigenen Mitarbeiter oder durch externe Führungspersönlichkeiten rekrutieren zu lassen, häufig viel zu spät angegangen, obwohl dies ein wichtiger Aspekt für die Sicherung des Fortbestehens des Unternehmens ist. Ein Indiz dafür ist, daß etwa 145 000 Selbständige in den alten Bundesländern älter als 65 Jahre und mehr als 17 % von diesen sogar älter als 70 Jahre sind.

Diese Unternehmen stehen vor einer Nachfolgerlücke, die nicht nur die Unternehmer und ihre Familien, sondern auch ca. 4 Millionen sozialversicherungspflichtiger Beschäftigte betrifft. So kann man sagen, daß das Nachfolgeproblem auch ein volkswirtschaftliches Problem beachtlichen Ausmaßes darstellt.

3. Barrieren für eine geregelte interne Nachfolgeplanung

Worin liegen die Ursachen, daß viele Familienunternehmer sich nicht, zu spät oder nur halbherzig mit einer geregelten Nachfolgeplanung beschäftigen? Warum kann nur etwa jedes zweite Familienunternehmen auf interessierte Nachfolger aus der eigenen Familie zurückgreifen bzw. aus welchen Gründen hat der Übernahmewille der eigenen Kinder stark abgenommen?

Auf diese Fragen wird im folgenden versucht Antworten zu finden.

Viele Familienunternehmer trennen sich viel zu spät von ihrer Führungsposition. Dies könnte in direktem Zusammenhang mit der Tatsache stehen, daß in familiengeführten Unternehmen komplexe Führungsaufgaben von einer oder einigen wenigen Personen ausgefüllt werden. Diese Familienunternehmer sind offensichtlich der Meinung, ohne sie liefen die Dinge aus dem Ruder. Sie sind nicht bereit, Führungsaufgaben und Verantwortung schon vor ihrem Ausscheiden an die Nachfolgegeneration, d. h. an die eigenen Kinder oder fähige Mitarbeiter aus dem eigenen Unternehmen, zu delegieren.

Häufig besteht keine verbindliche Regelung, wann der Führungswechsel ansteht. Der Zeitpunkt der Übergabe der Kompetenzen vom Senior an den Junior bzw. an geeignete angestellte Führungskräfte wird immer wieder herausgeschoben. Wenn es dann soweit ist kann es passieren, daß der vorgesehene Nachfolger, sei er aus der eigenen Familie oder ein Mitarbeiter des eigenen Unternehmens, demotiviert absagt.

Außerdem ist es denkbar, daß durch eine geringe Bereitschaft, Verantwortung abzugeben und zu übertragen, dem oder der potentiellen Nachfolger/in der nötige Spielraum fehlt, Erfahrungen im positiven Sinne machen zu können, um eigenverantwortliches Handeln lernen zu können.

Wenn der Nachfolgergeneration keine Möglichkeit der Bewährung **vor** dem Zeitpunkt der Übernahme gegeben wird, wie kann sie dann das nötige Selbstvertrauen und die nötige Qualifikation erwerben, die erforderlich sind, die Unternehmensnachfolge adäquat auszufüllen? Erfahrung, Selbstvertrauen und Qualifikation sind aber notwendige Voraussetzungen, um die Sicherheit des erfolgreichen Bestehens eines Familienbetriebes zu erhöhen und den immer härter werdenden Wettbewerbsbedingungen standhalten zu können.

Fehlendes Interesse des Sohnes oder der Tochter an der Unternehmensnachfolge kann sich auch in der heute mehr im Blickpunkt stehenden Freizeitorientierung begründen. Das heißt, die nachfolgende Generation möchte sich nicht so großen persönlichen Belastungen aussetzen, wie das die Elterngeneration über Jahre vorgelebt hat. Für viele Familienunternehmer gibt oder gab es vor allem in der Aufbauphase keinen Feierabend und wenige freie Wochenenden. Die Unternehmerkinder haben diese fehlende Freizeit und die damit einhergehenden Defizite im Familienleben aus unmittelbarer Nähe zu spüren bekommen und sind nicht bereit, in die Fußstapfen ihrer Eltern zu treten.

Häufig wollen sich die Kinder eines Familienunternehmers nicht auf die Mitarbeit im Unternehmen der Eltern festlegen und ergreifen aufgrund anderer Neigungen und Interessen eine ganz andere Berufsausbildung. Oftmals sind Kinder eines Familienunternehmens nicht auch gleichzeitig Unternehmertypen. Dann gilt es auf seiten der Eltern, dies frühzeitig zu erkennen und vor allem zu akzeptieren, um rechtzeitig andere Wege einer geregelten Nachfolgeplanung zu beschreiten.

Auch wenn es verständlicher Weise ein großer Wunsch der Eltern ist, das Unternehmen auch in Zukunft in Familienhand zu wissen, ist es wohl ein fataler Fehler, ein Kind mit völlig anderen Fähigkeiten und Stärken in die Unternehmensnachfolge zu drängen, da dieses Unterfangen langfristig mit Sicherheit die Schließung des Unternehmens nach sich ziehen würde. Außerdem werden so zwangsläufig Konflikte innerhalb der Familie vorprogrammiert, die aus zu hohen Erwartungen der Elterngeneration auf der einen Seite und schlechten Leistungen, resultierend aus den anders gelagerten Interessen und Begabungen der Kinder, auf der anderen Seite hervorgerufen werden.

Was ist zu tun, wenn kein geeigneter bzw. interessierter Nachfolger aus der eigenen Familie oder dem eigenen Unternehmen zur Verfügung steht, also das Problem der Nachfolgelücke aktuell einer Lösung bedarf? In diesem Falle sollte eine gezielte Planung für die Übergabe an einen externen Nachfolger in Betracht gezogen werden, um das Fortbestehen des Unternehmens und die damit verbundenen Arbeitsplätze nicht zu gefährden.

4. Problemlösung: Externe Nachfolgeregelung durch kompetente Personalberater

Um die Frage nach einem geeigneten Unternehmensnachfolger erfolgreich zu lösen, ist es hilfreich, Personalberater in Anspruch zu nehmen, die sich mit den Besonderheiten der Suche von Führungskräften für mittelständische Unternehmen auskennen.

Wir als Personalberatung *Weiser und Partner* beschäftigen uns mit dieser Thematik seit 1982. Mit großem Erfolg beraten wir heute namhafte Unternehmen aller Branchen. Wie unsere Unterstützung konkret gestaltet ist, soll an dem nachstehenden praktischen Fall geschildert werden.

5. Fallbeispiel

Herr H. ist Eigentümer und Alleingeschäftsführer eines Messebauunternehmens mit ca. 40 Millionen DM Umsatz p.a. und guter Ertragslage. Er hat das Unternehmen vor rund 28 Jahren gegründet und zu dem entwickelt, was es heute ist. Herr H. ist 62 Jahre alt, verheiratet und hat eine 26jährige Tochter und einen 32jährigen Sohn. Seine Tochter ist der Endphase eines Medizinstudiums und möchte Zahnärztin werden.

Sein Sohn wollte ursprünglich Jura studieren, hat jedoch aus Loyalität gegenüber seinem Vater eine Ausbildung zum Tischlermeister absolviert, um anschließend im väterlichen Unternehmen tätig zu werden. Er war dort acht Jahre in der Leitung von Messebauobjekten verantwortlich, zeigte jedoch in dieses Zeit keinerlei unternehmerischen Eigenschaften, wirkte introvertiert und recht unsicher; das Gegenteil der Persönlichkeit seines Vaters.

Sowohl sein Sohn als auch Herr H. erkannten schweren Herzens die Situation. Einerseits wollte er seinem Sohn ein gut entwickeltes Unternehmen als Nachfolger übergeben, wußte aber andererseits, daß dieser, sollte er dabei scheitern und damit das Lebenswerk seines Vaters zerstören, seines Leben nicht mehr froh werden würde. So entschloß sich der Sohn, das ursprünglich avisierte Jurastudium zu beginnen. Damit stand das Nachfolgeproblem zur kurzfristigen Lösung an.

In einem Beratungsgespräch empfahlen wir Herrn H., der die Firma nach seiner Zeit nicht ihrem Schicksal überlassen wollte, einen externen Nachfolger-Geschäftsführer zu suchen. Der Nachfolger sollte branchenerfahren sein sowie über entsprechende Führungs- und Vertriebserfahrung verfügen.

Nachdem wir das Anforderungsprofil mit Herrn H. abgestimmt hatten, erarbeiteten wir eine umfangreiche Liste in Frage kommender **Zielunternehmen** aus der Messebaubranche. Hier kontaktierten wir im Rahmen der Direktansprache angestellte Geschäftsführer und Prokuristen. Im zunächst geführten Telefoninterview mit ca. 80 Zielpersonen wurden erste entscheidungsrelevante Informationen aufgenommen. Viele der kontaktierten Personen waren zu alt oder zu jung, manche nicht wechselwillig oder nicht an einer unternehmerischen Aufgabe interessiert. Letztlich führten wir mit 20 Personen persönliche Auswahlgespräche, in denen die fachliche und persönliche Qualifikation der Kandidaten überprüft wurde. Von den 20 Kandidaten verblieben drei sehr geeignete Personen, die wir unserem Auftraggeber präsentiert haben. Herr H. entschied sich für einen 49jährigen Messebau-Manager, dem er sein Unternehmen in die Hände legen wollte.

Wir unterstützten bei der Gestaltung der Vertragsdetails und stellten die Verbindung zu einem renommierten Kreditinstitut her, um die Einzelheiten der Kaufpreisfinanzierung zu vereinbaren. Es standen zwei Zahlungsmodelle zur Diskussion. Das erste Modell hätte dem Veräußerer eine lebenslange Rente (Verzinsung) des Unternehmenswertes garantiert. Die zweite Variante, eine Management-Buy-Out-Finanzierung, würde Herrn H. den Unternehmenswert in einer Summe zufließen lassen. Der Nachfolger würde ein Darlehen in entsprechender Höhe bei einer Bank aufnehmen, wobei das Darlehen über die erworbene Gesellschaft laufen würde. Für letzteres Modell haben sich die Vertragspartner entschieden. Nach rund zwei Wochen wurden die Verträge von beiden Seiten unterschrieben.

Herr H. war sehr erleichtert, daß er sein Unternehmen in kompetente Hände übergeben konnte und die familiären Konflikte der Vergangenheit ausgestanden waren.

An diesem Fallbeispiel wird deutlich, daß es keinen Sinn macht, aus falsch verstandener „Vater-Kind-Liebe" den Sohn in eine Situation hinein zu drängen, zu der er weder eine Neigung hat, noch entsprechend qualifiziert ist.

Einerseits hat der Sohn acht Jahre lang seine ursprüngliche Ausbildung nicht zu Ende bringen können, was letztlich auch negative Konsequenzen auf seine späteren Beschäftigungsmöglichkeiten haben dürfte. Andererseits hat der Vater die gleiche Zeit verloren, indem er versäumt hat, einen qualifizierten externen Nachfolger aufzubauen.

Auch die Zukunft eines mittelständischen Unternehmens wie das von Herrn H. hängt davon ab, wie es sich im internationalen Wettbewerb behaupten kann. Nur wenn die Führungsspitze leistungsfähig ist und die optimale Qualifikation des Unternehmensnachfolgers sichergestellt ist, hat dieses Unternehmen eine Chance. Professionelle Hilfe und sachverständigen Rat bietet der Personalberater.

Kapitel 17

Personalmarketing mit neuen Medien

von *Birgit Giesen*

Eine elektronische Revolution im Personalmarketing erleben wir derzeit sicherlich nicht, doch wächst die Zahl der Unternehmen, die die neuen Technologien nutzen oder doch zumindest entsprechende technische Vorkehrungen treffen, kontinuierlich. Es ist daher davon auszugehen, daß mit der zunehmenden Akzeptanz der Multimedia-Umwelt der Einsatz der neuen Medien auch für die Personalberatungen immer selbverständlicher werden wird.

Neben wichtigen Einsatzfeldern wie Aus- und Weiterbildung oder Personalentwicklung werden die neuen Medien derzeit am häufigsten im Bereich des Personalmarketing und der Personalbeschaffung eingesetzt. Besonders häufig wird das Internet als neues Informations- und Kommunikationsmedium genutzt. Hierauf soll daher im folgenden der Schwerpunkt gelegt werden.

1. Nutzungsgrad der neuen Medien im Rahmen von Stellensuche und Bewerbung

Der Zugang zum Internet erfolgt vor allem über Rechner in den Unternehmen und Hochschulen. Der Anteil der Studenten und Hochschulabsolventen liegt bei etwa 45 %, der der Angestellten bei ca. 40 %. Auf die Selbständigen entfallen rund 8 %. Diese Nutzergruppen, die die beiden zentralen Bewerbergruppen für die Gewinnung hochqualifizierter Fach- und Führungskräfte, die Berufsein- und -umsteiger, darstellen, können also sehr gut über das Internet angesprochen werden.

Dominierten in den Anfängen zunächst die männlichen Internet-Nutzer, ist derzeit ein stetiger Anstieg des Frauenanteils zu beobachten. Dies scheint insbesondere für die Nutzung von Stellenbörsen zu gelten.

Eine differenziertere Analyse eines Internet-Stellenbörsen-Anbieters zeigt, daß über das Internet neben den Studenten und Hochschulabsolventen vor allem hochqualifizierte Berufstätige aus den Bereichen Datenverarbeitung, Medien, Elektrotechnik, Telekommunikation und Maschinenbau erreicht werden können.[1]

Nach einer Umfrage durch das *Staufenbiel Institut* im Herbst 1998 in der Zielgruppe der Studenten, Hochschulabsolventen und Young Professionals[2] haben 83,9 % der befragten Nachwuchskräfte über die Hochschule und 15,8 % über ihre berufliche Tätigkeit einen Zugang zum Internet. 51 % verfügen sogar über einen privaten Zugang.

Mehr als drei Viertel aller Befragten (77,1 %) informieren sich regelmäßig, d. h. mindestens einmal im Monat über Stellenangebote im Internet. Noch häufiger wird das Internet als Informationsmedium für die Karriereplanung genutzt. 83,6 % der Befragten surfen mehr als einmal im Monat mit diesem Ziel im World Wide Web. Die Homepages der Unternehmen werden am häufigsten genutzt (60,3 %), gefolgt von den Jobbörsen mit 56,8 %. Knapp ein Fünftel der Befragten (19,0 %) nutzt externe Suchsysteme.

Auch als Kontaktmedium hat das Internet an Bedeutung gewonnen. Knapp ein Fünftel der befragten Nachwuchskräfte hat sich bereits per E-Mail oder Bewerber-Fragebogen online beworben, 42,9 % stehen einer zukünftigen online-Bewerbung offen gegenüber (Abb. 1).

Angesichts dieser hohen Akzeptanz des Internets in wichtigen Bewerbergruppen können sich Personalberatungen, die die neuen Medien im Rahmen der Personalsuche aktiv einsetzen, als technologisch aufgeschlossen und dialogbereit profilieren. Die Präsenz im Internet signalisiert, daß schnelle und zeitgemäße Möglichkeiten, Unternehmensinformationen zu kommunizieren, genutzt werden. Darüber hinaus bietet das Internet die Chance, zusätzliches Bewerberpotential zu erschließen und den personalsuchenden Kunden ein um ein attraktives Zusatzmodul ergänztes Dienstleistungsangebot zu unterbreiten.

---

[1] Ergebnisse einer Nutzeranalyse durch den Stellenanbieter im Internet „job & adverts", 1997
[2] Instrumente der Stellensuche und Karriereplanung. Empirische Erhebung durch das *Staufenbiel Institut,* Köln 1998

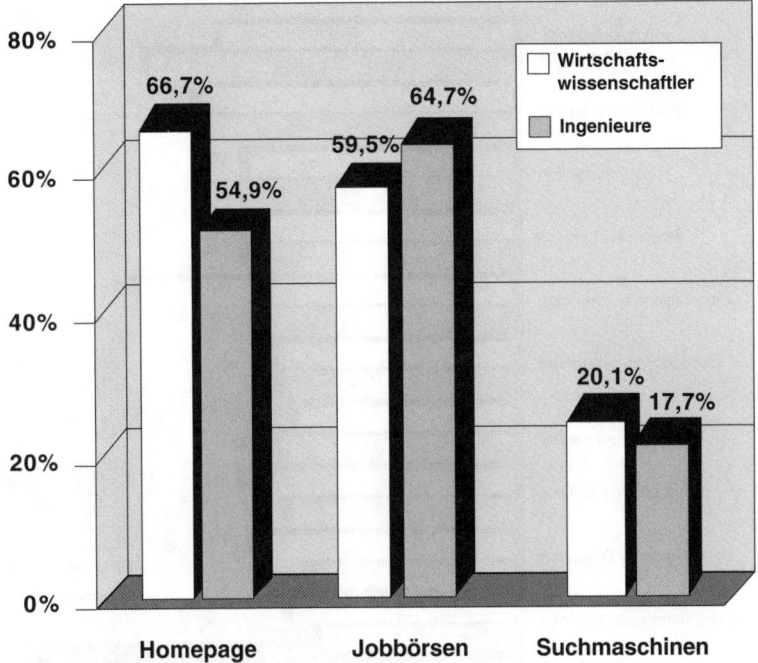

Quelle: Das Internet als Instrument der Karriereplanung und Stellensuche. Empirische Erhebung durch das *Staufenbiel Institut* bei 310 Nachwuchskräften. Köln 1998

Abb. 1: Nutzungsgrad von unternehmenseigenen Homepages, Jobbörsen und Suchmaschinen

2. Nutzungsgrad der neuen Medien im Personalmarketing

In einer Befragung des *Staufenbiel Instituts* zum Thema „Personalmarketing für den Fach- und Führungsnachwuchs"[3] äußerten sich im Frühjahr 1999 mehr als 120 Unternehmen zu den von ihnen praktizierten Formen des Personalmarketing und Recruiting. Die Studie kam zu dem Ergebnis, daß sich die Instrumente zur Ansprache und Gewinnung geeigneter Mitarbeiter mehr und mehr diversifizieren. Neben den bewährten Printmedien werden immer häufiger die neuen Medien ergänzend eingesetzt. Auch Veranstaltungen, die den direkten Kontakt zu den Nachwuchskräften ermöglichen, spielen eine zunehmend wichtige Rolle (Abb. 2).

Eine Detailanalyse für den Bereich der neuen Medien kam zu folgenden Ergebnissen:

---

[3] Personalmarketing für den Fach- und Führungsnachwuchs. Eine Unternehmensbefragung durch das *Staufenbiel Institut*, Köln 1999

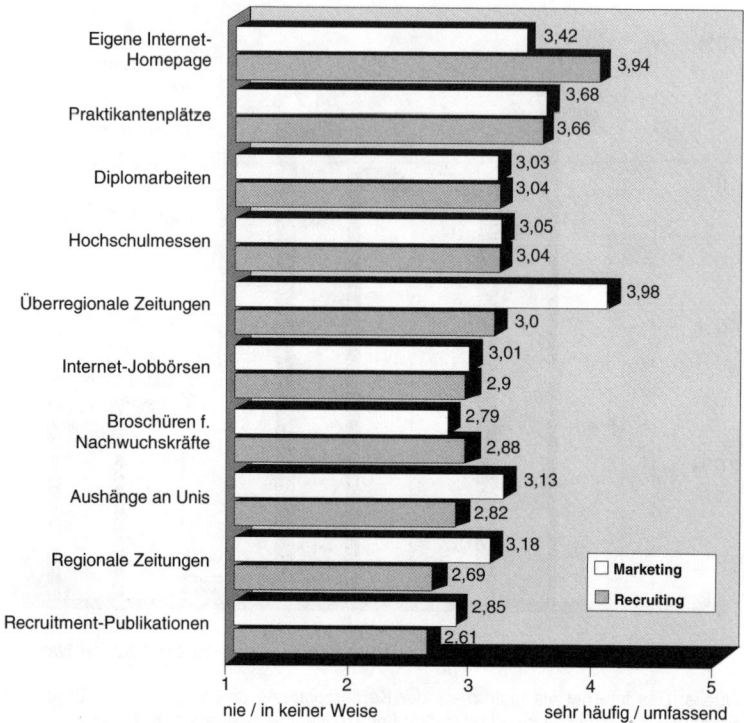

Quelle: Personalmarketing für den Fach- und Führungsnachwuchs. Unternehmensbefragung durch das *Staufenbiel Institut,* Köln 1999

Abb. 2: Instrumente des Personalmarketing undd Recruiting

Die **Diskette,** auf die nur noch sehr wenige der befragten Unternehmen zurückgreifen, scheint ausgedient zu haben. Allerdings können die hohe Verfügbarkeit und die geringen Produktionskosten unter Umständen auch für ihren Einsatz sprechen. Dies gilt vor allem dann, wenn zu vermuten steht, daß die angesprochene Zielgruppe noch nicht in ausreichendem Maße mit CD-ROM-Laufwerk und Internet-Anschluß ausgestattet ist.

Der gleichfalls eher geringe Anteil der Unternehmen, die **CD-ROM** und **Video** zu Personalmarketingzwecken einsetzen, dürfte in erster Linie auf die extrem hohen Produktionskosten und langen Vorlaufzeiten zurückzuführen sein.

Die größten Zuwachsraten verzeichnet derzeit der online-Bereich: Insbesondere die unternehmenseigene Homepage und die Jobbörsen im Internet sind als Instrument des Personalmarketing und Recruiting nicht mehr wegzudenken (Abb. 3).

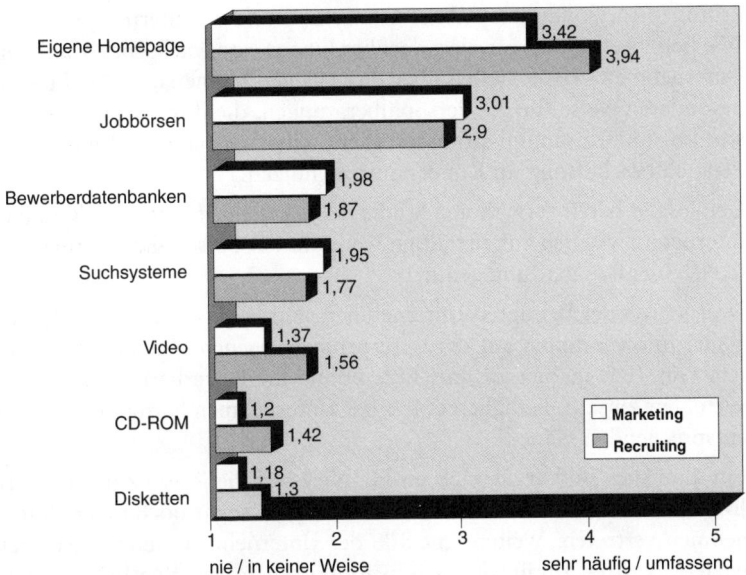

Quelle: Personalmarketing für den Fach- und Führungsnachwuchs. Unternehmensbefragung durch das *Staufenbiel Institut*, Köln 1999

Abb. 3: Nutzungsgrad der neuen Medien im Personalmarketing und Recruiting

Vor diesem Hintergrund stehen auch die Personalberatungen vor der Herausforderung, die neuen Medien in eigener Sache wie auch im Rahmen ihres Dienstleistungsangebots aktiv einzusetzen. Der Schwerpunkt liegt dabei auf der Ansprache, der Verwaltung und in zunehmendem Maße auch in einer ersten Vorauswahl der Kandidaten.

3. Die Rolle des Internet für das Personalmarketing

Die Hochschulen und Forschungseinrichtungen nutzen das Internet schon seit vielen Jahren, wenn es um die Besetzung von Positionen geht. Seit der Erfindung des World Wide Web hat die Nutzung des Internets als Instrument des Personalmarketing und der Personalbeschaffung jedoch eine hohe Dynamik entwickelt.

Aktuell lassen sich auf dem Jobmarkt im Internet grob vier Arten von Job-Anbietern unterscheiden: Neben kommerziellen Stellenanbietern, sogenannten Jobbörsen, existieren auch einige nicht-kommerzielle Stellenanbieter. Hierzu zählen neben der Bundesanstalt für Arbeit und anderen öffentlichen Institutionen insbesondere die Hochschulen. Eine weitere Gruppe bilden Verlage, die Stellenanzeigen nicht nur über ihre

Printmedien, sondern als Anzeigenarchiv auch im Internet plazieren. Wie bereits erwähnt, offeriert darüber hinaus eine wachsende Zahl von Unternehmen offene Stellen über ihre eigenen Homepages. Dies gilt in besonderer Weise für die Personalberatungen, die ihre Homepages sowohl für die Kommunikation interner Stellen als auch im Rahmen der Personalbeschaffung im Kundenauftrag nutzen.

Gemäß der bereits erwähnten Studie des *Staufenbiel Instituts*[4] wird das Internet inzwischen auf vielfältige Weise für das Personalmarketing und die Personalbeschaffung genutzt:

Drei Viertel der befragten Unternehmen sind bereits mit personalbezogenen Informationen auf der unternehmenseigenen Homepage vertreten. Gut 16 % gaben an, in Kürze online für Bewerberinformationen verfügbar zu sein. Lediglich 6,4 % der Unternehmen hatten noch keine entsprechenden Pläne.

Ein ähnliches Bild ergab sich im Hinblick auf die Präsenz in Internet-Jobbörsen. Hier sind mit 78,5 % der Befragten sogar noch mehr Unternehmen vertreten. Weitere gut 8 % der Unternehmen denken darüber nach, Vakanzen zukünftig auch in Jobbörsen zu veröffentlichen, während 12,7 % noch keine entsprechenden Ambitionen haben (Abb. 4).

Insbesondere Unternehmen der Informationstechnik, der Telekommunikation, der Kreditwirtschaft sowie große Medienunternehmen haben hier eine Vorreiterrolle übernommen. Aber auch einige Unternehmen aus der chemischen und pharmazeutischen Industrie sind außerordentlich aktiv.

Im Hinblick auf die Tätigkeitsfelder werden insbesondere DV- und Multimedia-Spezialisten, aber zunehmend auch Vertriebsfachleute und Mitarbeiter für die Verwaltung und das Rechnungswesen gesucht.

3.1 Unternehmenseigene Homepages

Nach einer Untersuchung des Fachbereichs Wirtschaftsinformatik an der Universität Marburg sind derzeit insgesamt 37 500 deutsche Unternehmen im Internet vertreten. Weitere 107 000 Unternehmen planen derzeit die Realisierung eines Internet-Auftritts.

Personalbezogene Inhalte werden dabei in der Regel als Unterseiten auf der allgemeinen Homepage des Unternehmens präsentiert. Unter Buttons wie „Karriere", „Berufe", „Jobs" oder „Kontakt" verbergen sich vielfältige Informationsangebote.

Neben allgemeinen Informationen zum Unternehmen werden Praktika, Themen für Diplomarbeiten und Stellenangebote offeriert. Häufig sind

---

[4] Vgl. oben

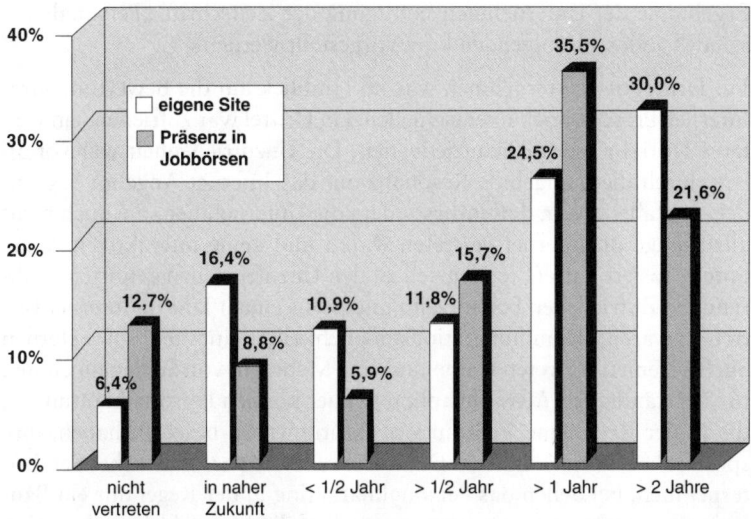

Quelle: Personalmarketing für den Fach- und Führungsnachwuchs. Unternehmensbefragung durch das *Staufenbiel Institut,* Köln 1999

Abb. 4: Instrumente des Personalmarketing und Recruiting

letztere mit der ausführlichen Beschreibung von Anforderungsprofilen und Karriereperspektiven verbunden. Zum Teil werden auch Interviews mit Nachwuchskräften präsentiert oder Planspiele angeboten. Nicht wenige Homepages bieten auch einen Kalender, der über Termine wie Firmenpräsentationen, Firmenbesichtigungen, Workshops und andere Veranstaltungen informiert. Einige Unternehmen ermöglichen auf ihren Homepages sogar die Teilnahme an Diskussionsforen oder Career-Chats. Für Personalberatungen besteht in diesem Zusammenhang die Möglichkeit, im Auftrag ihrer Kunden zu besetzende Positionen ins Internet zu stellen und damit die anzeigengestützte Personalsuche und die Direktansprache sinnvoll zu ergänzen.

Die überwiegende Mehrheit der Stellenangebote im Internet richtet sich an Hochschulabsolventen, aber auch Spezialisten werden häufig auf diesem Wege angesprochen. In geringerem Maße wird versucht, Führungskräfte und andere Zielgruppen wie beispielsweise die Auszubildenden über das Internet auf offene Positionen aufmerksam zu machen.

Auch die Inhalte der Homepages weisen also deutlich darauf hin, daß das Internet vor allem außenorientiert zu Zwecken des Personalmarketing bzw. der Personalbeschaffung eingesetzt wird.

Gemäß verschiedener empirischer Untersuchungen sind die Erfahrungen mit der eigenen Homepage im Internet recht unterschiedlich. Die

Ergebnisse der Unternehmensbefragung der Zeitschrift „Personalwirtschaft" sollen im folgenden kurz vorgestellt werden.[5]

Ein Drittel der Unternehmen war im Hinblick auf die Bewertung ihrer Internet-Präsenz noch unentschieden, ein Drittel war zufrieden, ein weiteres Drittel äußerte Unzufriedenheit. Die Unzufriedenheit war vor allem durch die mangelnde Resonanz auf das Internet-Angebot begründet. Auffallend war, daß insbesondere die Unternehmen, die noch nicht allzu lange im Internet vertreten waren und keine interaktiven Angebote realisiert hatten, tendenziell zu den Unzufriedenen gehörten, während die Zufriedenen bereits seit mindestens einem Jahr im Internet vertreten waren, Kommunikationsmöglichkeiten anboten, in externen Suchsystemen vertreten waren und eine Mehrzahl von Stellenangeboten (6–20) ständig zur Auswahl anboten. Hier können Personalberatungen, die in der Regel eine Vielzahl von Positionen zu besetzen haben, ihre spezifischen Vorteile nutzen. Denn während die personalsuchenden Unternehmen, bei denen das Personalmarketing in der Regel nur ein Baustein ihrer Internet-Präsenz ist, meist nicht die Möglichkeit haben, sich in den Suchmaschinen unter Stichworten wie „Job" oder „Karriere" eintragen zu lassen, sind die Voraussetzungen hierfür bei den Personalberatungen wesentlich günstiger.

Eine erfolgreiche Präsentation im Internet sollte die Vorteile des neuen Mediums in den Vordergrund stellen. So stoßen zum einen interaktive Formen, wie die Möglichkeit, eine E-Mail oder eine online-Bewerbung versenden zu können, auf positive Resonanz. Zum anderen sollte auch der Einschätzung des Internets als Informationsmarkt durch die Integration von Infotainment-Elementen entsprochen werden.

3.2 Jobbörsen im Internet

Internet-Stellenbörsen erfreuen sich großer Beliebtheit. Nach Homebanking, Wetterberichten und Nachrichten werden elektronische Stellenangebote am häufigsten nachgefragt. Für eine wachsende Zahl von Internet-Usern sind Stellenmärkte im Internet sogar die erste Anlaufstelle.

Stellenbörsen im Internet bieten den wichtigen Vorteil, daß sie den Nutzern individuell zusammengestellte Informationen bereitstellen und die Stellenanzeigen nach einem ausgefeilten Verschlagwortungssystem ordnen. Diese gezielte Selektion von in Frage kommenden Positionen durch komfortable Suchfunktionen ist sicherlich ein Hauptvorteil der elektronischen Stellenbörsen. Vielfältige Suchkriterien nach Branchen, Regio-

---

[5] Personalmarketing im Internet. Unternehmensbefragung der Zeitschrift „Personalwirtschaft" und der Dr. Jäger Management-Beratung, 1997

nen oder individuellen Bewerberprofilen wie Projekterfahrung, Altersgruppe oder gewünschte Position, ermöglichen individuelle Recherchen. Wichtige Beurteilungskriterien für Jobbörsen im Internet sind deren Bekanntheitsgrad und die Intensität der Nutzung. Auch sollte stets der Schaltzeitpunkt angegeben werden, so daß die Aktualität des Stellenangebotes erkennbar ist.

Erste Erfahrungen zeigen, daß Jobbörsen, die sich an spezifische Zielgruppen wenden, besonders effizient sind – ein hoher Bekanntheitsgrad vorausgesetzt. So gibt es z.b. auf Journalisten oder den Sozialbereich spezialisierte Jobbörsen, in denen man entsprechende Angebote ohne Streuverlust gezielt veröffentlichen kann. Ähnliches gilt für die Zielgruppe der Hochschulabsolventen, die beispielsweise mit der Job- und Infobörse **staufenbiel.de** gezielt angesprochen wird.

Die Jobbörsen-Anbieter offerieren ihren Kunden eine Vielzahl von Dienstleistungen, die eine effiziente Nutzung der neuen Medien ermöglichen und den für den Kunden entstehenden Arbeitsaufwand reduzieren. So wird in aller Regel die Gestaltung und Pflege der Stellenangebote übernommen.

3.3 Bewertungsparameter

In einer Forschungsstudie des Lehrstuhls für Personalwesen der Universität Mannheim[6] wurden die Erreichbarkeit der Zielgruppen, die Vollständigkeit der Information, die zeitliche Verfügbarkeit und Wirkungsdauer, die Aktivierung, Akquisition, Selektion und Aktion potentieller Bewerber sowie die Wirtschaftlichkeit als die entscheidenden Parameter für die Bewertung von Personalmarketing-Aktivitäten im Internet definiert. In Anlehnung an diese Kriterien sollen im folgenden die Vor- und Nachteile einer Internet-gestützten Personalmarketing-Strategie dargelegt werden.

Stellenangebote im Internet beschränken sich nicht auf ein bestimmtes Verbreitungsgebiet, sondern können weltweit kommuniziert werden. Davon profitieren insbesondere überregional und international operierende Personalberatungen. Als problematisch erweist sich jedoch die Erfassung der Reichweite beim Internet. Diese bezieht sich derzeit ausschließlich auf den Zuwachs der Internet-Anschlüsse. Die **quantitative Reichweite** sagt jedoch nichts über die **qualitative Erreichbarkeit der anvisierten Zielgruppen** aus.

Im Vergleich zu den Printmedien bietet das Internet ganz andere Möglichkeiten der **Informationsverbreitung**. Durch die Verknüpfung der

---

[6] Empirische Forschungsstudie des Lehrstuhls Personalwesen an der Universität Mannheim, 1997

Stellenangebote mit detaillierten Unternehmensinformationen (Unternehmensgröße, Umsatzzahlen, Kerngebiete, Einsicht in Geschäftsberichte und andere Firmenbroschüren) ist es möglich, dem Bewerber ein sehr genaues Bild der Position und der Unternehmung zu offerieren. Auf diese Weise kann der Bewerber schon in einer sehr frühen Phase prüfen, ob eine Übereinstimmung seiner beruflichen Zielvorstellungen mit den Möglichkeiten des Unternehmens besteht. Für den Stellenanbieter erfolgt auf diesem Wege eine Art **frühzeitige Selbstselektion** der Bewerber mit einer entsprechenden Aufwandsreduzierung hinsichtlich der Bewerberverwaltung. Eine solche Aufwandsreduzierung kann beispielsweise auch dadurch erreicht werden, daß in Anzeigen in Printmedien auf die ausführlichen Internet-Informationen hingewiesen wird. Auf diese Weise entfallen kosten- und zeitintensive telefonische oder schriftliche Informationen.

Stellenangebote im Internet zeichnen sich insgesamt durch eine große **inhaltliche und zeitliche Flexibilität** aus. Änderungen und Ergänzungen sind hier leicht und schnell möglich. Auch können Bewerber jederzeit auf Stellenangebote im Internet zugreifen.

In der Regel werden Stellenangebote im Internet für etwa vier Wochen eingestellt. Trotz der Aktualität der Stellenangebote stellen diese daher keine Momentaufnahme dar, sondern vermitteln dem Stellensuchenden einen Überblick über den Arbeitsmarkt. Die **längere Schaltdauer** kann insbesondere im Bereich der Personalimageanzeigen sinnvoll sein. Bei aktuellen Stellenangeboten im Internet hängt der Erfolg ganz wesentlich davon ab, daß eine regelmäßige **Aktualisierung und Pflege** erfolgt und besetzte Stellen nicht länger publiziert werden. Vakante Stellen sollten nicht zu lange beworben werden, da hierdurch auch ein Attraktivitätsverlust entstehen kann.

Im Gegensatz zu der bequemen **Handhabung**, Transportfähigkeit und häuslichen Nutzung der Printmedien, ist die Nutzung der Internet-Stellenbörsen an den Internet-Zugang gebunden, eine technische Voraussetzung, über die nicht alle potentiellen Bewerber verfügen.

Ausschlaggebend für die **Kontaktaufnahme auf seiten der Bewerber** ist im allgemeinen der Grad der Übereinstimmung zwischen den als ideal empfundenen Eigenschaften eines Arbeitgebers und dem Image eines Unternehmens. Dieses Image kann durch das Internet aufgrund der großen Informationstiefe, die eine individuelle und umfassende Selbstdarstellung des Unternehmens ermöglicht, sehr gut kommuniziert werden.

Eine gezielte **Ansprache der relevanten Bewerbergruppen** sichert die derzeit noch im Hinblick auf demographische und ausbildungsspezifische Aspekte relativ homogene Nutzergruppe des Internets. Neue Technologien wie beispielsweise Cookies (Minidateien, mit der Web-Site-Betreiber ihre Besucher markieren, um ihr Surf-Verhalten und ihre Interessen zu beobachten, auch über die eigenen Web-Sites hinaus) unterstützen die Analyse des Bewerberpotentials. Die dynamische Generierung von Internet-Seiten, die eine unterschiedliche Darstellung von Informationen in Abhängigkeit von den Interessen des Nutzers ermöglicht, fördert darüber hinaus eine zielgruppengerechte Ansprache möglicher Bewerber.

Die Ausweitung der Nutzergruppen führt zu einer **Einschränkung der erwähnten Selektionsfunktion** des Internets. Auch vor diesem Hintergrund gewinnen spezifische Stellenbörsen an Bedeutung.

Die Tatsache, daß eine Kontaktaufnahme über das Internet sehr viel schneller und einfacher möglich ist, läßt die Hemmschwelle für eine Bewerbung deutlich sinken, ein Umstand, der andererseits die Selektionsfunktion wieder beeinträchtigt. Durch das Vorschalten von Self-Assessment-artigen Modulen kann jedoch ein Filter eingebaut werden.

Die Plazierung von Stellenangeboten im Internet ist vergleichsweise preisgünstig. Allerdings sollte neben diesem rein monetären Aspekt vor allem die Frage im Vordergrund stehen, auf welche Weise eine schnelle und optimale Besetzung der Position möglich ist.

Berücksichtigt man alle Vor- und Nachteile, die mit der Plazierung von Stellenangeboten und anderen Personalmarketing-Aktivitäten im Internet verbunden sind, steht zu vermuten, daß es voraussichtlich keine echte Verschiebung der Stellenanbieter und -suchenden in Richtung neue Medien geben wird. Dagegen sprechen auch die Rücklaufquoten auf Internet-Stellenangebote, die zumindest heute noch nicht mit den Rücklaufquoten auf in Printmedien inserierten Stellenangeboten zu vergleichen sind. Dennoch dürften immer mehr Stellenanbieter dazu übergehen, in Ergänzung zu Anzeigenschaltungen in Printmedien ihre Offerten auch im Internet zu plazieren. Es dürfte daher zu einer Koexistenz der Printmedien und des Internets im Bereich der Stellenanzeigen mit zielgruppenspezifischen Gestaltungsformen kommen.

4. Bewerberadministration über E-Mail und Internet

Gemäß einer Studie der *Jungen Karriere*[7] bieten derzeit bereits 32 % der Unternehmen Bewerbern die Möglichkeit, sich per E-Mail zu bewerben. Doch auch hier dürfte der Anteil in der nächsten Zeit deutlich zunehmen, denn 69 % der Unternehmen gaben an, sich gut vorstellen zu können, in Zukunft Online-Bewerbungen zu erhalten und zu bearbeiten.

---

[7] Ergebnisse einer Unternehmensbefragung durch die „Junge Karriere", 1997

Zuwachsraten verzeichnet auch der im Internet abgelegte Bewerberfragebogen.

Die Erfahrungen, die mit dem Angebot, Bewerbungen per E-Mail zu versenden, gesammelt wurden, sind sehr unterschiedlich. Klagen die einen über eine Flut von zu einem nicht unerheblichen Teil unqualifizierten Bewerbungen, freuen sich andere über die gute Resonanz und verbuchen den damit verbundenen Mehraufwand auf das Konto Öffentlichkeitsarbeit.

Ein Mehr an Informationen über die Position und das Unternehmen sowie das Vorschalten von Instrumenten, die ernst gemeintes Interesse und realistische Qualifikationen im Sinne eines positionsspezifischen „Self-Assessment" abtesten, ermöglichen eine gezielte Bewerbervorselektion. Auf diese Weise werden sowohl die telefonischen Anfragen verringert als auch das Bewerberaufkommen auf die Kernzielgruppe reduziert.

Darüber hinaus ermöglicht die Bewerberabwicklung über das Internet die direkte Archivierung von Bewerbungen interessanter Kandidaten, auch wenn diesen aktuell keine Position angeboten werden kann. Auf diese Weise kann im Rahmen der Personalsuche stets aus einem großen Kandidatenpool geschöpft werden: ein Vorteil der gerade auch für Personalberatungsunternehmen sehr interessant ist.

5. Bewerberauswahl

Langfristig läßt sich sicherlich auch denken, daß Teile des Auswahlverfahrens wie zum Beispiel „virtuelle Round tables" oder auch Einzelübungen am PC direkt über das Internet durchgeführt werden. Die Möglichkeit, über das Internet automatisiert eine gewisse Vorauswahl unter den Kandidaten zu treffen, dürfte sich insbesondere für Personalberatungsunternehmen als vorteilhaft und kostensenkend erweisen.

6. Fazit

Jeder lernt derzeit von den Erfolgen und Mißerfolgen der anderen und versucht herauszufinden, was der Markt verlangt. Daher scheint es besser, **jetzt** etwas zu tun, Erfahrungen zu sammeln, als in Ruhe abzuwarten, wie sich die Dinge entwickeln werden. Andererseits sollte man sich stets bewußt machen, daß die neuen Medien die traditionellen Personalmarketing- und Recruitment-Instrumentarien nicht ersetzen, sondern diese als ein neues Modul ergänzen werden. Es steht jedoch zu vermuten, daß sich dieses neue Modul für Personalberatungsunternehmen schon sehr bald zu einem nicht unwichtigen Wettbewerbsfaktor entwickeln wird.

Teil IV

Die Auswahl von Bewerbern/Kandidaten

Kapitel 18

Die Analyse der Bewerbungsunterlagen

von *Dr. Wolfgang Gawlitta*

Vorbemerkung

„Der sieht aus, als ob er sich überhaupt nicht durchsetzen kann!" Der erste Blick beim Lesen einer Bewerbung fällt oftmals auf das Lichtbild des Kandidaten, weil es dem Leser einen Eindruck über den Menschen zu vermitteln scheint. Nicht selten wird aufgrund des Lichtbildes vorschnell ein Urteil gefällt, das den Kandidaten als nicht passend ausscheiden läßt oder ihn vorzeitig auf einen der vorderen Rangplätze rückt.

Die Bewerbungsunterlagen bieten eine Vielzahl von Möglichkeiten, übereilte Entscheidungen zu fällen: Oftmals neigt der Leser dazu, Ähnlichkeiten zu seinem eigenen Lebenslauf als sympathisch zu bewerten oder vergleichbare Qualifikationen, wie sie „ungeliebte" Mitarbeiter besitzen, negativ zu bewerten. Die Risiken solcher Blitzurteile sind im Wirtschaftsleben zu hoch, um sie eingehen zu können.

Hier wird bereits der Vorteil sichtbar, den ein erfahrener Personalberater einbringt: Da er emotional unvorbelastet ist und als professioneller Dienstleister für das suchende Unternehmen und den Kandidaten die

gemeinsame, optimale Lösung anstrebt, wird die Gefahr von Fehlentscheidungen erheblich minimiert.

Im folgenden Kapitel wird deshalb eine Auswahl von Hinweisen aus der
langjährigen Praxis eines erfahrenen Personalberaters gegeben, wie eine
systematische und effektive Analyse der Unterlagen durchgeführt werden kann, um alle in Frage kommenden Kandidaten aus der Fülle von
Zuschriften herauszufinden und den einen geeigneten nicht zu übersehen.

Das Ziel der Unterlagenanalyse kann nur die Antwort auf die Frage
sein: Welchen Bewerber lade ich zu einem ersten Gespräch ein? Weitere
entscheidende Aspekte wie Fachwissen oder der richtige „Stallgeruch"
lassen sich aus den Personalunterlagen nicht erkennen.

Die Zusendung der Bewerbung ist der Beginn einer menschlichen Beziehung zwischen Mitarbeitern der Firma X und dem oder der „Neuen".
„Liebe auf den ersten Blick" ist sicherlich kein schlechter Beginn, aber
auch hier gilt die alte Weisheit: „Drum prüfe, wer sich ewig (oder für
viele Jahre) bindet!" Deshalb ist die schrittweise Annäherung der risi-
kolosere Weg, um Enttäuschungen zu vermeiden und zu einer fruchtbaren Zusammenarbeit zu gelangen.

Für das suchende Unternehmen ist bereits der Umgang mit den Bewerbungsunterlagen von erheblicher Bedeutung für den späteren Erfolg
in Form eines neuen Mitarbeiters: Der Personalberater wird eingehende
Bewerbungen umgehend bestätigen und auf die voraussichtliche Dauer
des Verfahrens hinweisen. Auch die Anforderung evtl. fehlender Unterlagen signalisiert dem Bewerber die Ernsthaftigkeit, mit der seine Bewerbung behandelt wird. Besonders qualifizierte Bewerber reagieren
sehr empfindlich auf den Umgang in der Bewerbungsphase und schließen daraus auf die gute bzw. mangelnde Qualität des Unternehmens.

Fünf Punkte sollten geprüft werden, bevor ein Kandidat zum Gespräch
eingeladen wird. Der Personalberater wird die einzelnen Punkte vor allen Dingen sachlich, systematisch und weitestgehend objektiv prüfen,
um damit dem Unternehmer oder Personalverantwortlichen eine gut
nachvollziehbare Entscheidungsvorbereitung zu geben:

• die äußere Form und die Vollständigkeit der Unterlagen,
• der Lebenslauf,
• das Anschreiben,
• die Zeugnisse,
• das Lichtbild.

Für alle Punkte gilt ein einfaches Prüfkriterium: Stellen Sie sich vor, Sie
würden sich selbst bewerben. Würden Sie versuchen, sich möglichst
präzise, informativ und offen vorzustellen oder hielten Sie es für richtig,
möglichst wenig von sich auf einigen, schmuddeligen Notizzetteln zu

berichten und wesentliche Sachverhalte zu vertuschen? Die Antwort ist selbstverständlich.

Am Ende dieses Kapitels wird eine Checkliste vorgestellt, die eine Hilfe für den Personalentscheider sein möchte, der nur selten Einstellungen vornimmt und deshalb wenig Übung in der Analyse von Bewerbungsunterlagen besitzt.

1. Die äußere Form und die Vollständigkeit der Unterlagen

Der erste Eindruck vom Kandidaten wird durch das Erscheinungsbild der Unterlagen zu recht geprägt. Als Empfänger einer Bewerbung darf man davon ausgehen, daß jemand, der sich vorstellt, seine Unterlagen auf sauberem Papier, ohne Rechtschreib- und Zeichensetzungsfehler, chronologisch geordnet und vollständig in einer ordentlichen Mappe einreicht.

Im folgenden werden einige Situationen beispielhaft aufgeführt, die von Bewerbern einerseits aus Nachlässigkeit oder Unwissen herbeigeführt, andererseits aber auch als „Manöver" eingesetzt werden, um den Leser bewußt von Schwachstellen abzulenken. Der Personalberater ist durch seine tägliche Beschäftigung mit der Bewerbungssituation besonders geübt, genau diese Differenzierung zwischen Unwissen und „Manövern" zielgenau zu treffen, und hilft dadurch, Fehlentscheidungen in der frühen Phase der Kontaktaufnahme zu vermeiden.

Allgemeiner Hinweis

Die äußere Form der Bewerbung muß in Relation zu der ausgeschriebenen Position bewertet werden: Von einem Vertriebsmitarbeiter muß mehr erwartet werden als von einem Maschineneinrichter, dennoch gibt es auch für letztgenannten keinen Grund, seine Unterlagen, mit denen er sich bei seinem neuen Arbeitgeber vorstellen will, schlampig abzugeben.

• **Situation:** Die Diplomurkunde des erfolgreichen Studienabschlusses wird beigefügt; das Diplomzeugnis fehlt jedoch.
  Wertung: In solchen Fällen ist fast immer damit zu rechnen, daß es sich um ein schlechtes Zeugnis handelt, das der Bewerber nicht zeigen will.
  Vorgehen: Der Personalberater wird das Zeugnis auf jeden Fall anfordern.

• **Situation:** Zeugnisse eines vorherigen Arbeitgebers fehlen oder es wird nur ein Zwischenzeugnis eingereicht.
  Wertung: Auch hier gilt wie im obigen Fall, daß das Zeugnis wahrscheinlich nicht gut ausgefallen ist oder eine Kündigung durch den Arbeitgeber ausgesprochen wurde, was verschleiert werden soll.

Eventuell soll auch das exakte Austrittsdatum übergangen werden, um Beschäftigungslücken im Lebenslauf zu verdecken.

Vorgehen: Der Personalberater wird das Zeugnis auf jeden Fall anfordern.

- **Situation:** Die Bewerbung wird ohne Lichtbild eingereicht.

Wertung: Der/die BewerberIn hat Bedenken, daß das Äußere zu einer Ablehnung führen könnte – sei es, weil ein Mann z.b. einen Vollbart trägt oder jemand auffallend schwergewichtig ist und diese Eigenschaft am Gesicht ablesbar ist.

Vorgehen: BewerberInnen, die nicht zu ihrem Äußeren stehen, sind möglicherweise wenig selbstbewußt und deshalb im allgemeinen nur begrenzt einsetzbar – mit Sicherheit nicht im Vertrieb. Der Personalberater fordert das fehlende Lichtbild an und überprüft im Gespräch, ob es sich um eine Nachlässigkeit oder um eine bewußte Unterlassung handelt.

- **Situation:** Mit dem Hinweis auf Zeitdruck werden oftmals „Kurzbewerbungen" versandt, die nur aus einem Anschreiben oder einem kurzgefaßten Lebenslauf bestehen.

Wertung und Vorgehen: Nur in seltenen Ausnahmen wie persönliche Bekanntschaft, längerer Auslandsaufenthalt oder Tätigkeit in einem direkten Wettbewerbsunternehmen ist eine Kurzbewerbung gerechtfertigt. Ansonsten sollte der Papierkorb mit solchen Bewerbungen „gefüttert" werden: Wer für eine derart wichtige Angelegenheit – wie seine eigene Zukunft – nicht genügend Zeit aufbringen kann, um seine Unterlagen angemessen zusammenzustellen, nimmt die Bewerbung im allgemeinen nicht ernst. Der Personalberater kann auch hier aufgrund seiner Erfahrung die entscheidenden Differenzierungen erkennen und damit für seinen Klienten einen hochinteressanten Kontakt von einem unwichtigen unterscheiden.

- **Situation:** Die Zusendung der Bewerbung per e-mail erfolgt zur Zeit noch recht selten, wird aber voraussichtlich in den nächsten Jahren stark zunehmen. Auch hier gelten prinzipiell dieselben Hinweise, die oben erwähnt worden sind.

2. Der Lebenslauf

Der Lebenslauf – im allgemeinen tabellarisch erstellt – ist die wichtigste Bewerbungsunterlage für die fachliche Beurteilung des Kandidaten. Dementsprechend wendet der Personalberater viel Zeit auf, den Lebenslauf in allen Einzelheiten sorgfältig und kritisch zu analysieren. Er wird die wichtigsten Kriterien in eine Soll-Ist-Tabelle eintragen, um einen objektiven – und für den Auftraggeber nachvollziehbaren – Vergleich der vielen Zuschriften durchführen zu können. In die Soll-Tabelle werden alle Anforderungen an den Bewerber wie Alter, Ausbildung, Sprachkenntnisse, spezifische Berufserfahrung sowie der Gehaltsrahmen aufgenommen werden. In die Ist-Tabelle können dann die einzelnen Kriterien der Bewerber dem Soll gegenüber gestellt werden.

Dieses Vorgehen des Personalberaters stellt sicher, daß die entscheidenden Kriterien nicht aus den Augen verloren werden und die Spreu schnell und genau vom Weizen getrennt werden kann.

Da jeder Bewerber weiß, daß der Lebenslauf das entscheidende „Papier" ist, kann vereinzelt eine besondere Kreativität beobachtet werden, den Lebenslauf so „hinzubiegen", daß man sich als den idealen Kandidaten darstellt. Der Personalberater achtet beispielsweise auf folgende Situationen mit besonderer Aufmerksamkeit:

- **Situation:** Der Lebenslauf ist unübersichtlich dargestellt. Persönliche Verhältnisse und berufliche Erfahrungen sind nur nach erheblichem Leseaufwand erkennbar.
  Wertung: Entweder kann der Kandidat seine Gedanken nicht geordnet zu Papier bringen oder er möchte bewußt bestimmte Dinge verschleiern. Wenn z. B. auf den Familienstand nicht eingegangen wird, kann das auf ungeklärte, persönliche Verhältnisse mit eventuell ungeklärten, finanziellen Verpflichtungen hinweisen, welche die Einsatz- und Arbeitsfähigkeit erheblich beeinträchtigen können.
  Vorgehen: Hier wird der Personalberater von einem persönlichen Gespräch abraten.

- **Situation:** Ausbildungsabschlüsse werden vorgetäuscht, obwohl sie nicht erzielt worden sind. Eine typische Formulierung lautet: „Studium des Maschinenbaus an der technischen Universität A von … bis …" Auf den nicht erfolgten Abschluß wird jedoch nicht ausdrücklich hingewiesen.
  Wertung: Der Leser soll möglicherweise im Glauben gelassen werden, daß es sich beim Bewerber um einen Dipl.-Ing. des Maschinenbaus handelt.
  Vorgehen: Der Personalberater wird die zugesandten Hochschulzeugnisse prüfen und sich nicht von eventuell vorhandenen Vordiplomzeugnissen oder von Studienbescheinigungen täuschen lassen. Kann kein Diplomzeugnis nachgereicht werden, hat sich der Bewerber disqualifiziert, weil er den Leser – leider oftmals bewußt – hinters Licht führen will.

- **Situation:** Der Werdegang weist eine Vielzahl von verschiedenen Positionen mit kurzen Verweilzeiten von ein bis zwei Jahren (oder noch weniger) in unterschiedlichen Firmen und Branchen auf.

Wertung: Insbesondere in den letzten Jahren, die durch eine zunehmende wirtschaftliche Unsicherheit vieler Unternehmen geprägt sind, ist eine vereinzelte, kurze Beschäftigungszeit oder eine kurze Arbeitslosigkeit nicht negativ zu bewerten. Sollten kurze Verweilzeiten in verschiedenen Firmen jedoch häufiger vorkommen, muß man davon ausgehen, daß die Probleme einzig und allein bei dem Bewerber liegen, der oftmals nicht genügend Durchhaltevermögen besitzt, um eine Aufgabe erfolgreich über längere Zeit zu begleiten.

Im persönlichen Gespräch wird dieser Kandidat eventuell wortreiche und auf den ersten Blick schlüssige Argumente für die häufigen Wechsel finden.

Spätestens wenn der Personalberater Referenzen einholt, wird erkennbar, ob der Bewerber aus verschiedenen Gründen den Erwartungen des jeweiligen Arbeitgebers in keiner Weise entsprochen hat oder ob gewichtige Gründe für die Wechsel sprechen.

Insbesondere in größeren Unternehmen werden immer häufiger projektorientierte Aufgabenstellungen vergeben, die zwangsläufig zu kürzeren Verweilzeiten in den entsprechenden Positionen führen. Hier muß eine Bewertung dementsprechend völlig anders erfolgen.

Vorgehen: Der Personalberater wird intensiv prüfen, ob von einem Gespräch abzuraten ist, weil der Bewerber aus Gründen seiner Erfolglosigkeit häufig wechselt oder ob es sich um einen besonders qualifizierten Kandidaten handelt.

• **Situation:** Im Lebenslauf wird häufig versucht, vorhandene Beschäftigungslücken zu verschleiern. Der gängigste „Trick" besteht in der bewußt falschen Auflistung der einzelnen Beschäftigungszeiten: Im tabellarischen Lebenslauf steht z. B.

März 1995 bis Dezember 1997   Firma A
Jan. 1998 bis März 1999   Firma B

Das Zeugnis der Firma A bestätigt aber nur eine Beschäftigung vom März 1995 bis September 1997.

Wertung: In diesem Fall versucht der Kandidat wissentlich, eine Lücke in seinem Werdegang zu vertuschen. Es handelt sich durchaus nicht um ein „Kavaliersdelikt", sondern ist als Täuschungsversuch zu werten. Man muß davon ausgehen, daß solche Täuschungsmanöver auch im Arbeitsverhältnis zu Tage treten werden und sollte sich deshalb mit diesem Kandidaten nicht weiter beschäftigen.

Um auf Täuschungen dieser Art nicht hereinzufallen, vergleicht der Personalberater bei den Kandidaten, die interessant erscheinen, grundsätzlich alle Zeitangaben sowie die Positionsbezeichnungen und -inhalte im Lebenslauf mit den dazugehörigen Angaben in den einzelnen Zeugnissen.

Vorgehen: Sind erhebliche Abweichungen zwischen Lebenslauf und

Zeugnisinhalten vorhanden, wird der Personalberater von einem persönlichen Gespräch abraten.

- **Situation:** Bei vielen Positionen werden besondere Qualifikationen wie Sprachkenntnisse oder spezifische verfahrenstechnische Erfahrungen explizit gefordert. Einzelne Kandidaten gehen in ihrer Bewerbung mit keinem Wort auf diese Zusatzqualifikationen ein.
  Wertung: In diesem Fall ist mit großer Wahrscheinlichkeit damit zu rechnen, daß die geforderten Qualifikationen nicht vorhanden sind. Sollten sie dennoch vorhanden sein, hat der Bewerber es offensichtlich nicht für notwendig gehalten, die Anzeige sorgfältig zu lesen.
  Vorgehen: Sind die Qualifikationen nicht vorhanden, ist von einem weiteren Kontakt abzuraten. Ist die Anzeige nicht sorgfältig gelesen worden, wird der Personalberater vom Kandidaten eine nachvollziehbare Erklärung verlangen.

3. Das Anschreiben

Das Anschreiben sollte eine Länge von ein bis maximal zwei DIN A 4-Seiten nicht überschreiten. Es ermöglicht Aussagen über einige wichtige Eigenschaften des Kandidaten:

- die Fähigkeit, sich klar und prägnant auszudrücken,
- Sachverhalte interessant darzustellen, ohne unsachlich oder gar reißerisch zu wirken,
- Sorgfalt (beim Lesen der Anzeige und beim Verfassen des Anschreibens) und Konzentration auf die wichtigen Kernpunkte,
- sehr gute Kenntnisse der Rechtschreibung und Zeichensetzung.

Es gibt wohl kaum eine Fach- und Führungskraft, bei der man auf die o.g. Eigenschaften verzichten kann.
Vorgehen: Erfüllt ein Kandidat – gemessen an den Ansprüchen seines zukünftigen Arbeitsgebietes – eines der vier genannten Kriterien nicht in seinem Anschreiben, wird der Personalberater keine Einladung zu einem persönlichen Gespräch empfehlen.

4. Die Zeugnisse

Aufgrund der extrem arbeitnehmerorientierten Arbeitsgerichtsbarkeit in Deutschland wagt es kein Arbeitgeber, ein Zeugnis auszustellen, das tatsächlich seine objektive Meinung von der Arbeitsleistung des ausscheidenden Mitarbeiters darstellt, wenn der Arbeitgeber mit den Leistungen nicht zufrieden war.

Weiterhin ist zu berücksichtigen, daß viele Zeugnisschreiber – insbesondere aus kleineren und mittleren Unternehmen – wenig Übung in der Erstellung von Arbeitszeugnissen besitzen. Deshalb haben Zeugnisse nur eine sehr begrenzte Aussagekraft.

Dennoch geben Zeugnisse dem erfahrenen Personalberater durchaus Hinweise, die bei der Bewertung der Bewerbungsunterlagen berücksichtigt werden.

Allgemeiner Hinweis:
Der Beginn und das Ende der Beschäftigung entsprechen fast immer den Tatsachen.

- **Situation und Wertung:** Manche Bewerber neigen dazu, die Positionen im Lebenslauf schlichtweg unwahr zu beschreiben, um dem Leser eine besonders passende Qualifikation vorzugaukeln.
  Vorgehen: Die Position und die Art der Tätigkeit werden im Zeugnis oftmals recht genau beschrieben. Die Angaben im Zeugnis werden durch den Personalberater sehr genau mit denen im Lebenslauf verglichen werden, um erste Aussagen über die Ehrlichkeit und Glaubwürdigkeit zu erlangen.

- **Situation:** Am Ende des Zeugnisses wird der Grund für das Ausscheiden aus dem Unternehmen genannt. Nicht selten wird dieser Grund offen erwähnt: Typische Formulierungen sind : „scheidet Frau A wegen Konkurses der Gesellschaft am … aus unseren Diensten aus." oder „aus betriebsbedingten Gründen müssen wir uns leider von Herrn B zum … trennen." Einige Verklausulierungen umschreiben jedoch die Tatsache, daß dem Arbeitnehmer von seiner Firma gekündigt worden ist: „… trennen wir uns im besten Einvernehmen …" oder der Grund des Ausscheidens wird gar nicht erwähnt.
  Wertung: Nur die Formulierung „Frau C hat unser Unternehmen zum … auf eigenen Wunsch verlassen" deutet darauf hin, daß die Arbeitnehmerin selbst gekündigt hat. Leider ist die Unsitte eingerissen, daß manche Arbeitgeber sich ein „streßfreies" Ausscheiden ohne Einschalten des Arbeitsgerichtes mit der o.g. Formulierung „erkaufen".
  Vorgehen: Der tatsächliche Ausscheidungsmodus ist aus den Unterlagen niemals mit letzter Gewißheit zu entnehmen und muß im persönlichen Gespräch erfragt werden. Der Personalberater wird sich zusätzliche Informationen verschaffen, um erkennen zu können, warum der Kandidat aus dem Unternehmen ausgeschieden ist.

- **Situation und Wertung:** Die Arbeitsleistung wird mit den inzwischen bekannten „Formeln" bewertet. Diese Formeln können in etwa wie folgt ins Hochdeutsch „übersetzt" werden:

„Zur Zufriedenheit": War anwesend und hat sich nichts zu Schulden kommen lassen.

„Zur vollen Zufriedenheit": War anwesend und hat sich im Wesentlichen bemüht, die Aufgaben zu erledigen.

„Zur vollsten Zufriedenheit": Hat die Aufgaben im erwarteten Rahmen bearbeitet.

„Stets zu unserer vollsten Zufriedenheit": Hat die Aufgaben besser bearbeitet als es erwartet werden konnte. Diese Wertung kann durch besonders gezielte Bemerkungen positiv verstärkt werden

Vorgehen: Leistungsbewertungen in Arbeitszeugnissen sind grundsätzlich mit größter Vorsicht zu betrachten. Für eine Analyse der Bewerbungsunterlagen sind im allgemeinen nur die Beschäftigungszeiten, die bekleidete Position und die Art der Aufgaben verwertbar. Als nützliches Instrument zur Leistungsbeurteilung setzt der Personalberater oftmals Referenzen ein, deren Einholung und Wertung weiter unten in einem besonderen Kapitel beschrieben werden.

5. Das Lichtbild

Die Bedeutung des Lichtbildes wird meistens viel zu hoch eingeschätzt – wie bereits in den ersten Sätzen dieses Kapitels erwähnt. Dennoch erlaubt das Lichtbild einige verwertbare Aussagen über den Kandidaten.

- **Situation:** Das Foto wurde auf den Lebenslauf aufgeklebt, oder es ist nur mit einer Büroklammer geheftet.
  Wertung: Wenn das Foto nur geklammert ist, könnte das ein erster Hinweis auf flüchtige, oberflächliche Behandlung wichtiger Angelegenheiten sein. Es könnte aber auch darauf hindeuten, daß der Bewerber bereits davon ausgeht, seine Unterlagen und sein Lichtbild zurückgesandt zu bekommen, weil er glaubt, nicht der „Richtige" zu sein.

- **Situation:** Das Foto ist in einem billigen Automaten entstanden, wurde aus Urlaubsbildern herausgeschnitten oder ist in einem professionellen Studio aufgenommen worden.
  Wertung: Die Ernsthaftigkeit der gesamten Bewerbung kann daran gemessen werden, in welcher Form das Lichtbild eingereicht wird. Im allgemeinen sollte das Lichtbild professionell erstellt worden sein.

- **Situation:** Der Kandidat präsentiert sich auf einem „Großbild" in voller Statur.
  Wertung: Hier hat der Bewerber entweder ein übersteigertes Selbstwertgefühl oder ist in der Abfassung von Bewerbungen ungeübt und glaubt, sich mit solch einem Bild ins bessere Licht rücken zu können.
  Vorgehen: Beim ersten persönlichen Treffen wird der Personalberater den Grund für das außergewöhnlich große Bild erfragen. Die Ant-

worten sind fast immer sehr aufschlußreich und werden mit entsprechender Bewertung an den Auftraggeber weitergereicht.

● **Situation:** Der Bewerber legt kein Lichtbild bei.
Wertung: Einerseits kann es sich um eine Oberflächlichkeit handeln. Meistens deutet es jedoch darauf hin, daß der Kandidat mit seinem äußeren Erscheinungsbild nicht zufrieden ist und Bedenken hegt, deswegen nicht eingeladen zu werden. Es handelt sich dann also um einen Bewerber, der wenig Selbstbewußtsein mitbringt.
Vorgehen: Der Personalberater wird diesen Punkt im persönlichen Gespräch mit Nachdruck erfragen, um ihn zu bestätigen oder auszuräumen.

Abschlußbemerkung:

Aus der Analyse der Unterlagen insbesondere aus den ungeklärten Punkten, ergeben sich individuelle Fragen zu jedem interessanten Kandidaten, die dem Personalberater als Grundlage für das Bewerbungsgespräch (siehe nächstes Kapitel) dienen und dem Mandanten ein möglichst aussagefähiges Bild vermitteln.

6. Die Checkliste

Diese Checkliste faßt das Kapitel zusammen und bietet für den Personalentscheider, der nur selten Einstellungen vornimmt, eine praktische, schnelle Hilfe, um an die wichtigsten Punkte bei der Analyse der Bewerbungsunterlagen zu denken:

● **Äußere Form und Vollständigkeit der Unterlagen**
  – Anschreiben, Lichtbild, Lebenslauf.
  – Insbesondere müssen alle Zeugnisse vorhanden sein.

● **Der Lebenslauf**
  – Stimmen die Anforderungen der Firma mit den Erfahrungen und Kenntnissen des Kandidaten überein?
  – Hat der Bewerber häufig gewechselt?
  – Ist die Branche oft gewechselt worden?
  – Ist die Art der Tätigkeit oft gewechselt worden?
  – Ist eine Richtung im Lebenslauf zu erkennen?
  – Stimmen die Angaben aus dem Lebenslauf und den Zeugnissen überein?
  – Besonders auf falsche Zeitangaben im Lebenslauf achten!

● **Das Anschreiben**
  – Wird auf die Anzeige eingegangen?

- Ist das Anschreiben kurz und klar formuliert oder wird „geschwafelt"?
- Rechtschreibung und Zeichensetzung?
- **Die Zeugnisse**
  - Beginn und Ende der Beschäftigung
  - Position und Art der Tätigkeit
  - Wertungen:
    „zur Zufriedenheit": war anwesend;
    „zur vollen Zufriedenheit": war anwesend und hat sich im Wesentlichen bemüht, die Aufgaben zu erledigen;
    „zur vollsten Zufriedenheit": hat die Aufgaben im erwarteten Rahmen bearbeitet;
    „stets zur vollsten Zufriedenheit": hat die Aufgaben besser bearbeitet als es erwartet werden konnte;
    Die Wertungen können durch besonders gezielte Bemerkungen positiv verstärkt werden.
  - Ausscheiden: Nur die Formulierung „hat auf eigenen Wunsch die Firma verlassen" deutet an, daß er /sie selbst gekündigt hat.
- **Das Lichtbild**
  - Ist das Foto aufgeklebt oder nur geklammert?
  - Ist das Foto in einem billigen Automaten entstanden oder hat es eine gute Qualität?
  - Ist das Foto aus einem Urlaubsbild o.ä. herausgeschnitten?
  - Kein Bild
  - „Riesenbild"

Kapitel 19

Interview und Präsentation beim Kunden

von *Regine Domke*

Vorbemerkung

Ungeachtet langer Jahre des Experimentierens mit Eignungstests und anderen psychologischen Auswahlverfahren ist das klassische Bewerbergespräch nach wie vor Herzstück des Auswahlverfahrens. Bei der internen und externen Besetzung vakanter Positionen gelangt es wieder zu neuen Ehren. Es ist durch keine andere Selektionsmethode zu ersetzen, gegebenenfalls jedoch – je nach Bewerber und Position – sinnvoll zu ergänzen.

Wieso stellt das Unterfangen, aus einer Gruppe vorausgewählter Bewerber nach einer Serie von Gesprächen den besten Kandidaten zu ermitteln, nach wie vor selbst erfahrene Interviewer vor Beurteilungs- und Entscheidungsschwierigkeiten? Subjektiv gefärbte Einflüsse prägen das Gesprächsergebnis derart, daß selbst Berufserfahrung wie auch überdurchschnittliche Branchen- und Menschenkenntnis nur begrenzt weiterhelfen.

Selbst der durch Professionalität und seine Distanz zum jeweiligen Personalproblem begünstigte Personalberater weiß, daß sich dem – nie zu erreichenden – Ziel einer objektiven Beurteilung von Bewerbern nur durch Systematik und Sorgfalt genähert werden kann, um so das Risiko einer Fehlbesetzung möglichst niedrig zu halten. Mögliche Folgen nicht professionell geführter Interviews zeigen, daß die Auswirkungen weit über die eventuelle Wahl eines nicht passenden Bewerbers hinausgehen:

- Gute Bewerber, für die sich Alternativen ergeben, lehnen das Angebot ab, weil sie das Unternehmen aufgrund des gewonnenen Eindrucks nicht anspricht.
- Dem Ruf des Unternehmens wird geschadet. Welcher Bewerber wird die erlebte Inkompetenz nicht als interessante Anekdote im weiteren Freundes- und Bekanntenkreis zum besten geben?
- Die Chance, ein gut geführtes Gespräch mit einer überzeugenden Darstellung des Unternehmens als PR-Maßnahme zu nutzen, wird vertan.

Auch wenn Vertreter des einstellenden Unternehmens scheinbar am längeren Hebel sitzen – gerade angesichts einer Vielzahl qualifizierter Bewerber – Tatsache ist, daß beide Seiten einer kritischen Beurteilung ausgesetzt sind. Professionell geführte Gespräche setzen von Unternehmens- und Bewerberseite ein hohes Maß an Diskretion, Vorbereitung und Ernsthaftigkeit voraus. Hierbei unterstützt der Personalberater und sorgt als Koordinator und Moderator des gesamten Auswahlverfahrens für den gezielten Einsatz von Interviewtechniken. Ohne diese Techniken droht das Risiko der personellen Fehlentscheidung, zumal die Einstellenden oftmals Opfer der mangelnden Distanz zum eigenen Unternehmen und damit verbundenen Zielen und Wünschen werden.

Ein **Beispiel** zeigt, daß selbst eine günstige Ausgangssituation nicht automatisch Garant für die erfolgreiche Lösung eines Personalproblems ist:

Personalreferent P. war insgesamt zufrieden mit dem Ergebnis der Interviews für die Position „Vertriebsleiter". Die Aussschreibung hatte nach sorgfältiger Analyse der eingegangenen Unterlagen einige vielversprechende Bewerber hervorgebracht und die Gespräche mit den Kandidaten schienen diesen Eindruck größtenteils zu bestätigen. Aus dem Kreis der fachlich geeigneten, ansonsten vergleichsweise heterogenen Gruppe hatte sich insbesondere ein Bewerber, Herr V., deutlich abgehoben. Mit seinem souveränen Auftreten, dazu noch einer gewinnenden, korrekten Art, seiner Fähigkeit, am richtigen Punkt die passende Bemerkung zu machen, hatte er den erfahrenen Geschäftsführer G., der ebenfalls an den Interviews teilgenommen hatte, regelrecht aus der Reserve gelockt. Herr P. hatte seinen Vorgesetzten selten so ungezwungen und gesprächig erlebt, vor allem nachdem am Anfang des Interviews deutlich wurde, daß beide in A. studiert hatten.

Nach dem Gespräch hatte Herr G. ihm noch einmal zugenickt und zu verstehen gegeben, daß jetzt nur noch die allerdings selbstbewußte Gehaltsforderung von Herrn V. etwas im Rahmen gehalten werden müsse, ansonsten sei der Fall eindeutig. Und da alle Beteiligten unter Zeitdruck stünden, sollten Vertragsverhandlung und -abschluß bereits Inhalt des zweiten Gesprächs sein.

Herr P. war angenehm überrrascht, daß sich diesmal die Besetzung einer Schlüsselposition vergleichsweise unaufwendig gestaltete, aber das war sicherlich der Qualität des Bewerbers zuzuschreiben.

Für sein mittelständisches Unternehmen mit 150 Mitarbeitern war es gewiß ein Glücksfall, einen so beschlagenen, international erfahrenen Kandidaten zu gewinnen, der ohne Wimpernzucken bereit ist, jeden Tag von seinem Wohnort aus 90 km zum Arbeitsplatz zurückzulegen. Natürlich würde man ihm hier kein weitreichend internationales Umfeld bieten können, da sich die Abnehmer des mittelständischen Unternehmens auf Europa konzentrierten. Über eine persönliche Sekretärin – wie sie Herr V. offensichtlich gewohnt war – konnten die anderen Abteilungsleiter seines Unternehmens auch nicht verfügen. Doch daran würde sich Herr V. gewöhnen, hatte er schließlich als Wechselgrund den Wunsch angegeben, einmal in einem überschaubaren, mittelständischen Unternehmen arbeiten zu wollen.

Ein distanzierter Betrachter vermag an diesem Punkt nicht abzusehen, ob sich die Einstellung von Herrn V. als „Glücksfall" oder als „Fehlgriff" nach einem vermeintlichen „Sonderangebot" erweisen wird. Das angedeutete Problempotential, das sich hinter vordergründig positiven Eindrücken verbirgt, läßt folgendes Szenarium naheliegend erscheinen: Herr V. reist tatsächlich unter Aufbietung aller Energiereserven jeden Tag über 90 km an und überstrahlt mit seinem gewandten, international stromliniengeformten Auftreten die beeindruckten und teilweise verwirrten bodenständigen Mitarbeiter und Kunden. Nach einem knappen Jahr – Herr V. steckt gerade mitten in der Ausarbeitung eines neuen Vertriebskonzeptes – spricht dieser unerwartet beim Geschäftsführer G. vor und kündigt aus „persönlichen Gründen". Die sogenannten „persönlichen Gründe" werden wie so oft nicht näher erläutert. Dieser stellt ihn sofort frei – der Schaden für das Unternehmen ist immens.

Die sogenannten „persönlichen Gründe" werden wie so oft nicht näher erläutert; rückblickend läßt sich allerdings erschließen, was Herrn V. zu diesem Schritt bewegt haben mag. Vielleicht wäre den Verantwortlichen beizeiten deutlich geworden, daß der beste Bewerber nicht notwendigerweise der passende Kandidat ist, wenn sie sich an dem im folgenden dargestellten gedanklichen Gerüst orientiert hätten.

Vorstellungsgespräche erfolgreich zu führen setzt zunächst voraus, die Möglichkeiten, aber auch die Grenzen eines Interviews realistisch einzuschätzen. Nur so gelingt die Konzentration auf das, was tatsächlich erreicht werden kann.

1. Zielsetzung

Wer wollte sich nicht das hohe Ziel auf die Fahne schreiben, Bewerber im Rahmen eines Erstgespräches so zu durchdringen, daß mit unfehlbarer Sicherheit ermittelt werden kann, wer die gebotene Position bestmöglich ausfüllen wird? Das einzige Resultat, das mit Sicherheit bereits auf dem Vorwege erreicht wird, ist, unterschwelligen Streß zu erzeugen, der eine konstruktive Gesprächsatmosphäre untergräbt. Unfehlbare Techniken, dem Bewerber „hinter die Stirn zu schauen", entspringen nicht psychologischer Finesse oder anderen wissenschaftlichen Instrumentarien, sondern sind eher im Bereich der Magie anzusiedeln.

Ein erfahrener Personalberater beschränkt sich darauf, im Rahmen eines ersten Gesprächs einen umfassenden Austausch von Informationen über Unternehmen, Position und Bewerber anzustreben. Diese werden von ihm möglichst genau festgehalten, um abzuschätzen, ob sich ein zweites Gespräch lohnt. Gegenstand ist

- ein erster Abgleich der geforderten und vorhandenen persönlichen wie fachlichen Qualifikationen,
- das Erfassen wechselseitiger Erwartungen und Perspektiven.

Inhaltliches Ziel ist somit Informationsaustausch und Festhalten verwertbarer Aussagen bzw. von Informationsdefiziten. In der Folge kann festgestellt werden, welche Kandidaten unverzichtbare Voraussetzungen nicht erfüllen und daher nicht weiter berücksichtigt werden. In bezug auf die übrigen Kandidaten ist festzuhalten, welche Gesprächsthemen im Rahmen eines zweiten Gesprächs zu vertiefen sind.

Zur Entlastung des Auftraggebers besteht die Möglichkeit, daß der Personalberater ein solches Erstinterview mit dem Ziel der „Negativauswahl", dem Ausschluß der nicht zu berücksichtigenden Kandidaten, führt. Zur Vorbereitung auf eine zweite, gemeinsame Gesprächsrunde, im Rahmen derer die zunächst geeigneten Kandidaten präsentiert werden, erhält der Klient einen vom Personalberater gefertigten Gesprächsbericht.

2. Präsentation beim Kunden

Der angestrebte umfassende Informationsaustausch gelingt nur, wenn den Gesprächen eine sorgfältige und ernsthafte Vorbereitung vorausgeht. Neben der systematischen inhaltlichen Vorbereitung darf auch die Bedeutung organisatorischer Aspekte nicht unterbewertet werden. Das Gesprächsumfeld und seine Rahmenbedingungen tragen maßgeblich dazu bei, ein offenes und zugleich konzentriertes Gesprächsklima zu schaffen.

Ist besondere Vertraulichkeit vonnöten, oder sollte es aus anderen Gründen problematisch erscheinen, die beschriebenen Rahmenbedingungen zu schaffen, bietet es sich an, ein erstes Gespräch mit dem Auftraggeber ebenfalls im Haus der beauftragten Personalberatung stattfinden zu lassen.

2.1 Organisatorische Vorbereitung

Ort, Zeitpunkt, Gesprächsdauer und Teilnehmer sollten allen Anwesenden rechtzeitig bekannt sein. Ein reibungsloser Ablauf wird gewährleistet, wenn beizeiten feststeht, wer den Bewerber in Empfang nimmt und wo er gegebenenfalls warten kann. Am Gesprächsort selbst sind äußere Störungen und andere Ablenkungen auszuschalten.

Natürlich ist es beispielsweise interessant zu sehen, wie lange ein Bewerber ohne jede Erfrischung flüssig sprechen kann, oder ob er den Gesprächsfaden bei beständig klingelndem Telephon behält. Die Gefahr, daß ein Bewerber diese Unachtsamkeit als Respektlosigkeit ihm gegenüber auslegt, oder seinen Zuhörern bedeutsame Einzelheiten entgehen, ist groß genug, um von derartigen „Härtetests" abzuraten.

2.2 Zeitrahmen

Damit die beteiligten Seiten voneinander einen möglichst abgerundeten Eindruck gewinnen, sollte für ein Erstinterview mindestens eine Stunde eingeplant werden. Nach über zwei Stunden hingegen verliert ein Erstgespräch an Aussagekraft, da die Konzentration aller aufgrund der Fülle neuer Eindrücke und Informationen deutlich nachläßt. Die Vergleichbarkeit der einzelnen Kandidaten wird erhöht, wenn die jeweiligen Gesprächstermine zeitlich nicht zu weit auseinander liegen. Vor einer langen Serie von Gesprächen an einem Tag – womöglich ohne Pause – muß gewarnt werden. Die fortschreitende Ermüdung kann bei den Interviewern zu Phänomenen wie unbegründeter Lustlosigkeit oder auch übersteigerter Begeisterung führen.

2.3 Teilnehmerzahl und -rollen

Es hat sich als günstig erwiesen, wenn zwei Vertreter des Unternehmens mit unterschiedlichen Schwerpunkten an dem Interview teilnehmen. Der eine sollte Personalkompetenz besitzen (Personalreferent, -leiter, Mitglied der Geschäftsführung etc.), der andere fachliche Belange abdecken (zukünftiger Fachvorgesetzter, Abteilungsleiter etc.). Die Gegenwart von mehr als vier Vertretern des Unternehmens verleihen der Zusammenkunft Tribunalcharakter und werden in den meisten Fällen jedes offene Gespräch im Keim ersticken.

Um sich unbeeinträchtigt von anderen Überlegungen auf den Kandidaten konzentrieren zu können, sollten ebenfalls die Rollen, die die einzelnen Gesprächsteilnehmer übernehmen, vorher abgestimmt werden. Das Einnehmen von festen Rollen im Wechsel ist eine gut zu handhabende Methode, ein Gespräch zugleich aufgelockert und konzentriert zu gestalten: Ein Interviewer stellt vornehmlich Fragen, der andere beobachtet die Reaktion des Bewerbers und hält die Antworten fest; nach einem zuvor festgelegten zeitlichen oder inhaltlichen Abschnitt wird gewechselt. Ein positiver Nebeneffekt besteht in der Tatsache, daß die unterschiedlichen Persönlichkeiten der einzelnen Interviewer anders geartete Reaktionen beim Bewerber hervorrufen. Somit entsteht ein differenzierteres Bild von seiner Persönlichkeit.

2.4 Inhaltliche Vorbereitung

Im Mittelpunkt der inhaltlichen Vorbereitung steht die Erarbeitung eines Gesprächleitfadens. Dieser gestaltet sich gemäß der Grundregel „es gibt nichts, was nicht zu hinterfragen wäre". Der erste Schritt ist die Analyse der Bewerbungsunterlagen und ggf. dem Formulieren von Fragen, die sich aus der Lektüre ergeben. Diese Frageliste fließt als individueller, flexibel zu handhabender Teil in den Gesprächsleitfaden ein.

Der zweite Teil besteht aus feststehenden Fragen, mit Hilfe derer die geforderten Merkmale des Anforderungsprofils abgerufen werden. Ein dritter Teil befaßt sich mit Punkten, die positionsunabhängig im Rahmen jedes Vorstellungsgesprächs geklärt werden sollten.

3. Gesprächsleitfaden

3.1 Individueller Teil

3.1.1 Persönlicher Eindruck

Ohne Scheu sollten hier alle Besonderheiten des ersten persönlichen Eindrucks, von der Angemessenheit der Kleidung über äußere Erscheinung, Auftreten und Körpersprache bis hin zur Sprechweise festgehalten werden. Es geht an dieser Stelle nicht darum, abschließende Urteile zu bilden, sondern Auffälligkeiten genau als das zu behandeln, was sie sind: nämlich Auffälligkeiten, deren mögliche Bedeutung und Hintergrund im Verlauf der Gespräche untersucht werden sollten, soweit sie Positionsrelevanz versprechen.

Erscheinung und Auftreten des Kandidaten sind unbedingt in bezug zu Position und Branche zu sehen. Dicke weiße Frotteesocken zu konservativen Straßenschuhen sind sicherlich bei einem Anwärter für die Position Konstruktionsingenieur weniger „auffällig" als bei dem Key Accounter eines Markenartikelherstellers.

Ein Personalberater, der die Gepflogenheiten spezifischer Branchen, Hierarchiebenen und Positionsfelder kennt, wird hier entsprechend Hintergrundinformationen liefern.

3.1.2 Spezifische Fragen

Diese auf den individuellen Bewerber bezogenen Fragen ergeben sich aus den vorliegenden Unterlagen, insbesondere dem Lebenslauf. Der Personalberater spricht beispielsweise den Grund für den Wechsel des Ausbildungsplatzes, Studienabbruch, Branchenwechsel, die kurze Verweilzeit in einem Unternehmen oder auch Hintergründe für drastische Veränderungen in Einkommensituation, Verantwortungsbereich oder Aufgabengestaltung an.

3.2 Fragen zum Anforderungsprofil

Auch wenn vieles bereits aus den Unterlagen hervorzugehen scheint, wird der Berater den Bewerber bitten, noch einmal zu allen geforderten Punkten Stellung zu nehmen.

3.2.1 Ausbildung und Berufserfahrung

Der Bewerber erläutert noch einmal möglichst chronologisch die einzelnen Stationen und ihre Ausbildunginhalte und -ziele bzw. berufliche Aufgaben und Zielsetzungen. Neben einer Überprüfung und gegebenenfalls Ergänzung der den Unterlagen entnommenen Angaben gibt seine Darstellung Hinweise auf Beweggründe wie auch grundsätzliche Tendenzen und Interessen der beruflichen Entwicklung. Zum anderen finden sich hier die Anknüpfungspunkte für vertiefende Fragen in bezug auf die Eignung des Bewerbers.

3.2.2 Spezifische Kenntnisse

Hier werden diejenigen Kenntnisse und Erfahrungen detailliert abgerufen, die in unmittelbarem Zusammenhang mit der Aufgaben stehen. Im Falle des Vertriebsleiters V. konnte dieser aus seiner bisherigen Praxis Stellung nehmen zu:

Produkte/Wettbewerb
Herr V. hat bereits in den letzten drei Jahren technisch erklärungsbedürftige Investitionsgüter vertrieben; auch im Fall seines vorherigen Arbeitgebers handelt es sich um einen aufgeteilten Markt, Qualität und Preisgefüge vergleichbarer Produkte von Mitanbietern bewegen sich auf gleichem Niveau. Man kann aus diesem Grund davon ausgehen, daß Herr V. im Rahmen der gebotenen Position den besonderen Anforderung, die der Umgang mit Produkt und Wettbewerb verlangen, gerecht wird.

Kunden
Gemeinsame Zielgruppe sind Industrieunternehmen. Herr V. vertreibt Investitionsgüter, die spätestens alle fünf Jahre erneuert werden. Kundenbeziehungen werden gepflegt und für den Zweitverkauf genutzt, so daß das Geschäft einen Stammkundencharakter aufweist. Bei den Produkten des zukünftigen Arbeitgebers dagegen handelt es sich um langlebige Investitionsgüter, die im Zeitraum von 20 bis 30 Jahren erneuert werden. Schwerpunkt der Verkaufsaktivitäten liegt somit auf der Akquisition von Erstkunden. Daher stellt sich die Frage, ob Herr V. den Schritt vom Stammkundengeschäft in das energieaufwendige und oftmals frustrierende Erstkundengeschäft bewältigen kann und will.

Vertriebsgebiet
Aufgrund seiner bisherigen Verantwortung für weltweite Verkaufsaktivitäten kann man davon ausgehen, daß Herr V. die Voraussetzungen mitbringt, die europaweiten Aktivitäten erfolgreich zu bewältigen. Trotzdem sollte Herr V. hier aufgefordert werden, ausführlich unmittelbar von ihm beeinflußte erfolgreiche wie auch problematische Projekte darzustellen.

Sprachliche und andere notwendige Fertigkeiten werden hier noch einmal Gegenstand – vielleicht stellt sich heraus, daß die von Herrn V. angegebenen Französischkenntnisse in der Praxis von seiner derzeitigen Sekretärin abgedeckt werden. Genaue Fragen nach Arbeitsabläufen und Aufgabenverteilung liefern entsprechende Erkenntnisse.

Gerade das erforderliche persönliche Engagement einer Vertriebsposition (Reisetätigkeit!) bedingt eine genaue Untersuchung der individuellen Interessen und Werte des Kandidaten. Hier spielen die familiäre Situation, Freizeitinteressen, aber auch Prestigefragen eine Rolle. Herr V. mag es als persönlichen Prestigeverlust ansehen, daß sein weltweites Vertriebsgebiet auf die Größe von Europa geschrumpft ist. Andere Vertriebsmitarbeiter stecken die Grenze ihres gewünschten Vertriebsgebietes so ab, daß sie jeden Ort im Rahmen einer Tagesreise erreichen. Egal wie offen und eindeutig die positiven Antworten des Kandidaten sein mögen – ein Vergleich mit den Antworten auf die positionsunabhängigen Standardfragen gibt oft interessante Aufschlüsse.

3.3 Standardfragen

3.3.1 Wechselgrund

Je ausführlicher dieser Punkt behandelt wird, desto tiefere Einsicht bietet er in Arbeitseinstellung wie auch berufliche und persönliche Zielsetzung des Kandidaten. Gradmesser bei der Einschätzung des Wechselgrundes ist seine Nachvollziehbarkeit. Ein Wechselgrund ist plausibel, wenn der Kandidat nach einigen Jahren Unternehmenszugehörigkeit keine Aufstiegschancen sieht, weil seine Fachvorgesetzten beispielsweise nur wenige Jahre älter sind als er. Gibt ein Kandidat jedoch nach einem Jahr Unternehmenszugehörigkeit als Wechselgrund die beliebte „Suche nach einer neuen Herausforderung" an, dann ist er entweder ein unterfordertes Genie oder – weitaus wahrscheinlicher – er hat nicht den tatsächlichen Grund genannt. Je nach Gesprächssituation werden Unstimmigkeiten hier sofort angesprochen oder im zweiten Gespräch wiederaufgenommen.

Die Art und Weise, wie der Kandidat über sein derzeitiges Unternehmen, Vorgesetzte und Kollegen spricht, gibt weiterhin Hinweise darauf, wie er sich seinem neuen Arbeitgeber gegenüber im Fall von Problemen verhalten wird. Erregt seine Darstellungsweise bei den Vertretern des Unternehmens deutliches Mißfallen, heißt es für die Einstellenden Abstand nehmen. Für den seltenen Fall, daß sonst „alles stimmt", kann dem Kandidaten in einem zweiten Gespräch Gelegenheit gegeben werden, sich zu diesem Thema zu äußern. Vergleichsweise kann man auf weiter zurückliegende Situationen eines beruflichen Wechsels eingehen. Unter Umständen relativieren diese den negativen Grundtenor.

Vorsicht ist außerdem geboten beim Typus des unkritischen „Pechvogels", der im Einzelfall überzeugend darlegen kann, warum er unverschuldet seine Fähigkeiten bislang nicht so recht entfalten konnte (Zusammenbruch eines Marktes, unvorhersehbarer Konkurs eines Arbeitgebers, interne Unruhen nach dem Ausscheiden des Seniorchefs etc.). Treten derartige Konstellationen in Serie auf, steckt mehr als das zufallsbedingte Pech dahinter.

3.3.2 Kündigungsfrist

Zum einen kann geprüft werden, ob der Kandidat rechtzeitig zur Verfügung stehen würde, zum anderen erlaubt die Art und Weise, wie sich der Kandidat den Wechsel vom derzeitigen zum zukünftigen Unternehmen vorstellt, Rückschlüsse auf seine allgemeine Einstellung zu Aufgabe und Arbeitgeber.

Wenn ein Inhaber einer Schlüsselposition ohne jedes Nachdenken behauptet, sofort problemlos für die neue Aufgabe zur Verfügung zu stehen, drängt sich der Verdacht einer Einstellung gemäß dem Motto „nach mir die Sintflut" auf. Oder ist ihm von seinem derzeitigen Arbeitgeber schon die Kündigung in Aussicht gestellt? Umgekehrt kann bei Kandidaten, die sich mit der Vorstellung, Gegenwärtiges abzuschließen, sehr schwer tun, ein hohes Maß an Pflichtbewußtsein zum Ausdruck kommen. Eventuell sind sie jedoch so intensiv mit ihrem derzeitigen Unternehmen verbunden, daß ihre vermeintliche Wechselbereitschaft auf keiner ausgereiften Basis steht.

3.3.3 Einkommen

Je enger der Gehaltsrahmen aufgrund äußerer Bedingungen gesteckt ist, desto früher sollte dieser Punkt angeschnitten werden, um dieses latente K.o.-Kriterium auszuschließen. Es gibt kaum ein anderes Standardthema, bei dem so viele argumentative und gesprächstaktische Verrenkungen unternommen werden. Um hier argumentativen Kunststücken entgegenzuwirken, ist es angezeigt, das Gespräch auf einer betont sachlich-nüchternen Basis zu halten, die den Bewerber ermutigt, schlicht derzeitiges Gehalt und gewünschtes Gehalt anzugeben. Hilfreich ist es für den Bewerber, wenn von Unternehmensseite ebenfalls Usancen und Möglichkeiten kurz umrissen werden. Entsprechende Hinweise seitens des Personalberaters zur branchenüblichen Bandbreite erleichtern es den Beteiligten, sich zu positionieren.

Zur gemeinsamen (!) Gehaltsfindung – so dies der Rahmen zuläßt – werden die Faktoren derzeitiges Gehalt, Alter, Berufserfahrung, Qualifikationen und Gehaltsgefüge in Unternehmen und Branche herangezogen. Ein Abwägen dieser Faktoren ergibt hoffentlich den gemeinsamen Nenner. Sollte der vorgegebene Rahmen zu eng sein, wird der Berater anregen, ein individuell auf den interessanten Bewerber abgestimmtes Gesamtangebot zu erarbeiten, dessen Attraktivität beispielsweise in Flexibilität von Arbeitszeit und -einteilung, Perspektiven und anderen, nicht-monetären Extras begründet liegen kann.

Da die Zeiten der automatischen Gehaltssprünge von 10–20 % bei Positionswechsel in den meisten Branchen vorbei sind, erweist sich das Gespräch über das Thema Gehaltsvorstellung unter Umständen als Praxistest. Überzogene Gehaltsforderungen können auf eine fehlerhafte Selbsteinschätzung oder Einschätzung der Branche verweisen; in beiden Fällen ist mangelnder Realitätssinn keine erwünschte Eigenschaft einer Fach- oder Führungskraft.

Unbedingte Zurückhaltung ist anzuraten bei allen Verhandlungsformen, die an Glücksspiel oder sonstige Formen des zufallsbedingten Erwerbs erinnern. Es handelt sich hierbei um Vorgehensweisen, die im allgemeinen Sprachgebrauch als „pokern", „nachkarten" oder dergleichen bezeichnet werden. Derartiges Gebaren kann keine angemessene Basis darstellen für eine so folgenreiche, persönliches wie auch Unternehmensgeschick prägende Angelegenheit wie das Eingehen einer Arbeitsbeziehung. Bei dem völligen Ausreizen der gehaltlichen Möglichkeiten eines Unternehmens ist aus einem weiteren Grund Vorsicht geboten. Das schmerzlich errungene Maximalangebot erzeugt auf Arbeitgeberseite einen hohen Erwartungs-, auf Arbeitnehmerseite ausgeprägten Leistungsdruck – die Investition muß sich ammortisieren! Das Arbeitsverhältnis ist so schon vor seinem Beginn belastet. Der Personalberater wird daher aufgrund seiner Kenntnis der branchenspezifischen Gehaltssituation eine für beide Seiten akzeptable sachliche Einigung zu finden.

3.3.4 Persönlicher Hintergrund/Umzug

Wenn herauszuhören ist, daß Familie bzw. Lebensgefährte den beruflichen Wechsel nicht unterstützen bzw. nicht umziehen wollen, sind mittelfristig Probleme vorprogrammiert. Läßt der Befragte auch für den Zeitraum jenseits der Probezeit ohne Angabe eines triftigen Grundes keine Umzugsbereitschaft erkennen, liegt der Gedanke nahe, daß er den gebotenen Arbeitsplatz als „Übergangsstation" betrachtet.

Die Bedeutung persönlicher Faktoren für die erfolgreiche Bewältigung des Arbeitsalltages darf keinesfalls unterschätzt werden. Teilweise herrscht bei Interviewern eine von Takt oder anderweitig motivierte Zurückhaltung in bezug auf die Privatspäre des Kandidaten. Konkrete Fragen nach Lebenssituation, Berufstätigkeit des Partners werden nicht in ausreichendem Maß gestellt. Zudem können hier Bedenken, die Grenzen des Fragerechts zu überschreiten, eine Rolle spielen. Um die „persönlichen Faktoren" hinreichend zu klären, wird ein Personalberater als distanzierter Beteiligter beispielsweise vorschlagen, weitergehende Gespräche im Beisein des Partners zu führen und, für den Fall einer notwendigen regionalen Veränderung, das Paar ermutigen, den neuen Wohnort in Augenschein zu nehmen.

Da die Grenze zwischen zulässigen und unzulässigen Frage (z. B. der allseits bekannte Fragenkomplex nach Schwangerschaft und Familienplanung) fließend ist, können einige Anregungen helfen, diesen bedeutungsvollen Komplex – mit der nötigen Achtung vor der Privatsphäre – sinnvoll zu behandeln.

Ein positives Gesprächsklima wie auch gegebenenfalls der Hinweis, wieso die jeweilige Frage nach Privatem auch positionsrelevant ist, schafft beim Bewerber die Bereitschaft, sich auch zu Fragen zu äußern, die er nicht unbedingt beantworten muß. Es darf keinesfalls seitens des Bewerbers der Eindruck aufkommen, daß ein überlegenes Gegenüber durch unmotiviertes Herumstochern in seinen intimen Belangen krampfhaft für ihn Nachteiliges zutage fördern möchte.

Mitentscheidend ist die angemessene Reaktion der Zuhörer. Zunächst grundsätzlich neutral sind die Ausführungen des Befragten entgegenzunehmen, egal wie wenig seine Lebenssituation und -ausrichtung denen der Fragenden entsprechen mag. Abfällige Kommentare oder andere Varianten respektloser Äußerungen sind hier fehl am Platz.

Fragen sollten so gestellt werden, daß sie den Charakter eines Kommunikationsangebotes wahren. Letztlich muß allen Beteiligten klar sein, daß der Bewerber, dort wo die Grenze des Zulässigen überschritten ist, juristisch gesehen das Recht hat, gar nicht oder nicht wahrheitsgemäß zu antworten. Immerhin gibt der souveräne Umgang mit jedweder Frage Hinweise zu Aufgeschlossenheit und Argumentationsgeschick des Befragten. Verweigert sich umgekehrt der Befragte immer wieder auch oberflächlichen Fragen zu verschiedenen Aspekten seines Privatbereichs, ist es nicht auszuschließen, daß es dafür weitergehende Gründe gibt als den verständlichen Wunsch nach Wahrung seiner Privatsphäre.

5 Gesprächsführung

5.1 Aufbau

Aus den oben aufgeführten Fragekomplexen ergibt sich der Aufbau des Gesprächs. Anhand des Gesprächleitfadens wird der Personalberater die Informationen nach zwei Gesichtspunkten abrufen: einmal chronologisch (Ausbildung, Berufserfahrung, spezifische Kenntnisse etc.), zum zweiten vom Allgemeinen zum Besonderen (z. B. von der beruflichen Station hin zu beispielhaft dargestellten Einzelprojekten etc.). Dabei dienen die einzelnen Module dazu, nicht den „roten Faden" zu verlieren; die baukastenartige Struktur gestattet es durchaus – falls es sich im spontanen Gesprächsverlauf ergibt –, beispielsweise bestimmte Aspekte frühzeitiger zu vertiefen, als es die Frageliste vorsieht. Entscheidend ist, auf Grundlage der Notizen während des Gesprächsverlaufs im Auge zu behalten, welche Punkte bereits abgeklärt und welche noch offen sind.

Das Interview ist im Regelfall weder für Einsteller noch Bewerber eine alltägliche Situation. Demzufolge herrscht bei allen Beteiligten ein gewisses Maß an Nervosität. Hinzu kommt der Druck, das Personalproblem zu lösen, bzw. – als Bewerber – einen möglichst kompetenten, überzeugenden Eindruck machen zu wollen. Da diese Ausnahmesituation „alltägliches Brot" für den Berater ist, vermag er sich sinnvoll atmosphärischer Fragen anzunehmen.

Das Gesprächsklima ist ausschlaggebend dafür, ob ein Gespräch zum starren Austausch von Floskeln oder aussagekräftigen, individuellen Stellungnahmen gerät. Zum einen sind es die bereits beschriebenen Rahmenbedingungen, zum anderen Aufbau und Fragetechnik, die ein positives oder negatives Klima prägen. Der Berater schafft hier die nötigen Überleitungen.

5.1.1 Einführung

Der Frageliste vorgeschaltet ist eine Einführungsphase von 5–10 Minuten, die dazu dient, Druck und Nervosität abzubauen, und unter den einander meist unbekannten Gesprächsteilnehmern eine positive Gesprächsgrundlage zu schaffen. Einfache Gesprächsthemen helfen, den Situationsstreß abzubauen. Der Berater schafft einen von Sicherheit und Professionalität gekennzeichneten Gesprächsrahmen, indem er folgende Themenkomplexe berücksichtigt:

- Begrüßung sowie Vorstellung der Anwesenden (aber auch Konversationselemente als Zeichen des Entgegenkommens wie Dank für die Anreise, Anbieten einer Erfrischung, unter Umständen kurzes Ansprechen aktueller Ereignisse, die auch die Anwesenden betreffen) tragen zu einem gelungenen Anfang bei.
- Dem Gefühl des Bewerbers, als Versuchskaninchen experimentierfreudigen Hobbypsychologen ausgesetzt zu sein, wird erfolgreich entgegengewirkt durch eine kurze Erläuterung der Vorgehensweise (Zeitrahmen, grober Ablauf mit Hinweis auf Gelegenheit für Bewerberfragen, Zielsetzung des Gesprächs). Diese kurze Erinnerung wird die anderen Anwesenden noch einmal zur Disziplinierung mahnen.

5.1.2 Eignungsspezifischer Teil

Bevor die spezifischen Fragen, die sich aus dem individuellen Lebenslauf des Bewerbers ergeben, wie auch die Punkte des Anforderungsprofils abgeklopft werden können, bietet es sich an, eine Überleitung zu schaffen. Im wesentlichen werden hier die charakteristischen Eckdaten von Unternehmen und Position zur Abklärung der wechselseitigen Erwartungen vorgestellt.

- Entweder umreißen die Unternehmensrepräsentanten kurz die wichtigsten Eckdaten zu Unternehmen, und Position. Der Kandidat erhält Gelegenheit, selbst Fragen zu stellen. Falls diese nicht genügend Material für einen weiterführenden Austausch liefern, können mit Hilfe von Leitfragen die Erwartungen des Kandidaten an eine neue Aufgabe herausgearbeitet werden, z. B. was er im Rahmen der neuen Aufgabe realisieren möchte.

- Erste Hinweise auf besondere Eigenschaften des Kandidaten (Systematik, aktives, zielgerichtetes Vorgehen, kommunikatives Geschick etc.) können gewonnen werden, wenn man ihn auffordert, selber Fragen zu dem Unternehmen und dem potentiellen Arbeitsplatz zu stellen. Hat er sich zuvor über das Unternehmen informiert oder Fragen zu Unternehmen und Position vorbereitet? Bemüht er sich, durch systematische Fragen ein ausgewogenes Bild zu gewinnen? Stellt er durch mehrmaliges Nachfragen bestimmte Aspekte in den Vordergrund? Welche Bedeutung haben diese für ihn? Geht es zum Beispiel immer wieder nur um Einkommen und erhöhte Kompetenzen? Oder zeigen beispielsweise seine Fragen nach dem Umfeld Sensibilität für die Schwierigkeit, sich in bestehende Strukturen zu integrieren?

Somit wird, noch bevor Inhaltliches bzw. Fachliches angesprochen wird, schnell deutlich, ob die wechselseitigen Erwartungen im Grundsatz überhaupt zusammenpassen. Gleichzeitig ist ausreichendes Gesprächsmaterial zusammengetragen worden, um eine flüssige Überleitung zum inhaltlich-fachlichen Teil zu gewährleisten.

Nachdem die allgemeinen Voraussetzungen wie auch die spezifischen Kenntnisse des Bewerbers durch den Personalberater transparent gemacht worden sind, herrschen die richtigen klimatischen Bedingungen („die Anwesenden sind aufgetaut"), um die Standardfragen zu stellen. Nur so kann sichergestellt werden, daß im persönlichen Hintergrund des Kandidaten keine Faktoren lauern, die der erfolgreichen Bewältigung der neuen Aufgabe im Wege stehen könnten.

5.1.3 Abschluß

Folgende Punkte wählt der Berater zum professionellen Gesprächsausstieg:

- Es besteht Gelegenheit zu prüfen, ob es noch offene Fragen gibt, die ihm Rahmen des Gesprächs geklärt werden können.
- Falls der Kandidat grundsätzlich geeignet erscheint, lohnt es sich, herauszuhören, ob er interessiert ist. Sollte er in der Lage sein, aus sei-

ner Sicht Fragwürdiges anzusprechen, kann eventuell schon darauf eingegangen werden. Ansonsten liefert es Material für ein zweites Gespräch.

• Hier kann Mißverständnissen vorgebeugt werden, soweit sie sich aus den beiden obigen Punkten ergeben.

• Egal, ob der Bewerber geeignet oder weniger geeignet erscheint: die weitere Vorgehensweise sollte zumindest im Hinblick auf einen realistischen Termin für eine positive oder negative Entscheidung in bezug auf ein zweites Gespräch angesprochen werden.

Keinesfalls Bestandteil des abschließenden Teils ist die Ablehnung eines weniger geeigneten Bewerbers. Niemand kann etwas dadurch gewinnen, daß durch eine unmittelbare Absage unangenehme Konsequenzen in Form von fruchtlosen Diskussionen, die den Zeitrahmen sprengen, bis hin zu emotional negativen Reaktionen riskiert werden. Eine höflich formulierte schriftliche Absage einige Tage später dagegen bedeutet keinen unzumutbaren Zeitverlust. Der Personalberater übernimmt es, wenn der Auftraggeber es wünscht, abgelehnten Bewerbern, die danach fragen, sogenanntes „feedback" zu geben. Derart läßt sich entstehender Ablehnungsfrust mildern und – dank des konstruktiven Umgangs mit einer für den Kandidaten negativen Situation – letztendlich die Reputation des Auftraggebers steigern.

5.2 Fragetechnik

Während ein systematischer Aufbau zum vollständigen Abrufen aller Fakten verhilft, sind es – auf Grundlage eines positiven Gesprächsklima – gezielte Fragetechniken, mit Hilfe derer man die persönlichen Merkmalen des Kandidaten erarbeitet.

Zunächst ist es wichtig, beständig Anknüpfungspunkte in Form von „Gesprächsmaterial" zu erhalten, das über bloße Fakten hinausgeht. Hierzu gehören alle Bemerkungen, die Hinweise auf persönliche Interessen, Einstellung, Arbeitsweise etc. geben.

• Aufschlußreiches Antwortmaterial liefern **offene Fragen**, d. h. Fragen sollten weitestgehend so gestellt werden, daß sie weder mit „ja" oder „nein" beantwortet werden können noch eine bestimmte Antwort nahelegen.

• Ein Interview ist ein durch den Berater **gesteuerter Dialog**. Fehl am Platz sind hier endlose Monologe der Auswählenden über persönliche oder unternehmerische Erfolge ebenso wie ungebremstes und unhinterfragtes Schönreden des Lebenslaufs seitens des Kandidaten.

• Noch ein Hinweis zum mengenmäßigen Aspekt des zu gewinnenden Materials: Damit die Interviewer das Gespräch in ausreichendem

Maß steuern können, andererseits der Kandidat genügend Raum für seine Selbstdarstellung erhält, dient eine einfache Faustregel als Richtwert für den **Redeanteil:** Der Bewerber sollte über die Hälfte der zur Verfügung stehenden Zeit in Anspruch nehmen dürfen. Anzustreben ist ein Verhältnis von 60–70 % Redezeit für den Bewerber und 40–30 % für die Befragenden. Deutliche Abweichungen werden im Regelfall nicht zu dem angestrebten gehaltvollen Informationsaustausch führen. Der Personalberater wird daher darauf achten, daß diese Regel eingehalten wird.

- Zur **Vertiefung** ausgewählter Punkte wird der Berater Fragen vom Allgemeinen zum Besonderen stellen. Ein Ausschnitt eines Interviews mit einem potentiellen Marketing-Mitarbeiter könnte so aussehen, wenn es darum geht, seine Eignung zur selbständigen Durchführung konkreter Marketing-Maßnahmen (u. a. persönliches Auftreten) zu untersuchen:

Interviewer: „Welche Aufgaben umfaßt ihre derzeitige Tätigkeit als Vertriebs-Assistent noch?" Bewerber: „Es gehören zum Beispiel noch Marketing-Aufgaben dazu." Interviewer: „Was beinhaltet das in ihrem Fall?" Bewerber: „Vor allem verschiedene konzeptionelle und verkaufsfördernde Maßnahmen." Interviewer: „Können sie einmal ein Beispiel nennen?" Bewerber: „Zum Beispiel die Mitwirkung an Messen. Das geht von der Planung und Organisation bis hin zur Vorbereitung von Vorträgen und der Anwesenheit am Messestand an allen Tagen." Interviewer: „Halten Sie persönlich Vorträge?" Bewerber: „Nein, das macht nur unser Marketing-Leiter. Ich stelle vorher die Informationen für ihn zusammen."

Dank der hartnäckigen Vertiefung des Punktes Marketingaktivitäten durch den Personalberater bewegte sich das Gespräch weg von dem Aufzählen von Schlagwörtern hin zu gehaltvollen Aussagen.

- Der Personalberater wird sich nicht scheuen, das einfache Mittel der **Wiederholung von Fragen** einzusetzen. Bleiben einzelne Antworten unverständlich oder ergeben sie in der Summe kein klares Bild, gibt es keinen Grund, die Fragen – eventuell anders formuliert – noch einmal zu stellen. Das gilt insbesondere für alle dem ersten Interview folgenden Gespräche, auf deren Bedeutung noch eingegangen werden soll.
- Bedeutsame **Punkte,** z. B. Entscheidungen, die den weiteren Lebensweg prägen, **aufgreifen** und nach Hintergründen fragen. („Wieso haben Sie sich nach ihrer kaufmännischen Lehre für das Studium der Verfahrenstechnik entschieden?")
- Um aus den gesammelten Aussagen ein zutreffendes Gesamtbild des Bewerbers zu gewinnen, ist eine Überprüfung empfehlenswert. Der Berater bedient sich des einfachen, aber gewinnbringenden Mittels

des **Zusammenfassens zentraler Aussagen** in eigene Worte, um so festzustellen, ob das Dargestellte richtig aufgefaßt wurde.

Alle Techniken, die aus dem Bereich Verhör und sonstigen Formen von „Streßgesprächen" stammen, sind mit Vorsicht zu genießen und nur in bezug auf die extremen Anforderungen weniger Positionen (wie sie sich beispielsweise im militärischen Umfeld finden) zu rechtfertigen. Ein schematisches Abprüfen von detailliertem Fachwissen dürfte genausowenig auf die positive Resonanz eines erwachsenen Bewerbers stoßen wie das abrupte Bombardieren mit provozierenden Fragen, um seine Belastbarkeit zu testen. Es ist damit zu rechnen, daß derartig extreme Erscheinungsformen nicht auf die Akzeptanz eines qualifizierten Bewerbers stoßen werden, der beruflich fest im Sattel sitzt. Ein höheres Maß an Akzeptanz finden hier **Praxistests**, die der Berater als erweiterte Form der Fragetechnik vor allem im zweiten Gespräch einbringt.

6. Auswertung

Insbesondere bei der Besetzung von Schlüsselpositionen kann man davon ausgehen, daß die Beurteilenden, nachdem erstmalig eine Reihe von Kandidaten präsentiert worden ist, damit überfordert sind, sicher zu entscheiden, welcher der Kandidaten für die Aufgaben am besten geeignet ist. Was kann an dieser Stelle mit Hilfe des Beraters tatsächlich geleistet werden?

6.1 Auswertung des Erstgesprächs

Unmittelbar nach den Gesprächen empfiehlt sich ein kurzer Gedankenaustausch aller auf Unternehmensseite Beteiligten. Basis dafür sind die während (!) des Gesprächs erfaßten Notizen. Aufgrund der Übersicht ist schnell ermittelt, welche Kandidaten nicht länger berücksichtigt werden, weil sich sogenannte „k.o.-Kriterien" ergeben haben. Es handelt sich hierbei um die Nichterfüllung von im Anforderungsprofil festgehaltenen, unerläßlichen Minimalforderungen.

Weiterhin wird der Berater diejenigen Fragenkomplexe, die bei interessanten Kandidaten unzureichend behandelt worden sind bzw. noch Unstimmigkeiten aufweisen, herausarbeiten. Genau diese Punkte werden noch einmal besonders markiert, damit sie gezielt im Folgegespräch untersucht werden können.

6.2 Anzahl der Gespräche

Ein zweites Gespräch kann nur – selbst bei scheinbar „klaren Fällen" – einen erheblichen Zugewinnn an Informationen bedeuten:

- Die Beteiligten machen sich frei vom Faktor **Tagesform**. Es kommt immer wieder im Vergleich von erstem und zweiten Gespräch zu erheblichen Unterschieden im Auftreten des Bewerbers wie auch im Gesprächsverlauf. Hierfür ließe sich eine Vielzahl von Gründen anführen, nicht zuletzt die unterschiedliche Wahrnehmung seitens der Interviewer (siehe Beurteilungsfehler). Aus diesem Grund bietet es sich an, **nicht allein den Interessantesten** aus dem ersten Gespräch für ein weiteres Gespräch einzuladen.

- Hinzu kommt, daß Bewerber gewöhnlich beim zweiten Gespräch gelöster sind und sich somit offener in bezug auf ihr persönliches und berufliches Selbstverständnis äußern.

- Das zweite Gespräch gibt Gelegenheit, alle wichtigen Punkte nochmals anzuschneiden. Selbst im Fall bereits eindeutig beantworteter Fragen können sich, wenn der Bewerber ein zweites Mal dazu Stellung nimmt, aufschlußreiche Aspekte durch Weglassen, Hinzufügen oder neue Zwischentöne ergeben. Im zweiten Gespräch erscheint der Wechsel „greifbarer"; es gibt beispielsweise Kandidaten (oder Lebensgefährten), die sich erst hier ernsthaft mit einem erforderlichen Umzug auseinandersetzen.

- Im Rahmen eines zweiten Gesprächs können **Praxisaspekte** in Ruhe vertieft werden. Jetzt ist der Zeitpunkt für einen Rundgang durch das Unternehmen. Hieraus ergeben sich höchstwahrscheinlich eine Fülle neuer Fragen. Außerdem wird der Berater ggf. vorschlagen, sogenannte Praxistests in den Ablauf einzubauen. Der Kandidat wird beispielsweise mit einer problematischen Situation oder einer Arbeitsprobe konfrontiert, die typisch für die Unternehmensrealität ist. Es geht nicht darum, daß der Kandidat als „Uneingeweihter" unternehmensspezifische Probleme perfekt löst. Aufschlußreich dagegen sind Hinweise auf seine Herangehensweise, denn so ist zu ermitteln, ob der Kandidat in das neue Umfeld passen könnte.

Eine derartige konstruierte Situation könnte die Einarbeitungsphase betreffen. Dem Kandidaten werden einige Details an die Hand gegeben (Altersstruktur und Qualifikationsniveau der zukünftigen Kollegen bzw. Mitarbeiter, anstehende Projekte). In der Folge erläutert der Kandidat, wie er sich daraus ergebenden Schwierigkeiten begegnen will.

6.3 Sonstige Informationsquellen

Persönliche Besonderheiten und Eigenarten kommen ferner in Mimik und Gestik des einzelnen zum Ausdruck, die somit eine weitere Informationsquelle darstellen. Das individuelle Zusammenspiel von Mimik, Gestik und verbalen Äußerungen ist so komplex, daß vor dem Versuch einer laienpsychologischen Schnelldeutung nur gewarnt werden kann. Eine durch Mimik und Gestik plötzlich ausgelöste Abneigung jedoch spricht ihre eigene Sprache, die nicht überhört werden sollte.

6.4 Fehlerquellen

Eine sorgfältige Vorgehensweise schließt Sensibilität für sich einschleichende Beurteilungsfehler mit ein. Im Zusammenhang einer Serie von Bewerbergesprächen kommt es bei weniger geübten Interviewern zu typischen Wahrnehmungsfehlern wie

- Überbetonung eines besonders positiven oder negativen Eindrucks, der die anderen Aspekte über Gebühr in den Hintergrund treten läßt. Im Fall von Herrn V. war es vielleicht der gutsitzende Anzug aus dunklem Tuch, der das Auftreten der anderen Interessenten zweitklassig erscheinen ließ;
- Über- oder Unterbewertung der Information, die zu einem besonderen Zeitpunkt, z. B. zu Anfang oder Ende des Gesprächs aufgenommen wurde. Der Bewerber, der um 14 Uhr antritt, nachdem seine Interviewer womöglich ein umfangreiches Mittagsmahl zu sich genommen haben, hat es sicher ungleich schwerer als der Kandidat von 9 Uhr, seine Ausführungen interessant erscheinen zu lassen;
- Überbewertung (oder negative Deutung) nicht unmittelbar positionsrelevanter Fakten, weil diese persönlichen oder allgemeinen Vorlieben und Interessen entsprechen (bzw. widersprechen). Herr V. hat zur besonderen Freude des Herrn G. ebenfalls in A. studiert.

Ein versierter Berater ist darin geübt, sich immer wieder von der Wirkung der aktuellen Gesprächssituation freizumachen, um diese sensiblen Punkte ins Bewußtsein der Beteiligten zu rufen.

6.5 Abschließende Beurteilung

Eine erfolgreiche Sondierungsphase bestehend aus mindestens zwei Gesprächen ist dadurch gekennzeichnet, daß alle Bemühungen darin fokussieren, den inneren Widerspruch einer Vorstellungssituation zu überwinden. Dieser liegt naturgemäß in der Tatsache begründet, daß Kandidaten im Rahmen einer Ausnahmesituation, der Bewerbungsphase, in bezug auf ihr alltägliches Verhalten am Arbeitsplatz beurteilt werden.

Bleiben am Ende einer Sondierungsphase mehrere interessante Kandidaten übrig, ist noch einmal die geistige Disziplin der Auswählenden gefordert. Der Berater unterstützt insbesondere darin, in der abschließenden Beurteilung zu differenzieren zwischen **bestem Bewerber** und **am besten geeigneten Bewerber.** Im Fall vom Auswahlverfahren, an dem auch Herr V. teilgenommen hat, wäre ein Kandidat der zweiten Wahl sicherlich die bessere, weil passendere Wahl gewesen. Obgleich weniger hochkarätig, hätte dieser wahrscheinlich aufgrund seiner weniger hochgesteckten Erwartungen und einer bodenständigen, persönlichen Art besser in das neue Umfeld gepaßt.

Desgleichen sind falsche Kompromisse zu vermeiden. Bei magerer Ausbeute wird auch ein Kandidat, der bereits nach dem ersten Gespräch einen oder weitere entscheidende Punkte des Anforderungsprofils nicht erfüllte, auch im zweiten oder dritten Gespräch nicht besser. Hier hilft einzig, einen Schlußstrich zu ziehen und die Position noch einmal auszuschreiben.

7. Checkliste

● **Persönlicher Eindruck**
  – Erscheinung/Kleidung,
  – Auftreten/Umgangsform,
  – Sprechweise/kommunikative Fähigkeit,
  – Auffassungsvermögen.

● **Ausbildung**
  – Hintergründe für Wahl von Ausbildung bzw. Studium,
  – Ausbildungsverlauf/Besonderheiten.

● **Berufserfahrung**
  – Berufliche Stationen,
  – Branchenerfahrung/Vertriebserfahrung,
  – Führungserfahrung,
  – Berufliche Entwicklung insgesamt.

● **Spezifische Kenntnisse**
  – Produkte/Wettbewerb/technisches Verständnis,
  – Kunden,
  – Vertriebsgebiet.

● **Wechselgrund**
  – Motive des Stellenwechsels,
  – Einstellung zu derzeitigem Arbeitgeber/Vorgesetzten/Mitarbeitern,
  – Erwartungen an die neue Aufgabe/Entwicklungsmöglichkeiten.

● **Kündigungsfrist**

● **Einkommen**
  – Derzeitiges/erwartetes Einkommen

- **Persönlicher Hintergrund/Umzug**
  - Familiäre Situation/sonstige Bindungen,
  - Persönliche Interessen/nebenberufliche Aktivitäten,
  - Umzugsbereitschaft.
- **Weitere Vorgehensweise**

Kapitel 20

Körpersprache – Beobachtungen im Rahmen der Personalauswahl

von *Renate Ibelgaufts*

1. Einige einleitende Bemerkungen

Körpersprache zählt zu diesen merkwürdigen Themen, die eigentlich jeder kennt – abgesehen davon, daß sie ohnehin jeder anwendet –, die andererseits aber eine ‚Black Box Situation‘ bleiben, weil man eben doch nichts Genaues darüber weiß. In jedem Fall ist es ein ungeheuer spannendes und neugierig machendes Thema, dem daher schon eine ganze Reihe von Autoren Artikel und Bücher gewidmet haben, wobei die Akzente sehr unterschiedlich gesetzt wurden und ebenso verschiedene Ergebnisse herausgekommen sind. Insbesondere die bewußt sehr populärwissenschaftlich gehaltenen Werke erinnern manchmal fatal an eine Art ‚Gebrauchsanweisung für Menschen‘ in dem Sinne, wenn jemand dies und jenes tut, dann heißt das das und das. Sogar Erkenntnisse, die tatsächlich auf konkreten eigenen Erfahrungen basieren, wie die, daß das Verschränken der Arme vor dem Körper eine Abwehrhaltung oder mangelnde Kommunikationsbereitschaft signalisiert, mögen zwar durchaus einige Male gestimmt haben, sind aber vielleicht in der aktuellen Situation gänzlich falsch, weil demjenigen nur kalt ist oder es sich um einen so kommunikativen Menschen handelt, daß seine Körperhaltung bezogen auf die Kommunikationsfähigkeit nur von untergeordneter Bedeutung ist. Ja, man muß sogar damit rechnen, daß eine wahrgenommene Geste oder andere körpersprachliche ‚Äußerung‘ in einer bestimmten Situation überhaupt keine konkrete Bedeutung haben.

Insofern ist eine solche Darstellungsweise gemessen an der Materie gefährlich vereinfachend und vermittelt den Eindruck, daß man vergleichbar dem Erlernen einer Fremdsprache nur einige Vokabeln auswendig lernen müßte, um den anderen problemlos und selbstverständlich unzweifelhaft interpretieren zu können.

2. Die Komplexität des Themas Körpersprache: Anwendung, Wahrnehmung und ständige Kontrolle

Nachdem man ein gewisses ‚Grundvokabular‘ gelernt hat, beginnt erst die bewußte Anwendung, womit sowohl die Beobachtung als auch die ebenso bewußte Wahrnehmung und vor allem die ständigen Kontrolle dieser Wahrnehmung gemeint sind. Insbesondere dieser Teil erfordert viel Übung, wie immer, wenn etwas, das wir häufig unbewußt tun, sozusagen künstlich auf die Bewußtseinsebene hochgeholt werden muß. Hinzu kommt, daß körpersprachliche Signale ungleich viel schneller über den Instinkt wahrgenommen werden als gesprochene Worte und sich damit der systematischen Analyse eher entziehen, zumal ja in der Regel auch noch die Verarbeitung des verbalen Kanals hinzukommt.

Gerade die Körpersprache ist im Hinblick auf Mitteilungen und Kommunikation ein außerordentlich vielschichtiges Thema mit einem Höchstmaß an Komplexität, bei dem man sich die jeweiligen Erkenntnisse wie bei einem Puzzle oder Mosaik durch richtiges Anordnen der einzelnen Teile zusammensetzen und gegebenenfalls sogar verbal hinterfragen muß. Erst dann erschließt sich die volle Botschaft. Niemals darf ein Einzelmerkmal isoliert betrachtet werden. Es muß zum einen in Beziehung zum Gesagten gesetzt werden, und zum anderen sind die gesamte Kommunikationssituation einschließlich der Rollen der jeweils Beteiligten zu berücksichtigen, Erfordernisse, die in besonderer Weise auf das Vorstellungsgespräch zutreffen. Auch der Aspekt der Unterscheidung zwischen bewußten und unbewußten Signalen darf keinesfalls vernachlässigt werden. Und um die Sache noch ein wenig komplizierter zu machen, gibt es körpersprachliche Ausdrucks-Unterschiede zwischen Männern und Frauen, zwischen einzelnen Ländern – sogar innerhalb Europas – und nicht zuletzt erziehungsbedingte Verhaltensweisen bis hin zu Auswirkungen körperlicher Behinderungen (die man vielleicht nicht sofort erkennen kann) oder persönlichen ‚Ticks‘, die ihrerseits verschiedenste Ursachen haben können. Deshalb ist ‚Auswendiglernen‘ im Sinne einer Gebrauchsanweisung oder einer Vokabelliste, die im übrigen trotz intensiver Forschung auf diesem Gebiet noch niemand zustande gebracht hat, von vornherein zum Scheitern verurteilt und bringt der Zielsetzung des Verstehens keinen einzigen Schritt näher.

3. Was Kommunikation so schwierig macht

Kommunikation an sich – dabei meine ich dieses Mal primär die verbale – ist schon sehr schwierig, und wenn man sich einmal mit den verschiedenen Sende- und Empfangsebenen – im Minimum eine Sach- und eine Beziehungsebene – intensiver beschäftigt, kommt man unweigerlich zu dem Ergebnis, daß es schon erstaunlich ist, daß überhaupt noch etwas verstanden wird und somit funktioniert. *Friedemann Schulz von Thun* hat beispielsweise in seinem sehr empfehlenswerten Taschenbuch „Miteinander reden“ mit dem bezeichnenden Untertitel „Störungen und Klärungen“ diese verschiedenen Ebenen und Aspekte in sehr anschaulicher Form dargestellt. Sowohl für die sprachliche als auch die non-verbale Kommunikation gilt nun einmal, daß es leider fast unerheblich ist, was jemand sagen wollte oder tatsächlich gesagt hat, sondern es kommt – da Kommunikation in aller Regel eine Zielsetzung hat – nur darauf an, was der Empfänger verstanden hat und aus einer Begegnung mitnimmt.

4. Die Interpretation von Körpersprache

Was insbesondere das Interpretieren der Körpersprache so schwierig macht, ist die Erkenntnis, daß es neben vielen situativen Einflußfaktoren sehr wenig typische und einheitliche ‚Wenn-dann-Beziehungen‘ gibt, also wenig Klarheit dergestalt, daß, wenn jemand dies und jenes tut, das dann eben auch dies und jenes heißt. Vielfach kommt man über Vermutungen und Näherungswerte nicht hinaus, und in jedem Falle müssen – wie bereits erläutert – eine Vielzahl von Einzelinformationen wahrgenommen, zu einem Bild zusammengesetzt und die Informationen untereinander auch noch ständig gegengeprüft werden, eine ausgesprochene Sisyphusarbeit, die auf jeden Fall eine hohe Konzentration auf den anderen erfordert, eigentlich die Grundvoraussetzung jeder

Kommunikation. Was bei der verbalen Kommunikation die Kunst des Zuhörens ist, das ist bei der Körpersprache die Wahrnehmungsfähigkeit für eine Vielzahl von Kleinigkeiten, so z. B. die Mimik beim Luftholen, die signalisiert: „ich möchte jetzt etwas sagen oder fragen" oder das leichte Stirnrunzeln, das ein Hinweis darauf sein kann „ich habe etwas nicht verstanden", es aber eben auch heißen kann: „damit bin ich nicht einverstanden". Sowohl innerhalb der non-verbalen Signale als auch in Kombination mit dem gesprochenen Wort muß ständig überprüft werden: Habe ich die richtige Wahrnehmung und vor allem die richtige Deutung? Insofern hat die Interpretation von körpersprachlichen Signalen auch sehr viel mit Menschenkenntnis und dem Zulassen von Intuition und Gefühlen zu tun. In Zweifelsfällen ist es sogar mehr als angebracht, eine Beobachtung verbal zu hinterfragen, wobei dann schon das ‚Wie' der Antwort eine Menge Rückschlüsse zuläßt.

5. Das Vorstellungsgespräch

Jedem, der sich in der heutigen Zeit um eine neue Position bewirbt, ist klar, daß ihm seine schriftlichen Unterlagen einschließlich der Zeugnisse und der darin dokumentierten Erfahrung zwar die Einladung zum persönlichen Kennenlernen vermittelt haben, daß die Bewertung der Bewerbungsmappe aber allenfalls als ‚Eintrittskarte' zu werten ist, da der persönliche Eindruck auch noch so gute Bewertungen anderer in der Gewichtung – positiv oder negativ – deutlich überrunden wird. Da Bewerber auch durch Recherchen über die zu erwartende Gesprächskonstellation meist wenig im Vorfeld erfahren können – hier kann der eingeschaltete Personalberater hinsichtlich der Vorbereitung für seine Kandidaten ein gutes Werk tun –, ist allein schon durch die agierenden Personen in der Regel eine Vielzahl von Überraschungen möglich, die ggf. eine zusätzliche Belastungssituation für den Bewerber darstellen können. Selbstverständlich gilt es dabei zu berücksichtigen, daß je nach Position, Aufgabengebiet und Hierarchieebene auch unterschiedliche Erwartungen gestellt werden können. Ein Kandidat, der Vertriebsleiter werden soll bzw. es schon ist, muß zwangsläufig eine größere Runde verkraften oder gar souverän beherrschen können, während man dem zukünftigen Buchhalter sicherlich das eine oder andere an ungeschicktem Verhalten nachsehen wird.

6. Die Gesprächsrunde

Unternehmen haben naturgemäß für Vorstellungsgespräche hinsichtlich der personellen Konstellation auf Interviewerseite sehr unterschiedliche

Auffassungen und Vorgehensweisen. Leider erhalten die eingeladenen Bewerber nur in den seltensten Fällen diese personelle Konstellation bereits mit der Einladung zum Gespräch mitgeteilt und müssen sich daher auf gewisse Überraschungen gefaßt machen, die man dem einen oder anderen dann auch anmerkt. In einem solchen Falle sollten die anwesenden Unternehmensvertreter bemüht sein, einen Kandidaten gleich zu Anfang mit der Gesprächsrunde und den anwesenden Personen vertraut zu machen. In der Situation ‚Vorstellungsgespräch‘ Geübte werden als erstes ihre Visitenkarte überreichen und einige Informationen über Funktionen im Unternehmen und Rolle im Gespräch sagen, denn die ausschließlich mündliche Vorstellung ist ähnlich wenig effizient wie das Herumführen eines neuen Mitarbeiters am ersten Arbeitstag. Dieser hört Dutzende von Namen und kann sich allenfalls einen kleinen Teil davon merken.

Eine für Kandidaten im Vorstellungsgespräch unter körpersprachlichen Aspekten nicht unerhebliche Belastungssituation ist die Anwesenheit von Vertretern der obersten Führungsebenen, die potentielle neue Mitarbeiter vielfach einfach nur kurz kennenlernen wollen. Sie erscheinen daher manchmal auch später, betonen, daß man sich nicht stören lassen solle, stellen vielleicht eine oder zwei Fragen oder sagen auch gar nichts und verlassen den Raum nicht selten vor Ablauf des Gespräches wieder. Bei Bewerbern entsteht nun die Frage, ob es sich bei dieser ‚Stippvisite‘ um Termindruck oder Desinteresse handelt in dem Sinne „der kommt ohnehin nicht in Frage“ oder gar um Zufriedenheit „ich habe schon genug gehört“ bzw. „das Gespräch läuft ja sehr gut“. In jedem Falle wird mit einem solchen Verhalten indirekt dokumentiert, daß es Wichtigeres zu tun gibt, als sich die Zeit für ein längeres Vorstellungsgespräch zu nehmen.

7. Sitzordnung

Ein erster wesentlicher Aspekt der Körpersprache in dieser besonderen Kommunikationssituation ist die Sitzordnung. Zum einen haben die meisten Menschen in dieser Hinsicht bestimmte Vorlieben; leicht zu überprüfen daran, wohin man geht, wenn man einen großen Raum wie beispielsweise ein Kino betritt. Fast alle haben dann einen ‚Rechts‘- oder ‚Linksdrall‘, jedenfalls ein sogenanntes (bevorzugtes) räumliches Verhalten, das sich bei dieser Person, ohne daß sie darüber nachdenkt, immer wiederholt. Übertragen auf das Vorstellungsgespräch bedeutet das: man kann einem Bewerber die Platzwahl überlassen, damit er sich in der beschriebenen instinktiven Weise verhalten kann. Das wird dann zwar für das persönliche Wohlbefinden in dieser Ausnahmesituation gewisse Vorzüge haben, andererseits kann es auch von elementarer Bedeutung sein, in Anbetracht der Kenntnis der Gesprächskonstellation den Platz anzubieten, von dem aus der beste Blickkontakt zu einer größere Runde von Gesprächspartnern besteht. Sollte dies aus irgendwelchen Gründen nicht möglich sein, muß zumindest erlaubt werden, Stuhl oder Sessel in eine Position bringen, die dem Bewerber ermöglicht, im wahrsten Sinne des Wortes den ‚Überblick' zu behalten. Gerade hier bietet sich für die Personalauswahl eine zusätzliche Bewertungskategorie an, nämlich, ob einem Kandidaten diese Dinge wichtig sind bzw. ob er bewußt daran denkt und sie ggf. sogar thematisiert.

Unternehmensvertreter, die sich vielleicht über die Auswirkungen einer Sitzordnung oder der Größe eines Tisches auf ein Gespräch noch nie Gedanken gemacht haben, sollten sich in diesem Zusammenhang einmal in die Situation des Kandidaten versetzen, der vielleicht nicht einsam auf einer Seite eines langen Sitzungstisches einen Platz angeboten bekommen sollte, auf dessen Gegenseite dann die drei oder gar mehr Interviewer als veritable ‚Gegenpartei' Platz nehmen.

8. Sitzhaltung

Für Kandidaten in Vorstellungsgesprächen ist eine gewisse Anspannung zwangsläufig normal und einfach Realität; ein Zustand, der erfahrungsgemäß auch praxiserprobte Manager trifft, wenn es plötzlich um das Verkaufen in eigener Sache geht. Als derjenige auf der anderen Seite des Tisches – Vertreter eines Unternehmens oder Personalberater – sollte man nie vergessen, daß man auch selbst mehr oder weniger häufig und unter Umständen nicht immer erfolgreich in dieser Situation gewesen ist und wie man sich dabei gefühlt hat.

Nervosität und Angespanntsein machen sich vor allem auch in der Sitzhaltung bemerkbar. Schließlich ist der Aspekt der Körper- und Sitzhaltung wieder ein sehr sicheres Zeichen für den ‚Zustand' des Kandidaten und muß immer dann in die Auswahlkriterien mit einbezogen werden, wenn die für Nervosität übliche Anfangszeit von etwa 15–20 Minuten deutlich überschritten wird. Je nachdem, wie extrem das Verhalten ist, sollte man sich als Gastgeber sogar dazu durchringen, es offen anzusprechen. Ebenso aussagefähig ist natürlich das Gegenteil, daß der Besucher so überzogen ‚entspannt' im Sessel sitzt oder vielleicht sogar eher liegt, daß die auf diese Weise dokumentierte Lässigkeit unbedingt durch andere Faktoren daraufhin überprüft werden muß, ob hier jemand ‚nur' seine Nervosität zu überspielen versucht oder ob ich jemanden vor mir habe, der es mit Höflichkeitsregeln nicht so besonders genau nimmt.

Beides ist dann für sich genommen eine wesentliche Aussage für die Gesamtbeurteilung.

9. Blickkontakt

Art und Umfang des unmittelbaren Blickkontaktes sind in einem Bewerbungsgespräch in vielfacher Hinsicht ein wesentlicher Indikator und das Element der Körpersprache, das auf den Gesamteindruck auf beiden Seiten selbst dann gravierende Auswirkungen hat, wenn es nur um eine unreflektierte Wahrnehmung geht. Andererseits kann der Interviewer an der Häufigkeit und Intensität des Blickkontaktes am allerbesten ablesen, wann er es geschafft hat, einen anfangs nervösen Bewerber so weit zu ‚entkrampfen‘, daß dieser zu einer wirklichen Diskussion und einem Gespräch unter möglichst gleichberechtigten Partnern in der Lage ist. Dabei ist es generell sehr faszinierend zu beobachten, wie sich der Blickkontakt im Laufe eines Gespräches verändert. Und da der Blickkontakt in seinen Möglichkeiten zwangsläufig durch die zuvor beschriebene Sitzordnung stark beeinflußt wird, geschieht es nicht selten, daß sich auch diese während des Gesprächsverlaufes verändert, indem beispielsweise jemand seinen Stuhl in eine andere Richtung verschiebt und damit den Blickwinkel erweitert oder näher an den Tisch heranrückt und damit eine größere – von ihm empfundene oder gewünschte – persönliche Nähe und Intensität des Gespräches signalisiert. Auch insoweit beeinflussen sich die Gesprächspartner verbal und non-verbal gegenseitig.

10. Der Blickkontakt in einer größeren Runde

Ganz wichtig für einen guten Gesprächsverlauf ist, wie es dem Bewerber gelingt, insbesondere die Selbstdarstellung und vor allem sämtliche Antworten allen im Raum Anwesenden zu geben und nicht nur demjenigen, der etwas gefragt hat oder der ihm offensichtlich am sympathischsten ist. Übrigens entspricht es leider den üblichen Gepflogenheiten wenig geübter Redner in einer größeren Runde, sich per Blickkontakt an denjenigen im Raum zu orientieren, die sie freundlich anlächeln oder gar zu ihren Ausführungen nicken (man fühlt sich dann automatisch bestätigt) oder die schon vom Äußeren her sympathisch sind. Dieses an sich sehr menschliche Phänomen, das man in der Regel nur durch die Überzeugung, daß es falsch ist, und durch viel Übung und Disziplin in den Griff bekommt, kann im Extremfall dazu führen, daß ein einzelner Teilnehmer in der Runde per Blickkontakt sogar die Antworten auf die Fragen erhält, die er gar nicht gestellt hat. Nicht selten passiert es auch, daß ein bestimmter Interviewer von einem Bewerber aufgrund seiner kritischen Fragen als bedrohlich eingestuft wird, und er deshalb instinktiv versucht, diese ‚Bedrohung' über den fehlenden Blickkontakt regelrecht auszugrenzen. Für den oder die Personen, die die Personalauswahl letztlich verantworten müssen, ist immer dann bei einem solchen Kandidaten Vorsicht geboten, wenn das Unternehmen eine Position mit viel menschlichen Kontakten und Außenwirkung oder eben eine Managementfunktion zu besetzen hat. Führungskräfte, die bereits auf diesem Gebiet nicht ‚integrieren' können, werden gegebenenfalls auch auf anderen Gebieten ihre Probleme haben.

Bei der Beurteilung von Häufigkeit, Radius und Intensität des Blickkontaktes ist jedoch zu berücksichtigen, daß Menschen auch dann den Blickkontakt abbrechen, wenn sie sich auf für sie nicht ganz leichte Ausführungen oder die Beantwortung einer außergewöhnlichen oder schwierigen Frage konzentrieren wollen. Die jeweiligen Intervalle, wann und wie lange der Blickkontakt abgebrochen wird, zeigen einem aufmerksamen Zuhörer und Beobachter jedoch recht zuverlässig, ob es sich dabei nur um das beschriebene Phänomen handelt, also um einen insgesamt sehr normalen Ablauf. Trotzdem bleibt es ein im Hinblick auf den Gesamteindruck sehr wesentlicher Aspekt der Körpersprache, den man als Kandidat – insbesondere in der Kommunikationssituation, über die wir hier reden – bewußt zu korrigieren versuchen muß.

Im Falle mehrerer Interviewer sollten diese vorher eine gewisse Rollenverteilung abgesprochen haben. Das heißt dann für den Bewerber, daß er sich über unterschiedliche Themenbereiche mit verschiedenen Leuten unterhalten muß, ein guter Test dafür, ob er sich an die erläuterte ‚Spielregel' hält, alle Anwesenden im Raum zumindest in regelmäßigen Abständen per Blickkontakt einzubeziehen und ob er mit der Gesprächskomplexität, die dadurch entsteht, souverän umgehen kann.

Ein großes personelles Aufgebot in einem ersten Gespräch sollte jedoch in jedem Falle bezüglich der Notwendigkeit überdacht werden, weil ein Kandidat eben trotz aller guten Vorsätze und Verhaltensregeln einige Mühe haben wird, sich auf alle gleichermaßen zu konzentrieren, und auf Interviewerseite die Rollenverteilung zumindest bei Kollegen, die sich selten so nah abstimmen müssen, nicht immer überzeugend klappt. Sind die Rollen vorab nicht klar verteilt, kann das auch dazu führen, daß die spätere Auswertung mehrerer Gespräche hintereinander mit verschiedenen Kandidaten sehr schwierig wird, weil sich keiner der Interviewer für einen Part einschließlich der späteren Rekapitulationsmöglichkeiten verantwortlich fühlt.

Ganz besonders unangenehm wird es in der Regel von einem Bewerber erlebt, wenn einer oder mehrere Teilnehmer zwischendurch den Raum verlassen, weil diese ja immer davon ausgehen können, daß das Gespräch auch ohne sie weiterläuft. Abgesehen von den Störungen weiß der Bewerber dann nicht: Hat derjenige schon genug gehört, muß er nur ein wichtiges Telefonat führen oder ist es einfach schlechter Stil? Sollte es sich dabei um den zukünftigen Vorgesetzten handeln, ist dieses Verhalten nicht unerheblich für die Einschätzung und Entscheidung des Kandidaten und kann durchaus Basis für seine eigene spätere Absage sein.

Läßt sich eine solche Situation aus welchen Gründen auch immer nicht vermeiden, sollte man Verständnis dafür haben, wenn der Bewerber, Gehörtes und Diskutiertes zu rekapitulieren versucht bzw. einer der Gesprächsteilnehmer auf Unternehmensseite sollte als eine Art Moderator fungieren und zumindest zum Ende einer lebhaften Diskussion Ergebnisse zusammenfassen, die der Kandidat sozusagen ‚mitnehmen‘ kann. Denn Kommunikation und Wahrnehmung sind nun einmal sehr subjektiv, und je mehr ‚Subjekte‘ an der Unterhaltung teilgenommen haben, desto vielfältiger sind die Möglichkeiten für Mißverständnisse.

Es sollte in diesem Zusammenhang keinesfalls unerwähnt bleiben, daß gerade auch Interviewer beim so wichtigen Thema ‚Blickkontakt‘ wesentliche Fehler begehen, insbesondere bei der häufig am Anfang stehenden Unternehmensdarstellung und Positionsbeschreibung. Es gibt hier nicht wenige Negativbeispiele, die etwa 70 % der zur Verfügung stehenden Zeit Alleinunterhalter spielen und dabei lange den Blickkontakt abbbrechen, nicht nur, um sich besser auf die eigenen Ausführungen zu konzentrieren, sondern auch, um nicht wahrnehmen zu müssen, daß der andere etwas fragen oder sagen will. Anschließend wundern sie sich, daß sie über den Bewerber wenig bis nichts in Erfahrung gebracht haben und „daß der ja kaum den Mund aufgemacht hat“. Gerade damit fehlt dann zwangsläufig auch die Erkenntnis, ob die Ausführungen überhaupt verstanden oder wie sie bewertet wurden, vom Vernachlässigen elementarer Höflichkeitsregeln ganz zu schweigen.

11. Mimik

Bei dem in der Situation Vorstellungsgepräch so wesentlichen und den dominierenden Blickkontakt ergänzenden Indikator ‚Mimik‘ muß man zwangsläufig einen Unterschied zwischen der des Interviewers und der Mimik des Bewerbers machen. Letzterer wird sich meist sehr genau kontrollieren, um so wenig wie möglich von Nervosität und ähnlichen Gefühlen durchblicken zu lassen. Der Interviewer dagegen wird sich wegen seiner mehr oder weniger ‚überlegenen‘ Position weit weniger kontrollieren, so daß es für einen aufmerksamen Bewerber im Gespräch eine ganze Fülle von Hinweisen oder gar ,Anleitungen' geben kann, wie z. B. Stirnrunzeln für Nichtverstehen oder Nichteinverstandensein, Lächeln vielleicht sogar in Kombination mit Nicken als Zeichen für Zustimmung.

Ein souveräner Kandidat kann dann einen Interviewer problemlos so manipulieren, daß nur noch ein guter Eindruck übrigbleiben kann. Das erwähnte Lächeln bei bestimmten Antworten oder lebhaftes Nicken sind unschwer dahingehend zu deuten, auf dieser Argumentationslinie und Wellenlänge fortzufahren. Das gleiche freundlich zustimmende Nicken oder irgendwelche mimischen Anzeichen von Begeisterung auf Seiten des Kandidaten können dann den Interviewer dahin bringen, daß er seinerseits in seinen Ausführungen ohne größere Unterbrechungen fortfährt und kaum noch lästige Fragen stellt. Insbesondere die Vertreter eines Unternehmens, denen man längere Zeit nicht mehr aufmerksam zugehört hat, sind hier ganz besonders gefährdet. Das Ergebnis ist dann, daß der Interviewer vom Kandidaten ob dessen angenehmen Wesens und seiner hohen Qualifikation uneingeschränkt begeistert und überzeugt ist, obwohl er für seine Einschätzung kaum eine faktische Grundlage hat. Spätestens dann, wenn die eigene Personalentscheidung einem Vorgesetzten gegenüber argumentativ differenziert begründet werden muß, stellt sich heraus, wie wenig man tatsächlich erfahren hat. Ebenso sollte man sich als Interviewer darauf einstellen, daß gerade ein souveräner Bewerber die beobachtete Mimik plötzlich thematisiert und womöglich direkte Fragen zu seiner Beobachtung stellt. War man sich dann einer ,Unmutsäußerung' – vielleicht durch ein Stirnrunzeln oder sonstigen individuellen Ausdruck von Ärger – selbst gar nicht bewußt, kann das dann leicht zu einem Punktsieg der Gegenseite führen, weil das Ertapptwordensein meist die eigene Schlagfertigkeit deutlich hemmt.

Gleichermaßen ist am Gesichtsausdruck ablesbar, wenn man seine(n) Zuhörer zu langweilen beginnt. Bedauerlicherweise sind die meisten Bewerber in dieser Gesprächssituation so sehr mit sich selbst beschäftigt, daß sie ihren Zuhörer/Gesprächspartner im wahrsten Sinne des Wortes ,aus dem Auge verlieren'. Auf diese Art und Weise sind schon viele Kandidaten gescheitert, weil sie einfach nicht mitbekommen haben, wann ihr Gegenüber anfing, sich genervt zu fühlen. In jedem Falle ist es wichtig, sich selbst Rechenschaft darüber abzulegen, ob wiederum die eigene Reaktion als Interviewer auf eine viel zu ausführliche Selbstdarstellung im Sinne von Details und Monologisieren erfolgt oder ob es sonstige Gründe wie beispielsweise elementare Abneigung gibt. Die oftmals einzige Möglichkeit, eine solchermaßen bereits verfahrene Situation in einem Vorstellungsgespräch wieder ,geradezubiegen' – sofern sie nicht rein emotional ist –, ist die, die eigenen Wahrnehmungen und den Eindruck, daß das Gespräch schlecht läuft, direkt anzusprechen. Entweder ergibt sich daraus, daß die Sache zum Wohle aller beendet und damit abgekürzt wird, da man dem Bewerber nun nicht mehr im Detail die Aufgabenstellung und die Wünsche des Unternehmens erläutern und alle seine Fragen beantworten muß, weil er es anscheinend ‚nicht ist'. Oder man kommt durch eine überraschende Erklärung des Kandidaten womöglich zu dem Ergebnis, sich vielleicht in der ersten Wahrnehmung getäuscht zu haben, und es wird doch noch ein qualitativ gutes Interview daraus. Auch in diesen Situationen überwiegen die Vorteile einer Artikulation der körpersprachlichen Wahrnehmungen gegenüber eventuellen Nachteilen.

Auch gibt es typische körpersprachliche – meist mimische – Hinweise darauf, daß jemand inhaltlich nicht folgen kann – etwa, weil man vielleicht zu schnell oder zu leise redet, der andere etwas nicht verstanden hat, oder mit einem Standpunkt nicht einverstanden ist, einen Widerspruch sieht oder einfach etwas hinterfragen möchte. Ersteres zeigt sich meist an einem Stirnrunzeln oder leichten Kopfschütteln, letzteres kann man immer in der Mimik in Form eines gewissen Luftholens, wenn jemand zum Reden ansetzt oder ansetzen will, erkennen. So macht es für beide Parteien einen guten Eindruck, wenn man aufgrund einer solchen Wahrnehmung, sei es Ablehnung eines Standpunktes oder der Wunsch, eine Frage zu stellen, den eigenen Satz zwar noch beendet, die Ausführungen dann aber selbst unterbricht, denjenigen ansieht, ihn namentlich anspricht und sagt: „Ich glaube, Herr Müller, Sie sind mit meinen Äußerungen nicht ganz einverstanden, darf ich fragen, warum nicht?" oder „Sie wollten etwas sagen, Herr Müller?" Für die Interviewerseite ist es die Chance, einem Kandidaten das Gefühl zu vermitteln, daß man sich auf ihn und seine Ausführungen konzentriert und sich wirklich mit seinen Ansichten auseinanderzusetzen bereit ist. Es gibt nichts Schlimmeres als diese undurchdringliche Wand einer ausgewogenen, aber kaum reagierenden Mimik, die einen Bewerber ohne jegliche Beurteilungschance läßt.

Insofern ist gerade die Mimik eine hervorragende Basis für das verbale Artikulieren dessen, was man in der Diskussion wahrgenommen hat. Es kostet zwar manchmal auf beiden Seiten ein wenig Mut und Überwindung – zumindest so lange man keine Übung darin hat oder in der Beurteilung von Wahrnehmungen unsicher ist; es lohnt sich aber alleine deshalb, weil Mißverständnisse vermieden oder im Ansatz bereinigt werden und auch die gesamte Auseinandersetzung auf diese Weise lebhafter und weniger formalisiert gestaltet werden kann.

12. Gestik

Die Gestik ist – obwohl sie, vergleichbar dem Aspekt der Mimik, mit
am besten sichtbar ist – ein vergleichsweise aussageschwächeres Element der Körpersprache. Es gibt bekanntermaßen Menschen, die aufgrund ihres Temperaments viel und intensiv „mit den Händen reden".
Andere sind in dieser Hinsicht eher sparsam, wieder andere setzen Gestik sehr gezielt zum Unterstreichen ihrer Aussagen ein. Natürlich gibt
es auch in diesem Bereich Hinweise, die relativ klar interpretierbar sind,
wie beispielsweise Fingerklopfen auf der Tischplatte für Ungeduld, Langeweile und/oder zunehmenden Ärger. Keineswegs bedeutet jedoch das
Arme-Übereinander-Verschränken grundsätzlich ‚Mauern' oder Zurückhaltung, zumal es in der Situation Vorstellungsgespräch eher selten
vorkommen dürfte. Aber insgesamt gesehen wird Gestik, vielleicht weil
sie uns so selbstverständlich erscheint, im Rahmen des Gesamteindrucks von Körpersprache recht wenig beachtet und damit ausgewertet.

Dabei kann jedoch gerade die Gestik nicht nur in einem Vorstellungsgespräch ähnlich monoton sein, wie bei einem schlechten Redner. Es gibt
Menschen, die während eines zweistündigen Gespräches immer wieder
die gleichen Hand- und/oder Armbewegungen machen, was ebenso ner-
ven kann wie die ständige Wiederholung eines Lieblingsbegriffes oder
einer Redewendung oder wenn der Satz jedesmal mit einem langezoge-
nen „Ääh" beginnt. Seltsamerweise haben die wenigsten Menschen eine
ausdrucksvolle, d.h. abwechslungsreiche und gezielte Gestik.

Den intensivsten Gebrauch macht man von der Gestik trotz dieser Einschränkungen sicherlich in der Untermalung und vor allem Illustration
dessen, was man verbal mitteilt. Dabei gibt es Gesten, die von fast allen
gleichermaßen reflexartig benutzt werden, um eine Äußerung sozusagen bildlich zu untermauern, daß sie nahezu untrennbar mit der verbalen Aussage verbunden scheint.

13. Fazit

Da nun einmal bei der Körpersprache sehr vieles instinktiv abläuft, ist
sie deshalb einerseits zwar ehrlicher – was im übrigen für Bewerber und
Interviewer gilt –, andererseits muß eben auch manchmal bewußt ge-
gengesteuert werden, um im Endeffekt keinen schlechten Eindruck zu
hinterlassen. Ein Aspekt, der ebenfalls wieder für beide Seiten gilt, da es
bei der Suche nach Spitzenkräften und Spezialisten schließlich immer
wieder vorkommt, daß der Wunschkandidat dann doch nicht unterschreibt, weil er das Unternehmen mit einem schlechten Gefühl verlassen hat.

Die Körpersprache unterstützt glücklicherweise auch den Bewerber dabei, den Gesprächsverlauf einzuschätzen, d. h. zu sehen und nicht nur zu spüren, daß man mit den eigenen Ausführungen einen oder mehrere Zuhörer bereits verloren hat, weil beispielsweise jemand interessiert aus dem Fenster sieht, seine Fingernägel begutachtet oder die Decke oder den Fußboden anstarrt. Es gibt in Sitzhaltung, Mimik und Gestik sehr viele verschiedene Varianten, Langeweile und Fluchtgedanken auszudrücken, und man sollte solche Gesprächssignale beachten und ernstnehmen.

Hinzu kommt der interessante Aspekt, daß sich zwei Gesprächspartner, die sich auf Anhieb sympathisch sind und dann ein besonderes Interesse daran entwickeln, die gefühlte gemeinsame Wellenlänge sozusagen rational zu untermauern, auch körpersprachlich aufeinander einstellen, sich beispielsweise hinsichtlich Körperhaltung, Mimik und Gestik zu ergänzen bemüht sind bzw. daß sich ein auch nach außen wahrnehmbares stimmiges Wechselspiel mit sehr vielen Parallelitäten ergibt und man sich gegenseitig im Verhalten beeinflußt. Ist dieses Phänomen bei Sympathie naturgemäß sehr ausgeprägt, geschieht das Gleiche auch im umgekehrten Falle. Insofern kann auch gerade die Körpersprache zeigen, daß Kommunikation immer interaktiv ist.

In jedem Falle gehört es zu einer umfassenden Beurteilung einer so hoch komplexen Gesprächssituation wie der eines Vorstellungsgespräches mit den allseits bekannten, nur leider oft wenig gewichteten finanziellen und psychologischen Konsequenzen nicht nur die gehörten Fakten einzubeziehen – sofern man sie denn überhaupt eruiert hat – sondern auch die Beobachtungen. Ob jemand in vorgerücktem Alter abgebissene Fingernägel hat, das äußere Bild eher trist oder eine Nuance zu ,aufgestiefelt' wirkt, das Verhalten merkwürdige Gefühle zurückläßt in dem Sinne „da stimmte etwas nicht": nichts davon sollte dem Interviewer und Entscheider entgehen, um es anschließend zu dem eingangs beschriebenen Puzzle des Gesamteindrucks zusammensetzen zu können.

Literatur

Schulz v. Thun, F., Miteinander reden, Störungen und Klärungen. Allgemeine Psychologie der Kommunikation, Reinbek 1981.

Kapitel 21

Bewertung von Referenzen

von Günter Hufschmidt

Die in den vorigen Kapiteln beschriebenen Phasen der Auswahl erlauben bereits weitgehend fundierte Rückschlüsse auf die Persönlichkeit des Bewerbers, auf seine fachliche Qualifikation und auf sein voraussichtliches Verhalten im Arbeitsalltag. Doch viele Leser kennen die folgende Situation: Das Bewerbungsschreiben, der Lebenslauf, die geführten Interviews und gegebenenfalls die Ergebnisse psychologischer Meßverfahren und Übungen geben ein insgesamt positives Bild des interessantesten Bewerbers. Der Bewerber bekundet nach wie vor ernstzunehmendes Interesse an der Aufgabe und am Unternehmen. Einer Einigung stünde nichts im Wege, ... wenn diese, mit Fakten unbegründbaren leichten Zweifel nicht wären. Die Zweifel lassen sich nicht auf mangelnde Sympathie zurückführen. Auch Streßsituationen bewältigte der offensichtlich im Führen von Bewerbungsgesprächen erfahrene und gut bewanderte Kandidat.

1. Warum empfiehlt sich ein Referenzgespräch?

Jeder, der aktiv an **Auswahlverfahren** beteiligt ist, weiß, daß ernstzunehmende Bewerber Werbung in eigener Sache betreiben und versucht sind, einen nachhaltig positiv wirkenden Eindruck zu hinterlassen. Dies ist an sich nichts schlechtes, denn der Erfolg vieler Aufgaben ist gerade mit dieser Fähigkeit verbunden. Aber die Tatsache, daß nahezu jede persönliche Darstellung mit der verständlichen Absicht verbunden ist, eine positive Wirkung zu erzielen, bringt die Gefahr, daß unvorteilhafte Eigenschaften geschickt übergangen werden.

Die **Referenz** dient dazu, das Bild abzurunden und für nicht zufriedenstellend beurteilbare Fragen plausible Antworten zu finden. Noch bestehende Zweifel werden durch ein Gespräch mit einem Referenzgeber, der den Bewerber aus dem beruflichen Alltag kennt, entweder ausgeräumt oder sie bestätigen sich, was eine Absage an den Bewerber zur Folge hätte.

Was also spricht dagegen, eine Persönlichkeit zu befragen, die den Bewerber aus dem Alltag kennt? Antwort: Nichts, wenn bestimmte Spielregeln, auf die noch eingegangen wird, strikt eingehalten werden.

Ein Referenzgespräch lohnt sich selbst dann, wenn das Ergebnis eine Bestätigung aller positiven Eindrücke ist. Die Zweifel sind ausgeräumt und stellen keine Belastung der künftigen Zusammenarbeit dar. Aber unberechtigte, bei der Einstellung noch bestehende Unsicherheiten können in schwierigen Situationen erneut aufkeimen und Konflikte unnötig zuspitzen. Andererseits steht das Referenzgespräch als ergänzendes **Auswahlinstrument** außer Zweifel, wenn hierdurch eine **Fehlbesetzung** vermieden wird.

2. Beispiele von Referenzaussagen und deren Auswertung

Im Vergleich zu den finanziellen und zu den nicht materiellen Schäden, die durch eine Fehlbesetzung verursacht werden, ist der Aufwand des Referenzgesprächs zu vernachlässigen. So sollte der Aufwand kein Entscheidungskriterium für oder gegen die Referenzeinholung sein, zumal im Referenzgespräch erstmals Aspekte auftreten können, die das Blatt entscheidend wenden. Folgende Praxisbeispiele sollen dies verdeutlichen:

Beispiel 1:
Für ein mittelständisches Unternehmen A, das maßgefertigte und hochwertige Inneneinrichtungen für Ladenlokale und für den Wohnbereich fertigt, stand für die Position des Betriebsleiters die Einstellung eines dem Unternehmen aus länger zurückliegenden Kontakten bekannten Herrn X bevor. Man hatte ihn vor etwa zwei Jahren bereits kennengelernt, aber damals schweren Herzens gezögert ihn einzustellen, da seine Gehaltsvorstellungen nicht in das Gehaltsgefüge des Unternehmens paßten. Die aus betriebs- und personalwirtschaftlicher Sicht richtige Entscheidung fiel um so schwerer, zumal Herr X gut zum Unternehmen und zur Aufgabe gepaßt hätte.

Herr X wechselte als Betriebsleiter zum Unternehmen B, dessen Kerngeschäft der Bau von Messeständen war. Nach rund zwei Jahren erfuhr Unternehmen A, daß Unternehmen B aus wirtschaftlichen Gründen eine Reorganisation durchführte. Die Aufgaben von Herrn X sollten anderweitig verteilt werden und seine Position dem „Rotstift zum Opfer fallen". Unternehmen A suchte über einen Personalberater wieder den Kontakt zu dem Kandidaten, denn die Position des Betriebsleiters war immer noch vakant.

Nach wie vor hatte Herr X Interesse an der Aufgabe im Unternehmen A. Da jetzt beide Seiten geneigt waren, sich den vertraglichen Vorstellungen der anderen Seite anzunähern, schien sich alles zum Besten zu fügen. Dennoch ließen sich einige **Unsicherheiten zur Person des Bewerbers** nicht ausräumen: Neben einer Lücke im Lebenslauf fiel auf, daß Herr X in einem gerade noch vertretbaren Maß seine Arbeitsplätze gewechselt hatte. Die Arbeitszeugnisse waren alle positiv formuliert und gaben keine konkreten Hinweise.

Die Berufsausbildung, der Werdegang, die Berufserfahrung und insbesondere die letzte Tätigkeit entsprachen nahezu in idealer Weise dem Anforderungsprofil. Wenn sich alles so gut fügt, ist man geneigt, über augenscheinliche Kleinigkeiten wie relativ häufige Stellenwechsel hinwegzusehen und einen Vertrag zu schließen, bevor der Bewerber sich wieder anderweitigen Aufgaben widmet. Dennoch erschien es wegen bleibender Zweifel, die in den Vorstellungsgesprächen nicht vollständig ausgeräumt werden konnten, ratsam, eine Referenz einzuholen. Herr X erklärte sich damit einverstanden, den geschäftsführenden Gesellschafter Herrn Y aus dem Unternehmen B, aus dem er infolge der genannten Umstrukturierung ausschied, als Referenzgeber zu benennen und ihm den Personalberater als Gesprächspartner namentlich anzukündigen.

Herr Y äußerte sich in dem Referenzgespräch, zu dem der Personalberater ihn in seinem Unternehmen aufsuchte, in positiver Weise über Herrn X. Auffallend war, daß er fast alle Fragen zwar positiv, allerdings ausweichend und wenig konkret beantwortete. Er ließ erkennen, daß er Herrn X keine Chance verbauen wollte. Nach dem Grund des Ausscheidens von Herrn X befragt, nannte er hohe Personalkosten, aufgrund derer er eine Umstrukturierung vornehmen mußte. Schließlich führte das Gespräch zu den konkreten Aufgaben von Herrn X. Herr Y schilderte, daß er mit dem Eintritt von Herrn X in eine nach dessen Wünschen konzipierte neue EDV-Anlage und in eine von Herrn X vorgeschlagene branchenspezifische Software investierte. Herr X sollte das System mit externer Unterstützung einführen und wesentliche betriebliche Abläufe nach und nach über das System abwickeln und somit höhere Transparenz und Planungssicherheit schaffen.

Ohne Herrn X in irgendeiner Form offen zu kritisieren, deutete Herr Y nach entsprechender Fragestellung an, daß das System nach zwei Jahren nicht zufriedenstellend nutzbar war und die erhoffte Transparenz der betrieblichen Abläufe sich nicht eingestellt hatte. Bei den Mitarbeitern

breiteten sich mittlerweile Widerstände aus, das System bei ihrer täglichen Arbeit zu nutzen.

Offensichtlich gelingt es Herrn X, seine Gesprächspartner zu überzeugen und für seine Pläne zu begeistern. Diese Annahme wird durch die
positiv verlaufenden Vorstellungsgespräche bestätigt. Erhebliche Zweifel sind aufgrund des Referenzgesprächs bezüglich der Umsetzung seiner Pläne angezeigt. Die Hinweise könnten eine Erklärung für die häufigen Stellenwechsel sein und legen die Annahme nahe, daß Herr X
vielversprechende Planungen vorstellt, daß er aber nicht in der Lage ist,
diese Pläne umzusetzen. Gelingt es ihm nicht mehr, seine Schwierigkeiten zu vertuschen, wechselt er die Position und das Unternehmen. Das
Ergebnis des Referenzgesprächs war ernüchternd. Zu einer Einstellung
konnte nicht geraten werden.

Beispiel 2:
Ein Hersteller von Konsumgütern vervollständigt sein Produktangebot
mit Importware. Kunden sind namhafte Ketten des Einzelhandels. Als
Einkaufsleiter Import bewarb sich Herr Z, der aufgrund seiner langjährigen Tätigkeit in Hong Kong den fernöstlichen Markt sehr gut kannte.
Alle Voraussetzungen für eine gute Zusammenarbeit waren erfüllt. Das
Referenzgespräch mit einem von ihm benannten Referenzgeber ergab
vage Hinweise auf Herrn Zs **Alkoholprobleme.** In einem weiteren persönlichen Gespräch mit Herrn Z sprach er, nachdem er erkannte, daß
sein Gesprächspartner über die verschiedenen Stationen einer Alkohol-
abhängigkeit gut informiert war, offen über seine klinischen und statio-
nären Entzugsbehandlungen. Zum Gesprächszeitpunkt war er seit etwa
einem Jahr „trocken".

Die angebotene Aufgabe Einkaufsleiter Import ist mit mehrwöchigen
Geschäftsreisen in fernöstliche Länder verbunden. Eine solche Tätigkeit
mit einer zwingend erforderlichen Alkoholabstinenz in Einklang zu
bringen, ist nur schwer denkbar. Die mit den Reisen zusammenhängen-
den häufigen Übernachtungen in Hotels stellen selbst an Nichtsüchtige
eine hohe Belastung dar. Ein Jahr Zeitspanne zwischen dem letzten Entzug und dieser Belastungssituation ist zu kurz, um sichergehen zu können, daß der Bewerber den Anforderungen standhält.

Beispiel 3:
Im Zuge der Besetzung einer Führungsposition Leiter Marketing und
Verkauf für ein größeres produzierendes Unternehmen des Mittelstan-
des, wurde mit dem vom Bewerber genannten Referenzgeber ein Ge-
sprächstermin vereinbart. Am Telefon erklärte sich der Referenzgeber
sofort einverstanden, ein entsprechendes Gespräch zu führen. Der Referenzgeber war der Geschäftsführer eines Unternehmens vergleichbarer

Größe und verwandter Branche. Er kannte den Bewerber aus einer rund fünf Jahre zurückliegenden Zusammenarbeit und deutete an, daß er über diese Zeit hinausgehend sporadisch Kontakt zum Bewerber hatte. Zum vereinbarten Termin begrüßte und empfing er seinen Gesprächspartner höflich. Als das eigentliche Gesprächsthema angeschnitten wurde, lehnte er jegliche Stellungnahmen zum Bewerber ab.

Auf den ersten Blick erscheint die Reaktion des Referenzgebers völlig unverständlich, zumal er sich vorher zum Gespräch bereit erklärt hatte und über den Gesprächsinhalt vorher informiert worden ist. Letztlich betrachtet, war sein Verhalten eindeutig. Die Referenz muß für den Bewerber als äußerst negative Referenz bewertet werden, weil der Referenzgeber offensichtlich keine der Wahrheit widersprechenden, aber auch keine für den Bewerber ungünstigen Aussagen tätigen wollte.

3. Bedenken gegenüber Referenzen

Häufig werden gegenüber Referenzgesprächen folgende Bedenken vorgetragen:

• Das Vertrauensverhältnis zwischen neuem Arbeitgeber und Bewerber wird getrübt

In der Tat wäre die Einholung von Referenzen ohne die ausdrückliche Erlaubnis des Bewerbers ein nicht zu rechtfertigender Vertrauensmißbrauch. Schlimmer noch wird es, wenn man Persönlichkeiten befragt, die zum Unternehmen, in dem der Bewerber derzeit arbeitet, in einer für Außenstehende nicht erkennbaren Beziehung stehen und der jetzige Arbeitgeber des Bewerbers auf diesem Weg erstmals von den Wechselabsichten des Kandidaten erfährt. Die möglichen Folgen brauchen nicht näher erläutert zu werden. Die Befragung von Persönlichkeiten des Unternehmens, aus dem der Bewerber ausscheiden möchte, verbietet sich aus verständlichen Gründen ohnehin, es sei denn, der Bewerber ist einverstanden.

Prüft man ausschließlich Referenzen, die vom Bewerber benannt und freigegeben worden sind, werden also keine Informationen auf „dunklen Kanälen" eingeholt, besteht kein Anlaß zu Bedenken. Es empfiehlt sich, daß der Bewerber den Gesprächspartner beim Referenzgeber namentlich ankündigt, so daß auch der Referenzgeber sicher sein kann, daß sein Proband einverstanden ist und daß der Gesprächspartner die Person ist, die das Vertrauen des Kandidaten genießt.

• Vom Bewerber genannte Referenzgeber haben nur einen bedingten Stellenwert, da man davon ausgehen muß, daß sie in einer positiven Beziehung zum Bewerber stehen

Daß der Bewerber in fast allen Fällen ausschließlich Referenzgeber nennt, von denen er glaubt, daß sie sich positiv über ihn äußern, ist einerseits unbestritten. Andererseits ist schon interessant, in welcher Beziehung die genannten Referenzgeber zum Bewerber stehen. Ist der Bewerber in der Lage, Personen zu benennen, die ihn aus seiner täglichen Arbeit kennen, ist dies ein positives Zeichen. Denn Kandidaten, die bei all ihren vorhergehenden Tätigkeiten einen „Scherbenhaufen" hinterlassen haben, werden sich schwer tun, Referenzgeber aus ihrem beruflichen Umfeld zu nennen. Genannte Referenzen, die ausschließlich aus dem privaten Umfeld kommen, könnten ein entsprechender Hinweis sein. Nennt der Bewerber einen Referenzgeber seines derzeitigen Arbeitgebers, ist das Arbeitsververhältnis in der Regel bereits aufgelöst.

Selbstverständlich muß man bei Bewerbern, die erst wenige Jahre im Berufsleben stehen, andere Maßstäbe anlegen. Kandidaten, die sich aus einer Erstanstellung heraus bewerben, haben oft Schwierigkeiten, eine Referenz aus ihrem beruflichen Umfeld zu nennen. In diesen Fällen bieten sich Referenzen aus dem Studium oder der Ausbildung an.

Dadurch, daß der Bewerber den Referenzgeber selbst benachrichtigt und den Berater namentlich ankündigt, besteht von Beginn an ein gewisses Vertrauensverhältnis. Der Berater hat zum Beginn des Gesprächs die erste Aufgabe, diesem Vertrauen zu entsprechen und es weiter auszubauen. Dies gelingt ihm am besten, indem er sich und seine Tätigkeit kurz vorstellt. Anschließend erläutert er, wie es zu dem Kontakt zu dem Bewerber kam, und stellt das Unternehmen und die Aufgabe, für die sich der Bewerber interessiert, dar. (Sollte es erforderlich sein, daß das Unternehmen nicht genannt werden darf, formuliert der Berater seine Ausführungen derart, daß das Unternehmen aufgrund seiner Schilderungen nicht identifiziert werden kann.) Auch Randbedingungen wie ein erforderlicher Umzug, Arbeitseinsatz, besondere Bedingungen und Anforderungen müssen dem Referenzgeber deutlich gemacht werden, damit er einschätzen kann, ob die Aufgabe und die mit dem Arbeitsplatzwechsel verbundenen beruflichen und privaten Veränderungen zum Bewerber passen.

In vielen Referenzgesprächen erkennt man, daß der Referenzgeber sich seiner besonderen Verantwortung mehr und mehr bewußt wird und daß er seinem Probanden im Falle von zu positiv formulierten Aussagen nicht nutzt, sondern ihn und seine Familie gefährdet, wenn er dem Bewerber zu einer Aufgabe verhilft, der er seiner Einschätzung nach nicht gewachsen ist. In einer solch vertrauensvollen Atmosphäre können neben beruflichen auch sehr persönliche Fragen wie über eventuelle Probleme mit Alkohol oder **Drogen** gestellt werden. Selbst Einschätzungen zur finanziellen Situation oder zu familiären Gegebenheiten werden, soweit bekannt, offen, aber mit gebührendem Respekt besprochen.

Die Zusammenarbeit des Bewerbers mit Vorgesetzten, Kollegen, Mitarbeitern und externen Ansprechpartnern sind ebenfalls wichtige Gesprächsinhalte, deren Behandlung es eines Mindestmaßes an Vertrauen zwischen den Gesprächspartnern bedarf. Das Vertrauen entwickelt sich in einem persönlich geführten Referenzgespräch erheblich besser als in einem Telefongespräch. Insofern ist ein persönliches Gespräch immer vorzuziehen.

4. Zusammenfassung

Insgesamt dürfen die mit dem Referenzgespräch gewonnenen Sicherheiten im Zuge der Übertragung von wichtigen Führungsaufgaben eindeutig positiv herausgestellt werden. Die Gesprächsergebnisse sind wichtige Entscheidungshilfen. Diese können darüber hinaus dazu dienen, vertretbare, auf die **Stärken und Schwächen des Bewerbers** zugeschnittene Anpassungen der Aufgabenstellung vorzunehmen oder Hinweise für die Einarbeitungsphase zu geben und damit die Wahrscheinlichkeit einer erfolgreichen Zusammenarbeit weiter zu erhöhen.

5. Leitfaden für die Gestaltung eines Referenzgesprächs

Ein Gesprächsleitfaden, der durchaus hilfreich sein kann, soll nicht darüber hinwegtäuschen, daß jedes Referenzgespräch auf die jeweilige Situation und auf die Fragen, auf die man sich eine klarere Antwort erhofft, abgestimmt werden muß. Vage Andeutungen dürfen nicht unerkannt bleiben und müssen mit angemessener Feinfühligkeit hinterfragt werden. Auch zögerliche oder ausweichende Antworten ergeben, richtig gedeutet, wichtige Hinweise. Insbesondere hier gilt es aber, jegliche Überinterpretation zu vermeiden. Es ist sicher nicht übertrieben, daß das Gespräch die volle Aufmerksamkeit des Personalberaters in Anspruch nimmt und eine gründliche Gesprächsvorbereitung mitentscheidend dafür ist, daß Fehlbeurteilungen vermieden werden.

Die wesentlichen **Inhalte des Referenzgesprächs** sind im folgenden Gesprächsleitfaden umrissen:

- Beziehung zwischen dem Referenzgeber und dem Bewerber
- Bekannt aus welchen Tätigkeiten und wie lange
- Fachliche Qualifikation
  - technisch
  - kaufmännisch
  - organisatorisch
- Menschliche Qualifikation

- Teamfähigkeit
- Kommunikation
- Konfliktbewältigung
- Führungsverhalten
- Persönliches Auftreten
- in besonderen Situationen
- im Alltag
- Erfolge und Mißerfolge des Bewerbers
- Gehalt
- Wechselgrund
- Berufliche Stärken und Vorlieben
- Nachholbedarf bzw. mögliche Schwächen
- Persönliches
  - Familie
  - Freundeskreis
  - Alkohol
  - Drogen

Teil V

Generelle Beurteilungs- und Einschätzungsverfahren

Kapitel 22

Assessment-Center

von *Doris Brenner*

1. Begriffsdefinition und Zielsetzung

1.1 Begriffsdefinition

Der Begriff Assessment-Center (AC) steht heute für eine Auswahl- und Beurteilungsmethode, die als eine Art flexibel einsetzbarer Werkzeugkasten die Möglichkeit bietet, verschiedenen spezifischen Aufgabenstellungen gerecht zu werden.

Im Englischen bedeutet „to assess" soviel wie „feststellen", „bewerten", „einschätzen". Das Assessment-Center ist ein Verfahren, bei dem diese Feststellung und Bewertung im Rahmen einzelner Übungen vorgenommen wird. Dies geschieht durch die Kombination unterschiedlicher, diagnostischer Instrumente (z. B. klassische Tests und Rollenspielsituationen) zu einem positionsspezifischen Auswahl- und Entwicklungsverfahren.

Allgemein kann man das AC definieren als

- ein systematisches Verfahren
- zur Potentialerkennung und -prognose,
- bei dem mehrere Teilnehmer
- auf der Grundlage vorher definierter Anforderungen
- mit Hilfe verschiedener Methoden
- in unterschiedlichen Situationen
- von mehreren Personen (Assessoren)
- beobachtet, beurteilt und bewertet werden.

Der klassischen Ansatz des ACs stellt ein Gruppenauswahlverfahren dar. Dies bedeutet, daß mehrere Kandidaten im Rahmen einer Veranstaltung beurteilt werden. Im Gegensatz dazu haben sich sogenannte Einzel-ACs insbesondere für die Beurteilung im oberen Führungskräftebereich verstärkt etabliert, da bei dieser Zielgruppe die Bereitschaft, an einem Gruppenauswahlverfahren teilzunehmen, als sehr gering angesehen werden kann. Ferner bietet sich diese AC-Variante an, wenn nur einzelne Kandidaten beurteilt werden sollen.

1.2 Historie

Die Ursprünge des ACs liegen bereits in den Jahren Ende des ersten Weltkriegs und der Weimarer Republik. Vorläufer der heutigen ACs, insbesondere führerlose Gruppendiskussionen und situative Übungen, wurden damals zur Offiziersauswahl der deutschen Streitkräfte eingesetzt. Die ersten industriellen Einsatzformen erfolgten in den 50er Jahren. Hervorzuheben sind dabei die Untersuchungen der *American Telephone and Telegraph Company (AT&T)*, die im Rahmen einer

Langzeitstudie eine Bewertung von Führungsnachwuchskräften durchführte. Seit Anfang der 70er Jahre findet die AC-Methode auch bei deutschen Unternehmen zunehmend Einzug in Personalauswahl und -entwicklung.

1.3 Zielsetzung und Ansatzpunkte

Die Zielsetzung von ACs kann allgemein mit dem Wunsch charakterisiert werden, zuverlässige (reliable), gültige (valide) und objektive Prognosen bezüglich der zu erwartenden Leistungsfähigkeit und Leistungsbereitschaft eines Kandidaten zu erhalten. Dies geschieht insbesondere unter dem Blickwinkel der spezifischen Anforderungen einzelner Positionen. Dabei wird die bisherige konventionelle Fragetechnik, die in erster Linie auf Vergangenheitsdaten ausgerichtet ist, durch das Element der konkreten Verhaltensbeobachtung in praxisrelevanten Situationen erweitert. Sozialverhalten und Persönlichkeitsmerkmale wie sprachliches Ausdrucksvermögen und Entscheidungsfreude stehen bei der Methode gegenüber fachlichem Wissen klar im Vordergrund. Diese Verbreiterung der Informationsbasis dient der Zielsetzung, eine möglichst hohe Paßgenauigkeit zwischen den Anforderungsmerkmalen der Position und dem Leistungspotential des Kandidaten zu erzielen. Ferner ermöglicht die Vielschichtigkeit des Verfahrens, mit mehreren Beobachtern und einer Vielzahl von Übungen, eine Objektivierung des Auswahl- und Beurteilungsprozesses und trägt damit auch zu einer höheren Nachvollziehbarkeit der Ergebnisse durch die Kandidaten und innerhalb des Unternehmens bei.[1]

Vor diesem Hintergrund versteht sich die AC-Methode als ein integrativer Bestandteil eines Gesamtsystems der Personalarbeit, der einen „added value" liefern kann.

2. Einsatzmöglichkeiten des ACs

Das AC eignet sich aufgrund seines modularen Aufbaus und seiner hohen Flexibilität für eine Vielzahl von Einsatzmöglichkeiten und Anwendungsformen. Sie lassen sich in Personalauswahl, Personalentwicklung und Karriereberatung unterteilen.

2.1 Personalauswahl

Die AC-Methode findet eine breite Anwendung bei der Neubesetzung von Positionen. Dabei kann es sich sowohl um interne als auch externe

---

[1] Vgl. *Heitmeyer/Thom/Staufenbiel* 1988

Kandidaten handeln, deren Potential im Hinblick auf die Anforderungen einer fest umrissenen Position beurteilt wird. Bei internen Kandidaten soll dabei lösgelöst von den bisherigen Einschätzungen in bezug auf die derzeitige Stelle, eine Prognose im Hinblick auf die Zielposition erstellt werden. Diese Informationen sind um so wichtiger, je größer der Anforderungswechsel zwischen alter und neuer Position ist, da mit zunehmendem Unterschied die Aussagekraft von Beobachtungen und Einschätzungen des bisherigen Arbeitsverhaltens deutlich sinkt.[2] So können bei einer guten Fachkraft nach der Beförderung zur Führungskraft ganz erhebliche Defizite bei der Aufgabenerfüllung zu Tage treten, die bei der bisherigen Position nicht erkennbar waren.

Kann bei internen Kandidaten zunächst davon ausgegangen werden, daß eine Identifikation mit dem Unternehmen als solches vorhanden ist, tritt bei externen Kandidaten dieses Kriterium als zusätzliche Anforderung im Rahmen des Auswahlprozesses in den Vordergrund und soll damit auch den erhöhten Unsicherheitsfaktor bei externen Stellenbesetzungen reduzieren.

Geht es unter strategischen Gesichtspunkten um die Rekrutierung von Führungsnachwuchskräften, bei denen zum Zeitpunkt der Einstellung noch kein fest abgegrenztes Anforderungsprofil einer einzelnen Position vorhanden ist, orientieren sich die Bewertungsfaktoren stärker an allgemeineren Größen wie der Unternehmenskultur und damit verbunden den Wertevorstellungen und Zielsetzungen des Unternehmens. Dies gilt in ganz besonderem Maße für bereichsübergreifende Traineeprogramme. Je stärker das zukünftige Einsatzfeld klar umrissen ist, sei es in Form von Funktionsbereichen oder Zielpositionen, können die Beurteilungskriterien des ACs spezifischer definiert werden.

In jedem Fall sollte der Versuch unternommen werden, sich nicht nur an den gegenwärtigen Anforderungen zu orientieren, sondern auch Fähigkeiten und Eigenschaften zu berücksichtigen, die eine erfolgreiche Aufgabenerfüllung in der Zukunft sicherstellen. Hierzu zählt auch, daß sich die strategischen Optionen des Geschäftes in den Anforderungsprofilen reflektieren.

2.2 Personalentwicklung

Im Rahmen der Personalentwicklung dienen ACs zur Gewinnung aussagefähiger Informationen bezüglich des Mitarbeiterpotentials für weitergehende Führungsaufgaben. Es handelt sich damit um eine Bestandsaufnahme der vorhandenen Personalressourcen, die entscheidenden Einfluß auf den Erfolg des Unternehmens hat. So kann z.B. die Feststel-

---

[2] Vgl. *Neubauer* 1980

lung, daß innerhalb des Unternehmens keine ausreichend große Zahl von Nachwuchskräften mit Führungspotential zur Verfügung steht, umfangreiche Maßnahmen in der Personal- und Organisationsentwicklung erforderlich machen. Die gewonnenen Daten sind im Zuge einer realistischen Nachfolgeplanung ebenso hilfreich wie bei der Bildungsbedarfsanalyse. Sie basiert auf der Identifikation von Stärken und Schwächen, aus denen abgeleitet sich ein Weiterbildungsbedarf im Hinblick auf die aktuelle bzw. eine zukünftige Position ergeben kann. Das Verfahren ermöglicht dem Personalentwickler oder Berater im Rahmen der individuellen Mitarbeiterentwicklung eine fundierte Informationsbasis für die Beratung, mit dem Ziel der Laufbahnplanung. Für den Mitarbeiter selbst stellen die Erkenntnisse des ACs eine wertvolle Fremdeinschätzung dar, die ihm eine Hilfestellung für die weitere berufliche Orientierung geben kann und eine Reflexion seines bisherigen Selbstbildes erlaubt.

In zahlreichen Unternehmen dienen ACs auch als bereichsübergreifende Voraussetzung für die Aufnahme in bestimmte Hierarchieebenen. Diese, teilweise sogar in Betriebsvereinbarungen fixierte Vorgehensweise, soll sicherstellen, daß z.B. alle Abteilungsleiter gewissen unternehmensspezifischen Mindestanforderungen gerecht werden.

2.3 Karriereberatung

Neben dem Einsatz von ACs im Rahmen einer Unternehmenszielsetzung, kann das Verfahren auch im Zuge der individuellen Einzelberatung hilfreich sein. Die eigenverantwortliche Planung und Entwicklung der persönlichen Karriere unter Hinzuziehung eines Karriereberaters, in den USA bereits fest etabliert[3], stellt für das AC eine weitere Einsatzmöglichkeit dar. Im Blickpunkt steht hierbei, ähnlich wie bei der Personalentwicklung, die Ermittlung von Stärken und Schwächen eines Kandidaten, als Grundlage für die realistische Selbsteinschätzung und die Ableitung notwendiger Qualifizierungsmaßnahmen. Im Falle der Karriereberatung sind die Überlegungen jedoch nicht auf Entwicklungsmöglichkeiten innerhalb eines Unternehmens beschränkt, sondern ziehen auch externe Alternativen für eine mögliche berufliche Neuorientierung in die Betrachtung mit ein.

Bei den weiteren Betrachtungen und Ausführungen über ACs steht das Einsatzfeld der Personalauswahl im Vordergrund.

---

[3] Vgl. *Bolles* 1997, S. 259–283

3. Entwicklung und Umsetzung

Der Erfolg eines ACs hängt in entscheidendem Maße von der Sorgfalt und Qualität der Vorbereitung ab. Eine intensive Auseinandersetzung mit den Anforderungskriterien zählt hier ebenso dazu, wie die inhaltliche Konzeption und organisatorische Planung der Veranstaltung. Diese Maßnahmen werden durch eine solide Schulung der Beurteiler ergänzt.

3.1 Erstellung eines Anforderungsprofils

Ansatzpunkt für die Entwicklung und Umsetzung eines ACs, sollte zunächst die Definiton eines Anforderungsprofils sein. Dieses leitet sich entweder direkt von einzelnen Positionen ab (Besetzung von Führungspositionen) oder orientiert sich an Anforderungskriterien, die für eine bestimmte hierarchisch und bereichsbezogen definierte Gruppe von Funktionen relevant ist (Rekrutierung von Führungsnachwuchskräften). Die Ermittlung der Anforderungskriterien kann mittels Befragungen z. B. der Vorgesetzten, bisheriger Stelleninhaber oder über die Analyse von Stellenbeschreibungen erfolgen. Auch Kunden und Investoren haben häufig eine Meinung bezüglich der Anforderungsprofile von Schlüsselpositionen. In der Praxis werden diese Personengruppen leider bisher nur sehr selten an dem Prozeß beteiligt. Mögliche Dimensionen, aus denen sich die Anforderungskriterien zusammensetzen, stellen die Bereiche Arbeitsverhalten, intellektuelle Fähigkeiten, soziale Kompetenz und Führungsverhalten dar, die abhängig vom Anforderungsprofil zu gewichten sind. Es hat sich in der Praxis bewährt, wenn die Beurteiler des ACs (Assessoren) bereis in diese Phase der Anforderungserstellung einbezogen werden. Das ermittelte Soll-Profil läßt sich nach Auswertung der AC-Übungen mit dem daraus resultierenden Ist-Profil der Kandidaten vergleichen und ermöglicht qualifizierte Aussagen zu Stärken und Schwächen der Teilnehmer.[4]

3.2 Inhaltliche Konzeption

Im Rahmen der inhaltlichen Konzeption sind die Verfahrenselemente (siehe Abschnitt 4) und der thematische Rahmen (z. B. Ausrichtung auf spezifische Funktionsbereiche, Branchen, Hierarchien) festzulegen, aus denen abgeleitet, konkrete Übungen erstellt werden können. Die überwiegende Mehrzahl der Übungen basiert auf Arbeitsproben bzw. Tätigkeitssimulationen.[5] Es ist anzustreben, möglichst realitätsnahe Szenarien und Entscheidungssituationen nachzuempfinden, wobei Auswahl

---

[4] Vgl. *Reinartz* 1990
[5] Vgl. *Schuler* 1987

und Aufbau der Übungen jeweils auf das durchführende Unternehmen zugeschnitten sein sollten, da mit zunehmendem Unternehmens- und Positionsbezug die Prognosequalität steigt. Die Festlegung der inhaltlichen Komponenten steht in engem Zusammenhang mit der zeitlichen Dimension des ACs. Da häufig ein Zeitrahmen vorgegeben ist, der sich zwischen ein bis drei Tagen bewegt, muß sich die Auswahl der Verfahrenselemente hieran orientieren. Grundsätzlich sollte nach Einschätzung von *Manfred Johnke*[6] im Hinblick auf eine fundierte Aussagequalität versucht werden, zumindest die drei Grundelemente Einzelübung, Dialogübung und Gruppenübung im AC abzudecken. Während beim Gruppen-AC die Kandidaten in den Dialog- und Gruppenübungen teilweise gegeneinander bzw. in gemeinsamen Gruppen antreten und jeder der Teilnehmer aufgrund seines Verhaltens beurteilt wird, übernehmen im Falle des Einzel-ACs geschulte Rollenspieler die Funktion des Gesprächs- oder Teampartners.

3.3 Organisatorische Planung

Die Durchführung eines ACs erfordert ein hohes Maß an organisatorischer Planung, um sowohl für die Teilnehmer als auch die Beurteiler einen optimalen Ablauf sicherzustellen. Bei einem Verhältnis Teilnehmer zu Assessoren von 2:1, ein Wert, der sich in der Literatur und Praxis zur Richtgröße entwickelt hat, bedeutet dies bei z. B. 12 Teilnehmern immerhin einen Bedarf von 6 Beurteilern. Da es sich bei den Assessoren um Führungskräfte aus dem Unternehmen handeln sollte, ist nachvollziehbar, wie schwierig es ist, diese für die Zeitdauer des ACs gewinnen zu können. Neben einem Moderator, der für die Qualität des Prozesses verantwortlich ist und im Zuge der Beurteilung die Beobachterkonferenz nach Durchführung der Übungen leitet, sollte zumindest eine weitere Person als Koordinator für die organisatorische Durchführung zur Verfügung stehen. Hilfsmittel wie Zeitpläne, Beobachtungs- und Beurteilungsbögen sowie Zuordnungsschemata helfen dabei, daß sich alle Beteiligten voll auf ihre Aufgabe konzentrieren können.[7]

Grundsätzlich ist als Veranstaltungsort ein Tagungshotel oder ein vom Unternehmen räumlich getrennt gelegenes Schulungszentrum zu empfehlen, in dem die Beteiligten auch die Mahlzeiten einnehmen und übernachten können. Dies ist zum einen Voraussetzung für einen ungestörten Ablauf der Veranstaltung und erhöht ferner die Intensität des ACs, da sich durch die dauernde Anwesenheit aller Beteiligten, außerhalb der

---

[6] Psychologe und Berater der Staufenbiel-Personalberatung zu Köln mit umfangreicher AC-Erfahrung
[7] Vgl. *Arbeitskreis Assessment Center* 1992

Übungen auch informelle Gespräche und damit Eindrücke ergeben können.

Abweichend von der beschriebenen Vorgehensweise, werden Einzel-ACs häufig an einem Tag mit zwei Beurteilern sowie einem Moderator durchgeführt, wobei der Moderator bzw. neutrale Rollenspieler als Gesprächspartner fungieren, sofern Dialogübungen vorgesehen sind.

3.4 Schulung der Assessoren

Für die Assessoren, Führungskräfte aus dem Unternehmen, die ein bis zwei Hierarchiestufen über der für das AC relevanten Zielposition angesiedelt sind, sowie Vertreter des Personalbereiches, besteht die Notwendigkeit, sich auf ihre Rolle als Beobachter vorzubereiten. Unter inhaltlichen Aspekten geht es um das Vertrautmachen mit den Übungen. Im Idealfall bearbeiten die Assessoren die Aufgabe einmal selbst, damit sie ein Gefühl für die Situation und die Schwierigkeit der Fragestellung bekommen. Unter dem Blickwinkel der Methodik bedarf es der Schulung und Einübung von Beobachtungs- und Beurteilungsgrundsätzen.[8] Hierzu zählen beispielsweise eine einheitliche Interpretation der Bewertungsskala sowie die Trennung von Beobachtungen während der Übung und erst anschließender Bewertung dieser Verhaltensweisen. Weiterer Bestandteil des Assessorentrainings sollte das Bewußtmachen von gängigen Wahrnehmungsverzerrungen sein, um diesbezügliche Fehler zu vermeiden. Der Halo-Effekt, bei dem von bestimmten Einzeleindrücken auf das Vorhandensein anderer Merkmale geschlossen wird, kann hier beispielhaft genannt werden. Schließlich sollte die Assessorenschulung dazu dienen, daß sich ein Teambildungsprozeß der Assessoren untereinander entwickelt, was im Hinblick auf die Beobachterkonferenz im Anschluß an die Durchführung der AC-Übungen von besonderer Wichtigkeit ist. Die Assessoren tragen hierbei ihre Beobachtungen über das Teilnehmerverhalten in den einzelnen Übungen zusammen und diskutieren diese anhand vorab definierter Anforderungskriterien. Ziel ist es, einen Gruppenkonsens über die Einschätzung der Kandidaten zu erhalten, der nicht das arithmetische Mittel der Einzelbeurteilungen darstellen muß, sondern sich vielmehr im Rahmen der Diskussion als gemeinsam getragener Wert entwickeln sollte.

Kein Assessment Center ohne Feedback für die Kandidaten. Dazu bedarf es seitens der Assessoren auch der Einübung von Rückmeldungsgesprächen, die dem Kandidaten auf der Grundlage eines Stärken-Schwächen-Profils die beobachteten Verhaltensweisen und deren Beurteilung erläutern. Dabei sollte Wert darauf gelegt werden, daß das AC-

---

[8] Vgl. ebenda

Ergebnis keine psychologische Gesamteinschätzung der Persönlichkeit darstellt, sondern lediglich eine Darstellung der beobachteten berufsrelevanten Kompetenzen.[9] Von der Qualität des Feedback-Gespräches wird letztendlich die Akzeptanz des Gesamtverfahrens bei den Teilnehmern mitbestimmt. Unter diesem Aspekt muß ausreichend Zeit hierfür eingeplant werden, insbesondere dann, wenn im Rahmen der Personalentwicklung Qualifizierungsmaßnahmen aus den AC-Ergebnissen abgeleitet werden sollen. Ein professionell geführtes Feedback-Gespräch kann sicherstellen, daß sich keiner der Teilnehmer als Verlierer fühlt, sondern aus den gewonnenen Erkenntnissen Nutzen ziehen kann, selbst dann, wenn das AC nicht zur Einstellung bzw. unmittelbaren Weiterentwicklung im Unternehmen führt.

4. Elemente eines ACs mit praktischen Übungsbeispielen

Die Bausteine, aus denen sich ein AC zusammensetzt, orientieren sich an den ermittelten Anforderungskriterien. Dabei sollte jedes Kriterium zumindest zweimal während des ACs beobachtbar sein.

Vom Ansatz her unterscheidet man drei Grundelemente des ACs: Einzelübungen, Dialogübungen und Gruppenübungen. Die exemplarisch vorgestellten Übungen bedeuten Grundstrukturen, die in verschiedenen Modifikationen und Varianten zum Einsatz kommen können.

4.1 Einzelübungen

Bei den Einzelübungen stehen intellektuelle Fähigkeiten, persönlichkeitsbezogene Eigenschaften wie Präsentationsverhalten, der Arbeitsstil sowie das Entscheidungsverhalten im Mittelpunkt der Betrachtung. Wie der Name bereits zum Ausdruck bringt, ist der Kandidat bei der Aufgabenbewältigung auf sich alleine gestellt, eine wechselseitige Kommunikation findet in der Regel nicht statt.

Postkorb

Den wohl bekanntesten Vertreter aus der Kategorie Einzelübungen stellt die Postkorbübung dar. Sie versetzt den Kandidaten in die Rolle einer Führungskraft, die eine Vielzahl von Informationen unter Zeitdruck verarbeiten und daraus abgeleitet Entscheidungen treffen muß. Das Spektrum umfaßt dienstliche und private Vorgänge, die sich hinsichtlich Dringlichkeit und Wichtigkeit unterscheiden und zu vorprogrammierten Terminkollisionen führen. Als Gegenstand der Bewertung können entweder die Beobachtungen während der Bearbeitung des Postkorbs

---

[9] Vgl. *Weidemann* 1998

dienen, häufiger jedoch wird der Kandidat gebeten, seine Vorgehensweise und Entscheidungen im Anschluß an die Bearbeitung der Übung
schriftlich festzuhalten bzw. mündlich zu präsentieren. Postkorbübun-
gen werden zunehmend computergestützt durchgeführt, was im Hinblick auf die Auswertung Vorteile bietet.

Meßbare Anforderungskriterien dieser Übung sind:
- Organisations-/Planungsverhalten,
- Sorgfalt,
- Entscheidungsverhalten,
- Risikoverhalten,
- Streßresistenz,
- analytisches Denkvermögen,
- Präsentationsverhalten.

Präsentationen

Einen breiten Raum nehmen Präsentationen im Rahmen des ACs ein.
Diese reichen von der Selbstpräsentation über Präsentationen zu einem
bestimmten Fachthema, wobei sich die Zielgruppe aus Fachleuten und
Nichtfachleuten zusammensetzen kann, bis hin zu Produkt- oder Ergeb-
nispräsentationen. Bei stärker kommunikationsorientierten Varianten
können kritische Fragen seitens der Zuhörer (Assessoren) zusätzliche
Erkenntnisse liefern.

Meßbare Anforderungskriterien hierbei sind:
- Organisations-/Planungsverhalten,
- Auftreten und Ausstrahlung,
- mündliche Kommunikationsfähigkeit,
- Überzeugungskraft.

Fallstudien

Von einer möglichst aus der Realität stammenden oder realistisch nach-
empfundenen unternehmensspezifischen Frage- oder Problemstellung
ausgehend, sollen bei Fallstudien Lösungsvorschläge ausgearbeitet werden. Dem Kandidaten werden vorab schriftliche Hintergrundinformationen zur Verfügung gestellt, die Grundlage für seine Strategieüberle-
gungen und eine sich anschließende Präsentation sind. Dabei kann es
sich z. B. um die Konzeption einer Marketingstrategie für ein neues Produkt oder die Neuorganisation eines Unternehmensbereiches handeln.

Meßbare Anforderungskriterien bei Fallstudien sind:
- Analytisches Denkvermögen,
- konzeptionelle Fähigkeiten,
- Problemlösungsverhalten,
- Kreativität,
- Einfühlungsvermögen.

Organisationsübung

Organisationsübungen zielen ähnlich wie die Fallstudien auf die Bewertung von analytischen Fähigkeiten, wobei weniger der strategische Ansatz als viel mehr praktisches Organisationsgeschick im Mittelpunkt steht. Eine klassische Organisationsübung stellt die Routenplanung dar. So soll beispielsweise ein Außendienstmitarbeiter eine optimale Besuchsroute für die kommende Woche ausarbeiten, wobei bestimmte Mindestanforderungen wie Anzahl der Kunden, Regionen, Dauer der Termine berücksichtigt werden müssen.

Organisationsübungen werden unter dem Aspekt der schnelleren Auswertbarkeit zunehmend computergestützt durchgeführt.

Meßbare Anforderungskriterien der Organisationsübungen sind:
● Analytisches Denkvermögen,
● Kreativität,
● Organisationsgeschick,
● Arbeitstempo,
● Arbeitssorgfalt.

Computersimulationen

Will man Aussagen darüber gewinnen, ob jemand in der Lage ist, in vernetzten Strukturen zu denken und strategische Entscheidungen zu treffen, bietet sich die Computersimulation an. Simuliert wird eine komplexe, betriebliche Aufgabenstellung, die über mehrere Geschäftsjahre zu bearbeiten ist. Dabei beeinflussen die Entscheidungen der Vorperiode in Verbindung mit Variablen wie Konjunkturdaten oder Konkurrenzverhalten die Ausgangssituation der folgenden Geschäftsjahre. Der Kandidat bekommt damit eine unmittelbare Rückmeldung bezüglich seiner Entscheidungen. Damit läßt die Computersimulation Rückschlüsse auch auf das Lernverhalten des Kandidaten zu.

Meßbare Anforderungskriterien hierbei sind:
● Analytisches Denkvermögen,
● vernetztes Denken,
● Belastbarkeit,
● Entscheidungsverhalten,
● Lernverhalten.

4.2 Dialogübungen

Die Analyse des Kommunikationsverhaltens im unmittelbaren Vieraugengespräch ist Gegenstand der Dialogübungen.

Rollenspiel

Rollenspiele verschiedener Ausprägung haben sich bei den Dialogübungen als die klassische Durchführungsmethode etabliert. Das Spektrum reicht von Verkaufsverhandlungen über Kundenreklamationen bis hin zu Mitarbeitergesprächen, bei denen es sich um eine allgemeine Beurteilungssituation oder die Lösung eines konkreten Problems handeln kann. Zur Veranschaulichung stellt die im Anhang beschriebene Übung [10] eine mögliche Aufgabenkonstellation dar:

Meßbare Anforderungskriterien des Rollenspiels sind:
- Kommunikationsverhalten,
- Einfühlungsvermögen,
- Führungsverhalten,
- Überzeugungskraft,
- emotionale Stabilität,
- Durchsetzungsvermögen,
- Flexibilität.

4.3 Gruppenübungen

Das Verhalten im Team und die Fähigkeit, in komplexen Arbeitssituationen als einer unter mehreren zu bestehen, soll mit Hilfe der Gruppenübungen beobachtet werden. Dabei kann es sich zum einen um kooperative Übungen handeln, bei denen die Teilnehmer ein gemeinsames Ziel verfolgen, als auch um konfliktorientierte Aufgabenstellungen, bei denen die Kandidaten aufgrund der Vorgaben im Wettbewerb zueinander stehen.

Gruppenarbeiten

Gruppenarbeiten gehören zu den konsensorientierten Übungen, bei denen den Teilnehmern eine gemeinsame Aufgabe gestellt wird, die sie innerhalb einer vorgegebenen Zeit lösen sollen. Dabei kann es sich z.B. um den Bau eines Aussichtsturmes oder die Erarbeitung einer Präsentationsunterlage für ein neues Produkt handeln. Eine weitere Variante stellt das Lösen einer Aufgabe dar, bei der die einzelnen Kandidaten jeweils über Teilinformationen verfügen, die zusammengeführt werden müssen.

Meßbare Anforderungskriterien der Gruppenarbeiten sind:
- Kommunikationsverhalten,
- Durchsetzungsvermögen,
- Führungsverhalten,
- Integrationsverhalten,

---

[10] Vgl. *Brenner/Giesen/Staufenbiel* 1997, S. 198

● Organisationstalent,
● Initiative,
● Kooperationsverhalten.

Gruppendiskussion

Bei Gruppendiskussionen steht verstärkt das Kommunikationsverhalten im Mittelpunkt. Gruppendiskussionen werden sowohl mit als auch ohne Themen- bzw. Standpunktvorgaben durchgeführt. In der Regel sind sie führerlos, d. h., es gibt keinen im Vorfeld definierten Moderator, so daß die Gruppe selbst ihre Strukturen finden muß. Die Gruppendiskussion wird häufig auch als Grundlage für sich anschließende Einzelgespräche genutzt, um Einschätzungen der Teilnehmer über den Verlauf der Gesprächsrunde zu erhalten.

Meßbare Anforderungskriterien hierbei sind:

● Kommunikationsverhalten,
● Rhetorik,
● Durchsetzungsvermögen,
● Einfühlungsvermögen,
● Disziplin,
● Kooperationsverhalten,
● Initiative,
● Überzeugungskraft,
● Belastbarkeit.

Rollenspiele

Auch Rollenspiele sind im Rahmen der Gruppenübungen einsetzbar. Dabei kommen in erster Linie Übungen zum Einsatz, denen eine Konfliktsituation zugrunde liegt. Mehrere Abteilungsleiter kämpfen aufgrund der Rollenvorgaben z. B. um ein Budget, oder die Planstelle für einen weiteren Mitarbeiter.

Die bereits genannten meßbaren Anfoderungskriterien für die Dialogübung Rollenspiel gelten auch hier, wobei Durchsetzungsvermögen, emotionale Stabilität und Überzeugungskraft noch verstärkt beobachtet werden können.

4.4 Ergänzende Elemente des ACs

Neben den hier vorgestellten Übungen kann das AC noch durch weitere Elemente ergänzt werden. In diesem Zusammenhang ist an erster Stelle das **Einzelinterview** zu nennen, das sowohl strukturiert (anhand eines standardisierten Fragebogens) als auch in Form eines klassischen Vorstellungsgespräches geführt werden kann. Das Einzelinterview bietet die Möglichkeit, übungsübergreifend einen Eindruck des Kandidaten zu gewinnen und die Beobachtungen aus den Übungen nochmals zu reflektieren. Offene Fragen, die sich aus den Bewerbungsunterlagen oder dem gezeigten Verhalten in den Übungen ergeben, können hier ebenfalls angesprochen werden. Die Erfahrungen der Praxis zeigen, daß ein Einzelinterview grundsätzlich Bestandteil des ACs sein sollte, um die gewonnenen Erkenntnisse abzurunden. Dies gilt in ganz besonderen Maße für Einzel-ACs im Bereich der Führungskräfteauswahl.

Ferner werden teilweise **psychologische Testverfahren**[11] wie Intelligenz- oder Leistungstests, aber auch Persönlichkeitstests als ergänzende Bestandteile in ein AC integriert.

4.5 Zusammenstellung der Übungen und zeitlicher Ablauf

In Abhängigkeit von den zu beurteilenden Anforderungskriterien und den zeitlichen Rahmenbedingungen erfolgt die Zusammenstellung der Übungen zu einem aussagefähigen und unter administrativen Gesichtspunkten durchführbaren Beurteilungsinstrument. Dabei sollten sich Einzel- und Gruppenübungen sinnvoll ergänzen und abwechseln. Die Konzeption des ACs erfordert umfangreiches fachliches Wissen sowie Erfahrung in der Umsetzung, die ein hohes Maß an Planung und Organisation beinhaltet. Nicht zuletzt deshalb vertrauen viele Unternehmen zu Recht auf die Kompetenz erfahrener externer Berater, wenn es um die Realisierung eines AC-Projektes geht. Bei der Festlegung des zeitlichen Ablaufs ist ausreichend Zeit für die Assessorenkonferenz einzuplanen, die für die Kandidaten anderweitig sinnvoll zu überbrücken ist.

Im Anhang wird der zeitliche Ablauf eines zweitägigen Auswahl-ACs zur Rekrutierung von Führungsnachwuchskräften[12] beispielhaft vorgestellt.

5. Grundsätze und Qualitätskriterien für den Einsatz von ACs in Unternehmen

Das AC als Auswahl- und Entwicklungsinstrument bietet zahlreiche Chancen und Vorteile, birgt aber auch Risiken in sich. Um diese zu minimieren, bedarf es der Beachtung einiger Grundsätze und Qualitätskriterien, die nachfolgend aufgeführt sind:

● Das AC-Verfahren mit seinen Zielsetzungen und methodischen Ansätzen sollte sowohl für die Kandidaten als auch innerhalb des Unternehmens transparent sein. Die Akzeptanz bei den Kandidaten steigt, wenn die Analyse mittels Verfahren erfolgt, die eine hohe „Augen-

---

[11] Vgl. hierzu die Ausführungen in Kapitel 23
[12] Vgl. *Brenner/Giesen/Staufenbiel* 1997, S. 168

scheingültigkeit" haben, d. h. für den Teilnehmer eine hohe Übereinstimmung zwischen AC-Übungen und realem Berufsalltag erkennbar ist[13]. Die Führungskräfte des Unternehmens werden das Instrument nur dann mittragen und seinen Einsatz fördern, wenn sie seine Methodik verstehen und die Vorzüge erkennen.

- Das AC erfordert eine sorgfältige Konzeption und Planung. Dazu gehört, daß die Entwicklung der AC-Materialien auf der Grundlage einer unternehmens- und positionsspezifischen Anforderungsanalyse erfolgt.[14] Ferner sind die AC-Elemente so auszuwählen und in konkrete Übungen umzusetzen, daß sie den Qualitätsanforderungen nach Validität und Reliabilität gerecht werden. Diese Gütekriterien messen, inwieweit ein Verfahren tatsächlich das mißt, was es vorgibt zu messen und ob es im Hinblick auf die wiederholte Bearbeitung von Übungen in seinen Aussagen zuverlässig ist. Alle bisher veröffentlichten Validierungsstudien weisen nach, daß die hohe Prognosegüte ausschließlich für firmenspezifische Verfahren gilt.[15] Eine fortlaufende Qualitätsprüfung und -sicherung kann die Verbesserung des Verfahrens und die Behebung von Fehlern gewährleisten.
- Das AC bedarf einer professionellen Durchführung. Diese ist weichenstellend für den weiteren Erfolg der AC-Methode im Unternehmen, da durch negative Rückmeldungen der Kandidaten oder Assessoren unüberbrückbare Akzeptanzprobleme entstehen können. Eine durchdachte Termin- und Raumplanung, die Leerläufe und Verwirrung vermeiden hilft, ist hierbei dienlich.
- Dem AC müssen nachvollziehbare und transparente Auswertungsrichtlinien und Beurteilungsmaßstäbe zugrunde liegen, die den Assessoren erläutert und im Rahmen der Beobachterschulung mit ihnen geübt werden. Dies trägt dazu bei, daß die Beurteilung nach dem Prinzip der „kontrollierten Subjektivität"[16] eine Objektivierung erfährt und damit der Vergleich verschiedener Kandidaten möglich wird.
- Das AC bedarf einer Einbettung in das Gesamtsystem der Personalarbeit. Dies gilt in ganz besonderem Maße für den Bereich der Personalentwicklung, was die Vorauswahl der Kandidaten und die sich anschließenden Qualifizierungsmaßnahmen betrifft. Nur ein in sich schlüssiges Netzwerk von Maßnahmen, bei dem das AC ein Element darstellt, wird mittel- und langfristig zum Unternehmenserfolg beitragen.
- Jeder AC-Kandidat hat einen Anspruch darauf, ein Feedback bezüglich seines Verhaltens und dessen Bewertung durch die Assessoren zu

---

[13] Vgl. *Stehle/Brunöhler* 1987, S. 126
[14] Vgl. *Arbeitskreis Assessment Center* 1992
[15] Vgl. *Stehle/Brunöhler* 1987, S. 126
[16] Vgl. *Arbeitskreis Assessment Center* 1992

erhalten. Der Kandidat kann so das kommunizierte Fremdbild seiner Person, mit seinem Selbstbild abgleichen. Die Rückmeldung muß für ihn verständlich sein und sollte in engem zeitlichen Zusammenhang mit dem AC liegen.

6. Nutzen des ACs für das Unternehmen

Aufgrund des hohen Stellenwertes der Mitarbeiter allgemein und der Führungskräfte im besonderen für den Unternehmenserfolg, wird auch den Personalauswahl- und Entwicklungsentscheidungen eine hohe Bedeutung beigemessen. Dies gilt sowohl unter wirtschaftlichen Gesichtspunkten, da Fehlbesetzungen zu einer hohen Kostenbelastung führen, als auch unter dem Aspekt der Motivation. Fundierte Aussagen über die Leistungsfähigkeit und Leistungsbereitschaft eines Kandidaten machen zu können, kann als Schlüsselaufgabe in diesem Zusammenhang angesehen werden. Die Methode des ACs kann hierzu solide Aussagen machen, sofern entsprechende Qualitätsstandards eingehalten werden.

Das Verfahren bietet ferner den Vorteil, daß die Beteiligten im Vorfeld gefordert sind, sich intensiv mit den Anforderungen auseinander zu setzen und ein konkretes Profil mit definierten Kriterien zu erstellen. Gerade daran scheitern nicht selten Personalbesetzungen, daß innerhalb des Unternehmens die Position nicht eindeutig charakterisiert ist und unterschiedliche Einschätzungen vage im Raum stehen.

Durch die Einbindung von Führungskräften aus den unterschiedlichsten Funktionsbereichen als Assessoren ergeben sich gleich zwei Vorteile aus Unternehmenssicht: Die Schulung der Assessoren ist als Bestandteil der allgemeinen Führungskräfteentwicklung zu betrachten, da sie das Beobachtungs- und Beurteilungsvermögen verbessert und die Führungskraft für Fragen der Personalauswahl und -entwicklung sensibilisiert. Daneben stellt die Vorbereitung und Durchführung von ACs eine gute Möglichkeit dar, um den Kontakt zwischen Fachbereich und Personalwesen zu intensivieren, mit dem Ziel, Entscheidungen gemeinsam zu treffen und zu tragen. An dieser Schnittstelle kann dem externen Berater eine wichtige Mittlerfunktion zukommen, indem er Instrumente zur Verfügung stellt, Prozesse initiiert und gegebenenfalls als Moderator das AC begleitet.

Die hohe Transparenz der AC-Methode in Verbindung mit einem fundierten Feedback-Gespräch mit dem Kandidaten kann einen positiven Effekt auf das Unternehmensimage bei externen wie internen Bewerbern haben. Bei intern durchgeführten ACs wird insbesondere der Personalbereich daran gemessen, wie das AC in die Unternehmensphilosophie paßt und ob aus den kommunizierten Ergebnissen auch Aktionen abgeleitet und durchgeführt werden. Eine professionelle Handhabung wird unweigerlich positiven Einfluß auf die Motivation und Identifikation des Mitarbeiters mit dem Unternehmen haben. Hierzu gehört auch das Gefühl, innerhalb des Unternehmens kompetent beraten und gefördert zu werden.

7. Nutzen des ACs für den Teilnehmer

Für den Kandidaten resultieren die nachfolgenden Vorteile aus der Teilnahme an einem AC:

● Der Teilnemer erhält ein direktes Feedback über die bei ihm beobachteten Verhaltensweisen und daraus abgeleitet ein Stärken- und Schwächenprofil. Mit diesem Feedback kann der Kandidat das Fremdbild mit seinem Selbstbild abgleichen und zukünftig in den Bereichen großer Abweichung korrigierend eingreifen.
● Die Bewertung des Teilnehmers erfolgt aufgrund seiner Leistungen anhand konkreter Übungen. Damit ist die Bewertung für den Kandidaten wesentlich besser nachvollziehbar als eine Bewertung, die ausschließlich auf den Eindrücken aus einem Interview basieren.
● Die Übungen im AC haben einen Bezug zur späteren beruflichen Tätigkeit. Daraus kann der Kandidat für sich selbst die Frage beantworten, ob eine diesbezügliche Aufgabenstellung seinen Interessen und Neigungen entspricht.
● Aufgrund der Methodenvielfalt hat der Kandidat die Möglichkeit, sich in verschiedenen Situationen umfassend und realitätsnah zu präsentieren.
● Da mehrere Assessoren einen Teilnehmer bewerten, erhöht sich die Objektivität des Entscheidungsprozesses. Der Teilnehmer unterliegt nicht der alleinigen Entscheidungskompetenz eines einzelnen, vielmehr werden die Eindrücke in der Beobachterkonferenz diskutiert und relativiert und zu einem Gesamtbild zusammengefügt.

8. Weiterentwicklung und Modifikationen von ACs

Bei den ACs ist in den letzten Jahren ein deutlicher Trend hin zu strukturvernetzten Ansätzen zu erkennen. Hinter diesem qualitativen Wandel verbirgt sich die Idee, anstelle von scharf abgegrenzten Einzelelementen die Vernetzungen verschiedener Anforderungsdimensionen zu realisieren. Durch die Verknüpfung der verschiedenen Übungen zu einer Gesamtaufgabe kann nicht nur das Verhalten in den Einzelübungen beurteilt werden. Als zusätzlicher Aspekt kommt das vernetzte, strategische Denken, bei dem die getroffenen Entscheidungen, Einfluß auf die Ausgangsbedingungen des weiteren AC-Verlaufs haben, als Beurteilungsdimension hinzu. Dadurch erhält der Kandidat die Möglichkeit, die inhaltliche Qualität seiner Entscheidungen unter Beweis zu stellen und konsequent aus seiner Rolle heraus, in die er über das gesamte AC hinweg schlüpft, zu argumentieren und sich darin zu entwickeln. Dieser Aspekt erhöht die Aussagekraft des ACs und trägt zu einem stärkeren Realitätsbezug bei. [17] Das strukturvernetzte AC weist damit zahlreiche Parallelitäten mit dem Planspielgedanken auf und erfordert vor diesem Hintergrund eine noch stärker unternehmensspezifische Ausrichtung, die eindeutig auf eine Branche zugeschnitten und auf das Anforderungsprofil einer Position ausgelegt ist.

Im Hinblick auf den Realitätsbezug geht das themenzentrierte AC[18] noch einen Schritt weiter. Die Bearbeitung eines konkreten Firmenprojekts bildet die Grundlage des Verfahrens, wobei der Kandidat in verschiedenen Phasen des Projektes, wie z. B. Zusammenstellung des Projektteams, Erstellung des Projektplans, Realisierung von Teilzielen, sein Können unter Beweis stellen kann.

Aufgrund der immer stärkeren Globalisierung der Märkte gewinnen sogenannte Cross Cultural Assessment Center[19] an Bedeutung. Bei dieser Internationalisierung des ACs treten interkulturelle Kompetenzen verstärkt in den Vordergrund, was sich in der Auswahl der Kandidaten (Teilnehmer aus verschiedenen Ländern und Kulturen) und der Ausrichtung der Übungen niederschlägt. Diese Form des ACs kommt in erster Linie zur Auswahl von Führungskräften für den Auslandseinsatz zur Anwendung.

Speziell im Einsatzfeld Personalentwicklung votiert *Peter Goodge* für eine Weiterentwicklung des ACs zu einem Instrument, das eine gemeinschaftliche Entscheidungsfindung zwischen Kandidat und Assessoren anstrebt. [20] Dabei erfolgt unmittelbar im Anschluß an die einzelnen Übungen ein Feedback und noch im Rahmen des ACs eine ausführliche Diskussion zwischen Kandidat und Assessoren zu den gezeigten Leistungen. Daraus abgeleitet wird der notwendige Trainingsbedarf definiert und im Folgezeitraum konsequent umgesetzt. Diese gemeinsame Verantwortung des Teilnehmers selbst und der als Assessoren beteiligten Führungskräfte für die Personalentwicklungsaktivitäten stellt ein zentrales Element des Ansatzes dar.

---

[17] Vgl. *Schmidt-Tophoff/Stehle* 1994, S. 569
[18] Vgl. *Jeserich* 1998, S. 52
[19] ebenda
[20] Vgl. *Goodge* 1996

Insbesondere bei der Rekrutierung von Führungsnachwuchskräften zeichnen sich sogenannte „Firmenspezifische Recruitment-Workshops"[21] als richtungsweisend aus. Unter dem Aspekt des gegenseitigen „Matchings" kommen Vertreter des Unternehmens und vorselektierte Kandidaten zusammen, um im Rahmen eines Workshops festzustellen, ob die gegenseitigen Erwartungen und Anforderungen zur Deckung gebracht werden können. Firmenspezifische Recruitment Workshops stellen die Plattform für eine Mischung aus Kandidatenübungen, firmenseitigen Präsentationen und Diskussionen dar, die jeweils auf das einzelne Unternehmen zugeschnitten ist. Die Akzeptanz bei den Kandidaten liegt gegenüber dem klassischen AC deutlich höher, da weniger eine einseitige Beurteilung durch die Assessoren als vielmehr ein partnerschaftlicher Prozeß gedanklich hinter dem Konzept steht.

Aus Sicht der Unternehmen spricht für dieses Verfahren die hohe Qualität der Kandidaten sowie die erhöhte Sicherheit, daß auch die Entscheidung des Kandidaten auf einer soliden Informationsbasis steht, was die Wahrscheinlichkeit eines erfolgreichen Karrierestarts im Unternehmen erhöht. Darüber hinaus kann das Unternehmen im Rahmen des Personalmarketings Rückschlüsse auf die Unternehmensphilosophie und die Unternehmenswerte vermitteln, die einen partnerschaftlichen Umgang miteinander dokumentieren.

9. Anhang: Beispiele

Beispiel einer Aufgabenstellung im Rahmen eines Rollenspiels:

Herr Weber ist 35 Jahre alt und seit einem Jahr Leiter der Entwicklungsabteilung. Seine Abteilung besteht aus 15 Mitarbeitern, bei denen es sich überwiegend um hochqualifizierte Diplom-Ingenieure handelt.

Herr Kleinschmidt ist 50 Jahre alt und ein sehr erfahrener und qualifizierter Mitarbeiter in der Entwicklungsabteilung. Herr Kleinschmidt war bisher gewohnt, als „Einzelkämpfer" seine Entwicklungsaufgaben selbständig zu bearbeiten. Den fachlichen Kontakt zu seinen Kollegen hat er niemals gesucht, entsprechend wenig wissen sie über seine Arbeit. Dies hatte in der Vergangenheit bereits während Urlaubszeiten zu Problemen geführt, da außer Herrn Kleinschmidt niemand Einblick in das Arbeitsgebiet hatte. Mit steigender Anzahl projektbezogener Arbeiten innerhalb der Produktentwicklung tritt die Teamarbeit verstärkt in den Vordergrund.

Herr Weber erhält in letzter Zeit zunehmend Beschwerden über das Verhalten von Herrn Kleinschmidt. Dieser würde sich im Rahmen

---

[21] *Staufenbiel*, http://www.staufenbiel.de

der Teamarbeit nicht einbringen und weiterhin „sein Süppchen kochen".

Herr Weber sieht aufgrund der Situation die Notwendigkeit, mit Herrn Kleinschmidt ein Gespräch zu führen.

Aufgabenstellung: Versetzen Sie sich in die Situation von Herrn Weber und führen Sie mit Herrn Kleinschmidt das Gespräch.

Beispiel für den zeitlichen Ablauf eines zweitägigen Auswahl-ACs zur Rekrutierung von Führungsnachwuchskräften, wobei die Schulung der Assessoren bereits am Vortag stattfand.

1. Tag

9.00 Uhr	Begrüßung der Teilnehmer
	Vorstellung des Unternehmens
	Erläuterung der Zielsetzung des ACs
	Vorstellung der Assessoren
10.15 Uhr	Pause
10.30 Uhr	Vorbereitung der Übung „Persönliche Vorstellung"
10.45 Uhr	Vorstellung der Teilnehmer anhand der Übung „Persönliche Vorstellung"
12.00 Uhr	Gemeinsames Mittagessen
13.30 Uhr	Vorbereitung auf die Gruppenarbeit
13.45 Uhr	Gruppenarbeit
14.30 Uhr	Postkorbübung
15.00 Uhr	Pause
15.30 Uhr	Führerlose Gruppendiskussion
16.00 Uhr	Einzelgespräche zur Diskussionsübung
17.00 Uhr	Organisationsübung
18.30 Uhr	Gemeinsames Abendessen

2. Tag

8.30 Uhr	Vorbereitung von Einzelthemen
9.00 Uhr	Einzelvortrag
10.30 Uhr	Pause
11.00 Uhr	Vorbereitung Rollenspiel
11.15 Uhr	Rollenspiel
12.00 Uhr	Gemeinsames Mittagessen
13.00 Uhr	Psychologischer Test
13.45 Uhr	Pause
14.00 Uhr	Einzelinterviews
15.00 Uhr	Assessorenkonferenz/Besichtigungstour für die Kandidaten
17.00 Uhr	Feedback-Gespräche

Literatur

Arbeitskreis Assessment Center (Hrsg.), Standards der Assessment Center Technik, Hamburg 1992

Bolles, R. N., The 1997 What color is your parachute, Berkley, USA 1997

Brenner, D./Giesen, F./Staufenbiel, J. E. (Hrsg.), Individuell bewerben, 3. Auflage, Köln 1997

Goodge, P., Development Centres for the 90s – Third Generation Design, in: *Sattelberger, Th.* (Hrsg.), Human Resource Management im Umbruch, Wiesbaden 1996

Heitmayer, K./Thom, N.,/Staufenbiel J. E. (Hrsg.), Assessment-Center: Gestaltungs- und Anwendungsmöglichkeiten, 3. Auflage, Köln 1988

Jeserich, W., Zukünftige Trends beim Assessment Center, in: ManagerSeminare 1/1998

Neubauer, R., Die Assessement Center Technik: Ein verhaltensorientierter Ansatz zur Führungskräfteauswahl, in: *Neubauer, R./von Rosenstiel, L.* (Hrsg.), Handbuch der angewandten Psychologie, Bd. 1: Arbeit und Organisation, München 1980

Reinartz, M., Assessment Center, in: Handbuch Personalentwicklung und Training, Köln 1990

Schmidt-Tophoff, M./Stehle, W., Neue Ansätze im Bereich der Assessment-Center, in: Personal, Heft 12/1994

Schuler, H., Assessment Center als Auswahl- und Entwicklungsinstrument, in: *Schuler, H./Stehle, W.* (Hrsg.), Beiträge zur Organisationspsychologie, Stuttgart 1987

Stehle, W./Brunöhler, A., AC als Instrument der Ausbildungsbedarfsermittlung und Ausbildungsberatung bei Führungskräften, in: *Schuler, H./ Stehle, W.* (Hrsg.), Beiträge zur Organisationspsychologie, Stuttgart 1987

Weidemann, A., Es kann nur einen geben, in: ManagerSeminare 1/1998

Kapitel 23

Psychologische Testverfahren zur Unterstützung von Personalentscheidungen

von *Rüdiger Hossiep* und *Michael Paschen*

Bei psychologischen Testverfahren handelt es sich um die klassischen und am häufigsten verwendeten Instrumente wissenschaftlich kontrollierter Eignungsentscheidungen. So sind Tests für zahlreiche Bewerber schlechthin synonym mit Selektions- und Bewertungsmethoden. Einer der entscheidenden Gründe für die Verwendung psychologischer Testverfahren ist in der hochentwickelten Methodologie der Konstruktion dieser Verfahren zu sehen. Diese erfolgte mit der Zielrichtung, möglichst objektive Bewertungsmethoden zur Verfügung zu haben, um die persönlichen Eignungsvoraussetzungen von (internen oder externen) Bewerbern in Erfahrung bringen zu können. Die Standardisierung psychologischer Testverfahren bezieht sich auf ihren Inhalt, auf die Durchführung und auf die Auswertung. Im Vergleich zu anderen Methoden ist somit die Grundlage hoher Objektivität gegeben und damit der Einfluß subjektiver Kriterien minimiert. Dies schützt den Kandidaten im Auswahlprozeß vor möglichen subjektiven Verzerrungen, wie sie etwa in Vorstellungsgesprächen starken Einfluß nehmen können.

Inhaltlich beziehen sich Tests in der Regel auf bestimmte, festgelegte Verhaltens- oder Fähigkeitsbereiche bzw. auf entsprechende Verhaltensdispositionen im Sinne von Eigenschaften. Testverfahren zeichnen sich dabei in der Regel durch eine Aneinanderreihung jeweils mehrerer ähnlicher Fragestellungen pro Merkmalsbereich sowie durch eine strenge psychometrische Überprüfung aus. Weit verbreitet ist unter Klassifikationsgesichtspunkten die Einteilung der Verfahren in Fähigkeitstests (häufig auch Intelligenz- und Leistungstests genannt) und Persönlichkeitstests (vgl. *Hossiep* 1995).

In der Personalberatungspraxis werden zum einen Testverfahren zur Erfassung allgemeiner kognitiver Fähigkeiten, z. B. der Intelligenz und ihrer Komponenten, sowie Verfahren zur Prüfung allgemeiner Leistungsdispositionen verwendet. Zum anderen finden persönlichkeitsdiagnostische Verfahren Einsatz, zu denen auch Interessens-, Neigungs- und Motivationstests zu rechnen sind, die in überwiegender Häufigkeit in Form von Fragebogen eingesetzt werden.

1. Zur Leistungsfähigkeit psychologischer Testverfahren

Seit Ende der siebziger Jahre hat sich in der führenden US-amerikanischen Forschung die Einschätzung durchgesetzt, daß die Prognosekraft psychologischer Testverfahren (seien es Verfahren zur Prüfung intellektueller Fähigkeiten oder der Persönlichkeitsstruktur) ganz erheblich ist. Die Prognosekraft verschiedener Verfahren zur Personalauswahl (z. B. die Analyse von Bewerbungsunterlagen, der Einsatz biographischer Fragebogen, die Durchführung von Einstellungsinterviews, Assessment-Center) wird in Form von Maßzahlen (häufig Validitätskoeffizienten) ausgedrückt. Laut der einschlägigen US-amerikanischen Forschung – die in der Bundesrepublik Deutschland im Vergleich dazu so gut wie nicht stattfindet – wird immer wieder herausgestellt, daß psychologische Testverfahren insgesamt bezüglich der Vorhersagegenauigkeit für beruflichen Erfolg als sehr tragfähig einzuschätzen und auch bezüglich der Fairneß anderen Verfahren nicht unterlegen sind. Besonders psychologische Leistungstests zur Prüfung der intellektuellen Fähigkeiten erweisen sich als prognosekräftig. Selbstverständlich wird man, wenn es um die Prüfung der intellektuellen Voraussetzungen von Führungskräften geht, nicht auf Eignungstestbatterien zurückgreifen, die gemeinhin auf den Anforderungsrahmen etwa von Ausbildungsplatzbewerbern zugeschnitten sind. Vielmehr wird es darum gehen, auszuloten, ob der in Frage stehende Kandidat das grundsätzliche Potential mitbringt, welches zur erfolgreichen Ausgestaltung der jeweiligen Vakanz voraussichtlich unabdingbar ist. Hierbei wird von entsprechenden Fachleuten insbesondere auf Aspekte der Intelligenzkapazität, des intellektuellen Leistungspotentials und auf einzelne Fähigkeitskomponenten wie etwa Analysevermögen, Lernfähigkeit, intellektuelle Umstellungsbereitschaft, Erkennen abstrakt-logischer Zusammenhänge, Wesentliches von Unwesentlichem abgrenzen zu können etc. geachtet. Im Rahmen eines Assessment-Centers werden derartige Fähigkeitsbereiche beispielsweise auch durch analytische Fallstudien oder Postkorbsimulationen erfaßt.

Auch beim Einsatz von Persönlichkeitsfragebogen sollte im Mittelpunkt stehen, daß diese für die entsprechende Fragestellung tauglich sind. Mit diesen Instrumenten sollten in einer Auswahlentscheidung ausschließlich solche Persönlichkeitsfacetten erfaßt werden, die einen klaren Berufs- und Anforderungsbezug aufweisen. Leider existieren auf dem deutschen Markt nur wenige Verfahren, die eine klare Verbindung zu beruflichen Anforderungen erlauben. Viele von wissenschaftlicher Seite vorgelegte Instrumente haben eher einen klinisch-psychologischen Hintergrund und sind darum für den Einsatz im Wirtschaftskontext ungeeignet. Oftmals enthalten solche Verfahren Fragen, die über das berechtigte Informationsbedürfnis des Arbeitgebers hinausgehen. Die Zurückhaltung bei der Anwendung dieser Instrumente ist also durchaus begründet. Darüber hinaus existieren Verfahren, die von verschiedenen Beratungsgesellschaften angeboten werden. Im Gegensatz zu den universitär entwickelten Instrumenten sind sie häufig stärker an den Erfordernissen der Praxis orientiert, aber ob sie auf seriösem Hintergrund erstellt wurden, ist für den Anwender oft nicht nachvollziehbar (so sieht sich beispielsweise das intensiv vermarktete Verfahren DNLA nun der Kritik ausgesetzt, weil mit dem Werbematerial auch eine Studie mit dem Namen „Wissenschaftliche Gütekriterien" verbreitet wurde, der angebliche Autor – ein Universitätsprofessor – diese Schrift aber nach eigenen Angaben nicht einmal kannte, *Wottawa* 1996).

Neben dem Einsatz von psychologischen Testverfahren in der Personalauswahl gewinnen insbesondere Persönlichkeitsfragebogen auch in Hinblick auf ein weiteres Einsatzgebiet zunehmend mehr Bedeutung, nämlich in der Laufbahn- und Karriereberatung. Die zunehmend steigenden Anforderungen an Mitarbeiter und Führungskräfte in bezug auf ihre persönlichen und sozialen Kompetenzen führen dazu, daß einer realistischen und verantwortungsvollen Laufbahnplanung immer eine offene, selbstkritische und fundierte Selbstanalyse der eigenen Stärken und Schwächen vorangehen sollte. Hierzu können Persönlichkeitsfragebogen in idealer Weise ein unterstützendes Hilfsmittel darstellen, wenn sie im Berufsleben relevante Persönlichkeitsfacetten erfassen. Viele Karriereberatungen nutzen aus diesem Grunde Persönlichkeitsfragebogen als ergänzendes Instrument bei der persönlichen Standortbestimmung.

2. Wissenschaftliche Gütekriterien

Bei der Bewertung von Verfahren werden neben dem unbedingt notwendigen Praxisbezug auch noch weitere Gütemerkmale herangezogen. Hierbei handelt es sich um die drei Kriterien Objektivität, Reliabilität und Validität. Die Objektivität von psychologischen Testverfahren oder Fragebogen ist im allgemeinen hoch, wenn sie feste, standardisierte Auswertungsrichtlinien haben – Objektivität heißt nämlich, daß jeder Anwender tatsächlich zu dem gleichen Ergebnis kommen muß, wenn er das Instrument sachlich richtig auswertet. Das bedeutet allerdings nicht zwangsläufig, daß die Ergebnisse auch einheitlich interpretiert werden. Die Reliabilität gibt Auskunft darüber, ob das Verfahren eine genaue Messung erlaubt. Eine ungenaue Messung wäre beispielsweise dann gegeben, wenn unter ansonsten gleichen Bedingungen stark schwankende Ergebnisse beim gleichen Teilnehmer erzielt werden. Eine solche Messung ist damit sehr fehlerbehaftet. Die Validität eines Auswahlverfahrens bezieht sich nun darauf, inwieweit die Ergebnisse tatsächlich mit den Aspekten zusammenhängen, die man vorhersagen möchte – beispielsweise beruflichen Erfolg. Diese Gütekriterien liefern dem Anwender Anhaltspunkte bei der Entscheidung für den der verschiedenen Verfahren. Der an psychologischen Testverfahren interessierte Personalfachmann sieht sich also einem nicht ganz leicht zu bewertenden Angebot an Instrumenten gegenüber. Darum sollen hier kurz drei Verfahren vorgestellt werden, die sich für die Personalarbeit eignen. Eine ausführliche Beschreibung und Diskussion dieser und anderer Verfahren findet sich bei *Hossiep/Paschen/Mülhaus* 1999.

2.1 Der 16-Persönlichkeitsfaktoren-Test (*Schneewind/Schröder/Cattell* 1994)

Der 16-Persönlichkeitsfaktoren-Test oder kurz 16PF ist einer der Klassiker unter den Persönlichkeitstests. Das Verfahren wurde in den 50er Jahren entwickelt und ist dem Ursprungsverfahren bis heute weitgehend ähnlich geblieben. Auch wenn das Verfahren ursprünglich als eher allgemeines (und nicht speziell als wirtschaftsbezogenes) Fragebogeninstrument konzipiert war, hat es rasch Verwendung in der Personalarbeit und Berufsberatung gefunden. Die Grundidee des 16PF, die seinerzeit der Konstruktion des Verfahrens zugrunde lag, geht von der Annahme aus, daß sich alle Beurteilungsbereiche, die für die Beschreibung zwischenmenschlicher Unterschiede relevant sind, auch in der Sprache abbilden. Folgerichtig baute der 16PF seinerzeit auf der Analyse der persönlichkeitsbeschreibenden Begriffe der Sprache auf. *Cattell* knüpfte bei der Konstruktion des Verfahrens dabei an die Vorarbeiten der beiden Autoren *Allport* und *Odbert* an, die in den 40er Jahren das Lexikon

„Webster's New International Dictionary" analysierten und dabei insgesamt 17 953 eigenschaftsbeschreibende Begriffe identifiziert haben. Nach mehreren Zusammenfassungen der Informationen und verschiedenen statistischen Analysen entstand letztlich der 16PF – ein Testverfahren, mit dem die wichtigsten Aspekte erfaßt werden sollen, hinsichtlich derer sich Menschen unterscheiden. Diese Herangehensweise von *Cattell* ist von seiten der Wissenschaft natürlich nicht ohne Kritik geblieben und über viele Jahre hinweg kontrovers diskutiert worden. Aber die gute Praxistauglichkeit des Verfahrens hat dem 16PF einen festen Platz im Methodenrepertoire der mit Fragebogen arbeitenden Personalfachleute zukommen lassen.

Mit dem 16PF werden die folgenden Dimensionen erfaßt:

- Sachorientierung vs. Kontaktorientierung
- Konkretes Denken vs. Abstraktes Denken
- Emotionale Störbarkeit vs. Emotionale Widerstandsfähigkeit
- Soziale Anpassung vs. Selbstbehauptung
- Besonnenheit vs. Begeisterungsfähigkeit
- Flexibilität vs. Pflichtbewußtsein
- Zurückhaltung vs. Selbstsicherheit
- Robustheit vs. Sensibilität
- Vertrauensbereitschaft vs. Skeptische Haltung
- Pragmatismus vs. Unkonventionalität
- Unbefangenheit vs. Überlegtheit
- Selbstvertrauen vs. Besorgtheit
- Sicherheitsinteresse vs. Veränderungsbereitschaft
- Gruppenverbundenheit vs. Eigenständigkeit
- Spontaneität vs. Selbstkontrolle
- Innere Ruhe vs. Innere Gespanntheit

Der 16PF ist ein solides, praxistaugliches und seit Jahrzehnten forschungsrelevantes Instrument. Die Rückmeldung der Ergebnisse des Verfahrens an die Testteilnehmer ist allerdings nicht ganz einfach, da die Beschreibungen der 16 erfaßten Verhaltensbereiche (und vor allem ihre Abgrenzung untereinander) oftmals nicht selbsterklärend sind, sondern eine intensive Auseinandersetzung mit den Hintergründen der Skalen erfordern. Da das Verfahren seinerzeit vor dem Hintergrund sehr allgemeiner Überlegungen zur Persönlichkeit entstanden ist, ist keine explizite Zielgruppe für den Einsatz definiert.

Bezüglich der Testgütekriterien liegen uneinheitliche Befunde vor. Zunächst einmal wurde kritisiert, daß sich in vielen Untersuchungen die 16 von *Cattell* postulierten Persönlichkeitsfaktoren nicht mehr auffinden ließen (häufig führten weniger Faktoren zu vergleichbaren Ergebnissen). Die Zuverlässigkeit des Verfahrens ist für den Praktiker zufriedenstellend, man kann von einer ausreichenden Genauigkeit der Messung ausgehen. Auch die Vorhersagekraft des 16PF für beruflichen Erfolg ist in zahlreichen Studien untersucht worden. Die Befunde sind uneinheitlich, es gibt aber eine ganze Reihe von Belegen dafür, daß der 16PF tatsächlich mit bestimmten Kriterien des Berufserfolges zusammenhängt. So fand *Kuipers* (1991) heraus, daß sich die Profile erfolgreicher Unternehmensgründer von denen der Normalbevölkerung systematisch unterscheiden. Außerdem identifizierte er mit dem 16PF Persönlichkeitsunterschiede zwischen langfristig erfolgreichen Unternehmensgründern und solchen, die das Unternehmen innerhalb von fünf Jahren wieder aufgeben mußten. Weitere Untersuchungen betreffen beispielsweise die Vorhersage des Ausbildungserfolges von Flugbegleitern (*Ferris/Bergin/Gilmore* 1987), Unterschiede zwischen Bankmanagern und Personalfachleuten (*Ghosh/Manerikar* 1971) oder die Zusammenhänge des 16PF mit Leistungsbeurteilungen bei Mitarbeitern im Strafvollzug (*Schuerger/Kochevar/Reinwald* 1982). Das Verfahren bietet – wenn es als ein Baustein in den Personalauswahlprozeß integriert wird – sicherlich gutes Potential, bestimmte Aspekte mit einem Bewerber noch einmal vertieft besprechen zu können. Allerdings ist es als alleiniges Entscheidungskriterium oder Vorauswahlinstrument nicht geeignet.

2.2 Der *Myers-Briggs*-Typenindikator (*Bents/Blank* 1995a)

Der *Myers-Briggs*-Typenindikator (MBTI), der in der deutschen Fassung von *Bents* und *Blank* (1995a) vorliegt, gehört in den Vereinigten Staaten zu den Tests, die im vergangenen Jahrzehnt die größte öffentliche Aufmerksamkeit erlangt haben. Hierzu hat vor allem das Buch „Please understand me" von *Keirsey* und *Bates* (1984) beigetragen, das bereits kurz nach seiner Veröffentlichung ein Bestseller wurde und es bis heute ist. Dieses Buch enthält neben einer Einführung in die psychologische Typentheorie auch eine auswertbare Version des MBTI. Vor der Veröffentlichung dieses Buches war der Test in den Vereinigten Staaten zwar schon genutzt worden, aber das Verfahren war nicht allgemein zugänglich. So setzte zum Beispiel seine Anwendung im Bereich der öffentlichen Verwaltung ein Zertifikat vom „Center of Psychological Type" voraus. Intensiv genutzt wurde der MBTI seit 1962 vor allem in Japan, der Anwendungsbereich war aber auf die Karriereberatung beschränkt.

Der MBTI ist kein Test, der speziell für die Personalarbeit entwickelt wurde, gleichwohl findet er hier sein häufigstes Anwendungsfeld. Dies liegt vor allem daran, daß der MBTI keine klinisch relevanten Persönlichkeitsaspekte erfaßt, sondern ausschließlich auf den „Normalbereich" abzielt. Allerdings liegt der Schwerpunkt des Einsatzes nicht in der Personalauswahl oder -plazierung, sondern eher in der Beratung, Teamentwicklung und im Training. Die Testergebnisse sind beim MBTI in erster Linie für den Kandidaten selbst bestimmt, der durch das Testergebnis ein besseres Verständnis für seine „individuelle Herangehensweise an die Welt" bekommen soll. Der Test kann dazu beitragen, Konflikte in Arbeitsgruppen zu analysieren, und verschiedene Fallstudien weisen auf seine Nützlichkeit in der Organisationsberatung hin (*McClure/Werther* 1993). Seine Anwendung sollte hingegen in Auswahlsituationen nur mit Vorsicht erfolgen.

Dem MBTI liegt die Typentheorie von *C. G. Jung* zugrunde und die Testautorinnen fordern, daß Personen, die den Test einsetzen, sich intensiv mit den theoretischen Grundlagen des Verfahrens auseinandersetzen. Stellenweise ist die Theorie des Verfahrens recht kompliziert, so z. B. wenn es um den Einfluß einer Dimension auf die Interpretation der anderen Bereiche geht. Nähere Informationen über die Hintergründe des Instrumentes enthält das Testmanual und das Buch „Typisch Mensch" von *Bents/Blank* (1995b), das in anschaulicher Weise in die Typentheorie einführt.

Doch nun zu der eigentlichen Typologie, auf der das Verfahren basiert. Ganz allgemein werden mit dem Fragebogen jeweils zwei Einstellungen und zwei Funktionen unterschieden. Die erste Einstellung bezieht sich darauf, ob jemand eher nach außen oder nach innen orientiert ist. Entsprechend der *Jung*schen Begriffe werden die beiden komplementären Pole dieser Einstellung Extraversion (Außenorientierung) und Introversion (Innenorientierung) bezeichnet. Die zweite Einstellung bezieht sich darauf, ob jemand in seiner Interpretation der Außenwelt eher eine beurteilende oder eher eine wahrnehmende Herangehensweise bevorzugt. Wie diese entweder wahrnehmende oder beurteilende Herangehensweise vonstatten geht, wird durch die beiden Funktionen beschrieben. Die erste Funktion beschreibt die Art der Wahrnehmung, wobei hier zwischen sinnlicher (Präferenz konkreter Fakten und Ereignisse) und intuitiver (eher gefühlsmäßiger) Wahrnehmung unterschieden wird. Die zweite Funktion beschreibt dementsprechend die Art der Beurteilung, nämlich ob sie – analog zur Wahrnehmung – eher analytisch oder eher gefühlsmäßig erfolgt. Tabelle 1 stellt diese vier Bereiche zusammenfassend dar (vgl. *Bents/Blank* 1995a). Die Abkürzungen hinter den Präferenzbezeichnungen entsprechen der amerikanischen Version, weshalb sie nicht immer mit den deutschen Anfangsbuchstaben übereinstimmen.

Extraversion (E) versus Introversion (I)	In der nach außen orientierten Einstellung werden Beurteilungs- und Wahrnehmungsvorgänge eher an der Außenwelt orientiert (Extraversion). Solche Personen tendieren dazu, ihre Wahrnehmung und Beurteilung vor allem auf Menschen oder Gegenständliches zu richten. Bei nach innen gerichteten Personen werden Impulse vor allem aus der eigenen Innenwelt aufgenommen, die Wahrnehmung und Beurteilung richtet sich vor allem auf innere Vorstellungen und Ideen (Introversion).
Sinnliche Wahrnehmung (S) versus Intuitive Wahrnehmung (N)	Der sinnlich Wahrnehmende verläßt sich eher auf das, was die fünf Sinne vermitteln, was an konkreten Fakten und Ereignissen direkt wahrgenommen werden kann. Intuitiv Wahrnehmende erfassen stärker auch Bedeutungen und Beziehungen, die außerhalb der bewußten Wahrnehmung liegen.
Analytische Beurteilung (T) versus Gefühlsmäßige Beurteilung (F)	Der analytisch Beurteilende verläßt sich vorrangig auf eher logische und rationale Überlegungen. Gefühlsmäßige Beurteilungen erfolgen stärker aufgrund persönlicher oder sozialer Wertvorstellungen.
Beurteilung (J) versus Wahrnehmung (P)	Diese Präferenz erfaßt, inwieweit Personen auf ihre Außenwelt in beurteilender oder wahrnehmender Weise zugehen. Beurteiler zeichnen sich dadurch aus, daß sie möglichst schnell aus ihren Beobachtungen Schlußfolgerungen ziehen und Entscheidungen treffen. Präferiert jemand hingegen eine wahrnehmende Herangehensweise an die Wirklichkeit, dann verharrt er länger in der Beobachtung der Welt und läßt sich mehr Zeit beim Treffen von Entscheidungen.

Abb. 1: Die mit dem MBTI erfaßten Präferenzen (vgl. *Bents/Blank* 1995a)

In jedem Menschen finden sich gemäß dieser Theorie die acht der oben genannten Herangehensweisen an die Welt wieder. Mit dem MBTI soll jedoch erfaßt werden, welche Sichtweise grundsätzlich präferiert wird. Das Prinzip ist ähnlich dem Prinzip der Händigkeit: Die meisten Tätigkeiten können mit der rechten wie auch mit der linken Hand ausgeführt werden. Zumeist werden Rechtshänder jedoch die rechte und Linkshänder die linke Hand für bestimmte Tätigkeiten bevorzugt benutzen. Entsprechend der Typentheorie wird immer ein Pol der vier Präferenzen bevorzugt, daß heißt eine Person präferiert z. b. eher eine introvertierte als eine extrovertierte Einstellung zur Außenwelt. Eine graduelle Abstufung ist hier nicht vorgesehen. Demnach läßt sich eine Person immer durch genau vier Präferenzen beschreiben. Da durch das Instrument vier Dimensionen erfaßt werden, ergeben sich insgesamt 16 verschiedene Typen, die jeweils durch unterschiedliche Kombinationen der Präferenzen entstehen (2 x 2 x 2 x 2 Kombinationsmöglichkeiten). Die Typen werden durch die vier Buchstaben ihrer jeweiligen Präferenzen beschrieben (z. B. ESTJ).

Bezüglich der Gütekriterien liegen für den *Myers-Briggs*-Typenindikator zufriedenstellende Befunde vor. Besonders interessant ist eine Untersuchung, die an dieser Stelle etwas ausführlicher dargestellt werden soll: *Rice* und *Lindecamp* (1989) erhoben das jährliche Einkommen von Kleinunternehmern. Ihre erste Hypothese war, daß Personen mit einer Präferenz für Extroversion als Unternehmer erfolgreicher arbeiten und dementsprechend mehr verdienen. Die gefundenen Effekte sind erstaunlich deutlich: Von den 102 Kleinunternehmern waren 67 extrovertierte und 35 introvertierte Typen. Das jährliche Durchschnittseinkommen der Extrovertierten beträgt $ 32000, wohingegen die Introvertierten sich mit $ 21500 pro Jahr begnügen müssen. In einer weiteren Hypothese wurde geprüft, ob analytisch beurteilende Unternehmer erfolgreicher arbeiten als gefühlsmäßig beurteilende. Auch diese Hypothese konnte bestätigt werden ($ 33500 vs. $ 23700 Jahreseinkommen).

Der MBTI ist für den Bereich der Personalentwicklung sicherlich insbesondere bei Teammaßnahmen ein sehr hilfreiches Instrument. Natürlich werden durch die Beschränkung auf die *Jung*sche Typologie in dem Verfahren viele andere Anforderungsbereiche ausgespart, die in hohem Maße determinierend für den beruflichen Erfolg sind. Aus diesem Grunde ist von einer Integration des Verfahrens in die Personalauswahl eher abzuraten. Viele Anforderungen in Wirtschaftsunternehmen lassen sich nicht unmittelbar und vor allem nicht eindeutig auf die vier in dem MBTI erfaßten Bereiche übertragen.

2.3 Das Bochumer Inventar zur berufsbezogenen Persönlichkeitsbeschreibung (*Hossiep/Paschen* 1998)

Das Bochumer Inventar zur berufsbezogenen Persönlichkeitsbeschreibung (oder kurz BIP) ist ein Persönlichkeitsfragebogen, der für die Personalarbeit in Wirtschaftsunternehmen entwickelt wurde. Darum werden mit diesem Verfahren ausschließlich im beruflichen Kontext relevante Facetten von Verhalten und Persönlichkeit erfaßt. Um auch die im Verfahren verwendeten Begrifflichkeiten eng an das in der Personalarbeit gebräuchliche Vokabular anzupassen, entstand das Instrument unter Einbeziehung von Personalpraktikern. Dies stellt nicht nur eine gute Praxistauglichkeit sicher, sondern zugleich auch eine hohe Akzeptanz durch die Testteilnehmer. Abbildung 2 zeigt die mit dem Bochumer Inventar erfaßten Dimensionen.

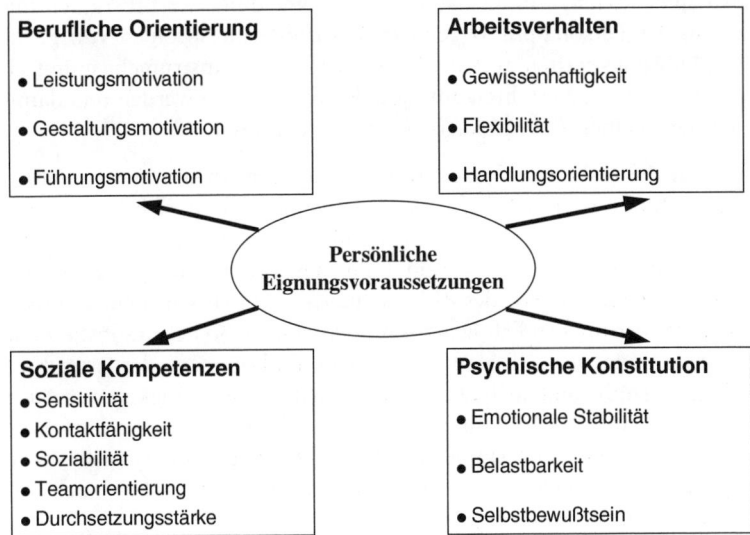

Abb. 2: Mit dem Bochumer Inventar erfaßte Dimensionen

Ziel des BIP ist die standardisierte Erfassung des Selbstbildes eines Testkandidaten, und zwar in Hinblick auf im Berufsleben relevante Beschreibungsdimensionen.

Die Testergebnisse sollen im Rahmen von Beratungsgesprächen und Plazierungsentscheidungen eine zusätzliche Informationsquelle darstellen. Sie können insofern eine tragfähige Basis für eine tiefergehende Exploration im Rahmen eines persönlichen Gespräches sein. In einem solchen Gespräch kann etwa die Motivstruktur eines Bewerbers angesprochen werden (z. B. hinsichtlich der Führungsmotivation) und ggf.

kann diese Motivstruktur mit den Anreizbedingungen einer Vakanz verglichen werden. Verschiedene Facetten des Arbeitsverhaltens (z. B. Gewissenhaftigkeit) können betrachtet werden und gemeinsam mit dem Kandidaten wird dann überlegt, wie sich eine hohe oder niedrige Ausprägung auf dieser Dimension wahrscheinlich in bestimmten beruflichen Situationen widerspiegeln wird, und welches Verhalten unter welchen Bedingungen zu erwarten ist. Die Ergebnisse des BIP können dazu genutzt werden, Selbstbild und Fremdbild (z. B. erhoben über Verhaltensbeobachtungen im Rahmen von situativen Übungen in einem Assessment-Center) zu vergleichen und entstehende Abweichungen zwischen diesen beiden Zugängen zu thematisieren. Der Vorteil des Instrumentes liegt nun vor allem darin, daß die mit dem BIP erfaßten Dimensionen solche Dimensionen sind, die – zumindest teilweise – in vielen Unternehmen Bestandteil von Anforderungsprofilen sind. Es ist also zu erwarten, daß eine starke Überschneidung der BIP-Skalen mit den in der Personalpraxis genutzten Anforderungsprofilen von Fach- und Führungskräften auftritt. Insofern kann das Instrument unmittelbarer als andere Verfahren auf diese Profile bezogen werden und damit direkter in einen Auswahlprozeß integriert werden.

Sowohl die bisherigen Praxiserfahrungen als auch die wissenschaftlichen Befunde zum BIP sind sehr ermutigend. So konnte beispielsweise in einer aufwendigen Studie mit ca. 4000 in verschiedenen Wirtschaftsunternehmen tätigen Fach- und Führungskräften nachgewiesen werden, daß die Ergebnisse des BIP systematisch mit verschiedenen Indikatoren des beruflichen Erfolges zusammenhängen. So liegen substantielle Korrelationen der BIP-Skalen mit dem Einkommen, der erreichten Hierarchiehöhe und auch der Zufriedenheit mit der Tätigkeit vor. Auch die Reliabilität des Verfahrens ist im Vergleich zu anderen Verfahren tendenziell höher. Zielgruppe des BIP sind Fach- und Führungskräfte in Wirtschaftsunternehmen, wobei sich das Verfahren aber auch für Hochschulabsolventen eignet.

Bei der Vorbereitung der Publikation des BIP wurde das Verfahren von mehreren Personalberatungen im Rahmen von Personalauswahlfragestellungen mit anderen, von der jeweiligen Beratung eingesetzten Instrumenten kombiniert. Ziel war, trotz des wissenschaftlichen Hintergrundes des Verfahrens eine von Anfang an sehr enge Schnittstelle zu den Anforderungen der Personalpraxis herzustellen. Hierbei wurde das BIP von den Beratern als nützliche Ergänzung wahrgenommen und durch die Diskussion der Testergebnisse mit den Kandidaten konnten zahlreiche diagnostisch relevante Informationen gewonnen werden. Die Bewerber wurden über das Prinzip psychologischer Testverfahren aufgeklärt und erhielten hierzu neben den mündlichen Erläuterungen auch eine zu diesem Zweck von den Autoren erstellte Informationsbroschüre.

Im Rahmen einer Eignungsfeststellung eignet sich das BIP etwa für folgende Fragestellungen:

- Wie stellt sich das Selbstbild eines Kandidaten in Hinblick auf die mit der Tätigkeit verbundenen überfachlichen Anforderungen dar?
- In welchen Bereichen existieren markante Abweichungen vom Mittelwert einer Skala und damit besonders auffällige Aspekte im Persönlichkeitsbild?
- Welche Verhaltensbeispiele benennt der Kandidat, um diese Abweichungen zu erläutern? Wie äußern sich bestimmte hohe oder niedrige Ausprägungen der Skalen in den relevanten beruflichen Kontexten?
- Durch welche Skalen findet sich der Kandidat nicht korrekt repräsentiert? Wo ist er seines Erachtens durch den Test unangemessen beschrieben? Worauf ist diese Einschätzung zurückzuführen?
- In welchen Bereichen gibt es Diskrepanzen zu dem Eindruck des Gesprächspartners bzw. beim Abgleich mit anderen Informationen?
- Wie paßt die Motivstruktur des Kandidaten zu der Tätigkeit? Wie wichtig ist ihm beispielsweise die Übernahme von Führungsverantwortung? Welche langfristigen Ziele sind damit verbunden?

Neben dem Einsatz des Verfahrens zur Unterstützung von Auswahlentscheidungen kann das Instrument auch zur Berufs- und Karriereberatung, zur Vorbereitung von Personalentwicklungsmaßnahmen oder auch im Vorfeld von Trainings und Coachings zur Anwendung kommen. Wie bei allen Fragebogen liegen auch beim BIP die Begrenzungen vor allem darin, daß sich das Verfahren im Rahmen der Personalauswahl gut als Instrument zur vertieften Bewerberexploration eignet, aber zur Vorauswahl oder als tatsächliches Entscheidungskriterium nicht herangezogen werden sollte.

Abbildung 3 stellt die drei beispielhaft vorgestellten Verfahren noch einmal in direktem Vergleich dar.

	16-Persönlich-keits-Faktoren-Test	*Myers-Briggs-*Typenindikator	Bochumer Inventar zur berufsbezogenen Persönlichkeits-beschreibung
Hintergründe des Verfahrens	Das Verfahren erfaßt diejenigen Aspekte, hinsichtlich derer sich Menschen unterscheiden.	Das Verfahren erfaßt bestimmte Dimensionen, die sich unmittelbar aus der Theorie von *C. G. Jung* ergeben.	Das Verfahren erfaßt solche Dimensionen, die sich in der praktischen Personalarbeit als relevant herausgestellt haben.

	16-Persönlich-keits-Faktoren-Test	Myers-Briggs-Typenindikator	Bochumer Inventar zur berufsbezogenen Persönlichkeits-beschreibung
Zielgruppe	Keine bestimmte Zielgruppe spezifiziert.	Keine bestimmte Zielgruppe spezifiziert.	Zielgruppe sind Führungskräfte, Nachwuchsführungskräfte und Mitarbeiter in Wirtschaftsunternehmen und der öffentlichen Verwaltung.
Einsatzfelder	Beratung, Personalauswahl, Selbstanalyse, Vorbereitung therapeutischer Maßnahmen, wissenschaftliche Forschung.	Selbstanalyse, Beratung, Personalentwicklung.	Selbstanalyse, Laufbahnberatung, Personalauswahl, Personalentwicklung.
Zeitbedarf für Durchführung und Auswertung	ca. 60 Minuten	ca. 40 Minuten	ca. 60 Minuten

Abb. 3: Direkter Vergleich der drei Testverfahren

3. Interpretation und praktischer Einsatz psychologischer Fragebogen

Wer sich von einem Persönlichkeitsfragebogen eine „tiefe Durchleuchtung" eines Teilnehmers verspricht oder glaubt, durch einen solchen Fragebogen eine Offenlegung von Persönlichkeitsfacetten zu erreichen, die der Kandidat ansonsten lieber verborgen hätte, hat einen überhöhten Anspruch an diese Instrumente. Derartige Fragebogeninstrumente liefern immer nur ein systematisches **Selbstbild** einer Person (z.B. im Gegensatz zu Verhaltensbeobachtungen im Assessment-Center, dort wird die **Fremdeinschätzung** durch die Beobachter erhoben). Dieses Selbstbild, das bei den meisten Verfahren in Profilform zusammengefaßt wird, stellt eine ideale Unterstützung für ein vertiefendes Gespräch dar. Der Entscheider bekommt auf diese Weise zahlreiche Hinweise, bei welchen Aspekten ein Nachfragen und eine weitere Diskussion sinnvoll erscheint und in welchen Bereichen die Selbstsicht eines Bewerbers mehr oder weniger stark von dem bislang gewonnenen Eindruck abweicht. Ein mit einem Fragebogen gewonnenes Persönlichkeitsprofil

3. Interpretation und praktischer Einsatz psychologischer Fragebogen 279

eignet sich natürlich nicht zur begründeten Ablehnung von Bewerbern im Rahmen der Vorauswahl oder zur alleinigen Entscheidungsfindung. Es bietet eher eine Hilfestellung, in welchen Bereichen ein bestimmter Kandidat von seinen persönlichen Voraussetzungen her zu der Tätigkeit, dem Arbeitsumfeld und dem Team, zur Unternehmenskultur und zu den Anforderungen der jeweiligen Vakanz paßt.

Hieraus ergibt sich auch, daß Testverfahren andere Instrumente bei der Personalauswahl nicht ersetzen, sondern lediglich ergänzen können. Darum ist die zeitweise immer wieder aufflammende Diskussion „Testverfahren *oder* Assessment-Center" wenig zielführend, sondern es ist statt dessen eher zu überlegen, in welcher Entscheidungssituation welche Instrumente sinnvoll miteinander kombiniert werden. Es ist eigentlich selbstverständlich, daß jede zusätzliche Informationsquelle die zu treffende Entscheidung etwas sicherer machen kann. Am idealsten ist deshalb ein Methodenmix, das heißt die Kombination verschiedener Verfahren (Sichtung der Bewerbungsunterlagen, biographische Analyse, persönliches Gespräch, Assessment-Center-Techniken, Testverfahren zur intellektuellen Leistungsfähigkeit oder zur Persönlichkeitsstruktur). Ein psychologischer Persönlichkeitsfragebogen ist eine ideale Ergänzung der anderen Vorgehensweisen, da mit einem vergleichsweise geringen Aufwand nachgewiesenermaßen ein deutlicher Nutzenzuwachs erzielt werden kann (für eine ausführliche Diskussion siehe *Hossiep/Paschen/Mülhaus* 1999).

Insgesamt hinkt der Einsatz wissenschaftlich fundierter psychologischer Testverfahren im deutschen Personalmanagement der Entwicklung vergleichbarer Nationen im westlichen Wirtschaftskontext kraß hinterher. So werden etwa in den USA, Großbritannien, Frankreich, Benelux, Spanien usw. psychologische Testverfahren zur Besetzung von Führungspositionen mindestens zehnmal so häufig eingesetzt wie in der Bundesrepublik Deutschland. Die so nicht wahrgenommenen vor allen Dingen pekuniären Nutzenvorteile durch den Einsatz solcher Instrumente sind in ihrer schädlichen Auswirkung in der deutschen Wirtschaft weithin unterschätzt. Jede nicht optimal getroffene Plazierungsentscheidung hat in aller Regel massive finanzielle Konsequenzen für das Unternehmen zur Folge und stellt natürlich auch für die betroffene Person oftmals eine starke Belastung dar.

Entscheidend ist bei der Anwendung eines jedweden psychologischen Testverfahrens, wer mit dem Instrumentarium in welcher Weise und in welcher Situation umgeht. Gleiches gilt übrigens nicht nur für psychologische Testverfahren, die man gern per se entweder als „heilsbringend" oder „Teufelswerkzeug" kategorisiert, sondern auch für viele andere Hilfsmittel, derer sich Fachleute jeder Couleur bedienen. Erfahrungen mit Instrumenten und Zielgruppen, weitreichende Unternehmens- und Branchenkenntnis, entsprechende Kompetenz in der Kommunikation mit Auftraggebern und Probanden sind unerläßliche Voraussetzungen zur angemessenen Handhabung psychologischer Testverfahren. Wenn die mangelnde Kompetenz der Testdurchführung letztlich dem Instrumentarium angelastet wird, zeigt sich hier eine Parallele zum sorgfältig konstruierten Assessment-Center (AC), das auch bei hervorragender Vorbereitung und fundierter Entwicklung nur gute Ergebnisse erbringen kann, wenn die Beobachter über entsprechende Beobachtungskompetenzen verfügen. Das AC-Urteil ist stets nur so tragfähig, wie die Qualität der Beobachter.

Vor dem Hintergrund der hier vorgetragenen Überlegungen zur Prognosekraft und zum ökonomischen Beitrag von Testverfahren im Prozeß der Vakanzbesetzung ist es anzuraten, psychologische Tests in den Auswahlprozeß zu integrieren. Sei es (z. B. im AC) zur nachhaltigen Steigerung der Prognosekraft des Gesamtverfahrens oder zur zielsicheren Vorbereitung von Einstellungsinterviews (vorzugsweise durch den Einsatz geeigneter persönlichkeitsbeschreibender Instrumente). Das in den Mitarbeitern verkörperte Humanpotential wird sich in immer stärkerem Maße als der kritische Erfolgsfaktor für die zukünftige Unternehmensentwicklung erweisen, wobei hier das Zusammenpassen einer Tätigkeit mit bestimmten persönlichen Voraussetzungen eine wichtige Grundlage für beruflichen Erfolg und Zufriedenheit darstellt. Aus diesem Grunde erscheint es sinnvoll, die im Berufsleben relevanten Aspekte der Persönlichkeit durch systematische Methoden bei Plazierungsentscheidungen oder zur Vorbereitung von Personalentwicklungsmaßnahmen zu berücksichtigen.

Literatur

Bents, R./Blank, R. (1995a), Myers-Briggs-Typenindikator (MBTI), Göttingen.
Bents, R./Blank, R. (1995b), Typisch Mensch, Göttingen.
Ferris, G. R./Bergin, T. G./Gilmore, D. C. (1986). Personality and Ability Predictors of Training Performance for Flight Attendants. Group & Organization Studies, 11,4, S. 419–435.
Ghosh, P. K./Manerikar, V. V. (1971), In Search of Personality of the Indian Managers. Indian Journal of Applied Psychology, 11,1, S. 1–6.
Hossiep, R. (1995), Berufseignungsdiagnostische Entscheidungen, Göttingen.
Hossiep, R./Paschen, M. (1999), Das Bochumer Inventar zur berufsbezogenen Persönlichkeitsbeschreibung (BIP), Göttingen.
Hossiep, R./Paschen, M./Mülhaus, O. (1999), Persönlichkeitstests im Personalmanagement. Grundlagen, Instrumente und Anwendungen, Göttingen.
Keirsey, D./Bates, M. (1984), Please Understand me: Character and Temperament Types, Del Mar.

Kuipers, M. (1991), Begeisterungsfähig und unkonventionell. Eine empirische Studie über erfolgreiche und erfolglose Unternehmensführer. Schweizer Handelszeitung, Nr. 34 (22. August), S. 37.

McClure, L./Werther, W. B. (1993), Personality Variables in Management Development Interventions, in: Journal of Management, 12,3, S. 39–47.

Rice, G. H./Lindecamp, D. P. (1989), Personality Types and Business Success of Small Retailers. Journal of Occupational Psychology, 62, S. 177–182.

Schneewind, K. A./Schröder, G./Cattell, R. B. (1994), Der 16-Persönlichkeits-Faktoren-Test (16 PF), Bern.

Schuerger, J. M., Kochevar, K. F./Reinwald, J. E. (1982), Male and Female Corrections Officers: Personality and Rated Performance, in: Psychological Reports, 51, S. 223–228.

Wottawa, H. (1996), GMP verzichtet auf die weitere Verwendung der „Wissenschaftlichen Gütekriterien" des Auswahl- und Entwicklungssystems DNLA, Report Psychologie, 21, S. 682–683.

Kapitel 24

Interaktives Management-Audit: Voraussetzung systematischer Führungskräfte-Entwicklung

von *Volker T. Wiegmann*

Mit dem nachstehenden Diskussionsbeitrag wird die seit Mitte der 90er Jahre zunehmend nachgefragte Methodik Interaktiver Management-Audits in den Zusammenhang alternativer Potentialdiagnose-Verfahren gestellt. Die detaillierte Darstellung der Vorgehensweise und Erfolgsmerkmale ist in vier Abschnitte gegliedert:

- Bewertung des Humankapitals an der Unternehmensspitze durch Führungskräftebeurteilung, Management-Audit und Potentialanalyse,
- Erfolgsvoraussetzungen und Arbeitsschritte Interaktiver Management-Audits,
- Vorgehens-Varianten und Schwerpunkt-Themen von Management-Audits,
- Wertschöpfung und Professionalitäts-Voraussetzungen externer Partner.

1. Bewertung des Humankapitals an der Unternehmensspitze durch Führungskräftebeurteilung, Management-Audit oder Potentialanalyse

Seit den 70er Jahren unterstützen internationale Großunternehmen die Auswahl und Entwicklung ihres Führungsnachwuchses durch eignungsdiagnostische Untersuchungen. Sie verwenden dabei entweder **direkt-interaktive Potentialerfassungs-Verfahren,** wie

- eignungsdiagnostische Gutachten auf Basis industrie- und führungspsychologischer Testbatterien, die valide Aussagen zur Intelligenzstruktur, Sozialkompetenz, Kreativität und Belastbarkeit von Führungskräften zulassen[1];
- ein- oder mehrtägige Assessment-Center, die vorhandene Kompetenzschwerpunkte und -defizite beobachtbar machen und daraus Schlüsse über spezifische Entwicklungsbedarfe und mittelfristig plausible Einsatzschwerpunkte ziehen[2];
- interaktive Management-Audits, die über mehrstündige halbstrukturierte Experten-Interviews Dialoge mit Führungskräften über ihre Kompetenz- und Interessenschwerpunkte vorbereiten,

an denen die auf ihr Einsatz- oder Entwicklungspotential hin untersuchte Führungskraft aktiv beteiligt ist, oder **indirekte Potentialerfassungs-Verfahren,** die analog zur allgemeinen „Mitarbeiterbeurteilung" aus strukturierten Vorgesetzten-Befragungen über die bisherige Zusammenarbeit mit unterstellten Führungspotentialen plausible Hypothesen über deren zukünftiges Entwicklungspotential ableiten.

Bei der Führungsnachwuchsauswahl aus dem qualifizierten Arbeitsmarkt oder zwischen internen Besetzungsalternativen ist der Einsatz direkter und indirekter Potentialerfassungs-Verfahren generell akzeptiert und entsprechend verbreitet. Für den Verzicht auf ein systematisches Potential-Assessment im Bereich der Oberen Führungskräfte (OFK) gibt es dagegen vier ernstzunehmende Gründe:

- Über die „testbaren" Kenntnisse und Fähigkeiten einer Führungskraft hinaus sind für die Effektivität einer OFK auch erlernte Muster der Erfahrungsverarbeitung, persönliche Ambitionen und die Führungskräfte-Interaktion im Verlauf von Entscheidungsprozessen von Bedeutung, die sich mit verfügbaren standardisierten Testbausteinen, ACs etc. nicht methodisch sauber erfassen lassen. Nur interaktive Assessments auf Basis gegenseitigen Vertrauens lassen darüber verläßli-

---

[1] Als Mentor der professionellen industrie-psychologischen Eignungsdiagnostik gilt Dr. *Fred Schmidt* in Küsnacht; einen guten Verfahrensüberblick bieten *Schulz/Schuler/Stehle* 1985.
[2] Einen guten Methodenüberblick bietet *Ullrich* 1989

che Aussagen zu, deren Relevanz für den erwarteten Erfolg einer Führungskraft aber wohl nur in der konkreten Führungs- oder Teambeziehung gemeinsam bewertet werden kann.

- Statistisch gesicherte Kriterien für die Einschätzung der Erfolgsvoraussetzungen einer Führungskraft für einen noch unsicheren Zukunftsabschnitt, in dem ein dynamisches Wettbewerbsumfeld und neue Technologien die Spielregeln verändern werden, sind nicht verfügbar.
- Die Managementleistung einer OFK wird typischerweise in einem Rollen-Set dynamischer und nicht immer sinnvoll individualisierbarer Beiträge zu unterschiedlichen Arbeitsteams, Kundenbeziehungen etc. erbracht, in denen die Führungskraft oft gleichzeitig der beste „Experte" oder „Prozeßkenner" ist. Prognostische Aussagen über die Beitrags-Qualität in den zukünftigen Rollen-Sets einer OFK würden deshalb auch die konsensfähige Kenntnis und Einschätzung der für die OFK zukünftig relevanten Management-Prozesse durch die „Beurteiler" voraussetzen, die natürlich in der Praxis kaum herstellbar ist.
- Die Akzeptanz im Bereich Obere Führungskräfte, sich – oft nach jahrelanger erfolgreicher Arbeit für ein Unternehmen – einem „Test" zu unterziehen, dessen Resultat womöglich über den zukünftigen Einsatzhorizont mitbestimmen wird, ist in den meisten Unternehmenskulturen außerordentlich gering. Zweifel über die Aussagefähigkeit des Verfahrens und die Kompetenz der Durchführenden – unterstrichen von den vorgenannten Argumenten – verbinden sich mit einer subjektiven Wahrnehmung von Mißtrauen. Valide Diagnosen sind aber auf Basis eines gestörten Vertrauensverhältnisses nicht zu gewinnen.

Den vier vorgetragenen Argumenten gegen den Einsatz standardisierter Assessment- oder Appraisal-Verfahren im OFK-Bereich trägt der methodische Ansatz **Interaktives Management-Audit** am besten Rechnung.

2. Erfolgsvoraussetzungen und Arbeitsschritte Interaktiver Management-Audits

Ein Interaktives Management-Audit sucht im Dialog mit den einbezogenen Führungskräften Antworten auf die Frage, wie das Management-Team und seine einzelnen Mitglieder den zukünftig erwarteten Herausforderungen wahrscheinlich gewachsen sein werden.

Resultat des Management-Audits sind miteinander abgestimmte personalpolitische, entwicklungsorientierte und organisatorische Empfehlungen, die auf wahrscheinliche zukünftige Anforderungs-Szenarien und das dafür (morgen) relevante (heute) beobachtete Verhalten einer Führungskraft reagieren. Ein Interaktives Management-Audit ist demnach ein gemeinsamer Gestaltungsprozeß und weder ein Beurteilungsverfahren noch ein Unternehmensplanspiel.

Anlaß für ein Interaktives Management-Audit ist in aller Regel eine Diskontinuität im Unternehmensgeschehen, in der Eigentümerstruktur, der Organisation, der strategischen Stoßrichtung oder des Unternehmensergebnisses. In vielen Fällen lösen derartige Diskontinuitäten unmittelbar Besetzungsentscheidungen aus und begründen für bestehende oder neu geschaffene Aufgaben Rekrutierungs-, Kompetenz- und Teamentwicklungsbedarf.

Aufgrund der beschriebenen Systemschwächen klassischer Beurteilungsprozesse (vgl. Abschnitt 1) wird in der Praxis die unternehmensinterne Branchen- und Verfahrenskompetenz für ein Interaktives Management-Audit durch externe Unternehmensberater ergänzt, mit denen gemeinsam ein maßgeschneiderter Prozeß für das „kodifizierte Judgement" im eigenen Management-Team erarbeitet und durchgeführt wird.

Die Methodik des Interaktiven Management-Audit verbindet multiple Assessment-Dialoge über die unterschiedlichen Aufgaben-Facetten relevanter zukünftiger Management-Aufgaben mit der gemeinsamen Bewertung der zukünftig notwendigen Erfolgsvoraussetzungen. Die Ergebnisse der wenigstens zwei mehrstündigen Einzelgespräche werden zu einem Gesamteindruck integriert und mit den bisherigen Erfahrungen aus der Zusammenarbeit mit Führungskräften auf der Vorgesetzten-Ebene konfrontiert. Das ergänzte Gesamtbild „des Unternehmens" von der erwarteten Effektivität der Führungskraft in der Folgezeit wird dem Gesprächspartner rückgekoppelt und löst die Umsetzung eines gemeinsam erarbeiteten Entwicklungsprogramms aus.

Das Verfahren beginnt mit einer Projektion des heutigen Anforderungsprofils der aktuellen oder für den Betroffenen alternativ in Frage kommenden Aufgabe(n) in eine absehbare Unternehmenszukunft und ist damit der aus Markt- und Zukunftsforschung bekannten Delphi-Methode nicht unähnlich. Plausible Annahmen zu den wichtigsten Strategie-, Struktur- und Systemparametern sollten dokumentiert werden und das Projektteam sollte zugleich die Plausibilität der beobachtbar verfolgten Unternehmens- oder Bereichs-Strategien festhalten bzw. klären, wieweit im Management-Team über die strategische Stoßrichtung Konsens besteht.

Offene Fragen und der mittelfristige Handlungsbedarf im Unternehmen sollten sofort entscheidungsorientiert aufbereitet werden. Konsequenterweise sollten wahrgenommene Erfolgsbehinderungen und präferierte Einsatz-Alternativen interviewter Führungskräfte offen angesprochen und im Entscheidungsprozeß berücksichtigt werden.

Die an einem Interaktiven Management-Audit mitwirkenden Führungskräfte profitieren nach eigener Einschätzung unmittelbar vom angebotenen Dialog, schätzen aber vor allem das anschließende persönliche Feedback und begrüßen explizit, bei der Ableitung des mittelfristigen Handlungsbedarfs selbst „gefragt" zu werden [3]. Das Management blickt beim Interaktiven Management-Audit gewissermaßen „in den Spiegel" und erkennt den eigenen Handlungsbedarf klarer. Der externe Berater wirkt gewissermaßen als Katalysator.

Ohne relative Klarheit über die Unternehmensstrategie und die mittelfristig gültige Verantwortungsarchitektur im Unternehmen kann eine schlüssig Einschätzung der wahrscheinlichen zukünftigen Führungskräfte-Effektivität nicht gelingen. Das Vorgehen im Interaktiven Management-Audit muß diese Begrenzung reflektieren und darf nicht nach „absoluten" Fähigkeiten einer Führungskraft suchen. Die Potentialeinschätzung erfolgt sinnvollerweise über situativ beobachtbare Kompetenz- und Verhaltensindikatoren, die einem zukünftig relevanten Anforderungsprofil entsprechen. Empirisch erfolgreiche Management-Audit-Projekte haben sechs Arbeitsschritte gemeinsam:

- **Strategie- und Struktur-Briefing:** Am Beginn eines IMA-Projekts sollte eine Klausurtagung der Plausibilitätsprüfung des strategischen und organisatorischen Unternehmenskonzepts dienen und die wichtigsten Grundannahmen der mittelfristigen Unternehmensentwicklung klären.

- **Erarbeitung dynamischer Anforderungsprofile:** Unter Annahme einer mittelfristigen Zielstruktur für die Unternehmensorganisation muß das Projektteam für alle Schlüsselpositionen die wichtigsten Aufgabenkomplexe dokumentieren. Im Unterschied zu klassischen Stellenbeschreibungen wird aus dem Rollen-Set eines Managers sein dynamisches Anforderungsprofil für die nächsten fünf bis acht Jahre abgeleitet.

- **Multiple Audit-Interviews (Mehr-Augen-Prinzip):** Jede ins Management-Audit einbezogene Führungskraft sollte über einen Zeitraum von ca. drei Wochen zwei bis drei mehrstündige halbstrukturierte Gespräche mit unterschiedlichen Gesprächspartnern aus dem Projektteam führen (vgl. Abschnitt 3: Varianten des Management-Audit-Interviews), damit Tagesform-Fragen ausgeschaltet werden und über die Gespräche hinweg eine Lernkurve entsteht.

---

[3] Repräsentative Projektauswertungen von *Roland Berger & Partner,* München, Düsseldorf, 1995–1998

- **Integration und Plausibilitätsprüfung der Interview-Eindrücke:** Nach Abschluß der Interviews sollte das Projektteam bei der Diskussion der Ergebnisse bewerten, welche Aussagen darüber zulässig sind, ob eine Führungskraft die zu erwartende Anforderungsdynamik erfolgreich meistern wird. Die entlang der Anforderungskriterien gewonnenen Potential-Hypothesen werden mit den empfohlenen Entwicklungsschwerpunkten dokumentiert. Abweichende Bilder sollten als solche festgehalten und nicht zu unzulässigen „Durchschnitten" verarbeitet werden.

- **Konfrontation mit der Gegenwart und Programm-Verabschiedung:** Wichtigstes Ergebnis eines Management-Audit ist nicht die Dokumentation der einzelnen Gesprächsergebnisse, sondern die Konsensbildung von Führungskraft und Vorgesetzten-Ebene über bestehende personalpolitische Freiheitsgrade und notwendige Entwicklungs-Investitionen. Die Momentaufnahmen der Management-Audit-Interviews mit ihren Themen „von morgen" haben selten den Charakter von „Überraschungen" und lassen sich in den wichtigsten Facetten im Verhalten „von heute" wiedererkennen. Die Ergebnispräsentation sollte deshalb im Rahmen einer Klausurtagung erfolgen, in der das Top-Management die Interview-Ergebnisse mit den eigenen Erfahrungen aus der laufenden Zusammenarbeit konfrontiert. Individuelle Stärken-Schwächen-Profile der einbezogenen Führungskräfte sollten gemeinsam überdacht und die abgeleiteten Einsatz-Perspektiven für das Feedback an die Teilnehmer dokumentiert werden.

- **Teilnehmer-Feedback und -Commitment:** Professionell durchgeführte Management-Audits schließen stets damit ab, daß die zusammenfassende Einschätzung der Erfolgsvoraussetzungen und die daraus abgeleiteten Entwicklungs-Empfehlungen mit den einbezogenen Führungskräfte persönlich durchgesprochen werden. Die Gesprächspartner erhalten dadurch Gelegenheit, ihr „Selbstbild" mit ihrem „Fremdbild" im Unternehmen zu vergleichen und mit den für ihre Entwicklung Mitverantwortlichen konkrete Bildungs-, Struktur- oder Einsatzkonsequenzen zu kontrahieren. Die Rückmeldung sollte stets im Rahmen der aktuellen Führungsbeziehung, d.h. durch den direkten Vorgesetzten erfolgen. Nur in diesem Dialog kann letztlich ein Commitment über konkrete nächste Schritte abgegeben und ein vereinbartes Entwicklungsprogramm nachprüfbar realisiert werden. Die Personalfunktion sollte den Dialog unterstützen und für die Programm-Umsetzung gezielte Entwicklungsbausteine bereitstellen.

3. Vorgehens-Varianten und Schwerpunkt-Themen von Management-Audits

In der Rückschau auf zehn Jahre Prozeßerfahrung mit Interaktiven Management-Audits im Zeitraum 1988–1999 lassen sich nach der unterschiedlichen Ausgangslage aktueller Projekte drei Typen von Management-Audits isolieren:

- **Übernahme- und Sanierungs-Audits:** Der Projektansatz „Management-Audit" wurde Mitte der 80er Jahre ursprünglich im Umfeld von Mergers und Akquisitionen entwickelt, um den Faktor „Management-Kompetenz" bei der Ermittlung angemessener Kaufpreise für Unternehmen, die optimale Führung der übernommenen Einheit mit z. T. jetzt doppelt vorhandenem Management-Potential und die zügige Realisierung von Übernahmesynergien in der Post-Merger-Phase abschätzen zu können. Die ursprüngliche Stoßrichtung von Management-Audits hat bis heute nichts von ihrer Aktualität verloren. Übernahme-Audits erfolgen meist extrem kurzfristig – z.B. in due diligence – durch ein Gespann aus Management-Kräften des Übernahme-Teams und eingeschalteten Consultants oder Investment Bankern[4]. Ganz ähnlich verlaufen Sanierungs-Audits, in denen kurzfristig geklärt werden muß, von welchen Führungskräften nachhaltige Beiträge in der Kundenbindung, bei der Kostensenkung, in der Entwicklung zukunftssicherer Produkte, Dienstleistungen und Verfahren etc. erwartet werden können. Beiden Projektstoßrichtungen gemeinsam ist die Nachrangigkeit des gemeinsamen Commitments zukunftsorientierter Entwicklungsprogramme; bei derartigen Projektvoraussetzungen steht eindeutig die Management-Bewertung und -selektion im Vordergrund. Die Anzahl einbezogener Führungskräfte lag empirisch zwischen fünf und 175.
- **Organisations- und Besetzungs-Audits:** Bei Reorganisationen mit Zielsetzungen wie der „Verflachung der Führungshierarchie", der „Zusammenlegung von zwei Dutzend Vertriebsregionen zu einem halben Dutzend Vertriebsgebiete", des „Umbaus regionaler Vertriebsstrukturen zum Key Account Management", der „Dezentralisierung von F&E" o. ä. steht ebenfalls die Selektion von für spezifische (oft neu eingerichtete) Aufgaben am ehesten geeigneten internen Management-Kandidaten im Vordergrund. Zwar werden auch in diesem Projektumfeld simultan individuelle Entwicklungsprogramme definiert, aber der Bewertung alternativer Einsatzoptionen – bis zum Outplacement – für nicht ausgewählte Kandidaten kommt eine

---

[4] Vgl. *Wiegmann* 1996

besondere Bedeutung zu. Die Anzahl einbezogener Führungskräfte lag zwischen 25 und 175.

• **Führungskräfteentwicklungs-Audits:** Der statistisch häufigste Einsatz Interaktiver Management-Audits erfolgt als Entwicklungs-Audit mit dem beschriebenen Ziel der Vereinbarung potentialgerechter Einsatzperspektiven und Development-Programme. Die Anzahl einbezogener Führungskräfte lag dabei bisher zwischen 25 und 550. Auch bei Führungskräfteentwicklungs-Audits werden im Einzelfall Führungskräfte identifiziert, die in ihrem aktuellen Aufgabengebiet unkorrigierbar unterqualifiziert oder nachhaltig unterfordert sind; die Projektzielsetzung bleibt aber dennoch eindeutig die „Potentialentwicklung der Top 85 %"; für die Bestätigung de facto meist bereits bekannter „Asse" oder „Nieten" wäre der Management-Audit-Ansatz auch wirtschaftlich nicht zu rechtfertigen. Allerdings trifft in jedem Fall die Feststellung eines Unternehmensvorstandes zu, daß „... man nach einem Management Audit nicht ‚nichts tun' kann". Der Projektansatz erzwingt wegen seiner hohen Visibilität fast in jedem Fall Handlungsimpulse.

Mit der Entwicklung „Lernender Organisationen" und des Selbstverständnisses der Unternehmensberatung, nicht nur „für Klienten Probleme zu lösen", sondern „die Problemlösungskompetenz der Klienten weiterzuentwickeln", hat sich seit 1988 auch die Zusamensetzung der Management-Audit-Projektteams verändert. Eine Analyse von 60 größeren Management-Audit-Projekten ergab drei Typen von Interview-Besetzungen:

• **Typ 1** (mit 23 %): Ausschließlicher Einsatz prozeßerfahrener **externer Seniorberater** aus der Unternehmens- und Personalberatung als Interviewer (vgl. Abschnitt 4.: Wertschöpfung externer Partner und Professionalität der Zusammenarbeit);

• **Typ 2** (mit 70 %): Einsatz von Interviewer-Tandems aus externen Beratern und unternehmensinternen **Experten für Personalentwicklung;**

• **Typ 3** (mit 7 %): Einsatz aus Interviewer-Tandems aus externen Beratern und zukunftsorientierten **Top-Führungskräften aus Nachbarbereichen** des Unternehmens, mit dem Gesprächspartner übergeordneten oder gleichgeordneten Führungsaufgaben. Dieser Besetzungstyp wird im Interesse der verbesserten Ausbildung verhaltensorientierter Beobachtungs-Fähigkeiten vermutlich in Zukunft stärker zunehmen.

Durch die Diskussion unternehmensstrategischer Handlungsoptionen, erwarteter Beiträge einzelner Führungskräfte zur Strategie-Realisierung, aktueller Wettbewerbsvorteile und Schwachstellen im Unternehmen, „Ungereimtheiten" der Firmenorganisation, der Qualität der Systemunterstützung und Entscheidungsprozesse, der Personalpolitik, des

dominanten Führungsstils und des „Fits" persönlicher Erfahrungspro-
file mit den anstehenden Aufgaben lernen Interviewer und Manager einander relativ gründlich kennen. Auf der dabei entstehenden Vertrauensbasis können auch wahrgenommene Erfahrungslücken und Motivati-
onsrisiken offen erörtert werden. Hypothesen über die Erfolgsvoraussetzungen einzelner Führungskräfte gegenüber zukünftigen Anforderungsprofilen und über mögliche Einsatzalternativen können offen
angesprochen werden. Im Vordergrund der Interviews steht jedoch
nicht das Urteil über die erforderlichen Leistungsvoraussetzungen einer
Führungskraft, sondern die gemeinsame Suche nach Antworten auf die
Frage, „unter welchen Voraussetzungen" oder „auf Grund welcher Annahmen und Beobachtungen" eine Führungskraft ihrer zukünftigen
Aufgabe vermutlich gewachsen sein wird – und wie dafür in Eigeninitiative oder durch unternehmensseitige Investitionen und Programme die
persönlichen Erfolgsvoraussetzungen verbessert werden können.

Auch die Aussage-Qualität der Audit-Interviews profitiert von heterogenen Ausbildungs- und Erfahrungshintergründen der Interviewer. Interviewte Experten begrüßen den Erfahrungsaustausch mit Experten,
die wissen, wie es anderswo zugeht. Interviewte Generalisten schätzen
Gesprächspartner, die auch interne Einsatzalternativen und deren Anforderungen einschätzen können.

In allen Management-Audit-Projekten erfolgt die Diskussion beobach-
teter Eignungsprofile entlang unternehmenspezifischer Anforderungskriterien, die aber meist im Kern die vier Suchkriterien gemeinsam haben, die auch in der psychologischen Eignungsdiagnostik eine Rolle
spielen: Zukünftig effektive Manager werden sich von ihren weniger ef-
fektiven Kollegen dadurch unterscheiden, daß sie mehr

• zielgerichtete Initiative,
• Fach- und Führungskompetenz,
• Kompatibilität zu Kunden-, Partner- und Mitarbeiterprofilen und
• situatives Urteilsvermögen

erkennen lassen als andere. Um dies einschätzen zu können, müssen im
Interview Fragen, Fallbeispiele, Szenarien etc. diskutiert werden, deren
Beantwortung valide Aussagen zur relativen „Zukunfts-Sicherheit" des
Kompetenz-Profils einer Führungs-Besetzung zuläßt. „Vitalität" und
„Ehrlichkeit" sind in Ergänzung der o.a. Erfolgsvoraussetzungen sicher
nicht minder relevant, lassen sich aber über den Beobachtungszeitpunkt
hinaus nur in evidenten Fällen aus Interview-Daten prognostizieren.

Die zukunftgerichtete Prozeßanlage Interaktiver Management-Audits
erfordert natürlich, daß auf die innovative Dimension der erwarteten
Management-Initiative besonderes Augenmerk gerichtet wird. Die Vielfalt möglicher Initiativen zur

- **Marketing-Innovation** (Initiativen zur Kundenbindung und Neukunden-Akquisition ebenso wie die Identifikation neuer Märkte),
- **Angebots-Innovation** (Initiativen in der Produkt-, System- oder Dienstleistungsentwicklung, aber auch im Kostenwettbewerb),
- **Strategie-Innovation** (Wachstums- und Investitions-Initiativen, eine impulsgebende Geschäfts-Segmentierung, Mut zur Kräftekonzentration etc.),
- **Prozeß-Innovation** (Eliminieren von Wertvernichtern, Verbesserung im Zeitmanagement, Quantensprünge in der Kosten-Restrukturierung und konsequentes Qualitätsmanagement),
- **Struktur-Innovation** (Outsourcing-Initiativen, operative Dezentralisierung, Lean-Management-Initiativen und das Reengineering von Geschäftsprozessen),
- **Kultur-Innovation:** Beiträge zur Entwicklung neuer Fähigkeiten im Unternehmen, die Implementierung realistischer Zielvereinbarungen, die Motivation eigenverantwortlich handelnder Mitarbeiter oder die konsequente Kopplung von Vergütungsstrukturen an Leistung)

machen dabei deutlich, daß praktisch alle Management-Rollen erhebliche Innovationspotentiale aufweisen, die vom Stelleninhaber gehoben werden können – oder nicht.

4. Wertschöpfung externer Partner und Professionalität der Zusammenarbeit

Die beschriebenen sechs Arbeitsschritte im Interaktiven Management-Audit können nach vorherrschender Unternehmererfahrung nur von prozeßerfahrenen Beratern – mit oder ohne Ergänzung durch interne Multiplikatoren – sach- und sozialkompetent durchgeführt werden. Nachdrücklich sei deshalb vor „Scharlatanen" gewarnt, die weder funktionsfähige Unternehmen gründlich „von innen gesehen", noch jemals eigene Führungsverantwortung getragen haben.

Das Anforderungsprofil an externe Berater wird von den bereits beschriebenen Systemschwächen klassischer Beurteilungsverfahren im OFK-Bereich (vgl. Abschnitt 1) bestimmt: Der ausgewählte externe Partner muß die internen Fähigkeiten auf wenigstens vier Gebieten kompatibel ergänzen:

- Um im Dialog mit den internen Fachkräften die Bedeutung der Kompetenz- und Verhaltensmerkmale einer Führungskraft für den „Unternehmenserfolg von morgen" einschätzen zu können, muß er die relevante Wettbewerbsdynamik – im Idealfall nach profundem Benchmarking – gründlich kennen.

292   *Kapitel 24. Interaktives Management-Audit*

- Er muß die im Unternehmen relevante Arbeitsteilung, die Management-Prozesse und den Entwicklungsbedarf gründlich verstehen, gemeinsam mit den betroffenen Führungskräften tragfähige Schlußfolgerungen über ihren Zukunfts-Beitrag in diesen Prozessen ziehen und ggf. den anschließenden Entscheidungsprozeß moderieren können.

- Er muß über die Fähigkeit zur Bewertung auch zukünftig wettbewerbsüberlegener Kenntnisse und Fähigkeiten hinaus auch für den vertraulichen Dialog über den Wert bisheriger Erfahrungen, eigene Ambitionen und den eigenen Stellenwert in zukünftigen Entscheidungsprozessen die notwendige Vertrauensbasis schaffen können.

- Er muß für allen Beteiligten durch Sachlichkeit, Analysekompetenz, persönliche Integrität und umfangreiche Erfahrungen in vergleichbaren Projekten Vertrauen in die Fairneß des Verfahrens und den Wert der vereinbarten Konsequenzen für das Unternehmensinteresse sicherstellen.

Typische Partner für ein Interaktives Management-Audit sind Senior-Berater namhafter Consulting-Firmen, die auch für „konstruktive Selbstkritik" die notwendige Vertrauensbasis herstellen können, aus eigener Erfahrung Benchmarks in die Diskussion einbringen und vom Management-Team generell als Gesprächspartner akzeptiert werden. Ein Unternehmen wird ein Management-Audit-Projekt sinnvollerweise nur jemandem anvertrauen, den man sich wenigstens hypothetisch auch als Mitglied des eigenen Management-Teams vorstellen kann.

Verantwortungsbewußt und kompetent durchgeführt, bietet die auch nach etwa zehnjähriger Verfügbarkeit für viele Unternehmen noch neue Methodik Interaktiver Management-Audits eine wichtige Ergänzung personalpolitischer Führungsinstrumente. Sie bietet Unternehmern, dem Top-Management und Aufsichtsorganen von Publikumsgesellschaften – aber auch den Führungskräften selbst – eine profunde Entscheidungshilfe bei der eigenen Zukunftssicherung an.

Einen „Patienten" allerdings gegen seine Zustimmung therapieren zu wollen, stellt regelmäßig den Erfolg der Therapie in Frage. Führungskräfte gutachterlich zu „auditieren", läuft ein ähnliches Risiko. Interaktive Management-Audits haben nur als Kette von Dialogen einen Sinn, bei denen Führungskräfte und Berater gemeinsam individuelle Perspektiven ausloten und statt eines „Urteils" umsetzbare Entwicklungsprogramme vereinbaren.

Literatur

Schulz, C./Schuler, H./Stehle, W., Die Verwendung eignungsdiagnostischer Methoden in deutschen Unternehmen, in: *Schuler, H./Stehle, W.* (Hrsg.), Organisationspsychologie und Unternehmenspraxis, Stuttgart 1985

Ullrich, G. A., Assessment Center, in: *Strutz, H.* (Hrsg.), Handbuch Personalmarketing, Wiesbaden 1989

Wiegmann, V., Management-Audits bei Unternehmens-Übernahmen und Zusammenschlüssen, Düsseldorf 1996

Teil VI

Zusätzliche Beratungsleistungen entlang der Wertschöpfungskette in der Personalberatung

Kapitel 25

Personalentwicklung – Ein weiterer Erfolgsfaktor zur Gewinnung und Bindung leistungsstarker Bewerber

von *Susanne Dudek-Marschaus*

1. Personalentwicklung: Eine Entwicklungsdisziplin

Ehe wir uns mit dem Leistungspotential bedarfsorientierter Personalentwicklung befassen, möchte ich kurz das Verständnis von Personalentwicklung reflektieren: Was ist Personalentwicklung heute oder was kann bzw. sollte sie sein?

Aus unserer Sicht kann Personalentwicklung – als intern oder extern zu erbringende Leistung – heute auf zwei Ebenen Wirkung entfalten:

- als Fachdisziplin, die methodische Hilfen, Instrumente und Verfahren anbietet
  = eine notwendige und hilfreiche Unterstützungsleistung, die den betrieblichen Bedarf jedoch nur punktuell abdeckt;

- als Gestaltungsfaktor innerhalb eines Organisationsentwicklungs-
  prozesses im Unternehmen
  = ein strategischer Ansatz, der die komplexen Unternehmensanforderungen umfassender erfüllen kann.

Dieses Verständnis von Personalentwicklung resultiert aus den im folgenden dargestellten Entwicklungen und Praxiserfahrungen.

1.1 Professionalisierung des Fachgebietes Personalentwicklung

Das junge Fachgebiet Personalentwicklung ist seit geraumer Zeit geford-
dert, ‚Entwicklung‘ nicht nur anderen angedeihen zu lassen, sondern
sich selbst einem Entwicklungsprozeß zu unterziehen und sich durch ein
neues Selbstverständnis die Chance zu eröffnen, die geforderten betrieblichen Veränderungsprozesse mitzugestalten.

Die Positionierung der Personalentwicklung als verlängerter Arm betrieblicher Weiterbildungsaktivitäten, deren Zielsetzung in der Konzeption und Umsetzung von Qualifizierungs- und Förderungsprogrammen
ausgewählter Fach- und Führungskräfte bestand, ist heute von den betrieblichen Handlungsnotwendigkeiten ebenso überholt worden wie die
Definition von Personalentwicklung als strategischer Größe, die – funk-
tional bei der Unternehmensleitung angesiedelt – ‚von oben herab‘ definierte, welche Entwicklungsziele und -maßnahmen für die Beschäftigten
die richtigen seien. Die hieraus resultierenden Entwicklungsprogramme
setzten häufig auf einem sehr langfristigen Planungshorizont auf, der
nicht selten Karriereetappen über einen Zeitraum von 5–10 Jahren umfaßte.

Als positives Ergebnis dieser beiden Auffassungen von PE können eine
ausgefeilte Systematisierung und Spezialisierung von Aufgaben, Methoden und Instrumenten festgehalten werden. Beispielsweise wurden hierdurch die Ermittlung des Bildungsbedarfes, Methoden der gezielten Be-
darfsdeckung bei der Nachfolgeplanung und Vakanzenbesetzung sowie
Auswahl- und Beurteilungsverfahren wesentlich objektivierter und va-
lider, so daß dieses Feintuning zu einer Professionalisierung des Fachge-
bietes führte.

Als Manko ist in vielen Unternehmen demgegenüber festzustellen, daß
die Anwendung der Systeme und Techniken häufig punktuell erfolgt;
die Integration des Instrumentariums zu einem in sich abgestimmten
Personalentwicklungssystem sowie deren Verknüpfung mit anderen
personalpolitischen Instrumenten wie bspw. Anreiz- und Vergütungssystemen wurde vernachlässigt bzw. konnte oft aufgrund eines unterschiedlichen Verständnisses von Personalpolitik nicht realisiert werden.

Die Kehrseite der hoch entwickelten Funktionalisierung und Instrumen-
talisierung erweist sich aus heutiger Sicht in dem Phänomen, daß sich in

vielen Unternehmen die Führungskräfte von Personalentwicklungs-Aufgaben ‚entlastet' sehen und sich hierfür nur noch marginal verantwortlich fühlen.

Weitergehend – und dies ist wesentlich gravierender – taugt das eher technokratische, systematisierte und an der Extrapolation des bisher Bekannten orientierte Vorgehen nicht mehr für die krisenhaften Prozesse, die die Unternehmen heute durchlaufen.

1.2 Veränderter Unternehmensbedarf an Personalentwicklungsleistungen

Die weltweit sprunghaft gestiegenen Anforderungen an die Leistungsfähigkeit der Unternehmen können hier kurz mit den Stichworten rasante Technologieentwicklung mit potenzierter Innovationsrate, Globalisierung der Märkte mit dezentralen Produktionsstätten und Kundenbeziehungen skizziert werden. Die in den 90er Jahren auch in der Bundesrepublik intensiv verfolgten Reaktionsstrategien der Unternehmen reichen von reinen Rationalisierungs-/Downsizing-Programmen bis zu tiefgreifenden Business Process Reengineeringprojekten mit völlig neuer Ausrichtung der Geschäftstätigkeiten. Als Ergebnis weisen heute viele Firmen flache, prozeßorientierte Organisationsstrukturen mit komplexeren Aufgabenfeldern, umfassenderer Verantwortung und erhöhten Leistungsanforderungen für die Beschäftigten auf.

Aktuelle Schwerpunkte der Existenzsicherungsstrategien bestehen heute in der Focussierung auf intensive Kunden- und Qualitätsorientierung, wodurch in zahlreichen Branchen ein gravierender Bewußtseinswandel aller Beschäftigten erforderlich wird.

Über Erfolg bzw. Scheitern der unternehmerischen Neupositionierung entscheiden in hohem Maß die Akzeptanz der veränderten Unternehmensziele und deren aktive Realisierung durch Führungskräfte und Mitarbeiter.

Wie aus Analysen vieler Reengineering-Projekte bekannt ist, läßt sich die Veränderung der sachlich-organisatorischen Unternehmensbedingungen wesentlich schneller und erfolgreicher realisieren als die mentale Veränderung der Menschen (vgl. u. a. ILOI-Studie).

Die Ursachen hierfür sind sicherlich zum einen in der komplexen Thematik einer gezielten Beeinflussung der Einstellung mit anschließender Verhaltensveränderung begründet.

Zum anderen wurde jedoch in vielen Fällen nicht ausreichend Zeit und Engagement in die Einbindung und Überzeugung der Beschäftigten investiert.

Da ein Unternehmen faktisch nur in der Weise anders agieren kann, wie sich die Organisationsmitglieder anders verhalten wollen und können, bilden deren Akzeptanz und Lernfähigkeit eine maßgebliche Erfolgs-komponente.

Hier klafft in vielen Unternehmen auch heute noch eine Bewußtseins- und infolgedessen Handlungslücke, die sich innerhalb von Veränderungsprozessen häufig als Blockaden, Widerstände und Verwässerungsstrategien der Beschäftigten schmerzhaft bemerkbar macht.

Jedes Unternehmen ist heute gefordert, seine individuelle Überlebensstrategie zu entwickeln; übertragbare Lösungsmuster existieren kaum. Als Essenz der theoretischen Analysen und Praxiserfahrungen kristallisiert sich heraus, daß diejenigen Unternehmen die besten – bzw. überhaupt Überlebenschancen haben werden, deren Mitglieder in der Lage sind,

- eine offene, konstruktive Haltung gegenüber betrieblichen und persönlichen Veränderungen einzunehmen,
- lernwillig und lernfähig während des gesamten Berufslebens zu bleiben,
- die sich schnell verändernden Rahmenbedingungen des Unternehmens zeitnah zu erkennen und geeignete Problemlösungen umzusetzen,
- Optimierungen und Innovationen durch eine schnelle und hochentwickelte Informationsverarbeitung zu erzeugen,
- neues Know-how zu generieren und in der Organisation zu etablieren,

damit über die Fähigkeit verfügen, sich auf Unbekanntes, nie Dagewesenes einstellen zu können und den Faktor X für Unbekanntes als ‚feste‘ Kalkulationsgröße einzubeziehen.

Was bedeutet diese Entwicklung für die Personalentwicklung?

Unserem Verständnis nach bilden die für eine erfolgreiche Neuausrichtung der Unternehmen erforderliche geistige Öffnung und Befähigung des gesamten Unternehmens zur Weiterentwicklung, die hierfür erforderliche Motivation und Qualifizierung der Beschäftigten vorrangige Aufgaben der Führungskräfte.

Zielsetzung der Personalentwicklung sollte es sein, hierzu wertvolle, da notwendige Unterstützung zu geben, denn auf diese Aufgabenstellungen wurden Führungskräfte ebenso wenig vorbereitet wie deren Mitarbeiter. Und Personalentwickler der alten Prägung auch nicht.

Die Reorganisationsmaßnahmen der Personal- und Personalentwicklungsbereiche sind heute in den meisten Betrieben beendet; das Ergebnis ist häufig eine reduzierte Personalausstattung mit gestrafftem Leistungsumfang und schmalem Budget. Eine grundlegende inhaltliche Neuausrichtung der PE-Aktivitäten auf den veränderten Unternehmensbedarf hin wurde unseres Erachtens bisher nur in wenigen, meist großen Unternehmen begonnen.

1.3 Profil einer anforderungsgerechten Personalentwicklung

Wenn Personalentwicklung nicht nur ‚fachlich saubere‘ Instrumente und Verfahren bereitstellen will, sondern als Leistungs- und Wirtschaftsfaktor zur Lösung der betrieblichen Aufgaben beitragen will, muß sie aus ihrem seminaristischen Schattenkabinett heraustreten und sich dem Bedarf stellen: Sie muß sich auf den Boden der Realität begeben und das Ziel verfolgen, die **Veränderungsfähigkeit der Organisation durch die Veränderungsfähigkeit der Menschen zu unterstützen.**

Dies erfordert die Erweiterung des bisher funktionalen Selbstverständnisses hin zu einem ganzheitlichen, systemischen Ansatz, der neben den Menschen die arbeitsorganisatorischen Bedingungen und deren gemeinsame Wechselwirkungen mitberücksichtigt.

Hierzu muß die Personalentwicklung weitaus stärker als bisher ihre Ziele und Leistungsinhalte aus den unternehmerischen Anforderungen ableiten und hierdurch strategiebezogen agieren sowie sich gegenüber den bisher meist strikt abgegrenzten Aufgaben und Prozessen einer Organisationsentwicklung grundlegend öffnen.

Die Grenzen zwischen Personalentwicklung und Organisationsentwicklung werden fließend, die – immer existente, meist ausgeblendete – Verzahnung beider Handlungsfelder wird erkennbar und die fruchtbare Wechselwirkung zwischen Kompetenzaufbau, Persönlichkeitsentwicklung und der Einbringung neuer Erkenntnisse und erweiterter Einstellungen und Sichtweisen zu allen zentralen betrieblichen Fragen kann damit Realität werden.

Dieses Verständnis von Personalentwicklung erfordert andere Strategien, Methoden, Lernformen und -medien, die heute erst in Ansätzen entwickelt sind.

Ziele einer bedarfsorientierten Personalentwicklung

- **Stärkung der Veränderungsfähigkeit der Menschen**
  Sensibilisierung aller Organisationsmitglieder für die Notwendigkeit, sich neuen Anforderungen gegenüber zu öffnen, gewohnte Einstellungen und Verhaltensmuster aufzugeben und die eigene Persönlichkeit weiter zu entwickeln
- **Integration der Personalentwicklung in den Organisationsentwicklungsprozeß**
  Verknüpfung der individuellen Weiterentwicklung mit der organisatorischen Entwicklung – aktive Mitwirkung der Betroffenen bei der

Neugestaltung von Prozessen, Aufgaben und Abläufen – Aufbau persönlicher Kompetenzen durch gesteuertes Lernen am Arbeitsplatz – Nutzbarmachung der gewonenen Erkenntnisse in weiterführenden Aufgabenstellungen = Spirale der Lernenden Organisation institutionalisieren

- **Aufbau eines Fundamentes an Zukunfts-Qualifikationen**
  Identifikation und Vermittlung grundlegender Schlüsselqualifikationen für alle Beschäftigten als individuelle und unternehmerische Basiskompetenz, auf der bedarfsweise spezifisches Know-how aufgebaut wird

- **Rückdelegation der Verantwortlichkeit für Personalentwicklung**
  Bewußtmachung der Eigenverantwortung für die persönliche Entwicklung bei allen Beschäftigten – Herausbildung eines veränderten Führungsverständnisses mit der Zuständigkeit für die Weiterbildung und Förderung der Mitarbeiter – Etabilierung von Personalentwicklungskompetenzen als einflußnehmende, prozeßbegleitende, unterstützende Funktion.

2. Ganzheitlicher Ansatz einer Personalentwicklungs-Beratung

Sicherlich gibt es unterschiedliche Sichtweisen und Zielsetzungen einer Beratung zur Personalentwicklung, die dem jeweiligen Verständnis und Erfahrungshintergrund der Berater entsprechen. Der hier vertretene Ansatz definiert Personalentwicklung als Gestaltungsfaktor innerhalb von Organisationsentwicklungsprozessen und zeichnet sich durch die ganzheitliche, systemische Betrachtung eines Unternehmens aus.

Kennzeichnend für diesen Ansatz ist es, bereits bei der Bedarfsanalyse alle für die Veränderungs- und damit Leistungsfähigkeit des Unternehmens relevanten Einflußgrößen zu betrachten. Dies bedeutet, daß – ausgehend von der Unternehmensstrategie und den mittel- und langfristigen Unternehmenszielen – die derzeitig vorhandenen und zukünftig geforderten Einstellungen, Verhaltensmuster und Qualifikationen der Organisationsmitglieder analysiert und ebenso die Bedingungsfaktoren für deren erfolgreiche Realisierung ermittelt werden.

Hierbei werden sowohl arbeitsorganisatorische Faktoren analysiert wie bspw. die Aufgaben, Verantwortlichkeiten und Kompetenzen als auch die Unternehmenskultur mit ihren Ausprägungen der Führung, Zusammenarbeit, Kommunikation sowie die Qualifikationsstrukturen und -potentiale.

Dieses ganzheitliche Vorgehen hat zur Konsequenz, daß geeignete Handlungsstrategien und Maßnahmen nicht nur aus dem engeren Fachgebiet der Personalentwicklung, sondern ebenso aus den angrenzenden

Gebieten der Organisationsentwicklung, Arbeitspsychologie, Betriebswirtschaft etc. entstammen können.

Inwieweit angrenzende/überlappende Handlungsfelder durch externe oder interne Experten bearbeitet werden, wird u. a. auch von der verfügbaren Qualifikation und Erfahrung abhängig sein. Daß diese Felder flankierend mitverändert werden müssen, um die Personalentwicklung mit der betrieblichen Realität zu verzahnen und dadurch erst Erfolge zu generieren, hat sich inzwischen als unverzichtbar erwiesen.

2.1 Chancen der externen Beratung

Die eingangs dargestellte Professionalisierung der PE hat viele ausgewiesene Experten in den Unternehmen hervorgebracht, die mit fundierter Fachkenntnis ihre Aufgaben bewältigen. Sofern ein gemeinsames Grundverständnis ganzheitlicher Personalentwicklung besteht, hat sich die enge Kooperation zwischen Internen und Externen im Sinne einer ‚strategischen Allianz‘ als sehr fruchtbar erwiesen.

Diese enge Zusammenarbeit ist insbesondere bei solchen Aufgaben sinnvoll, die langfristig von den internen Personalentwicklern betreut und weiterentwickelt werden sollen, beispielsweise der Einführung von Mitarbeitergesprächen, Zielvereinbarungsmodellen, Entwicklungsprogrammen.

Hier bewährt sich eine Arbeitsteilung zwischen internem und externem Berater, bei der der Externe die Analyse der betrieblichen Situation durchführt, die Ergebnisse gegenüber den Entscheidern vertritt und die Maßnahmen- bzw. Konzeptentwicklung gemeinsam mit den Personalentwicklern (bzw. weiteren Beteiligten) erstellt. In der Einführungsphase des neuen Instrumentes übernimmt der Berater wieder Anschubfunktion und ggfs. Qualifizierungsaufgaben, die dann schrittweise an die Personalentwickler übergeben werden. Die Pflege, das Erfolgscontrolling und Weiterentwicklungen werden nachfolgend intern geleistet.

Demgegenüber empfiehlt sich der alleinige bzw. vorrangige Beratereinsatz bei solchen Aufgabenstellungen, die
- stark hierarchieüberschreitend zu bearbeiten sind,
- bisherige Strukturen und Organisationsabläufe in Frage stellen,
- bestehende Werte, Einstellungen und Verhaltensmuster aufbrechen möchten,
- Widerstands- und Abwehrreaktionen erwarten lassen.

Dies trifft bspw. bei der Durchführung von Bedarfsanalysen zu, bei der die Organisationskultur kritisch begutachtet und die Differenz zwischen Soll- und Ist interessensunabhängig und objektiv dargestellt werden muß. Die Weiterentwicklung von Führungsphilosophie und -praxis

sowie die Verbesserung der Zusammenarbeit sind ebenfalls Arbeitsge-
biete, auf denen der Externe – im besten Fall methodisch korrekt und
menschlich integer – die behutsame Offenlegung widersprüchlicher Anforderungen, Verhaltensmuster und zwischenmenschlicher Konflikte
und deren konstruktive Weiterentwicklung bearbeitet.

Das besondere Rollenspektrum eines Externen ermöglicht ihm einen
anderen Zugang zu Informationen, deren vertrauliche Verarbeitung sowie einen bewußten Umgang mit der Frage der innerbetrieblichen
Macht, als dies der Interne mit seiner Rolle als Organisationsmitglied
leisten kann.

Dieses erweiterte Wirkungsspektrum des Beraters ist von essentieller
Bedeutung für die Bewältigung von Aufgaben, die ‚an die Substanz‘ des
Unternehmens bzw. der Beschäftigten gehen – das heißt, die tiefgreifende Persönlichkeitsentwicklungen und Organisationsveränderungen
erzielen möchten.

Folgende Faktoren erweisen sich als Vorteil einer externen Unterstützung:

- Einbringung bzw. Erweiterung fachlicher und sozialer Kompetenzen
  zur Umsetzung tiefgreifender Entwicklungsvorhaben,
- Gewährleistung der Vertraulichkeit im Umgang mit brisanten Informationen und der Anonymität Einzelner gegenüber dem Auftraggeber,
- objektivierte, interessenunabhängige Analyse von Rahmenbedingungen, Wirkungszusammmenhängen, Beziehungsgeflechten, Verhal-
  tensmustern,
- Einspeisung von Kenntnissen und Erfahrungen aus anderen Unternehmen und Branchen; hierdurch Relativierung von Ergebnissen und
  Anreicherung betrieblicher Handlungsmöglichkeiten,
- Vertrauensvolle/vertrauliche Zusammenarbeit mit allen beteiligten
  Partnern ohne Rollenkonflikte.

3. Beratungsleistungen zur Personalentwicklung

Zielt eine Personalentwicklungsberatung auf die Bewältigung der spezifischen Unternehmensanforderungen, kann sie nicht standardisiert oder
normiert arbeiten. Sie wird als Basis ihrer Strategie eine systematische
Bedarfsermittlung durchführen und – nach Freigabe durch den Auftraggeber – die jeweils geeigneten Vorgehensweisen und Verfahren einsetzen. Im Folgenden werden diejenigen Aufgabenstellungen und Bearbei-
tungsstrategien aufgeführt, die zur Zeit und voraussichtlich auch

zukünftig in vielen Unternehmen wesentliche Beiträge zur Lösung der betrieblichen Anforderungen leisten können:

Coaching der internen Personalentwickler

- Klärung der organisatorischen Eingliederung:
  Ist Personalentwicklung als eigenständige Funktion (noch) im Unternehmen sinnvoll?
- Welche alternativen Modelle eignen sich (bspw. interner, kundenzugeordneter Berater, Kombination Linienfunktion mit Serviceaufgaben)?
- Bearbeitung des unternehmensspezifischen Rollenwandels: Vom Experten oder ‚Zentralisten' zum Berater, Prozeßbegleiter, Coach …
- Qualifizierung der PE-Fachleute zum internen Prozeßbegleiter, Coach …

Coaching der Führungskräfte

- Sensibilisierung der Führungskräfte für die veränderte Führungsrolle
- Qualifizierung der Führungskräfte „Vom Vorgesetzten zum Berater, Förderer, Coach" mit den Inhalten
  - Personalentwicklung als Führungsaufgabe,
  - Führen von Teams bzw. Spezialisten,
  - Führen von Projektgruppen,
  - Promotorenrolle in Veränderungsprozessen.

Durchführung betrieblicher Bedarfsanalysen

- Standortanalyse der Organisation:
  Ermittlung des Ist-Zustandes und der Soll-Größen von
  - Arbeitsorganisation (Aufgaben, Kompetenzen, Verantwortung, Schnittstellen)
  - Unternehmenskultur (postulierte und gelebte Werte, verhaltensrelevante Einstellungen, Verhaltensmuster, Sanktionssysteme, Kommunikationskultur, Führungsverhalten)
  - Qualifikationsspektrum (Ist-Stand und Potentiale).

Praxisbeispiel
Umsetzung der Reorganisation des Außendienstes (Auszug)

Im Anschluß an die Erarbeitung prozeßorientierter Strukturen und Abläufe:

Analyse des Veränderungsbedarfes
- Arbeitsorganisation
- Führung
- Zusammenarbeit

- Qualifikation
Methodik: Befragungen, Arbeitsplatz-Beoabachtung, moderierter Workshop, Abgleich Qualifikationsprofile

Unterstützungsmaßnahmen
1. Erarbeitung und Umsetzung eines Informations- und Kommunikationskonzeptes über die Neustrukturierung
2. Arbeit mit allen Führungskräften – verantwortliche Einbindung aller Führungsebenen in die Umsetzung der neuen Strukturen
3. Teamentwicklungstraining für alle Teams
4. ½ jähriges Coaching ausgewählter Teams

Inhalte
vom übergeordneten Ziel:
　　　Veränderungsfähigkeit der Organisation stärken
zum operationalen Ziel:
　　　Durchführung konkreter Veränderungsmaßnahmen in den
　　　einzelnen Organisationseinheiten

Identifikation unternehmensspezifischer Schlüsselqualifikationen

Schlüsselqualifikationen definiert als strategisch relevante, fachübergreifende Einstellungen, Haltungen, Fähigkeiten:
- Persönlichkeitskompetenz (bspw. Veränderungsbereitschaft, Eigenverantwortung),
- Soziale Kompetenz (bspw. Teamfähigkeit, (interkulturelle) Kommunikationsfähigkeit),
- Methodenkompetenz (bspw. Projektmanagement, Moderationstechnik).

Ablauf Identifikation und Aufbau unternehmensspezifischer Schlüsselqualifikationen

Ableitung der Anforderungen aus den Unternehmensstrategien, -zielen, -plänen

Operationalisierung der Anforderungen für alle Funktionsgruppen
Erarbeitung von Einführungs- und Qualifizierungsprogrammen

Integration der Schlüsselqualifikationen in das personalpolitische Instrumentarium (Anforderungsprofile für Auswahl- und Beurteilungsverfahren, Ausbildungs-, Förderungs- und Trainingsprogramme, Variable Vergütungssysteme, Zielvereinbarungssysteme)

Erstellung eines Feedback-Kreislaufes zur kontinuierlichen Erfolgskontrolle

Konzeption und Einführung geeigneter Lernstrategien für Schlüsselqualifikationen

Lernstrategie Erfahrungslernen

- Aktive Beteiligung der Beschäftigten bei betrieblichen Veränderungsprozessen, gemeinsame Identifikation neuer Leistungsanforderungen und erforderlicher Personalentwicklungsmaßnahmen, Vereinbarung von Verantwortlichkeiten für die Durchführung und Erfolgskontrollen;
- Installation unternehmensrelevanter, begleiteter Projekte mit integrierter Personalentwicklung (Spirale aus flankierenden Qualifizierungsbausteinen, Praxisumsetzung, Feed back-Gesprächen, vertiefenden/weiterführenden Qualifizierungsbausteinen, Praxisumsetzung etc.);
- Einrichtung selbständiger Arbeitsgruppen mit erweiterten/neuen Aufgabenstellungen und Leistungszielgrößen, nach Bedarf abgerufene Qualifizierungs-, Informations-, Unterstützungsleistungen von PE;
- Intensiviertes Lernen am Arbeitsplatz durch Erarbeitung neuer Aufgaben, abgeleiteter Leistungsanforderungen, Betreuung durch Führungskräfte, Experten, Coach.

Lernstrategie Selbstgesteuertes Lernen

- Teilnehmerbezogene Identifikation von Lerninhalten und Weiterbildung durch Selbstlern-Medien (CD-Rom, Audio-CD's, Audio-Kassetten, Literatur);
- Systematisierung materieller Unterstützung außerbetrieblicher Weiterbildung (anteilige/volle Kostenübernahme, befristete Freistellungen, Bezahlung von Lernmaterialien).

Praxisbeispiel
Operationalisierung von Schlüsselqualifikationen

‚Unternehmertum' bedeutet bei uns:

Für die Führungskräfte

Für die Mitarbeiter

Unternehmensziele

Unternehmensziele im eigenen Aufgabenbereich

- eigeninitiativ mitformulieren
- praktisch umsetzen
- offensiv intern und extern vertreten

- praktisch umsetzen
- offensiv intern und extern vertreten

Marktchancen

Marktchancen

- frühzeitig – vor dem Wettbewerb erkennen
- als Entscheidungsvorlage mit Aktionsplan aufbereiten
- fallweise, mindestens 1 mal jährlich der GL mitteilen

- erkennen

- Ideen für Aktionen entwickeln

- mit Teamleiter/in besprechen

Innovationsziele

Verbesserungsziele

- im Verantwortungsbereich im Rahmen der Zielvereinbarung festlegen und realisieren

- im Verantwortungsbereich im Rahmen der Zielvereinbarung festlegen und realisieren

---

Praxisbeispiel
Projektgruppenarbeit mit Personalentwicklungsziel

I. Vorbereitungs-phase	GL-Entscheid über Projektgruppenthema Auswahl der PG-Teilnehmer durch – freie Ausschreibung – Auswahlinterviews – $^1/_2$ tägiges Gruppen-Assessment-Center mit individuellen Empfehlungen 3-Tages-Training Projektsteuerung 2-Tages-Training Teamentwicklung
II. Projektphase	Coaching wichtiger PG-Besprechungen Analyse und inputs zu – Projektsteuerung – Gruppenmoderation – Metakommunikation des Teams eintägige Intervall-Trainings – PG-Steuerung – Moderationstechnik – Präsentationstechnik – Konfliktbearbeitung Angebot von Lernmaterialien – Literatur, CD-Rom, Audio-CD's, CD, Audio-Kassetten Coaching der Zwischenpräsentationen
III. Abschlußphase	Coaching der Abschlußpräsentation dreitägiger Review-Workshop – Analyse des Projektverlaufes und Ergeb- nisses – Analyse der Teamarbeit u. -entwicklung Individuelles Teilnehmer-Feed back mit Fortschreibung ihres Entwicklungsplanes Coaching der Teilnehmer während der Wiedereingliederung in die frühere Funk- tion bzw. in eine neue Funktion

Weiterentwicklung bzw. Neukonzeption bedarfsgerechter Personalentwicklungs-Instrumente und Verfahren

- Skill-Profile – auf Schlüsselqualifiktionen begrenzte, erweiterungsfähige Anforderungsprofile.
- Mehrfachbeurteilungen/360°-Beurteilung – systematisiertes Beurteilungsmosaik durch die Leistungsnutzer (Vorgesetzter, Kollegen, Mitarbeite, interne/externe Kunden),
- Management-Audits – als Einzel-Assessment-Center oder Round table-Bewertung für ausgewählte Funktionen,
- Mitarbeitergespräch mit definierten Entwicklungszielen (bzw. Arbeitszielen), Dokumentation und Feed back-Gesprächen.

Coaching und Mentoring

- Begleitung, Förderung und Qualifizierung einzelner oder Arbeitsgruppen in Veränderungsphasen;
- Vorbereitung, Betreuung und Nachbereitung von Sondereinsätzen wie Projektleitungsfunktion, befristete Einsätze in anderen Unternehmensbereichen, Auslandseinsatz.

Definition und Einführung neuer Entwicklungsmodelle

- Erarbeitung eines veränderten gemeinschaftlichen Verständnisses von Karrriere im Sinne von ‚persönlicher Entwicklung/Kompetenzanreicherung' statt funktionaler Rollenzuweisung,
- Unterstützung der Glaubwürdigkeit des neuen Verständnisses durch begleitende Anreizsysteme (Vertragsgestaltung, Vergütungssystematik, Kommunikationskreise, Mitwirkung- und Entscheidungskompetenzen),
- Ausbau alternativer Entwicklungsmodelle (Fachkarriere, Projektleitung, fachübergreifende Qualifizierung, interner Berater, Prozeßbegleiter),
- Erstellung und Begleitung individueller Entwicklungs-Programme (Stufenmodelle mit sukzessiver Erweiterung der Aufgaben und Verantwortlichkeit, unterschiedlichen Fachdisziplinen, Trainings- und Selbstlernsequenzen, Projektarbeit, begleitende Feed back-Gespräche und Mehrfachbeurteilungen).

Praxisbeispiel
Entwicklungsprogramm für Nachwuchskräfte (Auszug)

1. Schwerpunkt Persönlichkeitsentwicklung: Training und Coaching

- Selbstsicherheit
  Selbsterfahrungstraining
  Monatliches Einzelcoaching durch Berater
  Leitung einer Arbeitsgruppe mit Ergebnispräsentation vor GL
- Führungskompetenz
  Training ‚Führen von Teams'
  Training ‚Projektgruppensteuerung'
  Leitung einer Projektgruppe
- Flexibilität
  Hospitation im angrenzenden Fachbereich
  2monatige Stellvertretung im angrenzenden Fachbereich
- Begleitende Feed back-Verfahren
  Monatliche, checklistengestützte 4-Augen-Gespräche mit zuständiger Führungskraft über den persönlichen Entwicklungsfortschritt
  Protokoll wichtiger persönlicher Prozesse und Ergebnisse
  Mehrfachbeurteilungen durch die Teilnehmer der Arbeits- und Projektgruppen, Kollegen des Fachbereiches, Selbsteinschätzung

2. Schwerpunkt Unternehmerisches Denken und Handeln: Förderungsmaßnahmen durch die Geschäftsleitung

- Gesprächsführung mit Geschäftspartnern
  Gemeinsame Akquisitions-und Kundengespräche
- Entscheidungsfähigkeit/Verantwortungsübernahme
  Training-on-the-job durch regelmäßige 4-Augen-Gespräche
  (Aufgabenplanung und -realisierung, Zielvereinbarung, Führungsverhalten, bilaterale Kooperation)
- Kosten- und ertragsbewußtes Denken und Handeln
  Vierteljährl. Unternehmergespräche mit Analyse der eigenen betriebswirtschaftlichen Daten und Maßnahmenpläne

Literatur

Böning, U./Fritschle, B. (1997), Veränderungsmanagement auf dem Prüfstand. Eine Zwischenbilanz aus der Unternehmenspraxis, Freiburg i.B.

ILOI Internationales Institut für Lernende Organisation und Innovation (1997), Management of Change, Erfolgsfaktoren und Barrieren organisatorischer Veränderungsprozesse, Studienbericht, München

Riekhof, H.-C. (Hrsg.) (1986), Strategien der Personalentwickung, Wiesbaden

Riekhof, H.-C., (1994) Kernkompetenzen von Führungskräften: Herausforderung für die Managemententwicklung der 90er Jahre, in: *Kienbaum, J.* (Hrsg.), Visionäres Personalmanagement, 2. Aufl., Stuttgart, S. 143 ff.

Sattelberger, T. (1994), Personalentwicklung neuer Qualität durch Renaissance helfender Beziehungen, in: *Sattelberger, T.* (Hrsg.), Die lernende Organisation, Wiesbaden, S. 207 ff.

Sattelberger, T. (1997), Auf dem Weg zu einem neuen ‚social contract'?, Impulsvortrag und Protokoll der Plenumsdiskussion, 3. Handelsblatt-Personalkongress, ‚Personal im 21. Jahrhundert', Berlin

Worieschek, G./Deller, J. (1994), Führungskräfteentwicklung, in: *Dahlems, R.* (Hrsg.), Handbuch des Führungskräfte-Managements, München, S. 129 ff.

Kapitel 26

Coaching

von *Horst Rückle*

1. Rahmenbedingungen und Ziele für das Coaching

Wer besser werden will, braucht Anregungen. Da wir unsere eigenen Fehler nicht merken (sonst würden wir sie ja nicht machen!), benötigen wir den partnerschaftlichen Helfer. Dies kann der Vorgesetzte in der Rolle als Coach sein.

Unter dem Begriff „Coaching" können sich viele für Führung und Verkauf Verantwortliche wenig Konkretes vorstellen. Doch schon nach ein paar Stichworten, wie z. B. Beratung oder Begleitung zur Leistungssteigerung und/oder Unterstützung bei der Lösung von komplexen Problemen, wird klar, daß hier ein aus dem Sport altbekanntes und hilfreiches System für den beruflichen Bereich nutzbar wird. Der inhaltliche Unterschied zum herkömmlich bekannten Trainieren ist die viel weiterreichende und tiefergreifende Betreuung im Coaching. Der Coach kümmert sich viel umfassender um die ihm anvertraute Person. Er ist Trainer, Berater und Betreuer in einer Person. Er ist es, der hilft, mit Frustration, Aggression, Leistungsdruck und Versagensangst umzugehen und der hilft, stabile Motivation und anhaltende Konzentration aufzubauen. Er ist eher der „gute Freund/Partner" – weniger der „Kumpel". Er ist stets zur Stelle und festigt mit Anerkennung und Kritik die Leistungsbereitschaft, manchmal auch mit Lob und Tadel das Selbstwertgefühl und das Selbstbewußtsein.

Ziel dieser umfassenden Betreuung ist die Selbständigkeit und Selbstverantwortung im Umgang mit Problemen, Konflikten, Erfolgen, Mißerfolgen, Erwartungen und Zielsetzungen.

Der Coach braucht Wissen und Erfahrung in den seinen Klienten tangierenden Bereichen. Er muß unternehmerisches Denken, betriebswirtschaftliche Kenntnisse, Wissen um die Märkte und deren Bedingungen haben, politisch up to date sein. Kenntnisse in psychologischen, psychotherapeutischen und sozialpsychologischen Bereichen und insbesondere analytische kommunikative Fähigkeiten und vieles andere muß er mitbringen und nutzen können. Obwohl der Coach Gesprächspartner und Spezialist in vielen Bereichen sein muß, darf er kein „Hans Dampf in allen Gassen" sein. Seriös muß er entscheiden, welche der gestellten Aufgaben er leisten kann und welche nicht.

Die sozialpolitische Einstellung hat sich in den letzten Jahren stark geändert. Im heutigen Arbeitsalltag sucht der einzelne Mitarbeiter in allen Bereichen mehr Möglichkeiten der Selbstbestimmung und Selbstverwirklichung. Um so wichtiger ist daher, daß der Coach nicht unreflektiert eigene Erfolgsmuster auf den Gecoachten überträgt und diesen entsprechend dressiert.

Besonders wichtig ist auch die Erkenntnis, daß Unternehmen und Menschen heute zunehmend in ihren Handlungen und Entscheidungen in Systeme eingebunden sind. Daß diese Vernetzungen vielfältige Auswirkungen haben, wird den Führungskräften der neuen Generation immer bewußter.

Führungskräfte, die systemisch denken und handeln, sehen sich nicht als „Beherrscher" oder „Macher" des Systems, sondern als „Impulsgeber" oder „Katalysator". Sie sehen das Unternehmen nicht mehr wie früher als eine Maschine, die man durch ständiges Eingreifen steuern kann, sondern sie geben Impulse. Sie haben begriffen, daß heute alle Macht beim Mitarbeiter liegt (der qualifizierte kann erpressen mit Gehen, der unqualifizierte mit Bleiben!). Sie bewirken, indem sie wirken!

Der Prozeß ist Motor des Systems und nicht wie früher – Ordnung das Gesetz der Organisation.

Verschwunden ist (außer in der Mechanik) die statische Ordnung, in der die Bedingungen längere Zeit konstant bleiben. Unsere Wirklichkeit ist dynamisch, sie verändert sich permanent, und das Tempo der Veränderung erfordert immer schnellere Lernprozesse und Entwicklungen.

Kunden, die heute noch treu sind, können morgen schon bei einem anderen Lieferanten kaufen.

Führungskräfte, die von systemischem Denken und Handeln geprägt sind, helfen coachend Potentiale zur Lösung zukünftiger Aufgaben und Probleme zu entwickeln. Sie lösen Veränderungsbereitschaft aus und sie begleiten die gewollte Veränderung. Probleme und Konflikte begreift der Coach (und bald auch sein Mitarbeiter) als Motoren der Evolution.

Vielleicht hat unsere Zeit den Coach aus der Not geboren. Aus der Not der vielen einseitig und im alten Weltbild Gebildeten, die jenen „Freund" suchen, der egal wie er heißt, helfen kann, ihre Einseitigkeit zu überwinden.

2. Der Mitarbeiter als Mittelpunkt des Systems

Der Mensch wird in seiner Entwicklung vom Kind zum Erwachsenen durch verschiedene Einflüsse geprägt. Vereinfacht dargestellt, sind es folgende wichtige Einflußbereiche:

- die genetischen Faktoren (Anlagen, Begabungen, Talente) als Potentiale für spätere Fähigkeiten und Fertigkeiten;
- Eltern, die die spätere Ausrichtung an ethischen und moralischen Grundsätzen vermitteln;
- Erziehung, Bildung, Ausbildung, die den größten Teil der kognitiven Fähigkeiten und Fertigkeiten entwickeln bzw. bereitstellen;
- die Umwelt, die je nach Grad der Behütung durch das Elternhaus einen großen oder geringen Einfluß auf die sozialen Kompetenzen des Menschen hat.

Dadurch „profiliert", wird der Mensch zur Person und tritt in die Unternehmenswirklichkeit ein – in die Rolle Mitarbeiter und/oder Führungskraft.

Paßt sein Profil zu den Anforderungen im Unternehmen wie ein Schlüssel zum Schloß, ist sie oder er die richtige Frau bzw. der richtige Mann am richtigen Platz.

Wenn die eigenen Werte nicht in Konflikt geraten mit den Werten des Unternehmens, die es als Philosophie anstrebt oder als Kultur bereits lebt, ist zumindest eine wichtige Voraussetzung für eine positive Entwicklung im Unternehmen gegeben.

Das jeweilige Unternehmen ist verpflichtet, Hilfen, z.B. Leitlinien, Grundsätze, Richtlinien o. a. zu formulieren, damit die Mitarbeiter eventuelle Abweichungen zwischen gewolltem Soll und gegebenem Ist beobachten können.

Wer will, daß der andere seine Rolle wirksam gestalten kann, muß ihm Regeln geben.

Diese Regeln entstammen der jeweiligen Unternehmensphilosophie, den Unternehmenszielen, der aus aus Philosophie und Ziel erwirkten Vision, den Erwartungen der Zielgruppen und anderen Einflußbereichen.

Paßt der Mensch in seiner Rolle zu den Anforderungen, so ist eine erfolgreiche Tätigkeit wahrscheinlich. Bei deutlichen Abweichungen ist zu überprüfen, ob Entwicklungspotentiale gegeben sind, die bei realistischer Einschätzung durch Training oder Ausbildung genutzt werden können. Bei zu großen Abweichungen in zu vielen Bereichen paßt der Mitarbeiter oder die Führungskraft nicht zum Unternehmen, und eine erfolgreiche Zusammenarbeit ist unwahrscheinlich.

Ob die Potentiale eines Menschen in ihrer Ausprägung den Anforderungen und Aufgaben im Unternehmen entsprechen und somit das erfolgreiche Gestalten der Rolle ermöglichen, sollte also idealerweise vor Eintritt in das Unternehmen geprüft werden. Nicht selten fallen Abweichungen erst auf, wenn aufgrund von wiederholten Konflikten nachgeforscht wird. „Was ich nicht weiß, macht mich nicht heiß", scheint in vielen Unternehmen zur Maxime geworden zu sein. Statt durch die Brille der Unternehmenswerte und -ziele das Verhalten der jeweiligen Mitarbeiter zu beobachten, wird „menschlich" vieles übersehen oder Wahrnehmung durch Wegsehen oder Verdrängen verhindert.

Ganz anders verhalten sich Führungskräfte und Mitarbeiter, die ihr Verhalten an den Werten und Zielen orientieren, Abweichungen erkennen und durch Veränderung des eigenen Verhaltens und entsprechende andere Maßnahmen zur Verwirklichung der Werte und Ziele beitragen. Sie kommen in Resonanz mit dem Unternehmen und leisten selbstmotiviert und freiwillig. Eine solche Einstellung zu erreichen oder zu entwickeln, ist Aufgabe der Führungskräfte. Und hier merken wir, daß dann diese Rolle nicht mehr paßt. Solche Führungskräfte sind Coaches!

Maßnahmen zur Ermittlung von Potentialen zur Gestaltung einer Rolle werden bereits vielfach, aber oft nicht besonders glücklich genutzt. Assessment-Center (= Begabungspotentialanalysen) dienen dazu, die Potentiale eines Menschen für eine definierte Rolle zu messen.

Es sei schon hier gesagt: Übungen, mit denen nicht firmen- und aufgabenspezifisch, unter Betrachtung der Anforderungen der Zielgruppen, also rollenspezifisch gemessen werden kann, gehören nicht in eine solche Veranstaltung. Selbstredend müssen Auswahlverfahren, egal ob sie als Assessment-Center, in Form von Tests, als persönliche Gespräche oder anders gestaltet werden, daran orientiert sein, WIE WAS mit WEM in der späteren Aufgabe getan werden soll.

3. Ansatzpunkte und Formen im Coaching

Beim Coaching geht es im persönlichen oder im Gruppenprozeß (= Gruppencoaching) darum, Veränderungs- und Selbsterkenntnisprozesse zu ermöglichen, durch Erweiterung der Selbstwahrnehmung das jeweilige Verhalten mit seinen Wirkungen zu durchdringen und veränderbar zu machen.

3.1 Einzelcoaching

Neben der primär auf das Rollenverhalten zielenden Arbeit mit dem Mitarbeiter weitet sich die Beratung und Einflußnahme beim Einzelcoaching erfahrungsgemäß auch auf andere Persönlichkeitsbereiche aus. Es ist schwierig, im Coaching eine scharfe Grenze zwischen den einzelnen Rollen und ihrer wechselseitigen Wirkung zu ziehen. Ein qualifizierter Coach wird über die berufliche Rolle hinaus andere Rollen in Bezug auf deren Wirkung betrachten. So wirkt er im wörtlichen Sinne persönlichkeitsfördernd, wenn wir uns der Hofstätter-Definition „Persönlichkeit ist der Schnittpunkt von sozialen Rollen" anschließen.

Beim Einzelcoaching arbeiten beide Partner in einer von Vertrauen getragenen Beziehung, sowohl an der methodischen Kompetenz im Umgang mit Aufgaben, als auch an der individuellen Weiterentwicklung, der Kompetenz im Umgang mit sich selbst und anderen.

Beides zusammen versetzt den Gecoachten in die Lage, zunehmend auch komplexere Aufgabenstellungen in eigener Verantwortung und erfolgsorientiert zu bearbeiten und zu lösen. Dabei bezieht der Coach die Potentiale seines Mandanten, des zu Coachenden ein.

Ein guter Coach wird nicht daran arbeiten, Schwächen abzubauen. Wer Schwächen abbaut, wird nicht stark, sondern ist hinterher nur weniger schwach! Der gute Coach wird Stärken aufbauen.

3.2 Gruppencoaching

Das Einzelcoaching erfährt zunehmend eine Erweiterung im Gruppencoaching, bei dem die Gruppe bzw. das Team mit Ihren Zielen und ihrer Dynamik, weniger jedoch der Einzelne im Focus ist. Die Gruppe und das Team sind bekanntlich mehr als die Summe der Mitglieder. Um diese zusätzlichen Beziehungen geht es vor allem beim Gruppencoaching. Mögliche Anlässe für Gruppencoaching sind u. a.:

- Konflikte zwischen den Gruppen- bzw. Teammitgliedern,
- Integration eines neuen Gruppen- bzw. Teammitglieds,
- Implementierung von Werten,
- Strategische Neuausrichtung,

- Nachfolgeregelung in der Führung der Gruppe bzw. Leitung des Teams,
- Vor Fusionen, Kooperationen u. a. Veränderungen zur Integration aller Manager,
- Vorbereitung der Gruppen- bzw. Teammitglieder für neue Aufgaben bzw. Herausforderungen,
- Leistungssteigerung der Gruppe bzw. des Teams,
- Erkennen von Stärken und Schwächen der Gruppen- bzw. Teammitglieder,
- Vorbereitung der Gruppen- bzw. Teammitglieder auf Generationenwechsel.

Gruppe, Team und Individuum

In einer Gruppe herrscht das hierarchische Prinzip. Die Gruppe besteht aus drei bis maximal zwölf Personen. In ihr sind die Rollen Gruppenführer, Rivale und Außenseiter besetzt und beobachtbar. Innerhalb der Gruppe geschieht Rivalität und Dynamik. Diese und andere Kriterien unterscheiden die Gruppe vom Team. In einem Team arbeiten mindestens zwei Personen als Spezialisten kooperativ, auf der Grundlage gleicher Werte, an einer Lösung. Beispiele für Teams sind: Operationsteam, Fußballteam u. a. Das Wissen der Teammitglieder addiert sich. Ein Team hat einen Leiter, der meist hierarchiefrei moderiert. Gemeinschaften, die sich einem gemeinsamen Ziel verpflichten und gemeinsame Werte akzeptieren, entwickeln sich in Richtung Team. Teams, bei denen gemeinsame Werte und Ziele wegfallen, entarten zu Gruppen.

Entsprechend wird der Coach bei seiner Arbeit mit einer Gruppe oder einem Team agieren. Die Grundlagen seiner Arbeit sind die gemeinsam akzeptierten oder vom Unternehmen gewollten Werte, das gemeinsam akzeptierte oder vom Unternehmen gewollte Ziel und die Erwartungen der Zielgruppen. Erst auf dem Hintergrund dieser (Rechts-)Grundlagen ist seine Arbeit möglich. Er hat keinesfalls die Aufgabe zu reklamieren, was ihm nicht gefällt. Er hat anzusprechen und bewußtzumachen, was den vom Unternehmen gewollten Werten, dem vom Unternehmen gewollten Ziel und den Anforderungen, die auf seine Coachingteilnehmer von deren Zielgruppen zukommen, zuwiderläuft. So ermöglicht er es seinen Teilnehmern, entweder entsprechende Verhaltensweisen zu entwickeln oder die Werte und Ziele zu verändern bzw. andere Zielgruppen auszuwählen. Dabei ist Gruppencoaching kein Einzelcoaching unter Zeugen. Es hat die besondere Aufgabe, Offenheit, Vertrauen und Gemeinsamkeit zu fördern. Dies gelingt aber nur, wenn der Coach „schonungslos" mit jedem der Teilnehmer arbeitet und trotzdem genügend Einfühlungsvermögen (oder die Fähigkeit zur Beobachtung und/oder Deutung der Körpersprache) besitzt, um die Grenzen, die der Einzelne jetzt braucht, einzuhalten. Besonders in Teams kann es dann wichtig sein, aus dem Gruppen- bzw. Teamcoaching in Einzelcoachingmaßnahmen überzuleiten. Dabei werden die dem gemeinsamen Ziel dienlichen Anlagen und Begabungen gefördert und falls die sich ergebenden Fähigkeiten und Fertigkeiten für die jeweilige Rolle im Team nicht ausreichen, die Bereitschaft aufzubauen, anderen den Vortritt zu lassen. Oft erleben wir im Coaching von Geschäftsleitungsteams, daß die jeweiligen Rollen nicht mit den dafür am besten geeigneten, sondern mit aus anderen Gründen bevorzugten Personen besetzt sind. Verwandtschaftsgrade, angestammte Bereiche, zu besetzende freie Positionen werden genauso genannt, wie Zufälligkeiten. Wer Gruppen oder Teams coacht wird drauf hinarbeiten müssen, daß die jeweiligen Positionen mit Personen besetzt sind, deren Fähigkeiten und Fertigkeiten sich zum gewünschten Erfolg addieren. Um dies zu erreichen hilft es erfahrungsgemäß über die Interventionen des Coaches hinaus jedes Gruppen- bzw. Teammitglied mit den Eindrücken der anderen Mitglieder zu konfrontieren. Auch diese Maßnahme hilft, Offenheit zu fördern, Beziehungen zu klären und Leistungen zu verbessern.

Beispiel für die Konzeption und Organisation eines Gruppencoachings

• Vorbereitung mit z. B.:
  – Vorgesprächen mit Vorgesetzten, Partnern u. a. der Gruppe/des Teams;
  – Erfassen von relevanten Daten aus Leitbildern, Verträgen, Korrespondenz, Vorträgen u. a.;
  – evtl. Einzelgespräche mit den Teilnehmern.

• Klärung der Einflußbereiche
  – Ziele und Werte der Gruppe bzw. des Teams und der Mitglieder;
  – Zielgruppen;
  – Einflüsse aus Gesetzen, Vorschriften, Vereinbarungen.

• Regelung der Formalien
  – Abfolge und Zeitrahmen der Maßnahmen;
  – Regeln des Umgangs miteinander-

• Erarbeiten von Leitsätzen bzw. Anforderungen aus den Zielen, den Werten und den weiteren Einflußbereichen.

• Gestalten von Übungs- und/oder Praxissituationen um Vergleich der Anforderungen mit den gezeigten Verhaltensweisen.

• Feedback an die Mitglieder
  – vom Coach zur Einleitung von Gruppen-Entwicklungsmaßnahmen,
  – von den Teilnehmern,
  – aus einem Soziogramm,

- Diskussion über Selbstbild/Fremdbild-Vergleiche und die Möglichkeiten der eigenen Weiterentwicklung.

• Weitere Maßnahmen
  - Einzelgespräche,
  - Einzelcoaching,
  - weitere Übungen in der Gruppe/dem Team,
  - Praxissituationen mit zunehmendem Schwierigkeitsgrad,
  - Bearbeiten von Gruppenproblemen und -konflikten,
  - Klärung der Sachfragen bezüglich Organisation, Sach- und Hilfsmittel u. a.

• Hilfe zur Selbsthilfe
  - Übungen der Gruppen-/Teammitglieder zur Entwicklung der notwendigen Fähigkeiten und Fertigkeiten,
  - Wählen eines Mitglieds als Coach. Jeder der Teilnehmer wählt aus dem Kreis seiner Kollegen einen Kollegen als Coach. Mit ihm tauscht der Erfahrungen aus und läßt sich Anregungen geben.
  - Vertiefung evtl. notwendiger theoretischer Kenntnisse aus Literatur, Internet u. a.

• Erfahrungsaustausch
  - zwischen den Coachingveranstaltungen mit den Kollegen,
  - zu Beginn jeder Coachingveranstaltung mit Bericht über die erreichten Ergebnisse und erkannten Probleme.

• Kontrollmöglichkeiten
  - Nachweis der Fortschritte in den Bereichen Effizienz, Zielerreichung, Umgang miteinander u. a. mittels Dokumentation der einzelnen Schritte auf Videobändern;
  - Nachweis der Fortschritte mittels der jeweiligen Feedbackbögen, der Soziogramme und der Notizen des Coaches;
  - jeweilige Mitarbeiter bzw. Zielgruppenbefragungen; dabei ist wichtig, daß die Fragen ebenfalls auf den das Coaching beeinflussenden Prinzipien (Ziele und Werte u. a.) basieren;
  - erreichte Ergebnisse in bezug auf Zeitersparnis, Konfliktfreiheit und insbesondere realisierte Werte und Ertrag.

• Weitere Betreuung während und nach Abschluß der Coachingmaßnahmen
  - Betreuung und Hilfe bei entstehenden Fragen, persönlich und/oder telefonisch;
  - Telecoaching mittels Telefon- und Videokonferenzen. So können, aufbauend auf dem persönlichen Coaching, die weiterhin entstehenden Fragen besprochen und geklärt werden.

Wichtig ist, daß die jeweiligen Schritte und Inhalte der Konzeption jeweils zielbezogen gestaltet werden. Welche Konsequenzen in bezug auf die einzelnen Teilnehmer jeweils zu ziehen sind, ergibt sich aus dem jeweiligen Fortschritt.

Interventionsmöglichkeiten des Coaches in der Gruppe

Da der Coach als beratender und informierender Helfer Einfluß auf die positive Entwicklung der Gruppe nimmt, braucht er deren Akzeptanz. Neben der Begründung seiner Interventionen aus den genannten Einflußbereichen erarbeitet er sich diese Akzeptanz durch klares Feedback. Dem Bewußtseinsniveau der Gruppe entsprechend kann der Coach die den einzelnen betreffende Rückmeldungen vor der Gruppe oder im Einzelgespräch formulieren. Erfahrungsgemäß dient es der Entwicklung der Gruppe, wenn positive und negative Rückmeldungen, auch an einzelne, im Beisein der anderen Gruppenmitglieder formuliert werden können.

Möglichkeiten der Verhaltensbeobachtung

Um bei der Lösung von Problemen, der Bearbeitung von Konflikten und der Weiterentwicklung zu helfen, beobachtet der Coach Verhaltensweisen der Gruppen- oder Teammitglieder. Diese kann er während der Beobachtung von Prozessen niederschreiben.

Im Anschluß an den Prozeß kann er selbst vor der Gruppe oder im Einzelgespräch Feedback geben. Alternativ dazu kann er die einzelnen Teilnehmer zu wechselseitigem Feedback auffordern und auch diese Aktivität in seine Beobachtung einbeziehen. Wichtig dabei ist, daß auch die Teilnehmer aus dem Hintergrund der Werte und Ziele rückmelden.

Eine weitere Möglichkeit ist die Erstellung eines Soziogramms. Dabei erfaßt der Coach in einer Matrix, welches Gruppenmitglied mit welchem anderen Gruppenmitglied oder mit allen wie kommuniziert. Die jeweiligen Additionen zeigen, wer wen wie oft positiv oder negativ angesprochen hat und wer von wem wie oft positiv oder negativ angesprochen wurde. Im Coachinggespräch können dem jeweiligen Teilnehmer seine eigenen Botschaften und deren Verhältnis zu den empfangenen Botschaften bewußtgemacht werden.

Um Verhaltensweisen, die in Praxissituationen auftreten, dort aber nicht angesprochen werden oder im späteren Gespräch von den Teilnehmern nicht nachvollzogen werden können, besser bewußtzumachen, können Situationen nachgestellt werden. Mit dem Angebot, Paxissituationen nachzustellen oder für künftige Situationen zu üben, hilft der Coach bei der Bewußtmachung entsprechender Verhaltensweisen und Strukturen.

Der Coach ist immer dann besonders gefordert, wenn er mit der Gruppe oder mit dem Einzelnen Möglichkeiten der Weiterentwicklung bespricht und diese ausprobieren läßt. Zusätzlich steht er bei Fragen, die im Laufe der Entwicklung auftreten und die den qualifizierten Gesprächspartner erfordern, zur Verfügung.

Die wichtigste Fähigkeit, die Rolle des Coaches von der Rolle der Führungskraft zu trennen. Nur dann, wenn der Mitarbeiter oder die Gruppen- bzw. Teammitglieder diese Rollentrennung erkennen und wissen, daß sie ihrem Coach etwas anvertrauen können, was dieser in seiner Rolle als Führungskraft nicht gegen sie benutzt, entsteht das grundsätzlich notwendige Vertrauen und damit die Basis für erfolgreiches Coaching.

Schwierig wird die Aufgabe, wenn der Vorgesetzte als Leiter einer Besprechung und gleichzeitig als Coach zur Verfügung stehen soll. Ich habe nur in ganz wenigen Fällen erlebt, daß Führungskräfte diesen Spagat schaffen. Deshalb bietet sich an, für die Fälle, in denen die Führungskraft die Coach-Rolle realisieren will, den Sachprozeß von einem anderen Gruppen- oder Teammitglied moderieren zu lassen. So kann die Führungskraft in der Coach-Rolle außerhalb des Prozesses sein und diesen beobachten.

Die so gestaltete Coach-Rolle wird mit Rückmeldungen an einzelne in der Gruppe abgeschlossen. Danach kann der Coach die Führungskraft-Rolle wieder übernehmen und bei entsprechenden Themen als Führungskraft agieren. Wichtig ist, daß die Führungskraft diesen Rollenwechsel verkündet und ihn nicht zum Zweck der Manipulation mißbraucht.

4. Maßnahmen zur Weiterentwicklung von Gruppen, Teams und einzelner Teilnehmer

Während des Gruppen- oder Teamcoaching entstehen Erkenntnisse, die es möglich machen, allen oder einzelnen systematisch weiterzuhelfen.

Für die weitere Hilfe bieten sich Einzelgespräche und Fördergespräche genauso an wie Trainingsmaßnahmen, bei denen der Coach als Sparringspartner fungiert, oder die Absolvierung interner oder externer Seminare. Leider wird immer wieder versäumt, mit dem Mitarbeiter den Umgang mit den Trainingsergebnissen anzusprechen. Für ideal halte ich, wenn ein Teilnehmer auf den Seminarbesuch vom Vorgesetzten vorbereitet wird. Dazu erfaßt der Coach oder der coachende Vorgesetzte die beim Mitarbeiter erkannten Stärken und Schwächen und beschreibt dessen Trainingsbedarf. Diese Beschreibung übergibt der Teilnehmer seinem Seminarleiter, der mit ihm besonders an der Deckung seines Trainingsbedarfs arbeitet und ihm die Übungen anbietet, die ihm bei seiner Entwicklung weiterhelfen. Am Schluß des Seminars oder zwischendurch bespricht der Trainer mit dem Teilnehmer seine Beobachtungen und dokumentiert diese in einem Bericht, der auch Empfehlungen für weitere Fördermaßnahmen enthält. Der Teilnehmer bespricht diesen Bericht mit seinem internen Coach, so daß dieser die weiteren Maßnahmen gestalten kann.

Konzeption von Gruppen-, Team- und Einzelcoachingmaßnahmen

Grundlagen: Werte, Ziele, Zielgruppen und weitere Einflußbereiche
➡

Anforderungen an Einzelne oder die zu
coachende Gruppe bzw. das zu coachende Team
➡

aus den Anforderungen resultierende
beobachtbare Kriterien
➡   ➡

vorhanden   nicht vorhanden
➡

Förder- oder
Coachinggespräch
(Zielvereinbarung!)
➡

Training oder andere
Maßnahmen
➡

Förder- oder
Coachinggespräch
(Zielvereinbarung!)
➡

weitere Maßnahmen
➡   ➡

Gewollte Entwicklung   Gewollte Entwicklung
erkennbar   nicht erkennbar
➡   ➡

weiteres Coaching   andere Tätigkeit
                      oder Trennung

5. Fähigkeiten des qualifizierten Coaches

Es ist für den externen wie für den internen Coach unumgänglich, sich mit der Philosophie, innerhalb der der Gecoachte seine Rollen gestalten will, genauso wie mit den Zielen, die der Partner erreichen will, und den Zielgruppen, mit denen er arbeiten soll, auseinanderzusetzen.

Er muß diese Einflußfaktoren kennen, um das Coaching durchführen zu können. Hinzu kommt, daß der Coach die Anforderungen des Umfeldes kennen muß, um an diesen und anderen Bereichen seine Maßnahmen auszurichten. Auch und gerade hier tun sich interne Coaches bzw. Führungskräfte oft schwer. Oft leiden interne Coaches genauso im System wie der zu Coachende, sie könnten unglaubwürdig wirken. Wenn der Coach auf Fragen oder Anregungen antwortet: „Sie kennen doch den Laden! Sagen Sie nur, Sie leiden nicht auch unter …!" ist das Ende eines Coachingprozesses gekommen, bevor dieser anfing.

Der Coach braucht das nötige Einfühlungsvermögen in die „Welten" des Gecoachten und dessen Umfeld, Stabilität in Bezug auf den Umgang mit Konflikten und die Fähigkeit zum Aushalten der Spannung, die sich zwischen den Anforderungen des Unternehmens, dem eigenen Auftrag und den Erwartungen des Gecoachten ergeben.

Dazu kommt, daß der Coach Zivilcourage besitzen und die notwendige Geduld haben muß, da der Prozeß, der durch die Coachingmaßnahme in Gang gesetzt wird, in vielen Fällen erst mittel- oder sogar langfristige Effekte mit sich bringt. Auch das Reflexionsvermögen im Hinblick auf eigene Wertvorstellungen und Vorgehensweisen darf nicht fehlen.

6. Der externe Coach

Die Hilfestellung eines externen Coaches sollte dort in Anspruch genommen werden, wo

- der interne Coach nicht weiterkommt;
- der Gecoachte aufgrund seiner hierarchischen Stellung im Unternehmen keinen adäquaten Gesprächspartner findet;
- abzusehen ist, daß der Coachingprozeß stark in die Privatsphäre des Gecoachten hineinreicht und die Intimsphäre gewahrt bleiben soll;
- das Coaching fachliche, methodische und/oder menschlich-soziale Kompetenzen erfordert, die unternehmensintern nicht verfügbar sind.

Der externe Coach kann aber nur wirksam arbeiten, wenn er

- die Einflußbereiche und Anforderungen des Gecoachten kennt;
- in der Lage ist, sich in die Philosophie und die Ziele sowie das Umfeld des Gecoachten hineinzudenken und einzufühlen;
- die jetzige Gestaltung der Rolle des Gecoachten kennt und einschätzen kann, wie Einstellungen, Fähigkeiten, Fertigkeiten und Wissensbereiche aufeinander wirken;
- die „richtigen" Fragen stellen kann;
- ein breites Sach-, Fach- und Handlungswissen flexibel einsetzen kann;
- sich im Spannungsfeld zwischen Auftraggeber und dem Gecoachten (sofern diese unterschiedlich sind) situationsangemessen bewegen kann.

Nicht zuletzt muß gerade der externe Coach wissen, daß er sich entbehrlich machen muß. Der externe Coach begleitet auf Zeit, nicht auf Lebenszeit! Der Gecoachte darf nicht von seinem Coach abhängig werden. Eine gute Beziehung ist wichtig, eine Bindung schädlich.

7. Coaching ist – Coaching ist nicht

Coaching ist

- eine Begleitung auf Zeit;
- Hilfe zur Selbsthilfe;
- ein kompaktes, umfassendes Maßnahmenbündel zur Hilfe, insbesondere bei beruflichen Aufgaben und Problemen;
- die Summe von Hilfsmaßnahmen bei der Lösung persönlicher, komplexer Problemstellungen;
- Hilfestellung bei der Ablösung alter und Entwicklung neuer Denkmuster;
- Hilfestellung bei der Gestaltung des Wertewandels;
- die Möglichkeit, der Vereinsamung von Führungskräften, Spezialisten, Spitzenverkäufern u. a. entgegenzuwirken;
- Gelegenheit bieten zum Erlernen von Techniken für Sreßsituationen;
- Gelegenheit bieten zum Erlernen kommunikativer, erfolgsfördernder Fähigkeiten;
- ein Prozeß zur Entwicklung der Persönlichkeit und/oder der rollenspezifischen Fähigkeiten und Fertigkeiten oder deren Kompensation.

Coaching ist nicht

- Begleitung auf Lebensdauer,
- eine neue Form der Psychotherapie,
- eine neue Form von Training,
- eine Art von oder Ersatz für Freundschaft,

- eine Arzt-Patienten-Beziehung,
- eine Unterweisung und Belehrung,
- ein Wundermittel,
- ein Lehrer-Schüler-Prozeß,
- eine Chance zur Verlagerung von Problemen auf den Coach.

8. Anforderungen an den Coach

Ein qualifizierter Coach benötigt andere bzw. zusätzliche Fähigkeiten und Fertigkeiten als ein Berater oder Trainer. Leider glauben auch heute noch viele kompetente Trainer und Berater, daß sie Coach sind bzw. werden, indem sie Einzeltrainingsmaßnahmen anbieten und realisieren. Ein qualifizierter externer Coach benötigt mehr. Neben psychologischem und betriebswirtschaftlichem Fachwissen und ausreichender Selbsterfahrung muß der externe Coach in der Lage sein, Menschen und Situationen unvoreingenommen betrachten und analysieren zu können.

Da es keine verbindlichen formalen Qualifikationen gibt, um sich „Coach" nennen zu können, gibt es ebenfalls keinen festgelegten Ausbildungsweg. Zwar werden am Markt entsprechende Ausbildungs- und Studiengänge angeboten, die aber unseres Erachtens nicht ausreichen, die Aufgabe eines qualifizierten und seriös arbeitenden Coaches wahrzunehmen.

Ein möglicher und gangbarer Weg ist auf der Grundlage eines Psychologiestudiums die Qualifizierung in folgenden Bereichen:

- Psychologiestudium mit Schwerpunkt auf den Bereichen Arbeits- und Organisationspsychologie, klinische Psychologie, Sozialpsychologie und Diagnostik;
- psychotherapeutische Zusatzausbildung (z. B. in Gesprächspsychotherapie);
- Betriebswirtschaftsstudium;
- Selbst- und Lebenserfahrung, z. B. im Sinne einer selbstkritischen und differenzierenden Einstellung;
- mehrjährige berufliche (Führungs-)Erfahrung in und mit Organisationen;
- mehrjährige berufliche Erfahrung als Berater/ Trainer, z. B. in einer Unternehmensberatung.

Neben diesen fachlichen Kompetenzen darf die Bedeutung der persönlichen, sozialen und kommunikativen Kompetenz nicht vernachlässigt werden. Dazu gehört u. a.:

- Selbst- und Lebenserfahrung;

- Fähigkeit zur realistischen Selbsteinschätzung (Wahrnehmung der eigenen Stärken und Schwächen);
- eigene Führungserfahrung und Kenntnis des betrieblichen Umfeldes;
- mehrjährige umfassende Beratungserfahrung;
- regelmäßige Reflexion der eigenen Arbeit in Supervisionssitzungen;
- permanente Weiterbildung;
- Fähigkeit, zuhören zu können;
- Neutralität, Vorurteilsfreiheit, Unabhängigkeit;
- Flexibilität;
- Empathie (Einfühlungsvermögen);
- Glaubwürdigkeit, persönliche Integrität, Kongruenz; Diskretion;
- Kommunikations- und Kooperationsfähigkeit;
- soziale Kompetenz (insbesondere die Fähigkeit zum Beziehungsaufbau);
- selbstkritische und konstruktive Reflexionsfähigkeit;
- Problem- und Konfliktlösungsfähigkeit (als wesentliche Interventionsmaßnahme);
- Fähigkeit zur Ziel- bzw. Aufgabenorientierung;
- Unvoreingenommenheit.

9. Die Kosten des Coachings

Oftmals werden die Honorare der Coachingmaßnahmen auf einer Stundensatzbasis errechnet, häufig auch in Halb- oder Ganztagessätzen. Recherchen ergeben dabei zur Zeit Coachingstundenhonorare zwischen 200 DM und 500 DM. Die Tagessätze schwanken zwischen 2.500 DM und 8.000 DM.

Auch wenn sich bei einer Hochrechnung hier scheinbar horrende Summen ergeben, so ist nicht zu vergessen, daß trotz dieser Kosten der Nutzen des Coachings höher eingeschätzt werden darf als die sonst entstehenden Ausgaben. Nicht zuletzt deshalb, weil durch kurze Termine für Einzelcoachings die Ersatzkosten für den Arbeitsausfall des Gecoachten relativ gering gehalten werden können und die steuerliche Abzugsfähigkeit, wenn die Maßnahme im Rahmen einer betrieblichen Personalentwicklungsmaßnahme stattfindet, gegeben ist.

10. Perspektiven

Coaching ist für einzelne Personen und Unternehmen bei der Lösung vorhandener und bei der Vorbereitung auf kommende Probleme wichtiger denn je. Es mag sein, daß der Begriff Coaching derzeit einen inflationären Gebrauch erlebt. Die Maßnahmen, die unter diesen Begriff fallen, werden jedoch für die Gestaltung erfolgreicher Wirklichkeit zunehmend wichtiger. So wird nicht Coaching an und für sich gemessen werden, sondern immer der Coach.

Coaching wird unseres Erachtens Bedeutung gewinnen in den Bereichen:

- Übertragung von Coachingkonzeptionen und entsprechenden Beratungsleistungen vom deutschsprachigen Raum ins Ausland.
- Bildung von Qualifikationsstandards und verbindliche Ausbildungswege zum hauptberuflichen Coach durch entsprechende Einrichtungen.
- Etablierung des Coachings als Standardinstrument interner Personalentwicklung.
- Bildung von Coachingteams für einen Coachingpartner, um so den zu Coachenden spezifische Hilfen mittels verschiedener Qualifikationen bieten zu können.
- Out- und New-placement-Beratung
  Vor dem Hintergrund verschiedener globaler Entwicklungen (demographische, soziokulturelle, technische usw.) und damit zusammenhängender Umstrukturierungsprozesse ist davon auszugehen, daß besonders der Bereich der Out- und New-placement-Beratung zunimmt.
- Kombination von organisationsinternem und externem Coaching
  Durch die Kombination mehrerer Coachingvarianten können die verschiedenen Vorteile miteinander verknüpft werden. (Z. B. sind externe Coaches durch ihre Neutralität für bestimmte Aufgaben besser geeignet als interne, die wiederum ihre Stärke in der Kenntnis des organisatorischen Umfeldes haben.)
- Substitution herkömmlicher Seminare
  Fähigkeiten, die zur Zeit noch in klassischer Seminarform vermittelt werden, können in individuellen Coachings vermutlich direkter, schneller und zum Teil kostengünstiger erworben werden. Auch die Nachbearbeitung der Seminarinhalte durch zusätzliche Coachings ist gegeben.
- Erschließung neuer Zielgruppen
  Wir sehen gerade im Bereich des Mitarbeitercoachings und des Coachings auf der mittleren bzw. unteren Ebene langfristige Entwicklungsmöglichkeiten und den akuten Bedarf.

Kapitel 27

Ganzheitliche Karriereberatung durch den Personalberater

von *Malte Fischer* und *Birgit Weinmann*

1. Die Formen der Karriereberatung

„Jeder ist seines eigenen Glückes Schmied" – dieses deutsche Sprichwort behielt bis weit in die 60er Jahre hinein seine Gültigkeit. Karriere machte, wer qualifiziert und leistungsorientiert war, keine gravierenden Fehler beging und sich reibungslos in die Organisationen der Wirtschaft einfügen konnte. Heute, mehr als dreißig Jahre später, genügt das nicht mehr. Vor dem Hintergrund der immer noch wachsenden Komplexität in der Berufswelt und der daraus resultierenden Vielfalt der Anforderungen ist es oftmals unerläßlich, sich kompetenter Hilfe zu bedienen.

Dieser Tatsache tragen die Unternehmen ebenso wie Stellungssuchende, seien es Berufseinsteiger, Berufswechsler oder Aufsteiger, Rechnung. Die Einschaltung eines versierten Personalberaters als Mittler zwischen Suchenden und Bietenden gewährleistet ihnen nicht nur, daß die Wünsche der künftigen Partner in weitgehende Übereinstimmung gebracht werden, sondern auch die Vermeidung unnötiger und teurer Fehler.

Neben der impliziten Karriereberatung, die den Kandidaten im Rahmen eines konkreten Suchauftrages unentgeltlich angeboten wird, hat die entgeltliche Karriereberatung in den letzten Jahren an Bedeutung gewonnen. Menschen kommen zum Personalberater, um sich über die Möglichkeiten der Gestaltung ihres weiteren Berufsweges zu informieren, um sich bei einem konkreten Veränderungswunsch Rat zu holen oder um die fachkundige Meinung eines mit dem Personalwesen vertrauten Consultants hinsichtlich ihres Qualifikationsprofils einzuholen.

Darüber hinaus können weitere Inhalte als Schwerpunkte der Karriereberatung festgehalten werden, so z. B. das Aufzeigen von Stärken und Schwächen des Klienten, die Unterstützung bei Karrierestagnation oder die Darstellung von Optionen bezüglich eines Neuanfangs, aber auch Klärung interindividueller Differenzen, z. B. Bei Team- oder Führungskonflikten.

Die Karriereberatung beruht auf einem engen Vertrauensverhältnis zwischen dem Ratsuchenden und dem Berater, das – wenn es nicht aufgrund wechselseitiger Bekanntschaft bereits besteht – erst in mehreren, sehr persönlichen Gesprächen gebildet wird. Denn ohne Zweifel setzt der Klient große Erwartungen in den Personalberater. Dies bezieht sich nicht allein auf seine Diskretion, sondern mehr noch auf seine Menschen-, Unternehmens- und Branchenkenntnis sowie auf die Fähigkeit, alle drei Faktoren miteinander in Einklang bringen zu können, um dem Ratsuchenden neue berufliche Perspektiven zu eröffnen.

Wenngleich es an repräsentativen Untersuchungen mangelt, mit denen die Kosten-Nutzen-Relation zwischen Aufwendungen für Personalberater im Verhältnis zu den dadurch eingesparten Kosten für Fehlschläge beschrieben wird, ist es doch offensichtlich, welche Vorteile sich aus der Karriereberatung für beide Seiten ergeben – für den um Beratung nachsuchenden Klienten wie für den künftigen Arbeitgeber. Um beides geht es im nachfolgenden Kapitel.

2. Der Nutzen der Karriereberatung

Der um Beratung nachsuchende Einzelklient (nur der besseren Lesbarkeit halber wird im folgenden auf die Anfügung der weiblichen Sprachform verzichtet; selbstverständlich gelten alle Aussagen ebenso für Damen!) zieht einen persönlichen und einen ökonomischen Nutzen aus der Karriereberatung. Zu den Menschen, die eine professionelle Hilfe durch eine Personalberatung anstreben, gehören neben den Berufseinsteigern und aufstiegswilligen Berufstätigen, die aus ihrer bisherigen Tätigkeit heraus den nächsten Karriereschritt planen, auch die gestandenen Persönlichkeiten, die aus vielfältigen Gründen einen Branchenwechsel anstreben.

In den vergangenen Jahren konnten wir eine deutlich gestiegene Zahl sogenannter Initiativbewerbungen verzeichnen. Diese Kandidaten nehmen die Chance wahr, sich rechtzeitig auf eine für sie geeignete Tätigkeit hinsichtlich Anforderungsprofil, Einleitung vorbereitender Maßnahmen sowie Aufbau der Bewerbung vorzubereiten.

Anknüpfungspunkte für den Erstkontakt zwischen den oben genannten Klienten und einem Personalberater sind neben Initiativbewerbungen ebenso häufig persönliche Enttäuschungen, die aus wiederholten Fehlschlägen bei der Stellensuche resultieren. Die Kandidaten stellen sich die Frage, was die Hintergründe der Absagen sein könnten und wie sie ihre Bewerbungschancen erhöhen können.

Die Altersstruktur der ratsuchenden Menschen liegt hauptsächlich in einem Rahmen zwischen 25 und 50 Jahren. Das ist zum einem damit zu begründen, daß die Gruppe der unter 25-jährigen noch in der ersten Berufsausbildung und ihrer persönlichen Findungsphase, mithin in der frühen Karrierephase, sind und daß die über 50-jährigen Klienten (späte Karrierephase) oftmals nicht damit vertraut sind, für sich selbst professionelle Hilfe in Anspruch zu nehmen. Dies ist um so bedauerlicher, als daß gerade die letzte Gruppe auf dem heutigen Arbeitsmarkt mit ungewohnt schwierigen Verhältnissen zu kämpfen hat. Die häufigsten Motive zur Ratsuche bei einem Personalberater sind Karrierestillstand, Austritt aus dem Unternehmen und, bei den noch älteren Menschen, der bevorstehende Ruhestand.

Aus den Gesprächen mit dem erfahrenen Berater gewinnt der Klient ein Bild seiner Persönlichkeit, wie es nur von einem objektiven, neutralen Experten gespiegelt werden kann. Er lernt, mit seinen Stärken und Schwächen umzugehen, und weiß, wo er in Zukunft noch an sich arbeiten muß. In gemeinsamer Arbeit mit dem Personalberater hat er ein Qualifikationsprofil entwickelt, das ihm aufzeigt, wo seine Chancen für eine erfolgreiche Bewerbung liegen. Professionell aufbereitete Bewerbungsunterlagen sind für ihn ein zusätzliches Muß. So gestärkt, hat er seine Aussichten auf eine erfolgreiche Stellensuche um ein Vielfaches erhöht. In der Regel begleiten wir den Klienten auf seinem Berufs- und Karriereweg zu seiner Zielposition. Hieraus entwickelt sich nicht selten eine partnerschaftliche und von gegenseitigem Vertrauen getragene Zusammenarbeit.

3. Die Inhalte der Karriereberatung

Eine professionelle Karriereberatung muß stets individuell auf den zu beratenden Menschen zugeschnitten werden, wenn die Bemühungen von Erfolg gekrönt sein sollen. Jeder Klient hat persönliche Stärken, die herausgearbeitet werden müssen, und Schwächen, deren Transformation angestrebt werden sollte. Dies kann verständlicherweise nicht mit einem Standardprogramm durchgeführt werden; es haben sich aber die von unserer Personalberatung verwendeten und nachfolgend beschriebenen Bausteine als sinnvolles Grundgerüst erwiesen.

Es dürfte nachvollziehbar und entschuldbar sein, daß alle individuellen Facetten einer Karriereberatung an dieser Stelle nicht umfassend dargestellt werden können. Jedes Karrieregespräch kreist ausschließlich um die beruflichen Wünsche und Bedürfnisse eines Menschen – und kein Personalberater dürfte sich anheischig machen, Schubladenkonzepte und Schablonen für seine Beratung parat zu haben.

3.1 Die Standortbestimmung mit dem Klienten

Bevor mit einem Klienten das Gespräch hinsichtlich der durchzuführenden Maßnahmen aufgenommen wird, bitten wir ihn, eine schriftliche Bestimmung seines gegenwärtigen Standortes durchzuführen. Er soll möglichst konkret darstellen, wie er sich selbst sieht (Selbstbild), worin er seine persönlichen Stärken und Schwächen vermutet, was er als Erfolg und als Mißerfolg definiert und wie er entsprechende Erlebnisse und Erfahrungen in der Vergangenheit empfunden hat. Außerdem fragen wir ihn nach seinem vermuteten Fremdbild („Wie, glauben Sie, werden Sie von anderen Menschen gesehen?"), d.h. er wird gebeten, über seine Wirkung auf andere Personen zu reflektieren.

In diesem Zusammenhang ist auch die zugrundeliegende Karrieremotivation zu prüfen, wobei davon ausgegangen werden kann, daß die um Rat suchenden Klienten eher zur Gruppe der „traditionell karriereorientierten" gehören. Sie möchten Verantwortung tragen, gut verdienen und sind bereit, dafür auf Freizeit zu verzichten. Um individuell beraten zu können, sollte deshalb die Antriebsmotivation ermittelt werden.

Das Ziel der schriftlichen Ausarbeitung ist es, den zu beratenden Menschen zu einer realistischen Selbsteinschätzung seiner Person anzuregen. Naturgemäß neigen viele Menschen zu einer übertrieben optimistischen Einschätzung ihrer Person. Umgekehrt unterschätzen ebenso viele ihre

Stärken. Beides ist jedoch für eine gezielte und erfolgversprechende Bewerbung unbedingt erforderlich.

3.2 Bisherige Tätigkeiten des Klienten

Neben der schriftlichen Standortbestimmung bitten wir den um ein Karrieregespräch nachsuchenden Menschen um eine Darstellung seines bisherigen Werdeganges unter besonderer Berücksichtigung seiner aktuellen Tätigkeit. Hier ist die Beschreibung der jeweiligen Aufgaben sowie die Ausprägung der damit verbunden Kompetenzen und der erzielten Erfolge von großer Bedeutung. Ganz besondere Aufmerksamkeit für die späteren Karriereschritte verdient eine Auflistung dessen, was ihn an den jeweiligen Aufgaben besonders gereizt hat, wo seine oder die inhaltlichen Schwerpunkte der Aufgabe lagen und was ihm an den Tätigkeiten nicht gefallen hat. Mit diesem Schritt können mögliche Stolpersteine für eine zufriedenstellende Zusammenarbeit zwischen Unternehmen und Mitarbeiter frühzeitig herausgefiltert und im beiderseitigen Interesse vermieden werden.

3.3 Ziele des Klienten

Mit der anschließenden Bitte, seine beruflichen und persönlichen Ziele für die nächsten fünf bis zehn Jahre zu definieren, wird der Klient dazu angehalten, sich mit seinen individuellen Möglich-keiten und Wünschen auseinanderzusetzen. Gleichzeitig wird ihm damit die Gelegenheit geboten, sich selbst, seinen bisherigen Lebensweg sowie seine gegenwärtigen Bedürfnisse kritisch zu hinterfragen. Die kritische Selbstreflexion soll ihn ebenso vor überzeichneten Ansprüchen und Hoffnungen wie vor Resignation und aus früheren Enttäuschungen rührenden Unterlassungen zur Verbesserung seiner beruflichen Situation bewahren. Darüber hinaus eröffnet sich hier dem Personalberater ein „Fenster zur Persönlichkeit" sowie – eine bedeutsame Implikation! – der erste gedankliche Ansatz, um direkt zu erkennen, in welche Richtung die Maßnahmen zur Erreichung seiner Karriereziele unternommen werden können oder müssen.

Mit den oben genannten schriftlichen Ausarbeitungen, die vor dem Gespräch mit dem Personalberater vorliegen sollten, öffnen sich den Menschen bereits einige neue Perspektiven hinsichtlich ihrer persönlichen Lebens- und Karriereplanung. Diese Aussichten können anschließend mit professioneller Hilfe in Ziele und konkrete Maßnahmen zur Erreichung dieser Ziele umgesetzt werden. Und noch einen weiteren positiven Effekt hat diese persönliche Bilanz: Sie kann den Ratsuchenden vor schweren Niederlagen im Wettbewerb und einem unbefriedigenden Berufsleben aufgrund falscher Einschätzungen seiner Person bewahren.

3.4 Aufzeigen des Selbsthilfepotentials und die nächsten Schritte

Anhand der schriftlichen Darstellung zu seiner Person und seinen Zielen können wir feststellen, wo der konkrete Beratungsbedarf vorhanden ist und mit welchen Mitteln der angestrebte Erfolg erreicht werden kann. Insbesondere die eigenen Möglichkeiten zur Erreichung der beruflichen Ziele (das Selbsthilfepotential) werden mit diesen Darstellungen deutlich.

Im persönlichen Gespräch, zu dem der Klient nun eingeladen wird, verdeutlicht der Berater die Notwendigkeit des eigenen Tuns und regt zur Aktivierung des Selbsthilfepotentials an. Der wesentliche Inhalt dieses ersten Gespräches ist es, mit ihm gemeinsam seine schriftlichen Darstellungen zu erörtern. Die erstellte Biographie, die bisherigen Tätigkeiten und Arbeitsinhalte, die Erfolge und Mißerfolge sowie die Nah- und Fernziele werden diskutiert und konkretisiert. Ebenso werden seine Vorstellungen hinsichtlich der künftig von ihm angestrebten Aufgaben kritisch hinterfragt.

Im Anschluß daran wird ein auf wissenschaftlichen fundierter Persönlichkeitstest durchgeführt. Wir diskutieren und interpretieren die Testergebnisse und bieten unserem Klienten damit weitere Klarheit über seine künftigen Chancen und Möglichkeiten, denn mit dem Test werden vor allem die Stärken und Schwächen noch deutlicher herausgearbeitet. Das Resultat läßt sich als eine Profilkurve darstellen und ist leicht nachzuvollziehen. Mit diesem umfassenden Datenpool zu seiner Person kann nun die eigentliche Arbeit – die Unterstützung des Klienten bei der Erreichung seiner Karriereziele – in Angriff genommen werden.

Er und der Berater stellen gemeinsam Überlegungen an, welche nächsten Schritte angemessen scheinen. So wird zum Beispiel die Frage erörtert, ob der Klient in seinem bisherigen Wirtschaftszweig bleiben sollte oder ein Branchenwechsel für seine künftige Karriere von Vorteil sein kann. Ebenso muß besprochen werden, ob eher das Anstreben einer Stabs- oder einer Linienfunktion in Betracht kommen könnte und, ob vielleicht ein mittelständisches Unternehmen oder ein Konzern seinem persönlichen Profil am ehesten gerecht werden kann.

3.5 Abgleich von Selbstbild und Fremdbild

Die vom Klienten gelieferten Aussagen zur Selbsteinschätzung werden mit weiteren Datenquellen in Beziehung gesetzt. Dies sind zum Beispiel die Beurteilung des Selbstbildes durch den Berater, die Ergebnisse der Beobachtung der Klienten im Gespräch sowie das Resultat des Persönlichkeitstests. Der Ratsuchende erhält eine deutlichere Vorstellung davon, inwieweit die Einschätzung seiner Person mit dem Bild übereinstimmt, das andere von ihm haben. Die Konfrontation mit dem

Fremdbild ermöglicht ein realistischeres Selbstbild und kann zur Weiterentwicklung bestimmter Wesensmerkmale anregen.

3.6 Unterstützung in der Bewerbungsphase

Einen weiteren Baustein des Karrieregespräches stellen unsere Unterstützungsmöglichkeiten in der Bewerbungsphase dar. Hier wird mit dem Klienten erörtert, wie eine gute Bewerbung aufgebaut wird, welcher Weg zur Stellensuche für seine Bedürfnisse der geeignete ist, ob die Schaltung eines Stellengesuches sinnvoll ist, wie dies gestaltet und formuliert sein sollte und in welchen Publikationen er unter Umständen ein Stellengesuch plazieren sollte. Darüber hinaus beraten wir hinsichtlich bestimmter Unternehmen oder einer bevorzugten Branche.

Falls sich das Beratungsziel des Gesprächspartner auf eine konkrete Stellenausschreibung bezieht, so besprechen wir mit ihm den vermuteten Inhalt der ausgeschriebenen Position. Der Berater klärt ebenfalls auf, mit welchen Erwartungen diese Position offensichtlich verknüpft ist: Welche persönlichen und fachlichen Anforderungen werden, über den Text der Annonce erkennbar, an seine Person gestellt? Sind Mobilität und Reisebereitschaft erforderlich? Inwieweit werden sein privates Umfeld, die Familie und die Freizeit, davon berührt? In welchem Maße ist die ausgeschriebene Position zielführend bezüglich seiner privaten und beruflichen Präferenzen?

Der Wert dieser Interpretationshilfe ergibt sich vor dem Hintergrund einer traurigen Tatsache: Viele Menschen, Berufsanfänger wie Berufserfahrene, bewerben sich für Tätigkeiten, deren Inhalte und Anforderungen ihnen in letzter Konsequenz nicht klar sind. Wenn sie die Tätigkeit angetreten haben, treten sehr schnell Unzufriedenheit auf, und zwar sowohl beim Arbeitgeber als auch beim Arbeitnehmer. Für den Arbeitgeber kann dies bei vorzeitiger Kündigung des Mitarbeiters mit hohen Kosten (für die erneute Suche nach einem qualifizierten Mitarbeiter, Bewerberscreening, Gespräche usw.) sowie Imageverlusten verbunden sein. Für den Mitarbeiter kann diese zu spät erkannte Fehlentscheidung, neben den psychischen Belastungen und den Auswirkungen auf die Familie, einen harten Karriereknick bedeuten, der nur schwer wieder auszugleichen ist.

3.7 Aufbereitung der Bewerbungsunterlagen

Der erste Kontakt zwischen dem eine Position anbietenden Unternehmen und einem Interessenten ist und bleibt in der Regel die schriftliche Bewerbung. Dazu gehört, neben einem Aufmerksamkeit weckenden Anschreiben, eine lückenlose Darstellung des bisherigen Lebenslaufes und des beruflichen Werdeganges. Obgleich unterstellt werden darf, daß kein Kandidat für eine ausgeschriebene Position absichtlich Fehler bei der Bewerbung macht, ist immer wieder zu bemerken, daß sowohl die Arten der inhaltlichen wie auch der Formfehler bei einer schriftlichen Bewerbung genauso häufig und verschieden sind, wie die Bewerber selbst unterschiedlich sind.

Oftmals fällt ein Bewerber schon bei der oberflächlichen Sichtung der Anschreiben „durch das Raster", weil das Anschreiben zu lang ist oder so kurz, daß es nur aus dem Satz besteht „Hiermit bewerbe ich mich ...". Es gilt also den Klienten dahingehend zu beraten, daß sein Anschreiben die nachfolgenden Kriterien erfüllt:

- Das Anschreiben soll klar zum Ausdruck bringen, für welche Position die Bewerbung eingereicht wird.
- Es soll prägnant darstellen, warum sich der Bewerber für diese Position für geeignet hält und was ihn an dieser Aufgabe besonders reizt.
- Vor allem aber darf das Anschreiben nicht wie aus einem Lehrbuch für Bewerbungsschreiben entnommen wirken, sondern soll die Diktion des Bewerbers wiedergeben. Die Nachahmung fällt spätestens im persönlichen Gespräch auf!
- Als Richtschnur für die Länge eines Anschreibens gilt eine dreiviertel bis maximal eine Seite.

3.8 Inhalte und Darstellung des Lebenslaufs

Auch die Gestaltung des Lebenslaufes (curriculum vitae) ist ein entscheidender Faktor für den Erfolg der Bewerbung. Der Lebenslauf soll alle Stationen der Schul- und Berufsausbildung sowie des beruflichen Weges enthalten. Weiterhin findet der Geburtstag, der Geburtsort und der Familienstand Eingang in den Lebenslauf. Wichtig ist daneben eine Aufzählung der wichtigsten zusätzlich erworbenen Qualifikationen. Nicht selten wird bis hin zum Freischwimmerzeugnis alles notiert, was der Bewerber jemals unternommen hat und seiner Meinung nach auch nur annähernd wie eine Qualifikation aussieht. Daß ein jeder Mensch ein Hobby hat, ist selbstverständlich und gehört, außer bei Schulabgängern in der Bewerbung um eine Lehrstelle, heute nicht mehr in den Lebenslauf. Wenn es wirklich von Interesse ist, wird im Vorstellungsgespräch danach gefragt.

Die tabellarische Auflistung soll vollzählig, dennoch aber übersichtlich sein, was gerade die Führungspersönlichkeiten, die sich schon in verschiedenen Funktionen bewähren konnten, nicht einfach ist. Bei ihnen gehören in die Aufzählung der jeweiligen beruflichen Stationen Angaben über die Mitarbeiter- und Ergebnisverantwortung sowie die erzielten Erfolge für das Unternehmen (Umsatz- und Gewinnanstieg, geographische Expansion, Mergers & Acquisitions etc.). Anders als bei

Berufsanfängern ist hier die Erwähnung der Mitgliedschaft in Branchen- und Dachorganisationen sowie frühere und gegenwärtige Beirats- und Aufsichtsratmandate empfehlenswert.

3.9 Vorbereitung auf Vorstellungsgespräche und Assessments

Hat der Bewerber die erste Hürde überstanden und war seine Bewerbung für das suchende Unternehmen oder die beauftragte Personalberatung so interessant, daß er in die engere Auswahl aufgenommen wurde, folgt eine Einladung zu einem persönlichen Gespräch. Nicht wenige Unternehmen laden Berufsanfänger darüber hinaus zu Gruppen-Assessments ein, erfahrene Fach- und Führungskräfte werden oftmals in Einzel-Assessments geprüft. International tätige Unternehmen dehnen dieses personalwirtschaftliche Instrument zuweilen selbst auf Spitzenkräfte im fortgeschrittenen Alter mit nachgewiesenen Erfolgen aus. In den meisten Fällen will man sich hier ein Urteil über die interkulturellen und teambildenden Fähigkeiten des Kandidaten machen.

Sowohl Einzel- wie Gruppen-Assessments können den Klienten durchaus persönliche Schwierigkeiten bereiten. Bei sehr introvertierten Menschen reichen diese bis hin zu Selbstdarstellungsscheu und Streßsymptomen. Selbst gestandene Manager werden zuweilen nervös, wenn sie sich in der Testsituation fühlen, zumal sie es in der Regel gewohnt sind, an der anderen Seite des Tisches zu sitzen. Wir unterstützen hier unsere Klienten, in dem wir mit ihnen gemeinsam die Ursachen für ihre Nervosität herauszufinden suchen. Auch gezielte Trainings zum Streßmanagement können eingesetzt werden. Generell wird erarbeitet, wie Vorstellungsgespräche und Assessments ablaufen, welchen Zweck sie verfolgen und mit welchen Chancen sie verbunden sind.

Auch häufig gestellte Fragen werden mit dem Klienten erörtert, damit dieser im Gespräch mit den Unternehmen eine korrekte Darstellung seiner Person abgeben kann. Dazu gehören sowohl Fragen zur Persönlichkeit des Bewerbers wie auch nach dessen Stärken und Schwächen, seinem Selbst- und vermuteten Fremdbild sowie Fragen hinsichtlich der Darstellung seiner bisherigen beruflichen Inhalte, Erfolge und Mißerfolge. Unsere Unterstützung soll es dem potentiellen Kandidaten ermöglichen, sich selbst positiv, aber auch realistisch darzustellen und ihm Sicherheit geben, das Gespräch konstruktiv mitzugestalten.

Die große Bedeutung dieses praxisorientierten Trainings für die Ratsuchenden wird uns immer wieder vor Augen geführt. Viele berufserfahrene Menschen sind zwar in der Lage, überzeugende Einschätzungen zu betrieblichen Sachverhalten abzugeben, engagiert Fachdiskussionen zu führen und begeistert die Produktpalette ihres Unternehmens zu beschreiben. Sich selbst aber positiv darzustellen und die Gesprächspartner von ihrem eigenen Können zu überzeugen, fällt ihnen mitunter schwer. Daher halten wir es aus unserer Sicht und in unserer Funktion als Personalberater für besonders wichtig, den Klienten auf diesem Weg zu begleiten und ihm sowohl mit professioneller Beratung als auch mit einem geeigneten Instrumentarium zur Seite zu stehen.

3.10 Verhaltenstraining

Jedes Verhaltenstraining wird individuell konzipiert. Es richtet sich nach der Persönlichkeit, dem bisherigen Erfahrungshorizont sowie den Zielen, die der Klient anstrebt. Die oben genannten Bausteine sind eine wichtige Grundlage für die Bedarfsermittlung und die Klärung der erforderlichen Lerninhalte.

Für Berufseinsteiger bedeutet das Verhaltenstraining den ersten Schritt in eine ihm unbekannte und neue Welt, deren Normen und Spielregeln er erlernen will. Ähnlich verhält es sich bei einem Branchen- oder Berufswechsler. Er bringt zwar Erfahrungen aus seiner bisherigen Berufswelt mit, muß sich aber, insbesondere bei dem Schritt in eine andere Branche, mit neuen Verfahren, Kulturen und Usancen auseinandersetzen. Wieder anders, in der Regel weit problematischer, ist die Situation bei versierten Managern mit langjährigen Erfahrungen und nachgewiesenen Erfolgen. Hier muß der Personalberater in der Regel viel Überzeugungskraft aufwenden, um den Sinn eines Verhaltenstrainings zu verdeutlichen.

Der Personalberater weiß aus beruflicher Erfahrung und ständiger Weiterbildung, daß das Verhaltenstraining mit dem Klienten eine äußerst sensible Aufgabe ist, die von ihm sehr viel Einfühlungsvermögen erfordert. Die Schwerpunkte eines individuellen Verhaltenstrainings lassen sich so skizzieren:

Der **Berufseinsteiger** ist im allgemeinen sehr lern- und wißbegierig. Er möchte möglichst schnell alles richtig machen und neigt daher oft zu übertriebenen Verhalten. Probleme sind hier oft vorprogrammiert. Das Verhaltenstraining mit einem Berufseinsteiger beinhaltet daher folgende Schwerpunkte: Teamarbeit, Umgang mit Vorgesetzten und Kollegen, Konzentration auf seine ihm gestellten Aufgaben, Kommunikation und Konfliktlösung.

Für den **Branchenwechsler** können die Schwerpunkte des Verhaltenstrainings darin liegen, daß er die neuen Spielregeln erlernt, das in seiner bisherigen Branche übliche Verhalten auf Unterschiede und Übereinstimmungen abklopft und für sich daraus neue Verhaltensmuster ableitet.

Langjährig erfahrene und gestandene **Führungskräfte** stellen die höchsten Anforderungen an den Trainer, da sie als Manager über Führungserfahrung verfügen und es gewohnt sind, anderen Anweisungen zu geben. Sich als Manager nun wieder auf die Schulbank zu begeben, fällt den meisten von ihnen nicht leicht. Erschwerend kommt hinzu, daß häufig das Feedback aus dem Kollegen- oder Mitarbeiterkreis fehlt. Deshalb neigen sie nicht selten zu einer falschen Einschätzung hinsichtlich ihrer Persönlichkeit, ihres Führungsstiles oder auch ihrer Teamfähigkeit. Sie sehen sich als erfolgsgewohnte „Macher", die mit dem Hinweis auf ihre bisherige Karriere nicht unbedingt für ihre Persönlichkeit einen Lernbedarf erkennen können oder wollen.

Das gilt insbesondere im Bereich der Outplacement-Beratung, die wir allerdings nicht durchführen. Ein Unternehmen, das sich – aus welchen Gründen auch immer – von einem Manager trennt, hinterläßt bei dem Betroffenen ein negatives Gefühl. Aus seiner Sicht hat er keine Schuld daran, daß das Unternehmen verlassen werden mußte. Dies mag in vielen Fällen richtig sein, kann aber auch den Fakten widersprechen. Die Gründe für die Freisetzung sind an dieser Stelle völlig unerheblich. In jedem Fall muß vom Personalberater mit viel Takt- und Fingerspitzengefühl dem Klienten verdeutlicht werden, warum bestimmte Inhalte eines Verhaltenstrainings auch für ihn erforderlich sein können.

3.11 Hinweise zur Vertragsgestaltung

So vielfältig wie die von den Unternehmen angebotenen Aufgaben sind auch die Varianten der Vergütung und der Gestaltung der sonstigen Vertragsbestandteile. Die Frage ist, worauf sich die Vertragspartner einvernehmlich einigen können. Schon oft haben sich Stellungssuchende eine attraktive Tätigkeit entgehen lassen, weil ihre Forderungen an das Unternehmen, in Unkenntnis der Branchenüblichkeiten, völlig überzogen waren. Ebenso oft fühlten sich Mitarbeiter nach einiger Zeit im Unternehmen bei der Vertragsgestaltung „über den Tisch gezogen", weil sie im Laufe ihrer Tätigkeit das Gefühl bekamen, nicht angemessen honoriert zu werden. Beides sind alltägliche Fälle. Personalberatungen wissen über branchenübliche Vergütungen ebenso Bescheid wie über die sonstigen Leistungen, die ein Unternehmen gewähren kann (oder sollte), um qualifizierte Mitarbeiter für lange Zeit zu halten.

Für die Klienten der Karriereberatung ist schon bei der Planung der nächsten Schritte die Höhe des vorgesehenen Einkommens wichtig zu wissen. Daneben gilt es zu überlegen, wie sich die Vergütung zusammensetzen soll und welche weiteren Bestandteile das Einkommen haben kann, soll oder muß. Auch über die Frage der möglichen nicht-monetären Einkommensbestandteile (Fringe Benefits) müssen die Beteiligten rechtzeitig nachdenken. Unternehmen tun dies in der Regel, der Stellungssuchende sollte dies aber auch schon frühzeitig in seine Überlegungen einbeziehen. Der Personalberater kann seinen Klienten auch hierzu aktuelles Fachwissen anbieten.

4. Alternative Karrierewege

Der Personalberater wird nicht nur in Anspruch genommen, um einem Menschen auf dem Weg „nach oben", in die Top-Etagen der Wirtschaft, behilflich zu sein. Der Umbau vieler Unternehmen zu schlanken Organisationen, der Wegfall von Hierarchien, die neue Dominanz der betrieblichen Abläufe und das vielfach angestrebte Prozeß-Reengineering haben in personalwirtschaftlicher Hinsicht zu einem neuen Paradigma geführt: Die traditionelle Aufwärtsorientierung der Menschen stößt schneller als früher an Barrieren.

Die „moderne" Karriere erweist sich immer öfter als eine Laufbahn ohne Aufstiegschance. Um trotzdem die menschlichen Bedürfnisse nach Anerkennung, Einbettung in feste Strukturen und Arbeitszufriedenheit erfüllen zu können, ist es sinnvoll, das landläufige Verständnis von „Karriere" zu hinterfragen, um darüber zu einem neuen, breiteren Karrierebegriff zu gelangen. Zickzack-, Mosaik- und Puzzle-Karrieren werden in Zukunft die klassische Aufstiegskarriere ablösen. Die neuen Formen sind durch rasche vertikale, aber auch horizontale Sprünge gekennzeichnet sowie durch häufigere Branchenwechsel. Die auf breiter Basis zu beobachtende Prozeßausrichtung der Unternehmen löst die starre Trennung zwischen der Fachlaufbahn auf der einen Seite und der Führungslaufbahn auf der andern Seite auf. In interfunktional und/oder international zusammengesetzten Projektteams wird die Leitungsfunktion nur auf Zeit an ein Organisationsmitglied vergeben; im nächsten oder übernächsten Projekt wird dieser als „einfaches" Teammitglied arbeiten, um einige Zeit später wieder mit einer Führungsaufgabe betraut zu werden. Karriere bedeutet heute die ständige Weiterentwicklung des eigenen Know-hows, dies sowohl fachlich als auch von seiten der Persönlichkeit.

Diese Entwicklung verunsichert viele Menschen, zerstört es doch eine der wichtigsten Antriebskräfte und Erfolgsfaktoren: den Wunsch, unter anderen Menschen hervorzuragen, **Primus** (wenngleich auch inter pares) zu sein. Kader-Substitute – „Schattenhierarchien", technisches Equipment ab einer gewissen Stufe oder die Zugehörigkeit zu einem exklusiven Zirkel im Unternehmen – täuschen nur kurzzeitig darüber hinweg, daß die Ära der Epauletten und Rangabzeichen endgültig und für alle Zeiten vorüber zu sein scheint.

Nicht wenige von dieser Erkenntnis frustrierte Führungskräfte suchen die Karriereberatung deshalb auf, um sich vom Personalberater Hinweise geben zu lassen, wie sie auf anderen, neuen und unkonventionellen Wegen ihre Ziele erreichen können. Der Berater macht auf die Möglichkeit von Quereinstiegen, horizontalen Veränderungen und Sprüngen (zum Beispiel von der Führungs- in eine Fachlaufbahn und vice versa) aufmerksam. Alternativkarrieren sind auch in der Existenzgründung, in der Selbständigkeit denkbar. Der Personalexperte sollte anhand des Werdeganges des Klienten herausfinden, welche Tätigkeiten seinem Wunsch nach der beruflichen Selbstverwirklichung am ehesten entsprechen und ihm geeignete Möglichkeiten aufzeigen, ggf. sogar die dafür erforderlichen Kontakte herstellen. Nur selten hat sich ein Personalberater allein auf eine Branche spezialisiert, so daß er in aller Regel über breiteste Kenntnisse innerhalb der unterschiedlichen Wirtschaftszweige verfügt.

5. Implizite Karriereberatung

Neben der allgemein bekannten Form der Karriereberatung, in der ein Klient ein kostenpflichtiges Coachinggespräch beim Personalberater in Anspruch nimmt, existiert die etwas weniger bekannte, jedoch in ihrer Bedeutung nicht zu unterschätzende Form der Karriereberatung, die implizite Beratung. Sie kann durch einen Bewerber kostenfrei in Anspruch genommen werden, wenn er sich in einer Personalberatung um eine Position bewirbt.

Die einzelnen Anlässe für solch eine Beratung, die Inhalte sowie der Nutzen für den Bewerber sollen im folgenden Abschnitt kurz beleuchtet werden.

Die wesentliche Voraussetzung für das Zustandekommen einer impliziten Karriereberatung für den Stellenbewerber ergibt sich aus dem Selbstverständnis des Personalberaters. Sieht er nicht nur den Auftraggeber, d.h. das Unternehmen, das die Position besetzen möchte, als Kunden, sondern auch den Bewerber, dann wird er im Sinne der Kundenorientierung auch diesen entsprechend beraten. Dahinter steht der Gedanke, den Kontakt zu jedem Interessenten für die zu besetzende Position als Chance zum Aufbau einer längerfristigen Vertrauensbeziehung zu begreifen.

Die hier dargestellte Form der Karriereberatung unterscheidet sich hinsichtlich ihres Inhaltes dadurch, an welchem Schritt des gesamten Personalberatungsverfahrens sie zum Tragen kommt.

Beginnen wir zunächst beim telefonischen Erstkontakt mit einem potentiellen Kandidaten. Dabei spielt es eine untergeordnete Rolle, auf welche Art und Weise der Kontakt zustande kommt, sei es über eine Zeitungsanzeige oder durch Executive Search.

Man bespricht die Anforderungen der Position und erörtert, inwieweit diese erfüllt werden können. Entspricht die Position dem Erfahrungshintergrund des Gesprächspartners? Kann man sich näher über die Chancen und Perspektiven austauschen? Würde ein Wechsel einen Karriereschritt bedeuten? Handelt es sich um eine interessantere Branche? Wie sind die weiteren Aufstiegschancen und wie gestaltet sich die gehaltliche Entwicklung?

Dem gegenüber steht der Fall, daß der Interessent das Anforderungsprofil nicht im erwünschten Maße erfüllt. Auch hier ist die Beratungsleistung des beidseitig kundenorientierten Personalberaters gefordert, dies in dem Sinne, daß er deutlich die Grenzen aufzeigt. Man kann damit frühzeitig Frustrationen entgegenwirken, die bei einer späteren Absage auftreten würden. Der Berater wird im Dialog das Anliegen der Person eruieren. Dadurch ist er in der Lage, Hinweise für die weitere berufliche Orientierung zu geben, auch wenn die momentan aktuelle Position nicht paßt. Aufgrund des Lebensalters, der Branche oder auch des Gehalts kann er auf die Notwendigkeit einer beruflichen Veränderung hinweisen, zum Nachdenken anregen sowie alternative Möglichkeiten aufzeigen. Der verantwortungsvolle Berater wird fallweise sogar von einer Veränderung abraten müssen. Dafür gibt es vielerlei Gründe, dies kann z. B. im Hinblick auf einen kontinuierlichen Lebenslauf notwendig werden.

Eine weitere Möglichkeit der impliziten Beratung liegt in der Situation des Vorstellungsgespräches. Hier lernt man den Bewerber anhand seiner Unterlagen sowie des persönlichen Eindrucks kennen und stellt ihm explizit das Unternehmen, in welchem die Position besetzt werden soll, vor. Die Karriereberatung in dieser Phase kann z. B. durch Hinweise bezüglich der Bewerbungsunterlagen erfolgen (siehe Abschnitt 3.7)

Im Verlauf des Gespräches wird der Kandidat dann dahingehend beraten, ob die Position bzw. das Unternehmen insgesamt wirklich zu ihm passen, ob die Übernahme einer neuen Aufgabenstellung für ihn eine Weiterentwicklung bedeutet. Bei negativem Ergebnis kann man ihn dennoch zu einer persönlichen Auseinandersetzung mit seinem beruflichen Werdegang anregen. Wie sollte er seine weitere Laufbahn planen und was kann er für seine fachliche und persönliche Weiterentwicklung tun? Außerdem besteht die Möglichkeit, falls der Bewerber dafür Offenheit signalisiert, direkt nach dem Gespräch ein persönliches Feedback über seine Selbstpräsentation abzugeben. Er erhält wertvolle Hinweise, die er in zukünftigen Vorstellungsgesprächen umsetzen kann.

Eine weitere Beratungsleistung ist darin zu sehen, daß der Bewerber im Vorstellungsgespräch in der Personalberatung exklusive Informationen über das Unternehmen erhält, Informationen, die er zum Teil nicht bekommen würde, oder die er sich über zeitaufwendige Recherchen erarbeiten müßte. Er ist dadurch in der Lage, im Unternehmen auf einem relativ hohem Informationsniveau in die Diskussion einzusteigen.

Der Personalberater wird selbstverständlich nur geeignete Bewerber im Unternehmen präsentieren. Dies ist ein weiteres wichtiges Element der impliziten Karriereberatung, auch für den Kandidaten! Er läuft nicht Gefahr, im Unternehmen sein Gesicht zu verlieren oder in ungünstigem Licht zu erscheinen, wenn er völlig andere Vorstellungen von der zu besetzenden Position hatte oder sein Profil nicht paßt. Das Bewerbungsverfahren über das Consultingbüro klärt all diese Punkte im Vorfeld, und ein eventuell späterer Kontakt des Bewerbers zum „Wunschunternehmen" im Rahmen seiner Karriereplanung ist ohne vorangegangene Irritationen möglich.

Kommen wir zum Vorstellungsgespräch im Unternehmen. Hier ist der Personalberater in erster Linie als Moderator tätig und hat dadurch die Möglichkeit, das Gespräch von einer anderen Warte aus zu verfolgen. Als Beobachter kann er dabei auch Prozesse, die sich auf der Beziehungsebene bewegen, analysieren. Welche Reaktionen ruft der Stellenbewerber bei seinen Gesprächspartnern hervor? Kann er eine Beziehung zu ihnen aufbauen? Ist er in der Lage, Sympathie zu erzeugen? Wie geht er auf Fragen, Einwürfe und nonverbale Signale ein oder wie bringt er auch rhetorische Mittel zum Einsatz? Diese Beobachtungen eignen sich hervorragend, um ihm im Nachhinein ein sehr differenziertes Feedback geben zu können.

Zusammenfassend kann gesagt werden, daß Bewerber durch die Gespräche mit einem Personalberater gerade auch im Hinblick auf die Karriereplanung in hohem Maße profitieren. Als Experte, der sowohl die Branche und den Bewerbermarkt sehr gut kennt, kann der Berater wertvolle Hinweise für die Gestaltung der Karriere und der weiteren beruflichen Ausrichtung geben. Diese Chance sollte jeder Bewerber nutzen. Noch einmal soll jedoch betont werden, daß dabei ein gewisses Maß an Offenheit und Fähigkeit zur Selbstreflexion notwendig ist, um dies erkennen und aktiv einfordern zu können.

6. Grenzen der Karriereberatung

Entgegen der Hoffnung mancher Klienten kann der Personalberater bei allem Fachwissen, seiner umfangreichen Branchen-, Unternehmens- und Menschenkenntnis eines denn doch nicht: Er kann nicht zaubern. Er kann ebensowenig aus verschlossenen, introvertierten Einzelkämpfern dynamisch-strahlende Verkaufsleiter machen wie frischgebackenen Doktoren der Betriebswirtschaft zu einer Position als Konzernlenker verhelfen. Hier müssen nicht selten zuerst die geistigen Luftschlösser zerstört werden, bevor an eine konstruktive und zielführende Beratung gegangen werden kann, aus der der Klient letztlich doch einen Gewinn zieht: Die Beratung durch einen objektiven und erfahrenen Experten, der neben konkreten Hinweisen und praktischer Unterstützung mit seiner ehrlichen Meinung nicht hinter dem Berg hält.

Literatur

Becker, M. (1993), Personalentwicklung, Bad Homburg
Bower, S. (1996), Erfolgreich reden und überzeugen, Hamburg
Gaugler, E. et al. (1975), Handwörterbuch des Personalwesens, Enzyklopädie der Betriebswirtschaftlehre, Bd. V., Stuttgart
Heyl, U. (1982), Neue Außendienstmitarbeiter suchen, beurteilen und einarbeiten, Landsberg
Jochmann, W. v. (Hrsg) (1995), Personalberatung intern. Philosophien, Methoden und Resultate, München
Kreikebaum, H. et al. (1994), Personalberatung im europäischen Binnenmarkt, Wiesbaden
Morris, D. (1986), Körpersignale, London, München
Plüskow, H.-J. (1992), Beruf (Capital-Handbuch), München
Reutler, B. (1986), Körpersprache im Bild, Wiesbaden
Thiel, E. (1986), Die Körpersprache verrät mehr als tausend Worte, Genf

Kapitel 28

Outplacement-Beratung

von *Eberhard von Rundstedt*

1. Einführung

Versucht man, die thematischen Schwerpunkte des modernen Personalmanagements zu systematisieren, so kann man eine Einteilung in die Bereiche Personalsuche, Personalentwicklung und Personalfreisetzung vornehmen. Diese Bereiche sind unmittelbar miteinander vernetzt, jeder stellt jedoch für sich ein komplexes und stetig komplizierter werdendes Aufgabengebiet dar. Wenn auch die Interdependenz der so definierten Aufgabenbereiche offensichtlich ist, so findet sich im realen Instrumentariengefüge der meisten Personaldienstleister lediglich ein Angebot für die Personalsuche oder die Personalentwicklung. Der Bereich der Personalfreisetzung wird nahezu tabuisiert, auch wenn er seit Jahren eines der umfangreichsten und sensibelsten Aufgabengebiete vieler Personalverantwortlicher ist. Daß es auch für diesen Bereich kompetente Personalberatungsangebote gibt, was sie leisten können und wie vielseitig sie sind, soll im folgenden dargestellt werden.

2. Definition und Ursprünge des Outplacement

Unter Outplacement versteht man die vom Arbeitgeber finanzierte Beratung und Unterstützung eines freizusetzenden oder freigesetzten Mitarbeiters bei der Suche nach einem neuen Arbeitsplatz, der seinen Qualifikationen und Bedürfnissen entspricht. Outplacement bedeutet, daß ein von der Arbeitslosigkeit bedrohter Mitarbeiter in einer für ihn existentiellen Situation nicht einfach fallengelassen wird, sondern von seinem Arbeitgeber bei der Fortführung des weiteren Berufsweges unterstützt und gefördert wird.

Outplacement umfaßt die intensive und vor allem neutrale Beratung aller an einem Trennungsprozeß Beteiligten, d. h. sowohl des betroffenen Mitarbeiters, als auch des auftraggebenden Unternehmens.

Die Ursprünge der Outplacement-Beratung finden sich in den Vereinigten Staaten der 40er Jahre. Dort entwickelte die US-amerikanische Regierung ein Programm zur Betreuung von Soldaten, die nach dem zweiten Weltkrieg aus der Armee ausschieden. Erstmals in großem Stil eingesetzt wurde Outplacement-Counselling (OPC) Ende der 60er Jahre in den USA, als bei *Standard Oil* und in der Luftfahrtindustrie eine große Anzahl von Mitarbeitern freigesetzt werden mußte.

Mittlerweile hat sich Outplacement weltweit zu einem integrativen Lösungsansatz mit einem breit gefächerten Leistungsspektrum entwickelt. Kernstück des Outplacement heutzutage ist die Beratung zur beruflichen Neuorientierung, die auf individuellen Stärken und der beruflichen Erfahrung aufbaut. Es ist eine gezielte Beratung und Betreuung, die Mitarbeitern hilft, eine neue, ihren Eignungen und Neigungen entsprechende Aufgabe in einem neuen beruflichen Umfeld zu finden.

Während noch in den 80er Jahren Outplacement primär eine Beratungsform für Führungskräfte der oberen und obersten Managementebene war, gilt es mittlerweile als ein Instrumentarium, das, in seinen vielfältigen Ausgestaltungen, Lösungsansätze für jeden Mitarbeiter in sich birgt.

3. Die Beratungsleistung

Outplacement ist eine prozeßorientierte Beratung, die weit vor der Freisetzung eines Mitarbeiters beginnt und erst nach Ablauf der Probezeit in der neuen Position endet. Die Beratungsleistung umfaßt alle Phasen und alle Beteiligten eines Trennungsprozesse und setzt jeweils spezielle Instrumentarien ein, um den Trennungsprozeß und die Beteiligten optimal unterstützen und beraten zu können. Wenn auch die Leistungspakete in ihrer Ausgestaltung und Gesamtheit hier nur kurz angerissen werden können, so sollte doch ihr gemeinsamer gedanklicher Ausgangspunkt Erwähnung finden: ‚Termination should end the job, not the man'.

3.1 Die Beratung des Auftraggebers

Ist ein Unternehmen gezwungen, sich von einem oder mehreren Mitarbeitern zu trennen, so sollte es eine Outplacement-Beratung beauftragen, bevor erste Trennungsgerüchte oder gar definitive Trennungsabsichten bekannt werden. Denn negative Folgeerscheinungen einer Trennung wie z. B. Produktivitätseinbußen durch Motivationsverluste oder der Verlust von Kunden durch die innere Kündigungen selbst unbetroffener Mitarbeiter, können in dieser frühen Phase noch am besten abgefedert bzw. vermieden werden.

Ein erfahrener Berater wird im Vorfeld einer Freisetzung die wirtschaftlich und psychologisch günstigste Vorgehensweise für alle beteiligten Parteien erarbeiten. Er wird die unterschiedlichen Erwartungshaltungen und Empfindungen verdeutlichen und somit unnötigen Schaden, der durch einen nicht ausreichend durchdachten Trennungsprozeß entstehen kann, vermeiden helfen. Hierzu benötigt er möglichst detaillierte Informationen über die Ursachen der Trennung, die Persönlichkeit der betroffenen Mitarbeiter, deren wirtschaftliche und persönliche Hintergründe, aber auch über die Bedingungen, unter denen die Trennung vollzogen werden soll. Nur durch eine intensive Kommunikation und einen offenen Dialog zwischen Berater und Unternehmen lassen sich Vorgehensweisen entwickeln, die zu einer konfliktfreien Trennung beitragen und zu einer für alle Beteiligten fairen Lösung führen.

Die jeweilige Ausgestaltung der Beratungsleistung für das auftraggebende Unternehmen ist vielfältig und richtet sich nach den jeweiligen Anforderungen und Notwendigkeiten. So kann eine Outplacement-Beratung in einem Fall lediglich mit der Individualberatung eines einzelnen Mitarbeiter betraut sein, in einem anderen Fall die gesamte Projektverantwortung für die Personalfreisetzungen im Rahmen einer Restrukturierungsmaßnahme übernehmen. Ob Einzelfall oder massiver Personalabbau, Outplacement-Beratungen können Unternehmen aufgrund ihrer Erfahrung und ihres speziellen Know-how's aktiv unterstützen und maßgeschneiderte Problemlösungen im Bereich Personalfreisetzung bieten.

3.2 Die Beratung des Mitarbeiters

Die Beratung der betroffenen Mitarbeiter sollte ebenfalls so früh wie möglich beginnen, um sämtliche Chancen für eine erfolgreiche und schnelle berufliche Neuorientierung zu nutzen. Denn je früher der Mitarbeiter die Beratung aufnehmen kann, desto intensiver kann er sich auf die Beratungsinhalte konzentrieren und desto gezielter kann er seine beruflichen Perspektiven erarbeiten und auf dem Arbeitsmarkt umsetzen.

Wenn auch der Wettbewerb auf dem Arbeitsmarkt in den letzten Jahren stetig zugenommen hat, so sind die Voraussetzungen für eine erfolgreiche berufliche Neuorientierung durch ständig weiterentwickelte und verbesserte Beratungsinstrumentarien gleichzeitig gestiegen. Ein in diesem Zusammenhang immer wichtiger werdender Bereich ist eine professionelle Kommunikations- und Informationsstruktur der Beratungsgesellschaft. Die Gewinnung und Aufbereitung von Informationen über Branchen und Trends, über Unternehmensdaten und -fakten, über vakante Positionen im In- und Ausland, über tatsächliche oder mögliche Entwicklungen sind im Zeitalter der Informationsgesellschaft entscheidend. Dies läßt sich professionell jedoch nur über ein entsprechend geschultes und ausgerüstetes Back-Office bewerkstelligen. Der Zugang zu Datenbanken oder Jobbörsen muß gewährleistet, Recherchen im Internet oder über CD-ROM etc. müssen angeboten werden bzw. zur Verfügung stehen.

Die intensive Nutzung dieser ‚neuen Medien‘ sollte jedoch nicht darüber hinweg täuschen, daß auch konventionelle Instrumentarien, wie z. B. die Kontaktnetzarbeit, weiterhin ein wichtiger Faktor bleiben. Im Rahmen der Kontaktnetzarbeit erhalten die Mitarbeiter die Möglichkeit, das Kontaktnetz der Outplacement-Beratung zu nutzen, die intensive Kontakte zu Unternehmen, Verbänden oder auch Behörden pflegt. Gleichzeitig stellt die Outplacement-Beratung Kontakte zu Personalentscheidern und Headhuntern her und ermöglicht Zugänge zum ‚verdeckten Arbeitsmarkt‘, auf dem vakante Positionen zu finden sind, bevor sie auf dem freien Markt angeboten werden.

Aus dem Vorangegangen wird deutlich, daß die Notwendigkeit einer aktiven Hilfeleistung durch den Berater bzw. das Beratungsunternehmen zunehmend an Bedeutung gewinnt. Es sollte aber nicht der Eindruck entstehen, daß damit gleichzeitig die Eigenverantwortung des betroffenen Mitarbeiters abnimmt, das Gegenteil ist der Fall. Während Outplacement früher eine gezielte Hilfe zur Selbsthilfe war, bedeutet Outplacement heute, den betroffenen Mitarbeiter zum Unternehmer seiner eigenen Fähigkeiten und zum Verantwortlichen seiner strategischen Karriereplanung und -gestaltung zu machen.

3.2.1 Die Einzelberatung

Die Einzelberatung stellt die ursprüngliche Form der Outplacement-Beratung dar und läßt sich idealtypisch in drei Phasen einteilen.

• **Analyse und Zielsetzung**

Zunächst gilt es, dem betroffenen Mitarbeiter bei der Aufarbeitung der Ursachen und emotionalen Folgen der Trennung zu helfen. Der Klient muß die eigene Situation akzeptieren lernen und wieder in die Lage versetzt werden, ein positives Selbstwertgefühl aufzubauen, das es ihm ermöglicht, eine demotivierende und frustrierende Situation konstruktiv zu bewältigen. Aufbauend auf dieser Grundlage wird u. a. eine kritische Bestandsaufnahme, eine Stärken-Schwächen-Analyse, aber auch ein Vergleich zwischen Selbst- und Fremdeinschätzung vorgenommen. In dieser Phase kommt es darauf an, dem Klienten die Entwicklung einer beruflichen Zielsetzung zu ermöglichen, die seinen subjektiven Wünschen und seinem objektiven Können in idealer Weise entspricht und somit ein optimales Betätigungsfeld bieten würde.

• **Vorbereitung der Bewerbungskampagne**

In dieser Phase werden alle wichtigen Instrumentarien zur Umsetzung einer ‚Eigen-Marketing- Strategie‘ entwickelt. Ein aussagefähiger Lebenslauf, Zeugnisse und Referenzen sind hier lediglich das notwendige Rüstzeug, das durch Selbstpräsentations- und Bewerbertrainings unterstützt wird. Maßgeblich ist die strukturierte und systematische Erarbeitung und Aufdeckung aller potentiell nutzbaren Arbeitsmärkte. Der Kandidat erlernt Methoden und Techniken, die eine zielgerichtete Recherche ermöglichen und schafft somit die Basis für weiterführende Unternehmenskontakte, die letztendlich das Fundament seiner erfolgreichen beruflichen Neuorientierung sind.

• **Durchführung im Arbeitsmarkt**

In der dritten Phase werden die bis dato erarbeiteten Informationen und Kontakte gebündelt und fließen zielgerichtet in eine offensive Bewerbungskampagne ein, deren Abschluß möglichst viele, qualitativ hochwertige Arbeitsangebote bilden sollen. Diese werden u.a. hinsichtlich der möglichen Tätigkeitsbereiche, der Organisationsstruktur, aber auch der Unternehmenskultur gegeneinander abgewogen. Es folgt die Entscheidung für eine der angebotenen Positionen und schließlich die Vertragsunterzeichnung. In dieser Phase übernimmt der Outplacement-Berater eine wichtige Rolle, denn oft fehlen selbst Führungskräften die relevanten Informationen bezüglich der marktüblichen Konditionen. Ein erfahrener Outplacement-Berater kann hier wesentlich dazu beitragen, daß der Kandidat seine Interessen im Rahmen der gegebenen Möglichkeiten wahren kann.

Der hier exemplarisch dargestellte und schematisierte Beratungsablauf kann nur einen groben Einblick gewähren. Gerade deshalb muß jedoch betont werden, daß ein professionelles Outplacement sich stets durch eine **individuelle Beratung** auszeichnet. Nur so lassen sich Erfolgsquoten von über 95 % erreichen und nur so läßt es sich erklären, daß Arbeitnehmer, die voller Wut und Entäuschung und z.T. ohne Hoffnung eine Beratung aufnehmen, in die Lage versetzt werden, eine neue Position zu finden.

Beispiel:

1997, das große Brauereisterben war schon in vollem Gange, nahm ein 56 Jahre alter Brauereimeister die Beratung bei uns auf. Er hatte nach 28 Jahren Betriebszugehörigkeit seinen Arbeitsplatz aufgrund einer Fusion verloren und keinerlei Hoffnung, jemals wieder in seinem Beruf zu arbeiten. Wir waren uns einig, daß seine fachlichen wie auch persönlichen Qualifikationen als Brauereimeister unbestritten waren, sein Alter und die Branchensituation aber eindeutig gegen eine erfolgreiche Neupositionierung in seinem Beruf sprachen. So fokussierten wir die Beratung auf berufliche Perspektiven außerhalb seines angestammten Bereichs, was nach einiger Zeit auch die ersten Erfolge zeigte. Doch wann immer es zu einem Vertragsabschluß kommen sollte, fand unser Klient eine Ausrede, den Vertrag nicht zu unterzeichnen. Der Grund für sein Verhalten wurde uns schnell klar, unser Klient war Brauereimeister und wollte auch nichts anderes sein, zu seinem persönlichen Wohlbefinden gehörte das Umfeld einer Brauerei. Wenn diese Beratung also einen erfolgreichen Abschluß haben sollte, dann nur, wenn wir ihn wieder in *seiner* Branche positionieren konnten. Acht Monate nach Beratungsbeginn unterschrieb er einen Anstellungsvertrag bei einer kleinen Brauerei in Süddeutschland, der seine Erfahrung und sein Wissen wichtiger war als sein Alter.

3.2.2 Die Gruppenberatung

In Zeiten der Restrukturierung, des Re-Engineerings, der Unternehmensfusionen und -zusammenbrüche entdecken immer mehr Unternehmen auch für ihre tariflichen Mitarbeiter die Möglichkeiten einer Outplacementberatung. Da insbesondere in dieser Arbeitnehmergruppe häufig Mitarbeiter anzutreffen sind, denen es schwer fällt, sich von anderen Bewerbern zu differenzieren und sich zieladäquat zu präsentieren, schafft die Teilnahme an einer Outplacement-Maßnahme reale Vorteile auf dem Arbeitsmarkt.

Grundsätzlich werden in einer Gruppenberatung ähnliche Methoden und Instrumentarien wie in einer Einzelberatung eingesetzt. Aufgrund der Teilnehmerzahl, die zehn Personen auf keinen Fall überschreiten sollte, und des begrenzten Zeitraumes von wenigen Tagen, ist der Umfang der Maßnahmen aber begrenzt. Wichtige Voraussetzung einer erfolgreichen Gruppenberatung ist, daß die Teilnehmer verstehen, daß es nicht darum geht, daß man ihnen nicht zutraut, es auch alleine zu schaffen, sondern darum, das sie sich in einem engen und sehr schwierigen Arbeitsmarkt einen persönlichen Vorteil verschaffen.

Im Rahmen der Gruppenberatung wird den Teilnehmern gezeigt, wie sie ihre Kräfte konzentrieren und im Arbeitsmarkt aktiv einen neuen, für sie passenden Arbeitsplatz finden können. Sie erfahren, was sie bei einer Bewerbung generell beachten müssen, worauf besonderer Wert gelegt wird und was es zu vermeiden gilt. Es werden ihnen die wirkungsvollsten Methoden und Techniken für ihre persönliche Bewerbungskampagne vermittelt und individuelle Bewerbungsunterlagen entwickelt, die ihre besonderen Fähigkeiten und ihre bisher gesammelten Erfahrungen zielgerichtet aufbereiten. Sie werden intensiv auf die bevorstehenden Bewerbungsgespräche vorbereitet und ihre Lernerfolge dabei videogestützt überprüft und verbessert.

Ziel einer Gruppenberatung ist – neben der exzellenten Vorbereitung auf die Bewerbungskampagne – ein verändertes berufliches Selbstverständnis. Die Teilnehmer sollen verstehen, daß es auch oder gerade für sie eine berufliche Perspektive gibt. Sie sollen aber auch verstehen, daß die erfolgreiche Suche nach einem neuen Arbeitsplatz im wesentlichen von ihrer persönlichen Initiative, ihrer eigenen Flexibilität und ihrem individuellen Ideenreichtum abhängt. Sie sollen sich nicht als Opfer einer entsozialisierten Arbeitswelt fühlen, sondern als Problemlöser für einen speziellen Teil der Arbeitswelt begreifen. Sie sollen lernen, selbstbewußt und selbstverantwortlich als Vertreter in eigener Sache aufzutreten. Daß diese Ziele in der Praxis oft nur sehr schwer umzusetzen sind, soll hier nicht verschwiegen werden, aber in ihnen liegt ein wesentlicher Teil des Erfolges von Gruppenberatungen begründet.

Um Teilnehmer an einer zeitlich begrenzten Gruppenberatung auch später noch unterstützen zu können, lassen sich beispielsweise Nachbetreuungstage oder eine Bewerberzentrale vereinbaren. Während bei Nachbetreuungstagen der Berater den Teilnehmern punktuell an bestimmten Tagen zur Verfügung steht und sie während der aktiven Bewerbungskampagne berät, ermöglichen Bewerberzentralen selbst bei einem umfangreichen Personalabbau einen kontinuierlichen Beratungsprozeß.

Bewerberzentralen oder Career Center werden normalerweise vor Ort, d. h. beim auftraggebenden Unternehmen eingerichtet und von einem Mitarbeiter des Beratungsunternehmens betreut. Sie dienen als Anlaufstelle und Kontaktbörse für alle betroffenen Mitarbeiter und als Treffpunkt, an dem Informationen und Erfahrungen ausgetauscht werden können. Mit einer Bewerberzentrale wird eine kontinuierliche Beratung und Unterstützung sowie eine direkte Schnittstelle zum Netzwerk der Beratungsfirma sichergestellt.

Beispiel:

Ein traditionsreicher deutscher Produzent von Industriearmaturen sah sich gezwungen, einen Produktionsbereich in Ostdeutschland zu schließen. Von der Maßnahme betroffen waren 87 der 560 Beschäftigten. Bei einer Arbeitslosenquote von annähernd 25 % und keinem vergleichbaren Produktionsstandort im Umkreis von über 100 km war die Ausgangssituation für die Mitarbeiter nahezu entmutigend.

Unser definiertes Ziel war es, jeden betroffenen Mitarbeiter innerhalb kürzester Zeit, spätestens jedoch innerhalb eines Jahres aktiv bei der Suche und der Beschaffung eines neuen Arbeitsplatzes zu unterstützen. Zunächst wurde den Mitarbeitern im Rahmen eines intensiven dreitägigen Trainings die Grundlagen für eine erfolgreiche Bewerbungkampagne vermittelt. In der mit einem unserer Berater und einer Sekretariatskraft besetzten Bewerberzentrale wurden daraufhin die erarbeiteten Bewerbungsunterlagen gesichtet, ggf. verbessert und für jeden Mitarbeiter persönlich zusammengestellt. Noch während die Beratungseinheiten liefen, nahmen wir Kontakt zu öffentlichen und privaten Vertretern der Wirtschaft auf und recherchierten – unterstützt durch flankierende Pressemaßnahmen – nach vakanten Positionen. Des weiteren stellten wir auch den Mitarbeitern Recherchemöglichkeiten vor Ort zur Verfügung, so daß sich die Wand für Stellenangebote sichtlich schnell füllte. Darüber hinaus hatten die Mitarbeiter selbstverständlich jederzeit die Möglichkeit, den Rat des Beraters vor Ort einzuholen, so daß innerhalb von vier Monaten über 60 % der Mitarbeiter eine neue Position hatten.

3.2.3 Exkurs: Existenzgründung oder Anstellung

Unabhängig ob Einzelberatung oder Gruppenberatung – während nahezu jeder Beratung stellt sich irgendwann einmal die Frage, ob der Start in die Selbständigkeit einem neuen Anstellungsverhältnis vorzuziehen sei. Hierbei ist es die Aufgabe der Outplacementberatung, den Klienten in seinem Entscheidungsprozeß zu fördern und ihn in seiner Entscheidungsfindung zu unterstützen. Entscheidet sich der Klient beispielsweise für die Selbständigkeit, gilt es sein unternehmerisches Potential zu ermitteln, müssen Idee und Entwicklungsmöglichkeiten des Geschäftsvorhabens geprüft werden.

Spricht alles für eine erfolgreiche Existenzgründung, muß die Beratungsstrategie geändert und auf die Anforderungen der Selbständigkeit fokussiert werden. Zusammen mit dem Berater und externen Spezialisten, wie z.B. Juristen oder Kreditexperten, wird ein tragfähiges Konzept entwickelt und die Existenzgründung vorbereitet. Zu diesen vorbereitenden Maßnahmen gehören z.B. Unterstützung bei der Marktanalyse, Wahl der Rechtsform, Diskussion der Marketingstrategien, Präsentation der Geschäftsidee, Kontakten zu Geldgebern und Behörden etc. bis hin zum Coaching in der Gründungsphase, um nur ein paar Kernpunkte zu nennen.

Wie weit eine Outplacementberatung in der Lage ist, die genannten Bereiche selbst abzudecken oder primär Kontakte zu seriösen externen Spezialisten herzustellen, muß im Einzelfall geklärt werden. Entscheidend ist daß die Existenzgründungsberatung eine reale Option während eines Outplacementprozesses darstellt.

4. Kosten und Nutzen von Outplacement-Maßnahmen

Kosten-Nutzen-Vergleiche gestalten sich für jeden Dienstleister problematisch. Der eindeutig meßbaren Größe Kosten stehen häufig nur indirekt quantifizierbare oder nicht-monetäre Werte gegenüber. Nicht nur der Vollständigkeit halber, sondern insbesondere auch um den vielfältigen Nutzen eines in Deutschland immer noch wenig verbreiteten Personalmanagement-Instruments aufzuzeigen, soll nachfolgend der Versuch unternommen werden, beide Größen gegenüberzustellen und gegeneinander abzuwägen.

4.1 Kosten des Outplacement

Die durchschnittliche Honorarhöhe für eine Einzelberatung beträgt im allgemeinen ca. 20 % bis 23 % des bisherigen Jahreseinkommens bei einer Mindesthonorarhöhe, die etwa bei 30000,– DM liegt. Nebenkosten, wie z.B. Bewerbungsmaterialien, Telefongebühren, Benutzung der Datenbanken, usw. werden zusätzlich berechnet und betragen im Durchschnitt ca. 5500 DM bis 6000 DM. Gruppenberatungen werden meist pro Tag und Berater abgerechnet und bewegen sich zwischen 2000,– DM bis 3500,– DM pro Teilnehmer eines Seminars.

In den meisten Fällen ist Outplacement Bestandteil eines Aufhebungsvertrages. Neben den gesetzlich vorgeschriebenen Vergütungen erhält der ausscheidende Mitarbeiter ,on top' die Möglichkeit, an der Beratung teilzunehmen. Abzusehen ist von einer direkten Zahlung der Beratungskosten an den Mitarbeiter, da er diese erfahrungsgemäß eher selten für das Outplacement aufwenden wird. Gleichermaßen abzuraten ist, den Mitarbeiter vor die Alternative zu stellen, ihm entweder seine Abfindung in voller Höhe auszuzahlen oder diese geringer zu halten und ihm ein Outplacement zu finanzieren. Auch hier wird der Mitarbeiter, wie die Erfahrung zeigt, tendenziell die erste Möglichkeit vorziehen.

In den beiden letztgenannten Fällen wird der Mitarbeiter zunächst versuchen, eigenständig eine neue Position zu finden. Dies kann jedoch sowohl für das Unternehmen als auch für den betroffenen Mitarbeiter nachteilig sein: für das Unternehmen, da der Nutzen-Aspekt der Beratung weder auf die interne wie externe Umwelt wirken kann, und für den Kandidaten, da er ggf. sein Netzwerk erfolglos in Anspruch genommen hat und dadurch seine Marktchancen verschlechtert .

4.2 Nutzen des Outplacement

Ein Trennungsprozeß wirkt auf ein sehr komplexes und sensibles Beziehungsgefüge innerhalb und außerhalb des Unternehmens. Der vielleicht größte Nutzen einer Outplacement-Maßnahme liegt daher in der Stabilisierung dieses Beziehungsgefüges durch eine faire Trennung. Unternehmen und Mitarbeiter erhalten durch eine zielgerichtete Beratung die Möglichkeit, eine für alle Beteiligten steuerbare und positive Lösung zu finden.

4.2.1 Nutzen für das Unternehmen

Oft werden Freisetzungen von Rechtsstreitigkeiten begleitet, die weder in bezug auf ihre Dauer oder Kosten, noch in bezug auf das Ergebnis kalkulierbar sind. Die Erfahrung hat gezeigt, daß die Inanspruchnahmen einer Outplacement-Beratung in vielen Fällen helfen kann, unnötige Rechtsstreitigkeiten und damit Kosten zu vermeiden. Darüber hinaus können auch lange Restlaufzeiten teurer Verträge verkürzt und das Unternehmen von zusätzlichen sozialen sowie finanziellen Leistungen entlastet werden.

Ein Beispiel:

Ein 51jähriger Abteilungsleiter mit einer Kündigungsfrist von einem Jahr und einem Jahreseinkommen von 150000,– DM soll freigesetzt werden. Im Rahmen des Trennungsprozesses bietet ihm sein Arbeitgeber eine Outplacement-Beratung an. Der Abteilungsleiter stimmt zu und nimmt die Beratung auf. Für die Beratungsleistung stellt die Outplacement-Beratung dem Unternehmen 30000,– DM in Rechnung und verpflichtet sich, den Klienten zu beraten, bis er die Probezeit erfolgreich beendet hat. Sechs Monate später unterschreibt der Klient einen Arbeitsvertrag, nach neun Monaten nimmt er seine neue Tätigkeit als Projektleiter auf. Das auftraggebende Unternehmen hat in diesem Fall drei Monatsgehälter je 12500,– DM, sprich 37500,– DM, sowie die damit verbundenen, aber hier nicht weiter quantifizierten Personalnebenkosten eingespart.

Die weiteren Nutzenaspekte für ein Unternehmen sollen hier der Übersichtlichkeit halber stichwortartig aufgeführt werden:

- **Unternehmenspolitische Aspekte**
  - Sicherung des Unternehmensimages,
  - Vermeidung von Negativpropaganda durch den Betroffenen bei Kunden, Banken, Behörden und Presse,
  - flexible Anpassung von Führungsstrukturen an neue Anforderungen des Unternehmens,
  - Möglichkeit der Neubesetzung von Positionen durch die Korrektur von Fehlbesetzungen,
  - optimaler Einsatz von Nachwuchskräften durch gezieltes Outplacement der Stelleninhaber.

- **Organisationspsychologische Aspekte**
  - Stärkung der Glaubwürdigkeit des Managements durch die Demonstration der Unternehmenskultur,
  - Erhaltung des innerbetrieblichen Arbeitsklimas,
  - Vermeidung negativer Signalwirkungen auf andere Mitarbeiter,
  - Stärkung des Sicherheitsgefühls der verbleibenden Mitarbeiter bei einer Trennung nicht ‚fallen gelassen zu werden‘,
  - reibungslose Trennung von mehreren Mitarbeitern gleichzeitig (Gruppenberatung).

- **Individuelle Aspekte**
  - Förderung einer einvernehmlichen Trennung durch die Handhabung von Konflikten im Vorfeld,
  - Vermeidung unnötiger Härten und Verkürzung des Trennungsprozesses durch faire Trennung,
  - Vorbereitung der Führungskraft auf das Führen eines Trennungsgesprächs,
  - Konsequente Umsetzung von Personalentscheidungen ohne Scheinlösungen, wie z. B. Aufgabenreduzierung oder Versetzung,
  - ‚Innerer Kündigung‘ altgedienter Mitarbeiter kann zuvorgekommen werden.

4.2.2 Nutzen für den Klienten

Die Stimmungsschwankungen, die ein Mitarbeiter während eines Trennungsprozesses durchläuft, reichen vom Schock bis zur Euphorie, von Frustration bis zu wilder Entschlossenheit. Erklärtes Ziel einer Outplacement-Beratung ist es, diese Gefühlskurve sowohl zeitlich als auch inhaltlich zu komprimieren. Die Trennung soll durch die Beratung als echte Chance zu einer beruflichen Neuorientierung mit all ihren Optionen begriffen werden, nicht als traumatisches Erlebnis.

Im folgenden eine tabellarische Darstellung der Nutzenaspekte, gegliedert in die Bereiche Finanzielles, Berufliches und Psychologisches.

- **Finanzielle Aspekte**
  - Vermeidung der Arbeitslosigkeit,
  - Individuelle Karriereplanung und -beratung,
  - hohe Sicherheit, eine neue, angemessene Position zu finden,
  - Vermeidung von Gehaltseinbußen,
  - Verkürzung des Suchprozesses.

- **Berufliche Aspekte**
  - Faire Trennung von einem Arbeitgeber, bei dem keine Karriere-chancen mehr bestehen,
  - Karriereplanung mit Hilfe eines systematischen Beratungspro-grammes,
  - Vermeidung des ‚Karriereknicks‘,
  - Chance, eine bessere Position zu finden,
  - Informationsvorsprung durch professionelle Beratung,
  - stärkere Marktorientierung und -position gegenüber arbeitslosen Mitbewerbern,
  - Erlernen von Präsentationstechniken, die auch in der beruflichen Zukunft eingesetzt werden können.

- **Psychologische Aspekte**
  - Verringerung traumatischer Erfahrungen bei Kündigungen,
  - Stärkung des Selbstwertgefühls durch das Angebot des Arbeitge-bers,
  - aktive, positive Bewältigung einer momentanen Positionskrise als Karrierechance,
  - Erhöhung der Selbsteinschätzung und Aufbau einer ‚Eigen-Marke-ting-Strategie‘,
  - optimale Beratung und Betreuung bis zur Vertragsunterzeichnung,
  - Ständiges Feedback und Ansprache durch den Berater.

5. Schlußbemerkung

Daß Outplacement eine Dienstleistung mit einer extrem breiten Lei-stungspalette ist, die eine Vielzahl von Trennungsproblemen löst, wird aus dem Vorangegangenen deutlich. Daß Outplacement damit aber kein Allheilmittel für problemlose Personalfreisetzungen ist, sollte hier ebenso deutlich angesprochen werden.

So bedeutet Outplacement nicht, daß dem Klienten eine neue Position auf dem Silbertablett mundgerecht offeriert wird, sondern daß er in die Lage versetzt wird, sich selbst erfolgreich am Arbeitsmarkt zu plazieren, daß er zum erfolgreichen Lenker und Macher seiner beruflichen Zu-kunft wird. Outplacement bedeutet aber ebensowenig, daß ein Unter-nehmen sich von falschen Personalentscheidungen oder nicht mehr benötigten Mitarbeitern freikaufen kann. Outplacementberater sind weder Personalvermittler noch Personalfreisetzer, sondern Berater zur professionellen Durchführung eines Trennungsprozesses.

Kapitel 29

Vergütungsberatung

von *Heinz Evers*

1. Entwicklung des Beratungssegments

Vergütungsberatung als eigenes Segment der Personal- und Unternehmensberatung entwickelte sich in Deutschland erst seit Mitte der 60er Jahre. Wesentliche Impulse dazu kamen aus den USA. Hier wurde systematisches Compensation Management in den Unternehmen seit langem betrieben. Das externe Compensation Consulting besaß demzufolge bereits einen hohen Entwicklungsstand.

Angesichts der verbreiteten Intransparenz und Tabuisierung insbesondere der Managementvergütung in Deutschland sowie der fehlenden Systematik in der Entgeltgestaltung konzentrierte sich die Vergütungsberatung zunächst vor allem auf die Organisation überbetrieblicher Vergütungsvergleiche sowie die Unterstützung beim Aufbau rationaler Entgeltstrukturen mittels analytischer oder summarischer Arbeitsbewertungsverfahren.

Diese Beratungsfelder wurden im Zuge der fortschreitenden Institutionalisierung und Professionalisierung des Personalwesens in deutschen Unternehmen systematisch ausgebaut und verfeinert. Wie breit sich inzwischen etwa das Angebot an laufenden überbetrieblichen Vergütungsvergleichen darstellt, zeigt beispielhaft Abbildung 1. Sie belegt zugleich mit der hohen Zahl einbezogener Unternehmen und Institutionen die Akzeptanz und Relevanz dieser Marktforschung in Deutschland:

Zielgruppe	einbezogene Unternehmen/ Institutionen	einbezogene Positionsinhaber
Vorstände/Aufsichtsräte in Aktien-gesellschaften	1 702	22 000
Geschäftsführer der mittleren und großen GmbH	832	1 465
Geschäftsführer der kleinen GmbH	826	996
Leitende Angestellte – in Industrie und Handel – in Versicherungen – in Banken	574 69 141	5 489 2 273 3 220
Führungs- und Fachkräfte – im Außendienst – im Pharma-Außendienst – in der EDV – in DV-Unternehmen	276 61 260 130	3 430 2 721 5 176 1 923
Sekretariats- und Bürokräfte	1 173	29 650
Führungskräfte in Verbänden	385	1 329
Führungskräfte in Krankenhäusern	224	1 181

Abb. 1: Kienbaum Vergütungsuntersuchungen 1997/98

Daneben entwickelten sich weitere Beratungsschwerpunkte, wie:

• individuelle Markterhebungen für einzelne Unternehmen zur vergü-tungspolitischen Standortbestimmung und Best Practice-Ermittlung,
• Provisions- und Incentivesysteme für Vertriebsmitarbeiter,
• leistungs- und erfolgsbezogene Vergütungssysteme im Management,
• Gestaltung attraktiver Zusatzleistungsprogramme,
• Einführung betrieblicher Kapitalbeteiligungsmodelle.

Heute ist in Deutschland etwa ein Dutzend Unternehmen ausschließlich oder zu einem wesentlichen Teil auf dem Sektor der Vergütungsbera-tung tätig. Daneben bieten Unternehmens- und Personalberater vielfach Teilleistungen dieses Beratungsspektrums an.

2. Aktuelle Beratungsfelder

2.1 Vergütung im Wandel

Vergütungspolitik in der Wirtschaft befindet sich derzeit in einem star-ken Umbruch. Mit der wachsenden Erkenntnis, daß Mitarbeiter nicht primär Kostenverursacher, sondern Gewinnproduzenten und Garanten der Unternehmenszielerreichung darstellen, wandelt sich die Vergütung vom Kostenfaktor zum Führungsinstrument.

Der Vergütung kommt zum einen eine Selektionsfunktion zu. Unternehmen, die überdurchschnittlich zahlen, können auch eher qualifizierte Mitarbeiter für sich gewinnen und auf Dauer an sich binden. Zum anderen besitzt die Vergütung eine wichtige Anreiz- und Steuerungsfunktion. Sie soll dazu beitragen, die Mitarbeiter zu einem Arbeitsverhalten zu motivieren, das die nachhaltige Erreichung der Unternehmensziele sicherstellt. Dies setzt einen engen Bezug zwischen Vergütung und zu erbringender Leistung voraus.

Die Vergütung der ausführenden Mitarbeiter ist in Deutschland in weiten Bereichen – dies gilt für die monetären Bezüge, aber auch für verschiedene Zusatzleistungen – tarifvertraglich oder gesetzlich vorgegeben. Für ein eigenständiges Vergütungsmanagement bleibt den Unternehmen nur geringer Handlungsspielraum. Dagegen wird die Vergütung der Führungskräfte, die überwiegend zu den außertariflichen oder leitenden Angestellten zählen, weitgehend auf einzelvertraglicher Basis oder betriebsindividuell geregelt und unterliegt somit einer höheren Gestaltungsautonomie der Unternehmen. Infolgedessen richten sich die betriebliche Vergütungspolitik und damit zugleich die Nachfrage nach externer Beratung in besonderer Weise auf dieses Segment. Darüber hinaus aber spielt die Führungskräftevergütung immer mehr die Pilotrolle für die künftige Entwicklung der Vergütung der übrigen Mitarbeiter. Diese Funktion wird um so bedeutsamer, je mehr Unternehmen dazu übergehen, die bisher von den Sozialpartnern geregelten Vergütungstatbestände wieder in die eigene Entscheidungskompetenz zurückzuholen.

2.2 Variable Bezüge als Umsetzungshebel

Der Zwang der Unternehmen, angesichts verschärften Wettbewerbs die Leistungs- und Kreativitätspotentiale ihrer Mitarbeiter stärker auszuschöpfen, hat die leistungs- und erfolgsorientierte Ausgestaltung der monetären Bezüge in den Mittelpunkt der betrieblichen Vergütungspolitik gerückt.

Zum einen gilt es, die bislang noch vorwiegend von Seniorität und überbetrieblichen Rahmendaten geprägte Entwicklung der Festbezüge in stärkerem Maße an der individuellen Leistung der Mitarbeiter sowie der betrieblichen Ertragslage auszurichten, zum anderen aber die variablen Vergütungskomponenten zu einem wirksamen Anreiz- und Steuerungsinstrument auf- und auszubauen.

Insbesondere dieser Aufgabenkomplex hat sich in den letzten Jahren zum dominierenden Beratungsfeld entwickelt. Beschränkten sich die va-

riablen Vergütungsregelungen in Deutschland lange Zeit auf die Ver-
triebsbereiche sowie allenfalls noch auf das Top-Management, so geht
es heute verstärkt um Systeme für alle Mitarbeitergruppen, zumindest
für alle Leitungs- und Schlüsselkräfte. Dabei richten sich die Bestrebun-
gen vornehmlich auf die Konzeption und Implementierung zielorien-
tierter Bonussysteme. Sie honorieren die Erreichung von Ergebnis- und
Leistungszielen, die mit den Mitarbeitern jährlich vereinbart werden,
und ergänzen die zunehmend praktizierten Managementsysteme „Führen mit Zielen" zu integrierten Gesamtkonzepten erfolgsorientierter
Unternehmenssteuerung.

Die Mitarbeiter handeln in diesem Konzept als Subunternehmer. Nach
umfassender Information über die Unternehmens- und Bereichsziele definieren sie zu Jahresbeginn des Geschäftsjahres gemeinsam mit ihren
Vorgesetzten ihre individuellen Beiträge zur Erreichung dieser Zielsetzungen. Zugleich wird als Anreiz zur Erbringung dieser Beiträge und zu
ihrer Honorierung eine Bonusvereinbarung getroffen. Innerhalb des
Jahres arbeiten die Mitarbeiter weitgehend eigenständig an der Realisierung ihrer Leistungsbeiträge. Am Jahresende werden die tatsächlichen
Zielerreichungen gemeinsam festgestellt und der daraus resultierende
Bonus ermittelt. Auf diese Weise werden Unternehmens- und Mitarbei-
terziele eng miteinander verbunden, die Vergütung zu einem wirksamen
Umsetzungshebel der Unternehmenszielsetzungen ausgestaltet.

Neben der Honorierung individueller Zielbeiträge werden insbesondere
für die oberen Führungskräfte Teile ihres Bonus mit der Erreichung
übergeordneter Firmenziele verknüpft. Diese Verknüpfung unter-
streicht die gemeinsame Verantwortung der Führungskräfte für das Ge-
samtunternehmen und seine Geschäftsprozesse, fördert ihren Teamgeist
und beugt unerwünschten Ressortegoismen vor.

Entsprechend dem angestrebten Gleichklang von Unternehmens- und
Mitarbeiterinteressen honoriert der Zielbonus primär erzielte Resultate, nicht aber bloße Leistungsbemühungen. Die Mitarbeiter partizipieren auf diese Weise in angemessener Form an den Chancen und Risiken ihres Unternehmens sowie am Erfolg oder Mißerfolg ihrer eigenen
Aktivitäten.

Für die Wirksamkeit des Bonussystems ist es im übrigen wesentlich, die
für die Zielerreichung verantwortlichen Mitarbeiter weitgehend in den
Prozeß der Zielfindung und -festlegung einzubeziehen. Dies erhöht ihre
Identifikation mit den vereinbarten Zielen und steigert zugleich ihr Engagement für die Zielerfüllung.

Zielbonussysteme sind insofern um so reibungsloser und wirkungsvol-
ler einzuführen, je stärker die Mitarbeiter bereits partizipativ geführt
werden. Aber auch für Unternehmen, die bisher eher autoritär geführt

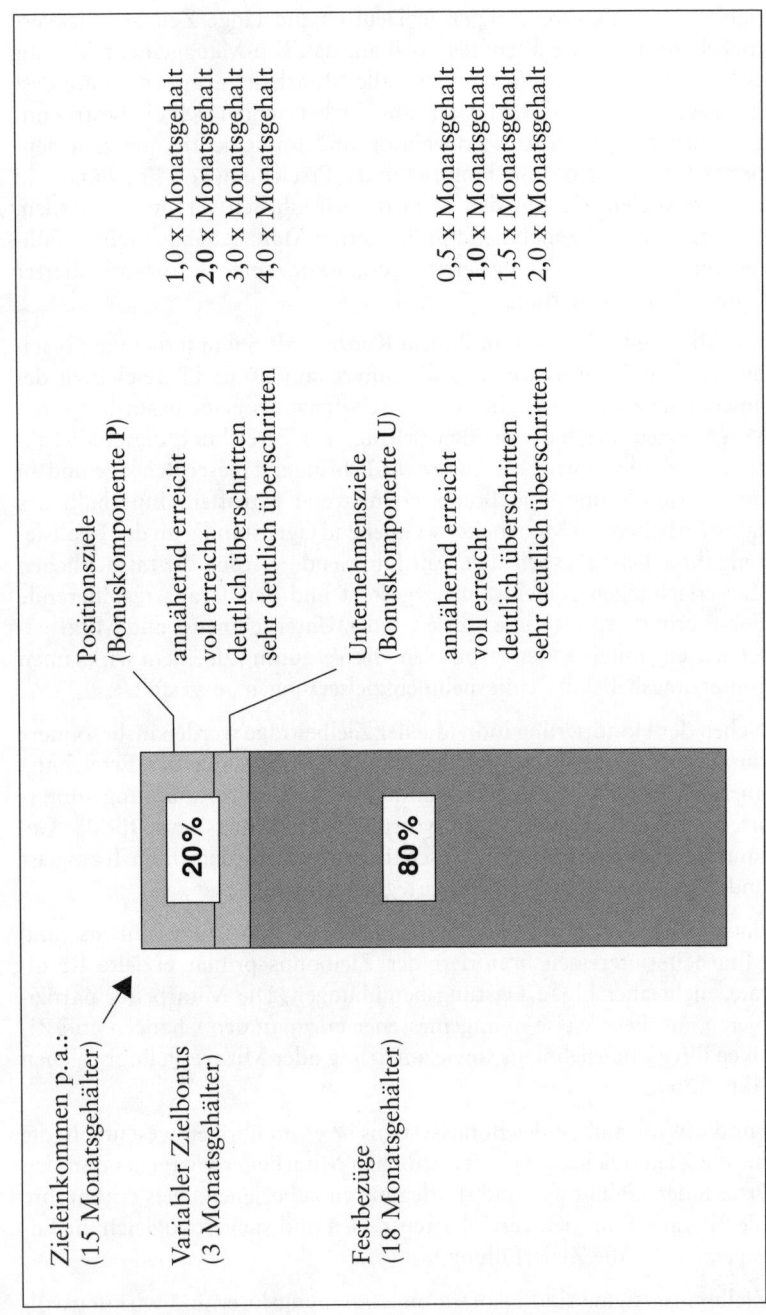

Zieleinkommen p.a.:
(15 Monatsgehälter)

Variabler Zielbonus
(3 Monatsgehälter)

Festbezüge
(18 Monatsgehälter)

Positionsziele
(Bonuskomponente P)

annähernd erreicht — 1,0 x Monatsgehalt
voll erreicht — 2,0 x Monatsgehalt
deutlich überschritten — 3,0 x Monatsgehalt
sehr deutlich überschritten — 4,0 x Monatsgehalt

Unternehmensziele
(Bonuskomponente U)

annähernd erreicht — 0,5 x Monatsgehalt
voll erreicht — 1,0 x Monatsgehalt
deutlich überschritten — 1,5 x Monatsgehalt
sehr deutlich überschritten — 2,0 x Monatsgehalt

20%

80%

Abb. 2: Typisches Zielbonussystem im Management

wurden, lohnt sich die Einführung. Für sie ist es zugleich ein bedeutender Schritt zu einer zeitgemäßeren Mitarbeiterführung.

Die Erkenntnis, daß nicht das gelungene professionelle Systemkonzept, sondern die Mitarbeiterakzeptanz letztlich über den Erfolg des Bonussystems entscheidet, weist der externen Vergütungsberatung in diesem Prozeß eine wichtige Rolle zu. Neben fundierter praktischer Einführungserfahrung ist vor allem die Katalysatorfunktion, d.h. die Rolle des Vermittlers zwischen den Parteiinteressen gefragt. Nur wenn die Mitarbeiter das Bonussystem als faire Chance begreifen und nicht in erster Linie als Instrument der Unternehmensleitung zur Flexibilisierung und Reduzierung von Personalkosten, kann es seine Motivationswirkung entfalten.

Nach Erfahrungen aus einer Vielzahl von Beratungsfällen dürften folgende Grundregeln der Systementwicklung zum Erfolg des Bonussystems maßgeblich beitragen:

❏ als Element des Führungssystems konzipieren
  (**nicht: primär als Vergütungsinstrument entwickeln**)

❏ Akzeptanz sicherstellen
  (**nicht: gegen die Betroffenen entwickeln**)

❏ in das gesamte Anreizsystem integrieren
  (**nicht: als zusätzliches isoliertes Vergütungssegment betrachten**)

❏ unternehmensspezifisch entwickeln
  (**nicht: Systeme des Wettbewerbs kopieren**)

❏ als Einstieg konzipieren
  (**nicht: auf Perfektion warten**)

Abb. 3: Empfehlungen zur Zielbonus-Entwicklung

Die enge Verbindung zwischen Führung und Vergütung in den Zielbonussystemen dokumentiert im übrigen eine wesentliche Veränderung der aktuellen Vergütungspolitik. Die traditionell isolierte Betrachtung von Vergütung und Vergütungskonzepten wird zunehmend durch einen integrativen Ansatz abgelöst. Dieser betont nicht nur den Zusammenhang von Vergütung zur Mitarbeiterführung, sondern gleichermaßen zu den übrigen personalwirtschaftlichen Instrumenten, wie Personalauslese, -beurteilung und -entwicklung, und mündet letztlich in ein umfassendes erfolgs- und leistungsorientiertes Human Resources Management. Zugleich erhält die Vergütung durch eine konsequentere Ausrichtung an den Unternehmensleitbildern, -werten und -strategien eine stärker strategische Dimension.

2.3 Neuorientierung der Zusatzleistungen

Im Bereich der Zusatzleistungen veranlaßt der stetige Zwang zur Rationalisierung und Personalkostensenkung die Unternehmen zunehmend zu kritischer Revision. Dabei darf es allerdings nicht bei einer bloßen Reduzierung des Gesamtaufwandes bleiben. Es gilt vielmehr, trotz niedrigeren Kostenrahmens die Attraktivität der gebotenen Leistungen möglichst unverändert zu halten und mit den verfügbaren Mitteln jedem Mitarbeiter den größtmöglichen individuellen Nutzen zu bieten.

Das erfordert zunächst die Umstrukturierung der Angebotspalette von kaum noch bedarfsgerechten Angeboten zu solchen Leistungen, die sich bei den Mitarbeitern aufgrund ihrer spezifischen Bedürfnisstruktur einer hohen Wertschätzung erfreuen. Dazu ist die Attraktivität der verschiedenen Leistungen durch fundierte Analysen der Mitarbeiterpräferenzen zu erfassen. Bei diesen Analysen können Berater die Personalabteilungen wirksam unterstützen. Neben dem erforderlichen methodischen Know-how besitzen sie als Externe in den Augen der Mitarbeiter den Vorteil der Neutralität und erhalten von daher leichteren Zugang zu den benötigten persönlichen Informationen.

Im Zuge dieser Umstrukturierung bietet sich zugleich die stärkere Individualisierung und Flexibilisierung der bisher vielfach kollektiv geregelten, zumeist starren Leistungsangebote an. Die Möglichkeiten reichen von einer gruppenspezifischen Differenzierung von Inhalt und Kosten der gebotenen Zusatzleistungen, etwa nach einzelnen Leitungsstufen, Altersgruppen oder Familienstand, bis zu Cafeteria-Systemen, in denen sich die Mitarbeiter jährlich aus einer Leistungspalette im Rahmen fixierter Kostenbudgets individuell die für sie passenden Elemente und Ausgestaltungen entsprechend ihrer persönlichen Bedürfnisstruktur und Wertschätzung auswählen.

Bei diesen Systemen handelt es sich zwar durchweg noch um vergütungspolitische Visionen, deren betriebliche Realisierung in Deutschland im Gegensatz etwa zu den USA aufgrund erheblicher arbeits- und steuerrechtlicher Restriktionen erst in Einzelfällen gelungen ist. Dennoch liefert ihre Leitidee, durch individuelle Auswahl der Leistungen ein Höchstmaß an Attraktivität sicherzustellen, für die sinnvolle Ausgestaltung der Zusatzleistungen wertvolle Impulse.

Gleiches gilt für die Forderung nach Transparenz von Inhalt und Wert der gebotenen Leistungen. Sie ist in deutschen Unternehmen häufig nicht gegeben. Ein verbreitetes Informationsdefizit über Kosten und Inhalte selbst attraktiver Zusatzleistungen, etwa der betrieblichen Altersversorgung, verhindert bei den begünstigten Mitarbeitern die volle Entfaltung der Anreizwirkung. Das in vielen Unternehmen geübte, eher defensive Informationsverhalten muß zu diesem Zweck in eine offensive Informationspolitik umgestaltet werden. Erforderlich ist dazu die Entwicklung einer Kommunikationsstrategie, die nicht nur ein vertieftes Verständnis der gebotenen Leistungsprogramme vermittelt, sondern zugleich ihre personalpolitische Zielrichtung aufzeigt und somit die Mitarbeiter bereits zu gewünschtem Verhalten motiviert.

Dieses wird um so dringlicher, je stärker sich auch bei den Zusatzleistungen – analog der Entwicklung im monetären Bereich – das Prinzip der Leistungs- und Erfolgsorientierung durchsetzt. Dies betrifft derzeit vor allem die betriebliche Altersversorgung. Hier ist in jüngster Zeit eine deutliche Zunahme „beitragsorientierter" Systeme zu verzeichnen. Die Versorgungszusagen sind nicht länger in Prozenten des letzten Festgehaltes definiert, sondern setzen sich bausteinförmig aus Beiträgen der in den verschiedenen Jahren jeweils erzielten Gesamtbezügen, einschließlich variabler Elemente, zusammen. Auf diese Weise findet die Entwicklung sowohl der individuellen Leistungen als auch der Unternehmenserfolge während des Arbeitslebens angemessene Berücksichtigung.

Diese Neuorientierung der Zusatzleistungen steht zwar noch an ihrem Anfang, doch dürfte sie die Vergütungspolitik der nächsten Jahre entscheidend prägen. Eine weitere, noch gravierendere Veränderung bahnt sich derzeit mit der bereits in vielen Unternehmen praktizierten „Aufgeschobenen Vergütung" (Deferred Compensation) an. Sie bietet den Mitarbeitern die steuerlich interessante, inzwischen auch rechtlich abgesicherte Möglichkeit, Teile der monetären Bezüge als Eigenleistung der betrieblichen Altersversorgung zuzuführen. Angesichts der spürbaren Zurückhaltung der Unternehmen bei betrieblichen Pensionszusagen findet diese Option bei den Mitarbeitern eine hohe Akzeptanz. Zugleich aber leistet sie durch die Gegenüberstellung von Barbezügen und Zusatzleistungen einer Total Compensation-Betrachtung Vorschub. Diese beruht auf dem Grundgedanken, daß das Unternehmen letztlich einen bestimmten finanziellen Gesamtbetrag als Gegenwert für die Arbeitsleistungen eines Mitarbeitern aufwendet. Dieser Gesamtbetrag, der sich nach Abzug gesetzlich normierter Sozialleistungen aus Festgehalt und variablen Bezügen zusammensetzt, kann demzufolge dem Mitarbeiter auch angeboten werden. Es obliegt dann seiner individuellen Nutzeneinschätzung, ob er einzelne betriebliche Zusatzleistungen gegen entsprechende Reduzierung seiner Barbezüge einkauft.

Diese Gesamtbetrachtung diente in der Vergangenheit primär als rechnerisches Investitionskalkül. Inzwischen sind jedoch einzelne Unternehmen dazu übergegangen, die Vergütung bestimmter Mitarbeitergruppen, insbesondere von Top-Leistern in Handel und Vertrieb, auf Total Compensation-Systeme umzustellen. Angesichts des verschärften Wettbewerbs um hochqualifizierte Mitarbeiter und der wachsenden Internationalisierung der Personalmärkte dürften diese Systeme künftig zunehmende Verbreitung finden.

Diese grundlegenden Veränderungen der betrieblichen Vergütungspolitik stellen das Personalmanagement in den Unternehmen vor hohe Anforderungen und forcieren zugleich die Nachfrage nach externen Beratungsleistungen.

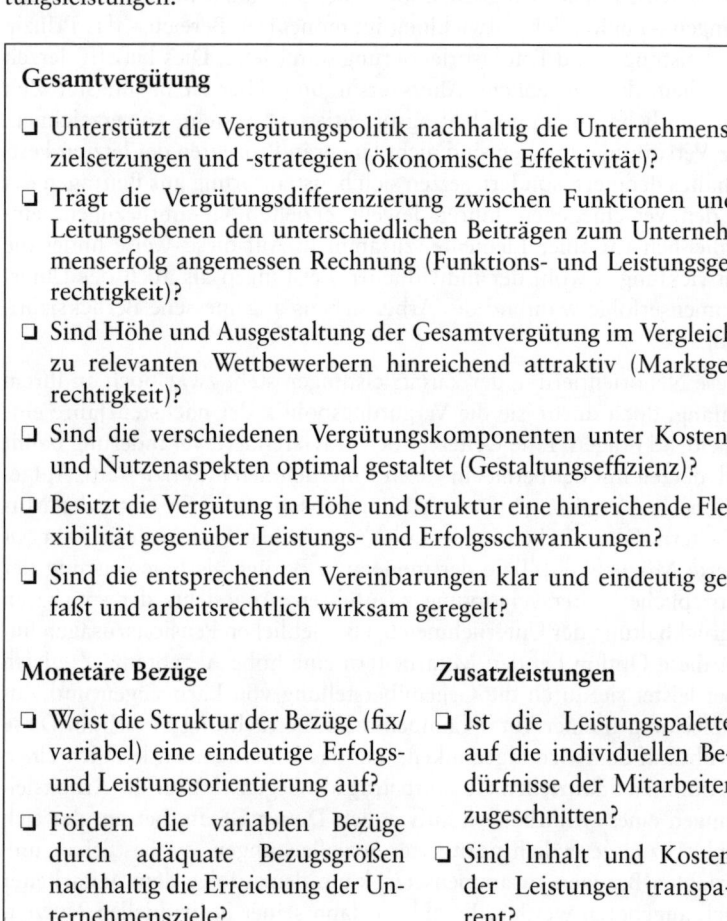

Gesamtvergütung

❏ Unterstützt die Vergütungspolitik nachhaltig die Unternehmenszielsetzungen und -strategien (ökonomische Effektivität)?

❏ Trägt die Vergütungsdifferenzierung zwischen Funktionen und Leitungsebenen den unterschiedlichen Beiträgen zum Unternehmenserfolg angemessen Rechnung (Funktions- und Leistungsgerechtigkeit)?

❏ Sind Höhe und Ausgestaltung der Gesamtvergütung im Vergleich zu relevanten Wettbewerbern hinreichend attraktiv (Marktgerechtigkeit)?

❏ Sind die verschiedenen Vergütungskomponenten unter Kosten- und Nutzenaspekten optimal gestaltet (Gestaltungseffizienz)?

❏ Besitzt die Vergütung in Höhe und Struktur eine hinreichende Flexibilität gegenüber Leistungs- und Erfolgsschwankungen?

❏ Sind die entsprechenden Vereinbarungen klar und eindeutig gefaßt und arbeitsrechtlich wirksam geregelt?

Monetäre Bezüge

❏ Weist die Struktur der Bezüge (fix/variabel) eine eindeutige Erfolgs- und Leistungsorientierung auf?

❏ Fördern die variablen Bezüge durch adäquate Bezugsgrößen nachhaltig die Erreichung der Unternehmensziele?

❏ Orientiert sich die Entwicklung der Festgehälter maßgeblich an der individuellen Leistung sowie am Unternehmenserfolg?

Zusatzleistungen

❏ Ist die Leistungspalette auf die individuellen Bedürfnisse der Mitarbeiter zugeschnitten?

❏ Sind Inhalt und Kosten der Leistungen transparent?

❏ Besteht Flexibilität bei Bedarfs-und Kostenveränderungen?

Abb. 4: Prüffragen zum Vergütungsmanagement

3. Beratung einzelner Mitarbeiter

Das Leistungsangebot der Vergütungsberatungen richtet sich vorwiegend an Unternehmen. Dies gilt grundsätzlich auch für die von ihnen erarbeiteten überbetrieblichen Vergütungsvergleiche. Dennoch kann es hier für die einzelnen Mitarbeiter, insbesondere für Führungskräfte durchaus zweckmäßig sein, sich in bestimmten Karrieresituationen der Leistungen dieser Spezialberatungen zu bedienen. Dies betrifft etwa folgende Aufgabenstellungen:

- Beratung zur angemessenen materiellen Ausgestaltung von Dienstverträgen, insbesondere bei Stellen- und Firmenwechseln.
- Schiedsgutachten zur angemessenen Vergütung bzw. Gesprächsmoderation bei Auseinandersetzungen zwischen Geschäftsführern/Vorstandsmitgliedern und ihren Aufsichtsorganen.
- Erörterung von Entsendungsmodalitäten bei Versetzungen oder Entsendungen ins Ausland. Dazu zählen Informationen über Lebenshaltungskosten, Mieten, Schulsituation, lokales Gehaltsniveau, Steuergesetzgebung.
- Gutachterliche Stellungnahmen zur Vorlage bei Gerichten etwa zur Abwehr der Vermutung verdeckter Gewinnausschüttungen aufgrund hoher Geschäftsführer-Gehälter oder zum Nachweis entgangener Verdienste bei unfallbedingten Dauerschäden.

Die Kosten dieser Leistungen richten sich im allgemeinen nach dem erforderlichen Zeitaufwand für die Beratung. Die üblichen Stundenhonorare für qualifizierte Berater bewegen sich zwischen 350 und 500 DM. Angesichts dieser Kosten zahlt sich bei Beratungsgesprächen eine gründliche Vorbereitung, insbesondere eine präzise Fragestellung, unmittelbar aus.

Teil VII

Chancen der Zusammenarbeit zwischen Klient und Berater

Kapitel 30

Ethik in der Personalberatung

von *Michael W. Harris*

1. Menschliches

In den vergangenen Jahren wurde der Begriff der Ethik für die wirtschaftswissenschaftliche Diskussion fruchtbar gemacht. Wortkombinationen wie **Unternehmensethik, Managementethik und Wirtschaftsethik** schmücken dabei die Titel dieser Veröffentlichungen, bei denen häufig vorausgesetzt wird, daß bei den Lesern und Leserinnen eine einheitliche und allgemeine Vorstellung darüber existiert, was man unter Ethik zu verstehen hat. Andere Autoren schweifen in eine umfassende philosophiegeschichtliche Abhandlung über die Entwicklung des Verständnisses von Ethik ab. Allgemein wird die Ethik als die Lehre vom sittlichen Wollen und Handeln des Menschen, der in seine Lebensumwelt eingebunden ist, verstanden. Diese Aussage ist in dieser Form sicher gültig, sie gibt jedoch noch keine Antwort auf die Frage, wie der Mensch zu seinem sittlichen Wollen gelangt. Welche Richtlinien leiten ihn bei seinen Entscheidungen und wodurch gewinnt er diese Kriterien? In diesem Aufsatz basiert der Ethikbegriff auf der Philosophie von *Kant*, der den Menschen bei all seinen Handlungen zur Berücksichtigung des

kategorischen Imperativs auffordert. Dieser verlangt von jedem Handelnden, immer nur nach derjenigen Maxime zu handeln, nach der er auch bereit ist, daß diese zum allgemeingültigen Gesetz wird. Wohl wissend, daß man *Kant* damit nicht vollständig gerecht wird, ist es aus Gründen der einfachen und täglichen Anwendbarkeit vielleicht erlaubt, die Kernaussage des kategorischen Imperativs auf die kurze und verständliche Formel „Was Du nicht willst, daß man Dir tut, das füge auch keinem anderen zu" zu reduzieren.

Wer sich bei all seinen Entscheidungen streng an dieses alte Sprichwort hält, der handelt automatisch gemäß eines Menschenbildes, das den Menschen als Subjekt versteht und einer ethischen Überprüfung durch beinahe jedes Verständnis von Ethik standhält.

2. „Kalte" Gedanken

Bevor nun gefragt werden soll, welche Auswirkungen und Möglichkeiten sich durch den Aspekt der Ethik für die Personalberatung ergeben, soll noch die Frage gestellt werden, ob nicht ethisches Verhalten in der beschriebenen Art und wirtschaftliche Interessen in einem grundsätzlichen Widerspruch zueinander stehen. Um in einfacher Form das Ziel einer Unternehmung zu beschreiben, wird gelegentlich die Metapher der „Geld-vermehrungsmaschine" gewählt. Größe und Branche der Unternehmung sind dabei unwichtig. Entscheidend ist nur, daß in den Automaten Geld eingeworfen wird und anschließend unten mehr Geld herauskommen soll. Dieses Ergebnis der Arbeit der „Geldvermehrungsmaschine", auch **Return on investment** genannt, ist es, auf den das Augenmerk der Besitzer der Maschine gerichtet ist. Eben dieses Ergebnis soll möglichst hoch sein, denn er macht den Wert der Maschine aus, was den Wert (value) der Besitzanteile der Eigentümer (shareholder) erhöht. Der Mensch wird in diesem Bild nicht einmal erwähnt. Wieso sollte man dann hoffen, daß er als Subjekt berücksichtigt werden könnte und im Umgang mit ihm ethische Richtlinien berücksichtigt würden. Jede dieser „Geldvermehrungsmaschinen" läßt nur neue Maschinenteile in sich einbauen, wenn sich die Besitzer davon eine Vergrößerung der Differenz zwischen Input und Output versprechen. Es muß also eine Modifikation in der Wertschöpfungskette durchgeführt werden. In mehr und mehr angelsächsischen und skandinavischen Unternehmen wird die „Balanced Score Card", die Shareholder-, Kunden- und Mitarbeiter-Value integriert, als Steuerungsinstrument benutzt.

Ethik kann dazu keinen Beitrag leisten, denn ethisches Verhalten verursacht lediglich Kosten und bringt keinerlei Profit. Oder gibt es vielleicht doch eine Möglichkeit, mittels Ethik die Effektivität der Maschine zu erhöhen? Hilfreich bei der Klärung dieser Frage ist ein Blick auf ein Modell der Elemente und Beziehungen eines Arbeitssystems (vgl. Abb. 1). Es erfolgt ein Input in das Arbeitssystem in Form von Materialien, Informationen und Energie, die unter Berücksichtigung der Arbeitsaufgabe, durch Menschen in Verbindung mit den Arbeitsmitteln zu einem Output (Produkten), die sich in Qualität und Quantität unterscheiden können, umgewandelt werden. Umgebungseinflüsse am Arbeitsplatz (physikalische, chemische usw.) sowie Rahmenbedingungen, unter denen die Arbeit geleistet wird, gehen ebenfalls in dieses System mit ein.

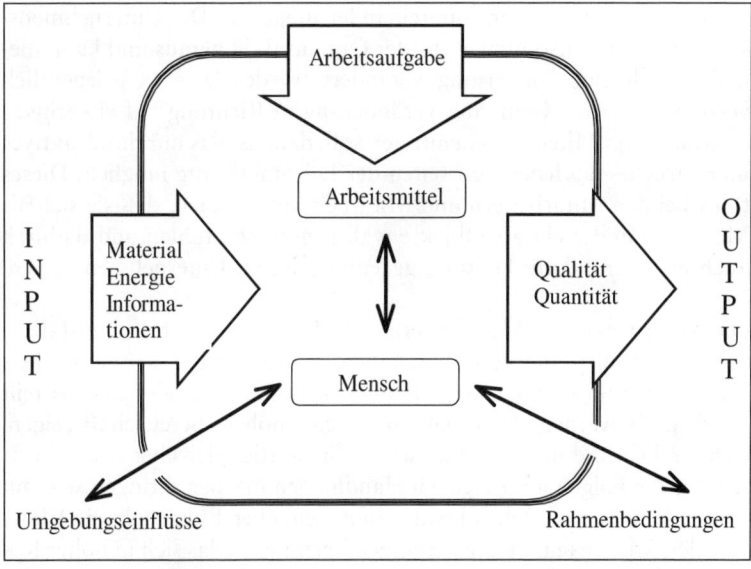

Quelle: Karg/Staehle 1982, S. 18

Abb. 1: Elemente und Beziehungen eines Arbeitssystems

Eine Veränderung an jedem Element dieses Systems kann zu einer Erhöhung der Gewinnspanne beitragen. Diese Erkenntnis ist trivial und ist in allen großen und modernen Unternehmungen schon lange umgesetzt worden. Sie ist heute weitgehend ausgereizt.

3. Der Mensch ist kein Objekt

Zuletzt wurde mit dem Aufkommen des Paradigmas der **Human Resources** auch der Stellenwert des Menschen im Arbeitssystem erkannt und erheblich aufgewertet, ja in den Mittelpunkt gestellt. Unzählige Unternehmungen haben daraufhin große Anstrengungen unternommen,

um ihre Unternehmenskultur zu verändern. Das war nicht zuletzt die
Folge der Konsultation von Unternehmensberatungsfirmen, die aus einem obsoleten Beraterverständnis heraus – dem des Beraters als Beleh-
rungsinstanz – an ihre Kunden herangetreten sind und schulmeisterhaft
von ihnen forderten, daß sie ihre Unternehmenskultur zu ändern hätten, da die jetzige nicht mehr zeitgemäß sei. Es ist der vermutlich größte
Irrtum in einer Debatte über Unternehmenskultur, die immer eng verbunden ist mit Unternehmensethik, anzunehmen, daß es möglich sei, sie
durch einen Beschluß vorgeben und verändern zu können. Sie ist immer
nur ein Ergebnis aus der Art und Weise, wie die Mitglieder einer Organisation – die Menschen – miteinander umgehen. Die Unternehmenskultur erwächst also immer aus der Organisation heraus und kann niemals durch eine Anweisung verändert werden, wie es gelegentlich
verstanden wird. Wenn eine Veränderung in Richtung auf ein ethisch
einwandfreies Miteinander eintreten soll, dann ist das nur durch **aktives
und ehrliches Vorleben** von seiten der Führungskräfte möglich. Dieses
führt bei den Mitarbeitern und Mitarbeiterinnen dazu, daß sie sich als
Menschen und nicht als Objekte wahrgenommen fühlen und dadurch
auch eine veränderte Haltung gegenüber ihrem Unternehmen zeigen.

Die Mitarbeiter und Mitarbeiterinnen, die sich gerecht und anständig
behandelt fühlen, die Vertrauen haben in ihre Führungskräfte, weil sie
sich sicher sein können, daß sie nicht hintergangen oder übervorteilt
werden, die werden als Gegenleistung eine höhere Bereitschaft zeigen,
sich für das Unternehmen einzusetzen. Sie werden sich eher verantwortlich für die Folgen ihrer eigenen Handlungen machen, bringen sich mit
ihren Ideen ein und stehen loyal zum Arbeitgeber. Es entsteht ein Klima
sozialen Friedens und wechselseitigen Vertrauens, das sich in hoher Ko-
operationsbereitschaft zwischen Unternehmensleitung und Arbeitneh-
mervertretung widerspiegelt. Das ethische Handeln trägt dann zu einer
Leistungssteigerung des Produktionsfaktors Mensch bei und wird damit zum Wettbewerbsvorteil. Der Output des Arbeitssystems wird entweder quantitativ oder qualitativ gesteigert, was einer Verbesserung in
der Wertschöpfungskette gleichkommt. Das scheinbare Paradox Ethik
und Wirtschaft wird hierdurch aufgelöst. Kritische Stimmen könnten
an dieser Stelle anmerken, daß es ethisch außerordentlich bedenklich
sei, einzig aus wettbewerbsorientierten Gründen heraus ethisch zu handeln. Dies ist ein berechtigter Vorwurf, dem jedoch entgegengehalten
werden kann, daß bei aller Liebe zur Ethik der wirtschaftliche Rahmen
nicht grundsätzlich vergessen werden darf. Natürlich wäre die Vorstellung schön, Ethik um der Ethik willen zu betreiben, aber macht es auf
der anderen Seite denn einen praktischen Unterschied, wenn die Mitarbeiter und Mitarbeiterinnen in einer ethisch handelnden Unternehmung
tätig sind, die aus Prinzip ethisch einwandfrei handelt, oder es in Kennt-

nis des wirtschaftlichen Nutzens tut? Das ist eine moralphilosophische Grundsatzfrage, die für die Mitarbeiter und Mitarbeiterinnen bestenfalls sekundär ist.

Die Entdeckung der Bedeutung der **Human Resources** in den 80er Jahren hatte zu einem sprunghaften Bedarfsanstieg im Bereich der Personalberatungen geführt. Personalauswahl und Personalentwicklung wurden zu einem zentralen Thema der strategischen Unternehmensplanung, wobei aber noch immer hauptsächlich auf Qualifikationen und Kompetenzen geachtet wurde. Es herrschte ein Geist vor, der davon ausging, daß es weitgehend ausreichend ist, Positionen mit entsprechend qualifizierten Mitarbeitern und Mitarbeiterinnen zu besetzen. Wenn es eine Unternehmung jedoch einmal geschafft hat, eine Unternehmenskultur zu entwickeln, die sich an ethischen Richtlinien orientiert, dann wird die Herausforderung für die Personalberater und Personalberaterinnen, die mit diesem Hause zusammenarbeiten, besonders groß. Schon bei der Personalauswahl tritt die erste Schwierigkeit auf. Neue Mitarbeiter des Klienten dürfen nicht ausschließlich nach sachlichen Gesichtspunkten ausgewählt werden, sondern sie müssen von ihrer Persönlichkeit her gut in die Unternehmung passen.

4. Wechselseitige Verantwortungsbereitschaft und Fairness

In einer Zeit, in der es als clever und lebenstüchtig gilt, mit einem Minimum an Arbeit viel Geld zu verdienen, wäre es naiv anzunehmen, daß alle Bewerber und Bewerberinnen wirklich reif für die wechselseitige Verantwortungsbereitschaft und Fairneß zwischen ihnen und dem Unternehmen sind. Jede Unternehmung, die nach ethischen Grundsätzen handelt, muß sich jedoch in einem gewissen Grad darauf verlassen können, daß sie dadurch nicht zu stark ausgenutzt wird. Für die Personalberater und Personalberaterin bedeutet dies, daß sie nicht nur mit standardisierten Testverfahren die Fähigkeiten der Bewerber ermitteln, sondern sie müssen über ausgeprägte Fähigkeiten im Bereich der Menschenkenntnis verfügen. Es bedarf schon außerordentlich erfahrener Berater und Beraterinnen, wenn es gelingen soll, in einem vielleicht zweistündigen Interview eine treffende Einschätzung der charakterlichen Eigenschaften eines Kandidaten vorzunehmen. Gegenüber den nicht eingestellten Bewerbern genügt es nicht, ihnen eine einfache Absage zuzusenden, sondern sie haben ein Anrecht auf ein ausführliches Feedbackgespräch, auch wenn das mit höheren Kosten wegen des Zeitaufwandes verbunden ist. Dieser Zeitaufwand rechtfertigt sich aber wiederum auch aus wirtschaftlichen Überlegungen heraus, denn der Ruf des Klienten am Arbeitsmarkt verbessert sich durch die weniger starke Frustration der abgewiesenen Kandidaten. Dem Klienten werden in Gesprächen mit Freunden und Bekannten anständige Umgangsformen attestiert und somit werden sie zu Multiplikatoren für dessen gutes Ansehen, was letztlich die Bereitschaft geeigneter Kandidaten und Kandidatinnen steigert, sich dort zu bewerben. Dies ist ein Aspekt, den man unter anderem in solchen Bereichen des Arbeitsmarktes nicht vernachlässigen sollte, in denen die Bewerberzahl stark begrenzt ist.

Betrachten wir jetzt kurz auch die Unterstützung bei der Durchführung von Assessment-Centern durch die Personalberatung. Die Durchführung von Assessment-Centern als Instrument der Personalentwicklung ist ohnehin ein heikles Thema, da die ausgewählten Mitarbeiter zwar für eine gewisse Zeit einen Motivationsschub erhalten, die anderen dagegen eine deutliche Frustration erleben, die zu einer merklichen Leistungsverschlechterung führen kann. Entscheidet man sich dennoch für ein solches Vorgehen, ist eine Nachbereitung in der beschriebenen Weise zwingend notwendig. In einer Organisation, die nach dem anfangs dargestellten Ethikverständnis handelt, wird dieses Gefühl der Enttäuschung und das subjektive Empfinden einer ungerechten Behandlung ungleich stärkere und nachhaltigere Auswirkungen auf die Motivation der nicht gewählten Kandidaten haben.

Eingeschränkt sind Berater und Klient auch in Fragen einer allgemeinen Personalreduzierung. Die Frage sei erlaubt, ob ein Unternehmen in seinem Anspruch, ethisch zu handeln, unglaubwürdig wird, wenn es bemüht ist, zur Kostensenkung die Mitarbeiterzahl zu reduzieren, ohne daß dafür eine aktuelle existentielle Notwendigkeit besteht? Nun, der Klient, der sich Ethik zur Maxime gemacht hat, wird sicher nach anderen Möglichkeiten als der Personalfreisetzung suchen und suchen müssen.

5. Wertsteigerung der Dienstleistung

Bisher wurde nur der beinahe traumhafte Zustand dargestellt, daß ein Klient, der Ethik postuliert, mit einer eben solchen Personalberatung zusammenarbeitet. Leider gibt es nicht gerade eine große Anzahl solcher Klienten. Wie verhält es sich mit den Beratern und Beraterinnen, die in der beschriebenen Weise handeln und arbeiten möchten? Haben sie eine Wettbewerbschance gegenüber denen, die ausschließlich auf Gewinnoptimierung ausgerichtet sind und dadurch preiswerter anbieten können? Die Antwort lautet: Ja, selbstverständlich, denn ethisches Verhalten ist auch im Umgang eines Unternehmens (in diesem Fall des Personalberaters) mit seinen Kunden ein enormer Anreiz, für eine Dienstleistung einen höheren Preis zu zahlen. Es stellt eine Wertsteigerung der Dienstleistung dar, die den Aufpreis rechtfertigt. Ganz besonders für den Personalberater und die Personalberaterin bietet sich diese Art der Verbesserung in der Wertschöpfungskette an, denn sie arbeiten ja ausschließlich mit Menschen, entweder als Kunden oder als Element ihrer beratenden Tätigkeit. Ihnen bleiben nicht viele Möglichkeiten, ihre Dienstleistung zu verbessern, sofern sie bereits über qualifizierte Mitarbeiter verfügen und Arbeitsabläufe optimiert haben. Die Personalberater, die nach den ethischen Grundsätzen arbeiten, werden den Klienten immer zufriedenstellen, denn sie leisten gewissenhafte und gute Arbeit. Ein starkes Vertrauensverhältnis zwischen ihnen und dem Klienten entsteht und bildet die Grundlage für eine dauerhafte und beidseitig lukrative Partnerschaft. Auch ein Unternehmen, das sich selbst nicht ethisches Handeln zur Auflage gemacht hat, wird die Vorteile dieses Beraters oder dieser Beraterin zu schätzen wissen. Voraussetzung ist allerdings, daß es dem jungen Unternehmen erst einmal gelingt, am Markt Fuß zu fassen. Hierin besteht das größte Hindernis, denn gewissenhafte Beratung ist einfach teurer als Pfusch, auch wenn ein hoher Preis nicht gleichzeitig gute Qualität garantiert. Ohne eine angemessene Reputation ist es am Markt nichtsdestoweniger kaum möglich, einen guten Preis für die Dienstleistung zu erzielen.

Nicht ohne Grund ist der *Bundesverband Deutscher Unternehmensberater (BDU)* bemüht, durch strenge Richtlinien für seine Mitglieder eine Qualitätssicherung auf hohem Niveau in diesem Markt zu erreichen und nach außen deutlich zu machen, daß Mitglieder des *BDU* in ihrer Arbeit ethischen Grundsätzen genügen und ihre Honorare wert sind. In diesem Zusammenhang stellt sich auch die Frage nach dem Schutz der Berufsbezeichnung „Unternehmensberater". Problematisch wird es für den Berater dann, wenn der Klient sich zu unmoralisch verhält und dabei geradezu in den parasitären Bereich abrutscht. Klienten, die Vertragsvereinbarungen sehr freizügig interpretieren, um sich von Verpflichtungen freizumachen oder die Vertragskonditionen unter Angabe falscher Absichten aushandeln, sind nicht ungewöhnlich. Wenn dieser Klient auch noch die Kandidaten unangemessen behandelt, so schadet er dem Berater auch indirekt, indem er dessen Vertrauensverhältnis zu den Kandidaten belastet und seine Glaubwürdigkeit vermindert. Ein Berater, der nicht mit ähnlichen Mitteln antworten will, sollte sich von diesem Klienten trennen, denn auf längere Sicht macht er hier kein gutes Geschäft. Es gibt eine ausreichende Anzahl potentieller Klienten, die aufrichtige Arbeit zu schätzen wissen und dabei über ein Mindestmaß an Gewissenhaftigkeit verfügen. Diese Klienten achten darauf, daß ihr Berater oder ihre Beraterin ein soziales Kompetenzprofil aufweisen, welches sich u. a. dadurch auszeichnet, daß sie keine Handlungen tätigen, die den potentiellen Bewerber oder Klienten in irgendeiner Weise schädigen.

6. Grund zur Freude

Es ist hoffentlich gelungen zu zeigen, daß Ethik und Wirtschaftlichkeit nicht zwei kontrastierende Begriffe sein müssen, sondern daß sie sich sowohl innerhalb eines Unternehmens als auch zwischen zwei Unternehmen durchaus vereinigen lassen und die Ethik sogar dazu beitragen kann, Wettbewerbsvorteile zu erlangen. Voraussetzung dafür ist jedoch ein aufrechter Wille zum ethischen Handeln. Nicht jeder, der viel über dieses Thema redet, handelt auch danach. Vielleicht ist es manchmal ja auch gerade umgekehrt. Ethik im Geschäftsleben ist im übrigen nicht neu, doch womöglich haben wir sie im Zuge einer Dominanz der Rechtswissenschaften innerhalb der Geschäftswelt zeitweilig aus den Augen verloren.

Grund zur Freude bietet die Hoffnung, die Ethik, die in ihren verschiedenen Ausprägungen seit Jahrtausenden eine Hilfe für das Handeln der Menschen ist, nicht sterben sehen zu müssen, sondern erleben zu können, wie sie ihren Platz in der als unerbittlich und unbarmherzig geltenden Wirtschaft einfordert.

Literatur

Baadte, G./Rauscher, A. (Hrsg.) (1991), Wirtschaft und Ethik, Graz, Wien, Köln
Bernet, B. (1993), Management, Macht und Moral, Frankfurt a.M., Berlin
Hartman, M. E. (1996), Organisational Ethics and the Good Life, New York, Oxford
Karg, P. W./Staehle, W. H. (1982), Analyse der Arbeitssituation. Verfahren und Instrumente, Freiburg i. Br.
Lachmann, W. (1987), Wirtschaft und Ethik, Neuhausen-Stuttgart
Lattmann, C. (1988), Ethik und Unternehmensführung, Heidelberg
Müller-Jentsch, W. (Hrsg.) (1993), Profitable Ethik – effiziente Kultur, München, Mering
Nutzinger, G. H. (Hrsg.) (1991), Wirtschaft und Ethik, Wiesbaden
Öhlschläger, R. (1993), Wirtschafts- und Unternehmensethik, in: Erwachsenenbildung, 3/1993, S. 133–135
Rüegg, J. (1989), Unternehmensentwicklung im Spannungsfeld von Komplexität und Ethik, Bern, Stuttgart
Ulrich, P./Thielemann, U. (1992), Ethik und Erfolg, Bern, Stuttgart
Zürn, P. (1989), Ethik im Management, Frankfurt a.M.

Kapitel 31

Klientenschutz –
Angst vor intimem Wissen der Headhunter?

von *Regine Domke*

Vorbemerkung

In der kritischen Betrachtung und Auswahl von Personalberatungsunternehmen drängen sich aus Sicht des zukünftigen Auftraggebers zunächst Fragen zu konkreten Leistungen wie einer systematischen Vorgehensweise und einer professionellen, erfolgsversprechenden Abwicklung auf. Darüber hinaus muß eine grundsätzliche Überlegung berücksichtigt werden: Welche Form von **Kundenschutz** kann dem Klienten garantiert werden? Damit ist zunächst die vertrauliche Behandlung aller mit der Besetzung einer Vakanz verbundenen firmenspezifischen Hintergründe und sonstige Detailinformationen, in die der Berater Einblick gewinnt, gemeint.

Als vorausschauender Planer wird ein Unternehmer jedoch auch an die Zeit nach der Abwicklung denken. Wird der Berater womöglich gewonnene Informationen zum eigenen Vorteil, der im krassen Widerspruch zu den Interessen des ehemaligen Klienten stehen kann, nutzen? Oder, um vagen Befürchtungen klare Konturen zu verleihen: Wird er beispielsweise hauseigene Führungskräfte des Klienten, zu denen er Kontakt hatte, im Hinblick auf Vakanzen bei Mitbewerbern ansprechen?

Unternehmer, die bei der Besetzung interner „Schaltstellen" professionelle Hilfe für die Durchdringung des sich immer unübersichtlicher gestaltenden Arbeitsmarktes suchen, stehen vor dem Dilemma, daß – analog zum Arbeitsmarkt – der Beratermarkt ebenfalls einen Wildwuchs von Anbietern zu verzeichnen hat. Auch hier trifft die Feststellung zu, daß steigende Quantität nicht mit der Anhebung des qualitativen Niveaus gekoppelt ist.

Zudem sorgen Einzelfälle von „schwarze Schafen" des Beratermarktes dafür, daß Schreckensvisionen vom skrupellosen „Headhunter" Verbreitung finden. Diese setzen scheinbar ihr jahrelang gewonnenes Wissen in eine obskure Datei hochdotierter Köpfe um, die sie – wann immer sie zum Zuge kommen – auf dem Spielfeld deutscher Unternehmen verschieben, um jedesmal ein „Kopfgeld" einzustreichen.

1. Kundenschutz als Seriositätskriterium

Zur besseren Orientierung auf dem Beratermarkt müssen leicht nachvollziehbare Kriterien für die Bewertung seriöser Beratungsunternehmen herangezogen werden. Grundvoraussetzung einer erfolgreichen Zusammenarbeit zwischen Auftraggeber und Berater ist die Herausbildung und fortwährende Pflege eines **Vertrauensverhältnisses**, dessen notwendige Bedingung und Folge zugleich der Kundenschutz ist.

Anders gesagt: Ohne Kundenschutz im Sinne einer grundsätzlich vertraulichen Behandlung aller internen Angaben, die den potentiellen Auftraggeber und sein Unternehmen betreffen, geht es nicht – darin sind sich seriöse Personalberater einig. BDU-Mitglieder haben diese Maxime zum Bestandteil ihrer **Berufsgrundsätze für Personalberater** gemacht. Und daß dieses freiwillige Berufsethos weitreichende Auswirkungen auf die Abwicklung von Beratungsaufträgen hat, liegt auf der Hand.

Ernstgenommener Kundenschutz prägt das Verhältnis von Klient und Berater und ist unabdingbare Voraussetzung für eine vertrauensvolle und letztendlich erfolgreiche Zusammenarbeit. Die absolute Wahrung von Vertraulichkeit muß bereits in der Anfragephase, in der der Berater möglichst detailliert das Personalproblem aufnimmt, gegeben sein.

Im juristischen Sinne kann Kundenschutz in der Bedeutung strikter Vertraulichkeit im Stadium der Auftragserteilung dem Personalberater als „vertragliche Nebenpflicht" abverlangt werden, ohne daß dies in einer entsprechenden, den Beratungsauftrag betreffenden schriftlichen Vereinbarung ausdrücklich aufgeführt wird.

2. Beteiligte Interessengruppen

Wird dem Personalberater aufgrund des ausgearbeiteten Lösungsvorschlages ein Beratungsauftrag erteilt, so gewinnt das anfragende Unternehmen den Klientenstatus und wird überführt in das feine Netz eines

Sicherheitssystems, das dem Schutz aller Beteiligten (Klient, Berater, potentielle Kandidaten) und somit der bestmöglichen Lösung des Personalproblems dient. Die innere Logik gewährleistet, daß dieses Netzsystem funktioniert: Der Auftraggeber kann über das Beratungsunternehmen auf dem Arbeitsmarkt agieren, ohne Mitbewerbern und anderen Beobachtern frühzeitig Hintergründe und strategische Absichten, die bei der Besetzung der Vakanz eine Rolle spielen, zu offenbaren. Gleichzeitig können genau diese vielfach brisanten Informationen dem Berater – oftmals eher als eigenen Mitarbeitern – vermittelt werden, damit er eingedenk dieser Umstände den passenden Bewerber empfehlen kann.

Diese weitgehende Identifikation mit den Belangen des Auftraggebers kann nur sichergestellt werden, wenn auch der Berater seinerseits dadurch geschützt ist, daß er als Alleinbeauftragter handelt und die Bindung zum Auftraggeber durch eine aufwandsbezogene Honorargestaltung gefestigt wird. Denn steht der nicht allein beauftragte Berater unter dem Druck, im Wettlauf gegen andere Berater Kandidaten zu „apportieren", um im Glücksfall in den Genuß eines erfolgsbezogenen Honorars zu kommen, wird es ihm schwerfallen, überlegt zu beraten, ggf. abzuraten und in Anbetracht seines hohen Erfolgsrisikos den Interessen eines Auftraggebers eine angemessene Bedeutung zuzuschreiben. Ergeben sich Anfragen anderer Unternehmen – womöglich von Mitbewerbern – steht der nicht gebundene Berater vor einem kaum lösbaren Interessenkonflikt.

In Anbetracht einer schwierigen Arbeitsmarktlage verlangt verständlicherweise auch die dritte beteiligte Gruppe, die Interessenten, aus denen sich die späteren Kandidaten rekrutieren, nach Schutzmechanismen. Gerade im Fall kleiner Branchen zögern dringend gesuchte Spezialisten, nähere Informationen über eine aktuelle Ausschreibung einzuholen, um sich eventuell zu bewerben. Ein als neutraler und vertrauenswürdiger Mittler eingeschalteter Personalberater kann hier die Möglichkeit schaffen, erste Informationen auszutauschen, ohne daß Interessenten verfrüht gezwungen werden, als Bewerber in den Vordergrund zu treten.

3. Umfang des Klientenschutzes

Der projektbezogene Kundenschutz ist Ausdruck der Interessengemeinschaft von Berater und Klient für die Dauer der Abwicklung und mündet in eine zunächst zeitlich unbegrenzte Interessenwahrung seitens des Beraters. Auf diese Weise wird dasjenige Unternehmen, für das bereits eine Beratungsleistung erbracht worden ist oder gerade erbracht wird, anderen Interessensgruppen gegenüber immer vorrangig behandelt.

Kundenschutz im engeren Sinne bedeutet weiterhin, daß Mitarbeiter eines Klienten automatisch tabu sind für die Direktansprache im Rahmen der Personalsuche für einen anderen Auftraggeber. Im Idealfall gilt dies auch für anzeigenbezogene Bewerbungen von Arbeitnehmern aus dem Hause aktueller Auftraggeber. Um eventuellen Interessenkonflikten vorzubeugen, werden engagierte Berater diese Bewerbungen – stillschweigend – im Rahmen anderer Ausschreibungen nicht berücksichtigen. Eine Ausnahme besteht, wenn der zu schützende Auftraggeber vorher seine allgemeine Einwilligung erteilt, eigenes Personal zu berücksichtigen. Dies wäre vorstellbar, wenn er generell gezwungen ist, Personal abzubauen.

Die Motivation eines seriösen Beraters, sich derartige Beschränkungen seines Handlungsspielraumes aufzuerlegen, ist über die vertrauensfördernde Wirkung auf die Bindung Klient-Berater hinausgehend das Ziel, den jeweiligen Auftraggeber als Stammkunden zu gewinnen. In der langfristigen Zusammenarbeit und der sich beständig vertiefenden wechselseitigen Kenntnis von Möglichkeiten und Bedingungen liegen Erfolgschancen, die dem Erreichen kurzfristiger „Vermittlungserfolge" deutlich vorzuziehen sind.

Das Potential des unbefristet angelegten Vertrauensverhältnisses wird nur dann nicht ausgeschöpft, wenn einer der Beteiligten die Interessenbeziehung aufkündigt. Eine solch einschneidende Maßnahme ist nur in besonderen Fällen erforderlich, wenn sich beispielsweise die Persönlichkeiten und dadurch bedingte Vorgehensweisen von Berater und Auftraggeber als unvereinbar erweisen. Dieser Umstand entbindet den Berater fortan nicht von der grundsätzlichen Wahrung der Vertraulichkeit.

4. Konfliktfelder in der Beratungspraxis

Es kann nicht geleugnet werden, daß in der Beratungspraxis Konstellationen anzutreffen sind, die das Bemühen um einen umfassenden Kundenschutz, Synonym einer unbefristeten Interessengemeinschaft, gefährden. Erfahrene und anerkannte Berater werden ihre Arbeitsschwerpunkte so gestalten, daß die folgenden Konfliktfelder umgangen werden.

Konflikte sind vorgezeichnet, wenn sich die Beratungstätigkeit auf wenige, kleine Branchen konzentriert. In diesem Fall steht der Berater unter Umständen in den Diensten von mehreren Vertretern einer geringen Zahl von direkten Mitbewerbern. Hält er die hohen Maßstäbe des umfassenden Kundenschutzes aufrecht, dann schmälert er seinen Handlungsspielraum und seine Erfolgsaussichten empfindlich.

Das zweite Konfliktfeld birgt noch offensichtlichere Widersprüche in sich. Es ist gegeben, wenn ein Berater **Outplacement** betreibt, das heißt für Unternehmen ehemalige Mitarbeiter bei der Suche neuer Positionen berät, und parallel dazu andere Unternehmen in der Suche und Auswahl von Fach- und Führungskräften unterstützt. Kommt es zu Überschneidungen, beispielsweise wenn er Mitarbeiter, denen er in der Bewerbungsphase gegen Honorar behilflich ist, bei anderen Auftraggebern als Kandidaten vorstellt, kann bei zweifach winkendem Honorar unmöglich ein hoher Grad von Befangenheit ausgeschlossen werden.

Derart bizarre Einzelbeispiele lassen sich in beliebiger Zahl weiter ausmalen. Entscheidend ist, daß interessierte zukünftige Auftraggeber frühzeitig sicherstellen, daß in die engere Wahl gezogene Beratungsunternehmen gemäß ihrer Geschäftsgrundsätze von vornherein **nicht miteinander zu vereinbarende Leistungsangebote** ausschließen. Diese Gedanken haben Eingang gefunden in die vom BDU verabschiedeten „Berufsgrundsätze für Personalberater". Nachweisliche Verstöße werden auf BDU-Ebene mit Sanktionen geahndet, die bis zum Ausschluß aus dem Verband führen können.

Zusätzliche Sicherheit läßt sich durch eine entsprechende vertragliche Fixierung der angesprochenen Punkte zum Zeitpunkt der Auftragserteilung gewinnen; weitere Hinweise hierzu sind dem Kapitel „Vertragsgestaltung" zu entnehmen.

Unabhängig von einer entsprechenden vertraglichen Gestaltung wird jeder vorausschauende Berater, der langfristig erfolgreich auf dem Markt agieren möchte, den zunächst projektbezogenen Kundenschutz möglichst langfristig aufrechterhalten, um so – unabhängig von einem aktuellen Auftrag – jederzeit den Anknüpfungspunkt zu bieten, aus einem passiven Kontakt eine aktive Geschäftsbeziehung zu gestalten.

Kapitel 32

Der ideale Klient

von *Joachim von Rumohr*

Vorbemerkung

In der Personalberatung liegt die bekannte win-win-win Situation vor. Bei einer gelungenen Suche nach einer Führungskraft profitieren Klient, plazierter Kandidat und Berater in gleichem Maße. Der Auftraggeber bekommt sein Management-Problem gelöst und der Kandidat macht möglicherweise einen interessanten Karrieresprung. Der Personalberater kann das Suchprojekt erst einmal abschließen und die Integration des Kandidaten in das neue Unternehmen begleiten. Zudem haben alle Gespräche in Zusammenhang mit der Suche nach einer Führungskraft grundsätzlich ein positives Vorzeichen und verlaufen demgemäß in angenehmen Bahnen, meist auch in angenehmem Rahmen.

Auch in der Personalberatung gibt es ein Delta zwischen Wunsch und Wirklichkeit. Und da Wunschbilder Leitbilder sind, handelt dieser Beitrag von dem idealen Klienten.

Der ideale Klient stellt folglich ein Wunschbild dar, genauso wie der ideale Kandidat, der bei der Besetzung einer Führungsposition in einer Stellenbeschreibung, oder Spezifikation, wie es die Personalberater nennen, beschrieben wird. Auch das Bild des idealen Klienten ist mit einer ganzen Reihe von Persönlichkeitsmerkmalen versehen, die für eine erfolgreiche Zusammenarbeit essentiell sind. Fehlen dem Klienten eine oder mehrere Eigenschaften, so wird die Arbeitsbeziehung für den Personalberater schwieriger, erschwert oder in ganz extremen Fällen gar unmöglich.

Über welche Eigenschaften und Attribute muß nun der Auftraggeber verfügen, damit es zu einer fruchtbaren Zusammenarbeit mit dem Personalberater kommt und damit zu einer optimalen Beratungsleistung?

1. Informationsbereitschaft und zeitliche Investition bei Projektbeginn

No return without investment. Das gilt auch für die Zeit, die sich der Auftraggeber nehmen muß, um den für die Suche und Auswahl eingeschalteten Berater eingehend zu informieren und zu briefen. Ein Klient nimmt sich für den Such- und Entscheidungsprozeß oft nicht genügend Zeit, obgleich er dann aber in zukünftigen Jahren mit seinem, von ihm eingestellten, Mitarbeiter eng zusammenarbeiten muß. Klar, es soll möglichst schnell und unkompliziert gehen. Für solche Berater, die überwiegend im unteren Management Positionen besetzen, wird kein so starkes Informationsbedürfnis bei einer Neubesetzung vorliegen. Insbesondere jedoch beim ersten Mandat sollte es die Pflicht und Bereitschaft des Auftraggebers sein, den Berater über Unternehmenskultur, Organisationsstrukturen, Personalpolitik und Marktstrategien etc. zu unterrichten.

Der Berater sollte durch den Auftraggeber über die zu vergebende Position, über Aufgaben und zukünftiges berufliches Umfeld umfassend informiert sein. Dies sichert bei dem involvierten Personalberater ein gutes Verständnis für die Voraussetzungen, Besonderheiten und Konsequenzen der geplanten Besetzung. Der Klient übersieht teilweise, daß der Personalberater, ganz besonders im Executive Search, eine Führungskraft für die neue Aufgabe interessieren und richtige und gewichtige Gründe anführen muß, um einen Manager in sicherer und erfolgreicher Position zu bewegen, gegebenenfalls den Arbeitgeber zu wechseln. Diese Gespräche zwischen Personalberater und Kandidat sind dann um so ergiebiger und erquicklicher, je mehr der Berater zu informieren weiß.

Daher lädt der ideale Klient den Personalberater zusätzlich dazu ein, Verwaltung, Werke und andere Einrichtungen seiner Gesellschaft zu besichtigen. Dadurch ist es dem Consultant dann möglich, persönliche Eindrücke hinsichtlich der Unternehmenskultur zu gewinnen. Die wiederum spielen bei der erfolgreichen Besetzung deswegen eine Rolle, da ein Manager mit einem offenen, kooperativen Führungsstil vergeblich seine Entfaltungsmöglichkeiten in einem Unternehmen sucht, welches von einem autokratischen und dominanten Geschäftsführer geleitet wird.

Ein umsichtiger Auftraggeber bezieht in der Informationsphase nicht nur die oberste Ebene, sondern auch den direkten Vorgesetzten der neuen Führungskraft mit in die Überlegungen ein, um sicherzustellen, daß das gewünschte Profil des zukünftigen Positionsinhabers von allen Beteiligten in gleichem Maße getragen wird. Erfahrene und engagierte Chefs einer Personalabteilung tragen dafür stets Sorge und stellen Kontakte zu allen wesentlichen internen Entscheidern her.

2. Entscheidungsprozeß und Bereitschaft zur Entscheidung

Unerläßlich für den Berater bei der Suche nach einer Führungskraft sind Kenntnisse über unternehmensinterne Entscheidungsabläufe. Wie findet der Auswahlprozeß statt? Wer ist bei der Präsentation von Kandidaten als erster involviert, werden Kollegen aus der Geschäftsleitung oder Vorstand ebenfalls mit in den Prozeß einbezogen? Will oder muß ein Mitglied des Aufsichtsrats auch gehört werden?

Der Personalberater bereitet die besten Kandidaten in einer Suche auf den weiteren Fortgang der Gespräche im Unternehmen des Mandanten vor. In Abhängigkeit von hierarchischer Einordnung der Position spricht vielleicht der Personalchef und der fachliche Vorgesetzte zuerst mit dem Interessierten. Es folgt der zuständige Geschäftsführer oder Vorstand, oft noch ein weiterer Kollege, wobei die Reihenfolge beliebig austauschbar ist. Zuletzt tritt der Auserkorene beim Eurochef in Paris oder Brüssel an, um ein weiteres Mal Überzeugungsarbeit zu leisten. Ein zeitaufwendiger, aber notwendiger Abstimmungsprozeß, der manchmal zwei bis drei Urlaubstage des Kandidaten in Anspruch nimmt.

Der Berater begleitet i. d. R. mehrere Kandidaten bei diesem Prozeß. Manch ein Mandant wünscht bei der Vielzahl der Gespräche stets die Anwesenheit des Personalberaters, um sein eigenes Urteil stets absichern oder modifizieren zu können.

Kommt der Klient zu keinem klaren Urteil und ziehen sich fällige Entscheidungen über Wochen hin und werden u. U. noch ein weiteres Mal vertagt, so sind Kandidaten irritiert, verunsichert und verlieren eventuell das Interesse an der zu vergebenden Position und haben – oft dann nicht zu unrecht – Zweifel an der Professionalität ihres potentiellen Arbeitgebers.

In einem inhabergeführten Unternehmen liegen die Entscheidungshierarchien meist offen, was dazu führen kann, einem interessierten Manager ein rasches, großzügiges Angebot zu machen, welches eine größere Chance hat, dann auch angenommen zu werden. Abgesicherte und schnelle Entscheidungen bauen zügig ein Vertrauensverhältnis auf.

3. Leichte Erreichbarkeit und unkompliziertes Kommunikationsverhalten

Ein Personalberater, sei es ein Einzelberater oder ein Consultant einer größeren Beratungsgesellschaft, dockt sich für ein Beratungsprojekt mehrere Monate an ein Unternehmen an. Nach Abschluß des Informationsprozesses beginnt die eigentliche Suche, entweder anzeigengestützt oder in Form der Direktansprache.

Es ergeben sich besonders in der Anfangsphase oder nach den ersten Interviews mit den Kandidaten weitere Fragen. Die kurzfristige Erreichbarkeit des wesentlichen Ansprechpartners beim Auftraggeber ist ein entscheidender Vorteil bei der Suche. Abstimmungsprozesse und Terminvereinbarungen, die vielleicht durch ein kurzes Telefonat innerhalb von ein oder zwei Tagen möglich wären, dann aber doch eine Woche und mehr benötigen, verlangsamen den Suchprozeß und nehmen ihm Dynamik.

Wenn es dann zu Präsentationen kommt, dürfen Kandidaten nicht mit Terminen mit vier- bis sechswöchiger Vorlaufzeit hingehalten werden. Hier ist Flexibilität hilfreich, sich vielleicht auch einmal abends oder am Wochenende mit den Gesprächspartnern zu treffen. Mangelhafte Terminkoordinierung, starres Bestehen auf einem einzigen Termin oder wiederholte Verschiebungen von Terminen erzeugen allseits Unbill.

Bestehen größere Schwierigkeiten im Unternehmen, ist es nur vernünftig, diese über den Berater behutsam an geeignete und interessierte Manager heranzutragen, bzw. diese unmißverständlich bereits im ersten Gespräch anzudeuten. Aufrichtigkeit – nicht zu verwechseln mit naiver Offenheit – zahlt sich langfristig aus. Ein Auftraggeber mag sich vielleicht anfänglich scheuen, den operativen Verlust in einer Unternehmenssparte zuzugeben, weil er wohlmöglich dafür Mitverantwortung trägt; für den richtigen Manager ist diese Situation vielleicht besonders reizvoll, hatte er sich nicht immer schon eine Sanierungsaufgabe gewünscht? Ähnliches Verhalten und Denken hat auch seine Gültigkeit im Bereich personeller Altlasten.

4. Takt, Anstand und Fingerspitzengefühl

Das Interessante und gleichzeitig Brisante im Wirtschaftsgeschehen ist der fast völlig freie Zugang zu ihm, denn in sehr vielen Bereichen gibt es kaum oder nur sehr niedrig gesetzte Eintrittsbarrieren. Herkunft, Ausbildung und Werdegang der Teilnehmer am Wirtschaftsleben sind extrem heterogen. Streng gehandhabte Usancen, wie sie in den Kaufmannschaften der Hansestädte ausgeübt wurden, sind heute in weiten Bereichen nicht mehr zu finden.

So betrachtet, nehmen bei einem Wechsel einer Führungskraft das Verhalten, oder Takt und Anstand der beteiligten Parteien einen nicht zu unterschätzenden Stellenwert ein. Mündlich erteilte Zusagen sowie Terminvereinbarungen sollten vom Auftraggeber unter allen Umständen eingehalten werden. Auch im vorgelegten Arbeitsvertrag erkennt man den Stil der Unternehmenskultur. Eingeforderte polizeiliche Führungszeugnisse mögen bei der Einstellung eines Buchhalters Sinn machen, bei hochkarätigen Managern erzeugt dieser Wunsch Irritationen. Vorausgegangene arbeitsrechtliche Prozesse mit ehemaligen Führungskräften finden in Verträgen ihren Niederschlag in besonders umständlich formulierten Vertragszusätzen, die eine Absicherung nach allen Seiten signalisieren. Das Risiko sollte jedoch immer von beiden Seiten getragen werden.

Die eigentlich selbstverständliche Vertraulichkeit des gesamten Rekrutierungsablaufes darf zu keinem Zeitpunkt der Suche – auch nicht nach Beendigung oder Abbruch – in Frage gestellt werden. Voreilige Verlautbarungen vor oder auch nach schriftlicher Vertragseinigung durch den Auftraggeber können einem Kandidaten und zukünftigen Manager des suchenden Unternehmens erheblichen Schaden bereiten und somit auch der auftraggebenden Firma selber. Suchende Unternehmen, die hinter dem Rücken aller Beteiligten Referenzen über Kandidaten einholen, handeln ohne Verantwortung.

Auch trifft man immer wieder auf Klienten, die Kandidaten und den Personalberater gerne eine halbe Stunde und länger warten lassen. Der Moment des ‚ersten Eindrucks' hat nicht nur für den Klienten, sondern natürlich auch für den Kandidaten Gültigkeit. Dazu gehört für den Klienten auch die zu leistende Vorbereitung auf das Gespräch wie z.B. das vorherige Studieren vertraulicher Berichte.

Bei der ersten Vorstellung ist es eine beliebte Frage, den Kandidaten zu allererst nach der Intention und Motivation seines angestrebten Wechsels zu fragen. Handelt es sich hierbei um eine Suche in der Direktansprache, bei der der Personalberater vielleicht überdurchschnittlich viel Überzeugungsaufwand benötigt hat, um zwei oder drei Manager für eine nicht besonders spannende Aufgabe und Firma zu interessieren, so blickt man dann in betretene Gesichter. Der Kandidat windet sich zu Recht in seinem Stuhl und zeigt entweder beherzt Schlagfertigkeit oder hat den ersten Punkt verloren. Dabei sind die Motive für einen angestrebten Firmenwechsel tatsächlich von wesentlicher Bedeutung, sollten aber nicht zu Beginn eines Gespräches diskutiert werden. Telefonate, die in den Besprechungsraum durchgestellt werden, wirken genauso störend wie die parallele Bearbeitung einer Unterschriftenmappe. Die Liste möglicher Faux Pas ließe sich beliebig verlängern. Mit einem gesunden Menschenverstand, etwas Fingerspitzengefühl und einem Schuß Diplomatie sind die meisten Fettnäpfe leicht zu umgehen und werden durch eine angenehmere Gesprächsatmosphäre mit Offenheit belohnt.

Präsentationen mit dem interessierten Manager und dem Klienten dienen einem gezielten Informationsaustausch, damit beide interessierten Seiten sich eine Basis für eine wichtige Weichenstellung erarbeiten können. Nun neigt ein Teil im Lager der Arbeitgeber dazu, den weitaus umfangreichsten Teil dieses Gespräches dazu zu nutzen, um Kandidaten nachhaltig zu überzeugen, welch ein erfahrener Manager ihm gegenüber sitzt und welch interessantes Unternehmen er führt bzw. vertritt. Um jedoch eine substantiell abgesicherte Entscheidung treffen zu können, ist es ratsam, den Kandidaten den zeitlich größeren Teil des Gespräches zu Wort kommen und ihn seine Gedanken entwickeln zu lassen. An dieser Stelle sei der Hinweis erlaubt, daß Zuhören kein Zeichen von Schwäche ist. Aktives Zuhören schließt vielmehr auch das bewußte Beobachten des Gesprächspartners mit ein und resultiert in zusätzlichem Erkenntnisgewinn. Und durch einen offen geführten Dialog gibt sich eine Führungskraft am besten zu erkennen. Ein Personalberater, der einer solchen Präsentation beiwohnt, vermag Ungleichgewichte mit leichter und unsichtbarer Hand zu steuern.

Der Klient darf bei allen ökonomischen Problemen, die er durch die Einstellung eines Managers zu lösen gedenkt, nicht die soziale Dimension seiner Entscheidung für einen Manager unberücksichtigt lassen. Er trägt eine gewisse Mitverantwortung für den plazierten Kandidaten, der in der Regel seinen Arbeitsplatz ohne Not zugunsten eines neuen aufgibt. Ehefrau und meist auch noch Schulkinder folgen mit zeitlichem Abstand an den neuen Wohnort und suchen Integration.

5. Ziel- und ergebnisorientiertes Denken

Der ideale Klient weiß, was er will, wen er für welche Position sucht. Meist gibt es über Alter, Ausbildung und Berufserfahrung keine gravierenden Diskussionen. Fallweise kann es einem Personalberater auch geschehen, daß ein Klient schon einige Kandidaten aus dem direkten Wettbewerb für eine vakante Position zu benennen weiß. Er hat sich im Vorfeld, oft mit dem Personalverantwortlichen des Hauses, Zeit genommen, um ein Profil zu entwerfen. Es ist wichtig, daß er seine eigenen Vorstellungen mit einbringt.

Die hierarchische Einordnung, das Einfügen einer neu geschaffenen Position in eine Organisation ist zweifelsohne schwieriger, da mit weitreichenden Konsequenzen und möglicherweise mit Widerstand innerhalb des Managements verbunden. Auch die Gestaltung des Aufgabenumfangs, der sinnvollen Abgrenzung zu Nachbarressorts und der zugehörigen Verantwortlichkeiten führt im Vorfeld immer wieder zu fruchtbaren Diskussionen.

Der ideale Klient bezieht den Personalberater frühzeitig in seine Überlegungen mit ein und gibt ihm selbstverständlich die Möglichkeit, Aufgaben und Verantwortlichkeiten der zu besetzenden Position mitzugestalten. Es kommt vor, daß Positionen mit einem zu geringen Kompetenzbereich vom Auftraggeber angedacht werden, die für die meisten Interessenten im Markt nicht wirklich attraktiv sind. So gilt es für den Berater, die Position neu zu strukturieren und ggfs. mit Aufgaben anzureichern, um sie attraktiver zu gestalten. Hier besitzt der Berater das größere Know-how. Bei einer Position im Bereich des mittleren Managements sollte schon der nächste Schritt in der Karriereleiter überlegt bzw. eingeplant sein, um Interessenten eine Perspektive aufzeigen zu können.

6. Aufgeschlossenheit und Flexibilität

Bei grenzüberschreitenden Suchen treffen naturgemäß recht unterschiedliche Kulturen, Usancen und Gepflogenheiten aufeinander. Das betont ausgeprägte Sicherheitsdenken der Manager mitteleuropäischer Länder stößt in anglophil orientierten Ländern eher auf Unverständnis. Ein Praktiker hat es in Frankreich ungleich schwerer als in den USA, in eine Führungsposition zu gelangen. Das Gehaltsniveau einer vergleichbaren Position in der Schweiz und England divergiert möglicherweise bis zu 50 %. Ein Manager eines US-Unternehmen, welches beispielsweise eine Vertriebsgesellschaft in der Bundesrepublik aufbauen möchte, muß erst lernen zu verstehen, was Lohnnebenkosten für ihn bedeuten.

Jede Seite sollte behutsam mit der anderen umgehen und sich neuen Situationen vorurteilsfrei zuwenden.

7. Vertrauen

Der ideale Klient arbeitet mit einem Berater zusammen, dem er volles Vertrauen schenken kann. Über fachliche Kompetenz, Seriosität, Erfolgswille und Bereitschaft, zu dienen und zu leisten, darf kein Zweifel bestehen.

Wenn ein gutes, aufrichtiges und vertrauensvolles Arbeiten möglich ist, das auf ähnlichen Wertvorstellungen basiert, kommt es fast zwangsläufig zu der anfangs beschriebenen win-win-win Situation. Wenn man sich zudem auch sympathisch ist und der gegenseitigen Wertschätzung sicher sein kann, steht einer erfolgreichen und damit auch meist langfristigen Arbeitsbeziehung zwischen Klient und Berater nichts im Wege.

Kapitel 33

Die Gestaltung des Vertrags über Personalberatung – Notwendige, übliche und kritische Vertragsinhalte

von *Andreas Quiring* *

---

* Rechtsanwalt in München, Lehrbeauftragter der Fachhochschule Ludwigshafen für den MBA-Studiengang Internationale Unternehmensberatung

1. Einführung

Im Rahmen der Privatautonomie ist es grundsätzlich dem Einzelnen überlassen, seine Rechtsverhältnisse eigenverantwortlich zu gestalten. Ausfluß hiervon ist die Vertragsfreiheit, also das Recht zu bestimmen, ob, mit wem und mit welchem Inhalt Regeln zum Leistungsaustausch getroffen werden sollen. Dieses Prinzip begegnet auch bei der Personalberatung[1] diversen Ausnahmen.

Soweit ein Vertrag für einen Sachverhalt keine Regelung enthält und/oder staatlich gesetztes Recht einer Änderung durch individuelle Absprachen entzogen ist, gelten die allgemeinen Gesetze. Das BGB[2] definiert die Wesensmerkmale von unterschiedlichen Vertragstypen und enthält für sie jeweils besondere Regelungen. Einige dieser Vertragstypen kommen auch für Personalberatung in Frage. Allerdings kennt das BGB keinen eigenständigen Typus „Personalberatungsvertrag". Das erhöht die Anforderungen an eine für Klient und Berater sachdienliche Vertragsgestaltung.

Die erschöpfende Darstellung unseres Themas würde ein eigenes Buch füllen. Die im vorliegenden Rahmen notwendige Selektion zwingt zur Schwerpunktbildung. Daher werden wir nach Hinweisen auf einige gesetzliche Rahmenbedingungen (Abschnitt 2) vor allem die Aufgabendefinition für Personalberater (Abschnitt 3) und Kriterien der Honorargestaltung (Abschnitt 4) erörtern, ferner besonders wichtige ergänzende Regelungen (Abschnitt 5). In Abschnitt 6 sind für die Vertragsgestaltung bedeutende Aspekte in Form einer Checkliste zusammengefaßt.

---

[1] Der Begriff „Personalberatung" wird nachfolgend in dem BDU-üblichen, engeren Wortsinn verwendet, der auf Beratung und Unterstützung von Arbeitgebern bei der Suche und Auswahl von Führungskräften bezogen ist und insbesondere beratungsunabhängige Vermittlung ausschließt
[2] Bürgerliches Gesetzbuch

2. Gesetzliche Rahmenbedingungen

Was in Personalberatungsverträgen in welcher Form zu regeln ist und welche Absprachen zu vermeiden sind, hängt neben dem Willen der Vertragspartner in erster Linie davon ab, welchem Vertragstyp des BGB der Vertrag zuzuordnen ist und welche naheliegenden „Stolpersteine" zu vermeiden sind.

2.1 Vertragstypen des BGB

2.1.1 Bedeutung der gesetzlichen Einordnung

Die Verträge von Personalberatern mit ihren Kunden können als Dienst-, Werk- oder Maklervertrag im Sinn des BGB einzuordnen sein[3]. Die Systematik gewinnt insbesondere an Gewicht, wenn

- die Arbeit des Personalberaters nicht zu dem gewünschten Ergebnis geführt hat;
- der Beratungsvertrag nicht sämtliche Details der Zusammenarbeit, einschließlich etwaiger Leistungsstörungen[4] sowie Kündigungsrechte und -folgen, vollständig und abschließend regelt;
- die Wirksamkeit standardisierter Vertragsteile, wie z. B. Haftungsregelungen, am AGBG[5] zu überprüfen sind;
- die Wirksamkeit des gesamten Vertrags nach §§ 291, 292, 297 SGB III in Frage steht[6].

Für Personalberatung am besten geeignet ist ein Dienstvertrag[7]; die weitere Darstellung wird deshalb in erster Linie auf diese Vertragsform zu beziehen sein.

2.1.2 Wesentliche Merkmale eines Dienstvertrags

Kennzeichnend für einen Dienstvertrag ist die Leistung oder Bereitstellung von Diensten gegen Entgelt, ohne daß ein bestimmtes Ergebnis geschuldet ist. Demzufolge kommt eine Gewährleistung für Resultate nicht in Betracht, wohl aber bei vorwerfbaren Pflichtverletzungen eine Haftung auf Schadensersatz.

Wenn der Dienstvertrag nicht für eine im voraus festgelegte Zeit eingegangen ist, endet er durch Kündigung. Für eine ordentliche Kündigung

---

[3] Vgl. zu diesen Vertragstypen und ihren Vor- und Nachteilen in der Unternehmensberatung näher *Quiring* 1996, S. 186–197

[4] wie Verzug, Unmöglichkeit oder Mangelhaftigkeit der Leistung

[5] Gesetz zur Regelung des Rechts der Allgemeinen Geschäftsbedingungen; in seinem Anwendungsbereich beschränkt es die inhaltliche Vertragsfreiheit; vgl. dazu näher *Quiring* 1996, S. 216–221

[6] Vgl. dazu im einzelnen Kapitel 5 (S. 48 ff.)

[7] Vgl. dazu näher unten, Abschnitt 3.1 (S. 394 f.)

sind bestimmte Fristen einzuhalten; deren Dauer hängt davon ab, ob und gegebenenfalls nach welchen Zeitabschnitten[8] die Vergütung bemessen ist (§ 621 BGB). Daneben kommt – unabhängig vom Vorliegen eines wichtigen Grundes – eine außerordentliche Kündigung in Betracht, wenn „der zur Dienstleistung Verpflichtete, ohne in einem dauernden Dienstverhältnis mit festen Bezügen zu stehen, Dienste höherer Art zu leisten hat, die aufgrund besonderen Vertrauens übertragen zu werden pflegen" (§ 627 BGB). Diese Voraussetzungen liegen in der Personalberatung nicht selten vor[9]; in diesem Fall kann der Klient den Vertrag jederzeit fristlos kündigen, der Personalberater hingegen nur so, daß sein Auftraggeber sich die Dienste anderweitig beschaffen kann. Unabhängig davon besteht ein fristloses Kündigungsrecht aus wichtigem Grund (§ 626 BGB).

2.1.3 Abgrenzung zu anderen Vertragsarten

Der Unterschied zum Auftrag liegt vor allem darin, daß jener unentgeltlich (§ 662 BGB), der Dienstvertrag aber entgeltlich ist.

Beim Werkvertrag wird ein bestimmtes, möglicherweise auch unkörperliches Ergebnis versprochen, beim Dienstvertrag dagegen die Dienstleistung als solche.

Im Rahmen eines Maklervertrags muß der Vermittler grundsätzlich nicht tätig werden[10], kann aber nur dann Vergütung beanspruchen, wenn er für den definierten Erfolg zumindest eine Mitursache gesetzt hat. Als Erfolgsfall gilt hier der Abschluß des beabsichtigten Vertrages zwischen seinem Klienten und dem gesuchten Mitarbeiter.

2.1.4 Zuordnung in der Praxis

So einfach die Unterscheidung in der Theorie ist, so schwer fällt sie oft in der Praxis. Welcher Vertragstyp vorliegt, ist dann unter Berücksichtigung aller Umstände des Einzelfalles durch Auslegung zu ermitteln. Dabei werden neben den vertraglich fixierten Aufgaben des Beraters auch die aus dem Vertrag erkennbare Zielrichtung und Interessenlage der Parteien sowie die Vergütungsmodalitäten berücksichtigt.

So hat z.B. das OLG Köln[11] 1996 einen Personalberatungsvertrag als Dienstvertrag eingestuft. Dafür waren im Kern zwei Aspekte ausschlaggebend: Zum einen hing es nach dem Vertrag letztlich von der freien Entscheidung des Klienten ab, ob die Tätigkeit des Personalberaters zu dem beiderseits gewünschten Erfolg, nämlich der Einstellung eines Be-

---

[8] z.B. Tage, Wochen, Monate
[9] zu den Folgen für die Vertragsgestaltung vgl. unten, Abschnitt 5.4 (S. 403 f.)
[10] anderes gilt, wenn ein Allein- oder Exklusivauftrag vereinbart wurde
[11] Urteil vom 05.07.1996, abgedruckt in: NJW-RR 1997, S. 885 f.

werbers, führt. Außerdem war das Honorar in Teilzahlungen von erheblicher Höhe zu leisten und zwar zu Zeitpunkten, in denen noch keinerlei Erfolg im Sinn des Werk- oder Maklerrechts zu erwarten war. Daraus hat das Gericht abgeleitet, der Personalberater sei nicht zur Herbeiführung eines Erfolges, sondern nur zu den näher vereinbarten Tätigkeiten verpflichtet gewesen. *Kein* Argument gegen einen Dienstvertrag sei, daß der Berater zugesichert hatte, „die Projekte zum vereinbarten Pauschalhonorar bis zum erfolgreichen Abschluß zu betreuen". Dies bedeute lediglich, daß das Pauschalhonorar unter Umständen auch eine längerfristige Betreuung abdecken solle, und daß die Restzahlung grundsätzlich erst nach erfolgreichem Abschluß der Betreuung und Beratung fällig werden solle.

Genau die gegenteilige Position hat 1998 das OLG Düsseldorf bezogen: Aus der Zusage, auch nach Ablauf der auf vier Monate angelegten und monatlich zu honorierenden Kooperation die Suche honorarfrei fortzusetzen, bis der Klient den Auftrag für erledigt erklärt, leitete dieses Gericht die Erfolgsabhängigkeit des Honorars und damit die Anwendbarkeit von Maklerrecht ab. Dem in der Auftragsbestätigung zitierten Begriff „Beratungsdienstleistung" wurde keine Bedeutung beigemessen: Hierbei handele es sich um „eine falsche Beschreibung der im übrigen recht verschwommen umschriebenen Tätigkeit", die zutreffend als Maklertätigkeit zu charakterisieren sei. Da der Erfolg ausgeblieben war, wurden die Personalberater verurteilt, ihr vertragsgemäß in Raten eingenommenes Honorar zurückzuzahlen[12].

Ein Vergleich der Sachverhalte, die diesen Urteilen zugrunde lagen, fördert zu den drei wichtigsten Aspekten zwei Übereinstimmungen und einen Unterschied zu Tage. In beiden Fällen sollten die Personalberater (1) ihre Klienten beim Auffinden geeigneter Personen für berufliche Zusammenarbeit unterstützen und (2) dafür den weit überwiegenden Teil des Honorars erhalten, noch ehe ein „Erfolg" zu erwarten war. Dagegen waren (3) die Beraterleistungen in jenem Vertrag, der dem OLG Düsseldorf vorlag, anders als im Kölner Fall nur sehr vage skizziert; sie beschränkten sich auf die Worte „Beratungsdienstleistung nach dem Prinzip der direkten Suche und Auswahl zur Rekrutierung".

Die in den Ergebnissen stark divergierende Praxis belegt erneut: Schlagworte wie „Dienstleistung" sind per se nutzlos; das Vertrauen darauf, die Gerichte würden im Streitfall die Vor- und Selbstverständnisse einer Branche berücksichtigen, kann leicht enttäuscht werden. Daher verdient die Ausgestaltung der Vertragsdetails hohe Aufmerksamkeit.

---

[12] Urteil vom 12. 11. 1998, Revision ist eingelegt. Vgl. zu diesem Urteil näher *Quiring* 1999, S. 69 ff. mit weiteren Nachweisen

2.2 Wirksamkeitshindernisse

Manche Verträge sind aus Sicht des Gesetzgebers unerwünscht, ihnen wird die rechtliche Gültigkeit versagt. Mit anderen Worten: Selbst wenn Klient und Personalberater sich einig sind und bestimmte Regelungen treffen, entfalten diese keine Bindungswirkung. Die klassischen Stolpersteine der Personalberatung liegen im Arbeitsvermittlungsrecht und dem Rechtsberatungsgesetz RBerG.

Eine Überschreitung der dort jeweils gezogenen Grenzen hat unter anderem die Unwirksamkeit des Vertrages zur Folge [13]. Für den Berater bedeutet dies das Fehlen einer Vertragsgrundlage für seinen Honoraranspruch. Die für den Klienten wenig erfreuliche Konsequenz: Der Berater kann grundsätzlich jederzeit seine Tätigkeit einstellen, ohne sich schadensersatzpflichtig zu machen [14].

2.2.1 Grenze zur Personalvermittlung

Einer Erlaubnis der BfA für seine Tätigkeit bedarf ein Personalberater nur dann nicht, wenn er im alleinigen Interesse und Auftrag eines Arbeitgebers diesen bei der Selbstsuche nach Arbeitnehmern unterstützt und hierfür eine weit überwiegend erfolgsunabhängige Vergütung vereinbart und gewährt wird [15]. Beachtet der Berater nicht diese Grenzen und verfügt er auch nicht über die dann notwendige Erlaubnis, so ist der Vertrag unwirksam [16].

Folglich sollten Personalberater ohne Vermittlungserlaubnis bei Vertragsgestaltung und -durchführung größten Wert darauf legen, die aus § 291 Abs. 2 Nr. 2 SGB III folgenden Beschränkungen, so vage sie teilweise auch formuliert sein mögen, strikt zu beachten.

2.2.2 Grenze zur Rechtsberatung

Die Hilfeleistung in konkreten fremden Rechtsangelegenheiten, gleich ob durch Beratung des Klienten oder Wahrnehmung seiner Interessen gegenüber einem (potentiellen) Vertragspartner, behält das RBerG solchen Personen vor, die dazu eine gesonderte Erlaubnis besitzen [17]. Der BGH [18] hat durch ein aufsehenerregendes Urteil vom 18.05.1995 [19] den

---

[13] Vgl. dazu näher Kapitel 5, Abschnitt 6.1 (S. 66); die Ausführungen dort gelten im Ergebnis auch für Verstöße gegen das RBerG

[14] soweit in derartigen Fällen nicht ausnahmsweise eine Haftung nach den Grundsätzen der c.i.c. eingreift; vgl. dazu *Quiring* 1996, S. 174–176

[15] § 291 SGB III; vgl. dazu Kapitel 5, dort insbes. Abschnitt 4 (S. 56ff.)

[16] Vgl. dazu Kapitel 5, dort Abschnitt 6.2 (S. 66)

[17] Vgl. dazu *Quiring* 1996, S. 29–47

[18] Bundesgerichtshof

[19] abgedruckt z.B. in: Betriebsberater 1995, S. 2126f.

Verbotsbereich des RBerG extrem ausgedehnt und dies später nochmals bestätigt[20].

Die daraus resultierenden Probleme können Personalberater vermeiden, indem sie ihre Mitwirkung bei der Festlegung von Einstellungs-, Arbeits- und Vergütungsbedingungen des Kandidaten ausschließlich auf wirtschaftliche Faktoren beschränken und rechtliches Wissen allenfalls in allgemeiner, nicht auf den Einzelfall bezogener Form kundgeben. Ebenso sollten sie die Auswahl eines geeigneten Vertragsmusters, die Ausformulierung der Vertragsbedingungen im Einzelfall und darauf bezogene Verhandlungen mit dem Kandidaten dem Klienten selbst oder einem von diesem unmittelbar zu beauftragenden Angehörigen der rechtsberatenden Berufe überlassen.

3. Die Aufgaben des Personalberaters

3.1 Ausgangslage

Das BGB besagt nur, daß die „vereinbarten Dienste zu leisten" sind, nicht aber, welcher Art die Dienste sein sollen. Das bedarf somit einer genauen Vereinbarung zwischen Berater und Klient.

Die besondere Eignung des Dienstvertrags für Personalberatung liegt in seinen Vorteilen für beide Vertragspartner. Gegenüber der „Adressenmakelei" erhöht sich für den Klienten bei entsprechender Betonung des Beratungselements die Wahrscheinlichkeit, daß „der richtige Kandidat" für die offene Position gefunden wird. Der Personalberater möchte keinen „Erfolg" schulden, zumal der Erfolg – nämlich die Einstellung eines Kandidaten – letztlich im freien Belieben des Klienten steht: Dem Arbeitgeber muß es vorbehalten bleiben, die Einstellung eines neuen Mitarbeiters selbst dann abzulehnen, wenn dieser dem objektiven, vorher definierten Anforderungsprofil voll entspricht. Das Ablehnungsrecht ist vor allem dann wichtig, wenn es um die Besetzung von Vertraucnsstellungen geht, bei denen „die Chemie stimmen" muß.

Konsequenz daraus ist die Empfehlung, bei der Aufgabenbeschreibung des Personalberaters auf das gesetzliche Leitbild[21] des Dienstvertrages Bedacht zu nehmen.

3.2 Katalog der Dienstleistungen in der Personalberatung

Eine Regelung, wonach der Berater den Arbeitgeber „im Rahmen eines umfassenden Personalberatungsauftrags bei der Suche und Auswahl

---

[20] Vgl. dazu näher *Quiring* 1997, S. 40–44
[21] Vgl. oben Abschnitt 2.1.2 (S. 390f.)

eines Mitarbeiters für die Besetzung einer (definierten) Position unterstützen" soll, ist vor dem Hintergrund des § 291 SGB III zwar sinnvoll,
für ein klares Leistungsbild jedoch nicht ausreichend. Bei welchen Aufgaben und in welcher Form die Unterstützung durch den Berater konkret stattfinden soll, bedarf daher einer zusätzlichen Fixierung.

Bei der Aufgabenbeschreibung empfiehlt es sich, insbesondere die folgenden Punkte zu bedenken:

- Analyse der zu besetzenden Stelle und des betrieblichen Umfeldes einschließlich der Führungsorganisation;
- Erarbeiten des fachlichen und persönlichen Anforderungsprofils der
offenen Position;
- Profil des Wunschkandidaten: Beschreiben und Festlegen der notwendigen und erwünschten Voraussetzungen sowie der auszuschlie-
ßenden Kriterien;
- Suche geeigneter Kandidaten;
- gründliche und qualifizierte Vorbeurteilung der Kandidaten einschließlich umfassender Referenzenprüfung;
- Unterstützung des Arbeitgebers in den Vorstellungsgesprächen und
bei deren Auswertung;
- Unterstützung des Arbeitgebers bei der Auswahlentscheidung;
- Beratung des Arbeitgebers zu wirtschaftlichen und psychologischen
Faktoren der Einstellungs- und Vergütungsbedingungen.

Bei jedem einzelnen dieser Schritte zweckmäßig ist eine nähere Konkretisierung des gewünschten Vorgehens nach Art sowie zeitlichem und
qualitativem Umfang. Wie das im Einzelfall am besten geschieht, hängt
weitestgehend von den jeweiligen individuellen Bedürfnissen der Partner des Personalberatungsvertrages ab, entzieht sich also einer tragfähi-
gen Verallgemeinerung.

In jedem Fall zweckmäßig sind einige Vorsichtsmaßnahmen, um nicht
die Unwirksamkeit des Vertrags zu riskieren:

3.3 Kriterien für die Ausfüllung des Rahmens

Das „3. Gebot der Personalberatung"[22] legt es nahe, enge Zusammenarbeit zwischen dem Berater und seinem Klienten zu vereinbaren, damit
dieser stets Herr des Stellenbesetzungsverfahrens bleibt. Als Minimum
ist an die Rechte des Klienten zu denken, von dem Berater jederzeit Berichterstattung über den Stand seiner Bemühungen verlangen sowie die
Kandidatenauswahl maßgebend beeinflussen zu können.

Aus dem „1. und 2. Gebot der Personalberatung" ist abzuleiten: Die
vertragliche Aufgabenbeschreibung sollte keinerlei Zweifel erlauben,

---

[22] Vgl. Kapitel 5, dort Abschnitt 4.5 (S. 59)

daß der Personalberater ausschließlich im Interesse und Auftrag des Arbeitgebers tätig wird. Diesen Aspekten wird vor allem bei Outplacementberatung gesteigerte Aufmerksamkeit zu widmen sein.

Besondere Vorsicht ist schließlich mit Rücksicht auf das RBerG geboten, wenn es darum geht, ob und in welcher Form der Personalberater den Klienten in Zusammenhang mit der Festlegung von Einstellungs- und Vergütungsbedingungen für den Kandidaten unterstützen soll[23].

4. Die Vergütung des Personalberaters

4.1 Einführung

Neben der Beschreibung der Aufgaben des Personalberaters kommt der sorgfältigen Festlegung der Modalitäten seiner Vergütung herausragende Bedeutung bei der Vertragsgestaltung zu[24].

Das BGB stellt (auch) für Personalberater keine in der Praxis befriedigenden Honorierungsmaßstäbe bereit. Daher empfiehlt es sich, die Voraussetzungen für die Vergütung des Personalberaters, den Maßstab für deren Höhe und ihre Fälligkeit(en) vertraglich festzulegen. Jeder dieser Punkte birgt einige Chancen und Risiken für die Vertragspartner in sich.

4.2 Honorarformen

In der Praxis wird das Honorar teilweise in Abhängigkeit vom Zeitaufwand des Beraters, teilweise als Pauschale und teilweise auch in Abhängigkeit von einem Erfolg definiert. Erfolgshonorare[25] sind hier nur noch zur Abgrenzung von anderen Formen zu behandeln.

4.2.1 Zeithonorar

Unter „Zeithonorar" oder „zeitaufwandsabhängigem Honorar" wird eine Vergütung verstanden, die direkt an die vom Personalberater für den konkreten Auftrag verbrauchte Arbeitszeit anknüpft. Ausprägungen sind Stunden- und Tagessätze sowie Wochen- und Monatspauschalen. Dabei sollten sowohl die Zeitabschnitte als auch die Höhe des Honorars pro Zeitabschnitt genau festgelegt werden. Ebenso empfiehlt sich eine Klarstellung, ob das Honorar nur für tatsächlich geleistete Dienste anfällt oder auch für die Bereitstellung von Arbeitskapazität seitens des Personalberaters, unabhängig vom Abruf durch den Klienten.

---

[23] Vgl. dazu näher Abschnitt 2.2.2 (S. 393)
[24] Vgl. dazu Abschnitte 2.1.4 (S. 391 f.) und 2.2.1 (S. 393 f.)
[25] Vgl. dazu oben Kapitel 5, dort insbes. Abschnitt 4.6 (S. 60)

Bei Wahl der Bemessungsgrundlage[26] für das Honorar ist zu beachten, daß sie unmittelbar von Einfluß auf die Frist zur regulären Kündigung des Vertrages sein kann[27]. Diese gesetzliche Folge aus § 621 BGB können die Parteien allerdings ändern[28].

Der größte Vorzug des Zeithonorars liegt – neben der Klarstellung des Vorliegens einiger Voraussetzungen von § 291 Abs. 2 Nr. 2 SGB III – darin, daß es mit der größten Wahrscheinlichkeit zu einer aufwandsgerechten Vergütung führt. Ist bei einfach gelagertem Sachverhalt die Aufgabe des Personalberaters zügig zu erledigen, muß der Kunde auch nur entsprechend wenig bezahlen. Sind die Aufgaben des Beraters dagegen besonders umfangreich oder schwierig und der Zeitaufwand entsprechend hoch, so kann er gleichwohl mit angemessener Honorierung rechnen. Für den Klienten hat das den Vorteil, daß der Berater auch dann, wenn er keinen Erfolg schuldet, infolge der angemessenen Honorierung an dem ordnungsgemäßen Abschluß der Beratung interessiert sein und nicht darauf drängen wird, das Mandat vorzeitig zu beenden.

Mit diesen Vorteilen sind naturgemäß auch Nachteile verbunden: Beide Seiten des Personalberatungs(dienst-)vertrages können ihren Aufwand bzw. Erlös schwieriger einschätzen: Bei zügiger Abarbeitung des Auftrages verdient der Berater weniger, als er zunächst kalkuliert haben mag, und bei komplizierter Fallgestaltung kann die Beratung das vom Auftraggeber eingeplante Budget übersteigen. Diese Nachteile lassen sich jedoch durch ergänzende Regelungen[29] auffangen, selbstverständlich um den Preis, daß dadurch die Aufwandsgerechtigkeit zu Lasten der einen oder anderen Seite reduziert wird.

4.2.2 Festhonorar

Von Fest-, Fix- oder Pauschalhonorar wird üblicherweise gesprochen, wenn die Vergütung des Beraters der Höhe nach nicht in ein unmittelbares Abhängigkeitsverhältnis von einem bestimmten Zeitaufwand gestellt, sondern unabhängig davon vereinbart wird.

Der Vorteil des Festhonorars liegt auf der Hand: Beide Vertragspartner wissen, mit welchem Umsatzerlös bzw. Aufwand sie für den konkreten Auftrag zu rechnen haben. In diesem Aspekt dürfte der Hauptgrund für die (bisher) weite Verbreitung von Festhonoraren in der Personalberatung liegen.

Indes sind mit einem Festhonorar für beide Seiten auch Nachteile und Risiken verbunden:

---

[26] Zeitaufwand pro Stunde, Tag, Woche, Monat etc.
[27] Vgl. dazu oben Abschnitt 2.1.2
[28] Vgl. dazu unten Abschnitt 5.4
[29] Vgl. dazu unten Abschnitt 4.3.1 (S. 399)

Der Klient läuft Gefahr, für eine vom Personalberater im Einzelfall leicht zu lösende Aufgabe unverhältnismäßig viel bezahlen zu müssen. Spiegelbildlich trägt der Personalberater das Risiko, für seine eigene Vertragserfüllung wesentlich mehr Zeit aufwenden zu müssen, als ursprünglich kalkuliert; Folge kann sein, daß ein Auftrag für ihn ohne Gewinn oder sogar mit Verlust verbunden ist.

Ein neues und zusätzliches Risiko liegt darin, daß § 291 Abs. 2 Nr. 2 SGB III nicht definiert, wann Beratungshonorar erfolgsunabhängig ist, unter anderem hiervon aber die Zulässigkeit für Personalberatung (ohne Vermittlungserlaubnis) abhängt[30].

Anders als bei Zeithonorar liegt bei Festhonorar die Annahme nicht fern, daß es vom Erfolg der Tätigkeit des Beraters abhängen soll. Dies gilt in besonderem Maße, wenn die Auslegung des Vertrages seine Einordnung als Maklervertrag ergibt und/oder das Honorar erst nach Beendigung des Auftrags fällig wird.

Damit ist nicht gesagt, daß jedes Festhonorar in der Personalberatung automatisch als erfolgsabhängig zu werten sei. Durch Regelungen über ratenweises, vom Ergebnis der Beratung unabhängiges Fälligwerden des Honorars beispielsweise läßt sich durchaus auch ein Festhonorar vom Beratungsergebnis oder, mit anderen Worten, vom Beratungserfolg abkoppeln.

4.3 Verbindung unterschiedlicher Honorarformen

Infolge und im Rahmen der grundsätzlichen Vertragsfreiheit bleibt es den Partnern eines Beratungsvertrages überlassen, ob sie sich für eine Honorarform entscheiden oder ob sie innerhalb eines Vertrages mehrere Honorarformen verbinden.

Eine Kombination liegt insbesondere dann nahe, wenn das Leistungsbild des Beraters nach dem Vertrag in unterschiedliche, in sich geschlossene Abschnitte, Phasen, Schritte oder Stufen gegliedert ist und diese ihrem Wesen nach unterschiedlichen Vertragstypen zuzuordnen sind. Für Dienstverträge liegt im allgemeinen ein zeitabhängiges Honorar nahe, für Werkverträge ein Festhonorar und für Maklerverträge ein Erfolgshonorar. Allerdings kann jede der Honorarformen mit jeder anderen – oder auch alle miteinander – im Rahmen eines Vertrages kombiniert werden.

Unkritisch ist das jeweils nur für jene Personalberater, die im Besitz einer nach §§ 291, 292 SGB III etwa erforderlichen Vermittlungserlaubnis sind. Alle anderen Personalberater hingegen sollten aufgrund der

---

[30] Vgl. dazu oben Kapitel 5, dort insbes. Abschnitte 4.6, 4.7 (S. 60 ff.)

Abgrenzung in § 291 Abs. 2 Nr. 2 SGB III die folgenden Besonderheiten beachten:

4.3.1 Kombination von Zeit- und Festhonorar

Dieses Nebeneinander von zwei Vergütungsformen innerhalb eines Vertrages ist unter dem Blickwinkel des § 291 SGB III in zwei von drei wesentlichen Varianten unsensibel:

Keine Probleme treten auf, wenn die Kombination von Zeit- und Festhonorar alleine darin liegt, ein zeitabhängig definiertes Honorar zugunsten des Beraters mit einem zeitunabhängigem Mindestsockel und/oder zugunsten des Klienten mit einer Höchstsumme, die nicht überschritten werden darf, zu begrenzen.

Unproblematisch wird es weiter sein, in einem mehrstufigen Vertrag teilweise zeitabhängiges Honorar und für andere Teile Festvergütung vorzusehen, solange bei der Festvergütung die oben[31] erwähnten Konstellationen durch entsprechende Regelungen im Vertrag vermieden werden.

Kritisch kann es dagegen werden, wenn bei der Kombination von Zeit- und Festhonorar letzteres – gleich aus welchem Grund – als erfolgsabhängig erscheint. In diesem Fall droht dieselbe Problematik wie bei der Kombination von Zeit- und Erfolgshonorar.

4.3.2 Kombination von Zeit- und Erfolgshonorar

Entsprechend dem „5. Gebot"[32] des § 291 Abs. 2 Nr. 2 SGB III muß nicht nur die im Vertrag vereinbarte, sondern auch die tatsächlich gezahlte Vergütung weit überwiegend erfolgsunabhängig sein. Daher verdienen folgende Aspekte erhöhte Aufmerksamkeit:

Zum einen besteht bis auf weiteres Rechtsunsicherheit bei der Frage, wann eine Vergütung als „weit überwiegend erfolgsunabhängig" anzusehen ist[33]. Doch selbst wenn in Zukunft die zulässige Erfolgshonorarquote einmal feststehen wird, ist bedächtiges Vorgehen angezeigt:

Werden ein zeitabhängiges Honorar sowie daneben ein Erfolgshonorar vereinbart, das aus einer festen Geldsumme oder einem bestimmten Prozentsatz des Jahresgehalts für den neuen Mitarbeiter besteht, so kann folgende Situation auftreten: Der Personalberater wird zunächst ein zeitabhängiges Honorar kalkulieren, das das erwartete Erfolgshonorar genügend „weit überwiegt". Wird freilich der Auftrag schneller abgewickelt als erwartet, so reduziert sich der Anspruch auf zeitabhängiges Honorar; folglich kann sich prozentual der Anteil des Erfolgsho-

---

[31] Vgl. Abschnitt 4.2.2 (S. 397 f.)
[32] Vgl. Kapitel 5, dort Abschnitt 4.5 (S. 59 f.)
[33] Vgl. Kapitel 5, dort Abschnitt 4.6 (S. 60)

norars an der vom Personalberater verdienten Gesamtvergütung über die kritische Grenze hinaus verschieben.

Derselbe Effekt kann eintreten, wenn das Erfolgshonorar des Personalberaters in einem bestimmten Prozentsatz des Jahresgehaltes für den neuen Mitarbeiter besteht und dieser seine Gehaltsverhandlungen so geschickt führt, daß sich ein höheres Erfolgshonorar errechnet, als nach der ursprünglichen Planung des Personalberaters und seines Klienten vorgesehen war.

In diesen Fällen wäre zwar das vertraglich vereinbarte Honorar weit überwiegend erfolgsunabhängig, nicht aber das tatsächlich anfallende. Nachdem die Erlaubnisfreiheit der Personalberatung aber davon abhängt, daß auch das tatsächlich gezahlte Honorar weit überwiegend vom Erfolg der Beratung unabhängig ist, würde infolge von nach Abschluß des jeweiligen Personalberatungsvertrages eintretenden Umständen der Vertrag rechtsunwirksam[34].

Für diese Fälle kann und muß bereits im Personalberatungsvertrag Vorsorge getroffen werden. Am einfachsten geschieht dies im Anschluß an die Definition der Voraussetzungen für Zeit- und Erfolgshonorar durch eine Zusatzregelung, die das Erfolgshonorar nach oben auf einen bestimmten Prozentsatz des verdienten Zeithonorars begrenzt. Ein Beispiel mag das verdeutlichen: Unterstellt man einen Erfolgshonoraranteil von maximal 1/3 des Gesamthonorars als die nach § 291 Abs. 2 Nr. 2 SGB III maßgebende Grenze, so dürfte der Betrag des Erfolgshonorars keinesfalls die halbe Summe des verdienten Zeithonorars übersteigen.

4.3.3 Kombination von Fest- und Erfolgshonorar

Bei dieser Variante gelten die vorstehenden Ausführungen entsprechend. Bei dem Festhonoraranteil ist also darauf zu achten, daß er nicht als Erfolgshonorar interpretiert werden kann[35]. Und wenn das Erfolgshonorar aus der Vergütung des neuen Mitarbeiters zu berechnen ist, bedarf es der gleichen Deckelungsregelung wie bei der Kombination von Zeit- und Erfolgshonorar[36].

4.4 Fälligkeit des Honorars

4.4.1 Gesetzliche Ausgangslage

Bei Fehlen abweichender Regelungen im Vertrag gilt für die Fälligkeit des Honorars der Grundsatz nachträglicher Zahlung. Ist bei einem Dienstvertrag die Vergütung nach Zeitabschnitten bemessen, so ist sie

---

[34] sofern der Berater keine Erlaubnis zur Vermittlung besitzt
[35] Vgl. Abschnitt 4.2.2 (S. 397)
[36] Vgl. Abschnitt 4.3.2 (S. 399)

nach dem Ablauf der einzelnen Zeitabschnitte zu entrichten (§ 614 BGB). Beim Werkvertrag kommt es auf die Vollendung bzw. Abnahme des Werks – unter Umständen in selbständigen Teilen – an (§ 641 BGB).

Soweit dies von den Vertragsbeteiligten als unangemessen empfunden wird, steht es ihnen frei, davon durch Vertrag abweichende Regelungen zu treffen.

4.4.2 Vertragliche Regelungen

Bei Dienstverträgen über Personalberatung ist es – ungeachtet der Vereinbarung einer Vergütung auf Stunden- oder Tagessatzbasis – üblich, Zeitabschnitte für Rechnungsstellung des Personalberaters, etwa 14-tägig oder monatlich, zu vereinbaren.

Bei Festvergütungen entspricht es verbreiteter Praxis, Abschlagszahlungen vorzusehen. Um der Gefahr zu entgehen, daß Festhonorar als „erfolgsabhängig" im Sinne von § 291 Abs. 2 Nr. 2 SGB III interpretiert wird, liegt es für Personalberater künftig nahe, Festvergütungen und Abschlagszahlungen nicht an das Erreichen oder gar die Abnahme bestimmter Leistungsschritte zu knüpfen, sondern an schlichten Zeitablauf.

Dabei sollten Honorarvorauszahlungen, die vom Leitbild des BGB für den jeweiligen Vertragstyp abweichen, durch individuelle Abreden mit dem Kunden vereinbart werden, aber nicht durch Formularverträge oder sonstige allgemeine Geschäftsbedingungen[37]. Zumindest sollte der Berater in den Vertragsverhandlungen mit dem Klienten die ernsthafte Bereitschaft erkennen lassen, standardisierte Vorauszahlungsklauseln zur Disposition zu stellen. Anderenfalls ist nicht sicher auszuschließen, daß sie als unangemessene Benachteiligung des Klienten und damit nach § 9 AGBG als rechtsunwirksam gewertet werden können.

4.5 Auslagenersatz

Entspricht ein Personalberatungsvertrag dem gesetzlichen Typus eines Dienst- oder Werkvertrages, so kann der Berater von seinem Auftraggeber die Erstattung solcher Aufwendungen verlangen, die er für notwendig halten durfte (§§ 675, 670 BGB).

Um Streit über die Erforderlichkeit zu vermeiden, liegt es nahe, im Vertrag festzulegen, ob und ggf. in welcher Höhe der Klient neben dem Honorar insbesondere folgende Kosten zu tragen hat:

---

[37] Allgemeine Geschäftsbedingungen sind alle für eine Mehrzahl von Verträgen vorformulierten Vertragsbedingungen, die eine Partei der anderen bei Abschluß eines Vertrages stellt (§ 1 AGBG). Vgl. dazu *Quiring* 1996, S. 216–221

- Kosten von Anzeigenschaltungen in den Medien,
- Reisekosten des Personalberaters,
- Vorstellungskosten von Kandidaten,
- Gebühren für Telekommunikation, Postdienste etc.

5. Ergänzende Regelungen

5.1 Sinn von vertraglichen Nebenbestimmungen

Nebenbestimmungen sind Regeln, die nicht die beiderseitigen Hauptleistungspflichten, also die Aufgaben des Personalberaters und die Zahlungspflicht seines Klienten, betreffen. Ihr Sinn liegt darin, die im Einzelfall oft als wenig zweckmäßig empfundenen Normen des BGB zu ersetzen oder zu modifizieren. Das gilt in der Personalberatung vor allem für folgende Punkte:

5.2 Exklusivität

Im Bereich der Personalberatung, insbesondere in Bezug auf Führungskräfte, kann es auf potentielle Kandidaten wenig vorteilhaft wirken, wenn sie in kurzer Folge von verschiedenen Beratern für dasselbe Unternehmen angesprochen werden. Nach dem BGB sind Klienten jedoch nicht gehindert, dieselbe Aufgabe mehreren Personalberatern parallel zu übertragen. Um dies und den damit oft verbundenen Negativeffekt für alle Beteiligten zu vermeiden, ist es unter Personalberatern verbreitet üblich, nur exklusive Mandate entgegenzunehmen. Ein Alleinauftrag bedarf infolge der Gesetzeslage einer ausdrücklichen Vereinbarung.

Rechtswirksam sind Exklusivitätsabsprachen allerdings nur bei Personalberatung, die sich in dem von § 291 Abs. 2 Nr. 2 SGB III gezogenen Rahmen hält.[38]

5.3 Mitwirkung des Klienten im Beratungsprozeß

Die erfolgreiche Beratung von Unternehmen setzt präzise Kenntnisse des Beraters über die Ausgangslage seines Klienten sowie dessen Wünsche und Zielsetzungen voraus. Dieses Wissen kann nur der Klient, sei es in eigener Person, sei es durch leitende Mitarbeiter, dem Berater vermitteln. Daher ist generell eine intensive Mitwirkung des Klienten im Beratungsprozeß empfehlenswert. Andererseits ist dieses Bewußtsein bei den Nachfragern von Beratungsleistungen nicht immer in dem wünschenswerten Maß vorhanden, sollte also von dem Berater geweckt

---

[38] Vgl. Kapitel 5, dort insbesondere Abschnitte 4 (S. 56) und 6.2 (S. 66)

werden. Dies geschieht oft schon im Vorgespräch oder in allgemein fomulierten „Beratungsgrundsätzen", die dem Kunden überreicht werden.

Aus rechtlicher Sicht vorzugswürdig ist es, Art und Umfang der Mitwirkung des Klienten im Beratungsvertrag ausdrücklich zu regeln. Dies dient einer präziseren Abgrenzung der Leistungspflichten des Beraters und kann darüber hinaus klarstellen, daß er seinen Klienten nur (im Sinn von § 291 Abs. 2 Nr. 2 SGB III) bei dessen Selbstsuche nach einem Arbeitnehmer unterstützt[39].

5.4 Vertragslaufzeit

Zweckmäßiger Regelungsgegenstand eines Dienstvertrages über Personalberatung ist ferner dessen Laufzeit; denn die gesetzlichen Kündigungsrechte[40] sind häufig nicht interessengerecht. Im Fall einer Kündigung will der Klient über genügend Zeit verfügen, um ohne Projektunterbrechung einen neuen Berater seines Vertrauens finden und instruieren zu können; der Personalberater möchte seinerseits ausreichend Zeit, um die freiwerdende Arbeitskapazität anderweit sinnvoll einplanen zu können.

Das legt es nahe, in Dienstverträgen über Personalberatung entweder eine feste, hinreichend lange Laufzeit zu vereinbaren oder zumindest die beiderseitige Kündigungsfrist entsprechend den jeweiligen Bedürfnissen zu verlängern, und daneben die Anwendbarkeit des § 627 BGB auszuschließen.

5.5 Vertraulichkeit

Die zu Vertraulichkeit verpflichtenden Gesetze[41] sind jeweils entschieden zu eng gefaßt, als daß sie die in der Personalberatung gewünschte Sicherheit im Umgang mit sensiblen Informationen des Klienten und/oder des Beraters ausreichend gewährleisten könnten. Das Interesse des Personalberaters liegt – zumindest bei Vereinbarung einer zum Teil erfolgsabhängigen Vergütung – darin, daß die Daten der von ihm ermittelten Kandidaten nicht vom Klienten an Dritte weitergegeben werden und der Honoraranspruch des Beraters im praktischen Ergebnis damit unterlaufen wird. Der Klient seinerseits hat ein berechtigtes Interesse

---

[39] Vgl. oben Abschnitte 2.2.1 und 3.3 sowie Kapitel 5, dort insbesondere Abschnitt 4.5 (S. 59)

[40] Vgl. oben Abschnitt 2.1.2 (S. 390)

[41] z.B. § 17 UWG (Gesetz gegen den unlauteren Wettbewerb) für Betriebsgeheimnisse, § 5 BDSG (Bundesdatenschutzgesetz) für personenbezogene Daten, § 203 StGB (Strafgesetzbuch) für die Verletzung von Privatgeheimnissen

daran, daß der Personalberater sämtliche Informationen, die er im Rahmen der Zusammenarbeit erhält und die weder allgemein bekannt noch im Rahmen der Personalsuche zwingend zu offenbaren sind, vertraulich behandelt.

Daher sollten Gegenstand und Umfang der beiderseitigen Pflichten zur Vertraulichkeit im Beratungsvertrag festgelegt werden. Soll diesen Pflichten besondere Durchschlagkraft verliehen werden, ist daran zu denken, für den Fall ihrer Verletzung eine empfindliche Vertragsstrafe vorzusehen.

6. Checkliste: Wichtige Aspekte bei der Vertragsgestaltung

Die folgende Liste muß sich – wie der Beitrag – aus Raumgründen auf die Spezifika der Personalberatung beschränken, besagt also nichts näheres über ergänzende Bestimmungen zu Leistungsstörungen, Haftung, Erfüllungsort, Gerichtsstand, Rechtswahl etc.

- Vertrag alleine mit dem (künftigen) Arbeitgeber abschließen.
- Ausschließlich Wahrung der Klienteninteressen übernehmen.
- Beraterleistung auf die Unterstützung des Klienten bei dessen Selbstsuche nach Arbeitnehmer(n) beschränken.
- Alle im konkreten Fall für eine optimale Stellenbesetzung wichtigen Punkte und Arbeitsschritte einzeln aufführen.
- Dabei für jeden Schritt möglichst präzisieren, wie die Zusammenarbeit zwischen Klient und Berater konkret ablaufen soll.
- Leistungen ausschließen, die als unzulässige Hilfeleistung in Rechtsangelegenheiten gedeutet werden könnten.
- Zu den definierten Aufgaben des Beraters passende Vergütungsform, vorzugsweise zeitabhängiges Honorar, festlegen.
- Bei Dienstvertrag mit Zeithonorar klären, ob schon die Bereitstellung von bestimmter Arbeitskapazität honoriert werden soll.
- Bemessungsgrundlage für das Honorar festschreiben, z.B. aufgewendete Manntage und Höhe des Tagessatzes.
- Fälligkeit für Honorare zeitlich unabhängig von dem Erreichen bestimmter Leistungsschritte oder der Einstellung eines Kandidaten festlegen, insbesondere bei Pauschalhonoraren.
- Bei Kombination unterschiedlicher Honorarformen etwa erfolgsabhängiges Honorar auf geringen Prozentsatz des erfolgsunabhängigen Honorars begrenzen.
- Vom Klienten neben dem Honorar zu ersetzende Auslagen nach Art und ggf. Höhe festschreiben, ebenso Mehrwertsteuer, wenn sie gesondert berechnet werden soll.
- Exklusivität des Beratungsvertrages vereinbaren.

- (Mindest-)Laufzeit des Vertrages oder Zeitpunkte und angemessene Fristen für eine ordentliche Kündigung festlegen.
- Beiderseits vertraulichen Umgang mit Informationen möglichst konkret festlegen, evtl. mit Vertragsstrafe absichern.

Literatur

Quiring, A., Die rechtliche Absicherung der Unternehmensberatung, Kissing 1996

Quiring, A., Unternehmensberatung im Elfenbeinturm?, in: Unternehmensberater, Heft 3, 1997

Quiring, A., Der Personalberatungsvertrag – ein Chamäleon?, in: Unternehmensberater, Heft 3, 1999

Anhang

Der Bundesverband Deutscher Unternehmenberater BDU e. V.

Der Bundesverband Deutscher Unternehmensberater ist der Wirtschafts- und Berufsverband der Management- und Personalberater. Die Funktion des Verbandes ist es, die wirtschaftlichen und rechtlichen Rahmenbedingungen der Branche im Sinne der Mitgliedsunternehmen zu beeinflussen, die Inanspruchnahme externer Beratung zu fördern und Qualitätsmaßstäbe in der Unternehmensberatung zu etablieren. Dies wird nicht zuletzt durch intensive Lobby- und Öffentlichkeitsarbeit, durch die Durchführung von Seminaren und Kongressen sowie durch die Arbeit von über 300 Delegierten der Mitgliedsunternehmen in den derzeit 23 Fachgliederungen des BDU erreicht.

Der BDU konzentriert sich bei seiner Verbandsarbeit auf die folgenden Schwerpunkte:

- Verbesserung der politischen und wirtschaftlichen Rahmenbedingungen der Branche im Sinne der Mitgliedsunternehmen,
- Festigung des Verbands- und Branchenimages,
- Herausstellung der Mitgliedschaft als Gütesiegel für Kompetenz und Qualifikation,
- Förderung des Erfahrungsaustauschs und der Weiterbildung der Mitglieder,
- Bereitstellung von Serviceleistungen für Mitglieder.

Der Verband unterteilt sich entsprechend seiner Mitgliederstruktur in mittlerweile 23 tätigkeits- und branchenspezifische Fachgliederungen, in denen Vertreter der Mitgliedsunternehmen aktive Verbandsarbeit und einen qualifizierten Erfahrungsaustausch betreiben. Innerhalb einzelner Fachgliederungen existieren Arbeitskreise zu bestimmten Fachthemen. Jede Fachgliederung entsendet Ihre(n) Vorsitzende(n) in die Verbandskonferenz, die gemeinsam mit dem BDU-Präsidium mehrmals im Jahr tagt, um die Interessen der Mitglieder zu vertreten. Somit wird eine unmittelbare Interessenvertretung der Mitglieder gewährleistet. Für die Umsetzung der Verbandsaufgaben ist die Geschäftsstelle in Bonn mit zur Zeit neun Mitarbeitern verantwortlich. Der wirtschaftliche Geschäftsbetrieb des Verbandes wird über die BDU-Service- und Verlags-GmbH abgewickelt. Diese Gesellschaft unterstützt alle Unternehmensberater, die aufgrund der strengen Aufnahmebedingungen noch nicht Mitglied im BDU werden können, jedoch vor einer Vollmitgliedschaft insbesondere an den umfangreichen Serviceleistungen partizipieren möchten.

Der BDU-Fachverband Personalberatung

Einer der ältesten Fachgliederungen innerhalb des BDU ist der Fachverband Personalberatung, der bereits in den 70er Jahren gegründet wurde und dem heute 45 Mitgliedsunternehmen angehören. Im Fachverband sind sowohl Einzelberater als auch mittlere und große Beratungsgesellschaften vertreten. Obwohl zahlenmäßig eine kleine Gruppe, repräsentieren die Mitglieder im Personalberatungsmarkt sowohl im Hinblick auf den Branchenumsatz von insgesamt ca. 1,3 Mrd. DM – hier liegt der Anteil bei 17 % – als auch im Hinblick auf das vertretene Fach- und Branchenwissen eine überzeugende Größe.

Über viele Jahre, ja fast Jahrzehnte, konzentrierte sich die Arbeit des Fachverbandes in Zusammenarbeit mit der Zentralstelle für Arbeitsvermittlung ZAV darauf, eine gesetzliche Legitimierung der „Dienstleistung Personalberatung" zu erzielen. Eine Ergänzung im Arbeitsförderungsgesetz AFG im Jahre 1994 hat für alle Personalberater zunächst einmal das Ende eines untragbaren Zustandes herbeigeführt und alle rechtlichen Unsicherheiten beseitigt. Dennoch mußte der Fachverband sich im Zuge der Reformierung des AFG noch einmal mit der Thematik auseinandersetzen. Auch dieses Mal gelang es dem BDU und dem Fachverband durch ständigen Kontakt zu den federführenden Stellen, im Bundesarbeitsministerium BMA eine für die Branche zufriedenstellende Lösung herbeizuführen.

Neben einem qualifizierten Erfahrungsaustausch und der Diskussion neuester Trends sowohl in der Beratungsbranche als auch in der Wirtschaft hat sich der BDU-Fachverband Personalberatung in der Vergangenheit u.a. mit den folgenden Projekten/Themen auseinandergesetzt:

● Software für Personalberater,
● Standardverträge für Personalberater,
● Auftritt des Fachverbandes im Internet.

Der Fachverband betreibt eine konsequente Presse- und Öffentlichkeitsarbeit. Diese wird mit der Zielsetzung verfolgt, die Bedeutung der Dienstleistung Personalberatung nach außen hin herauszustellen. Um diesem hohen Ziel gerecht zu werden, können die Mitglieder des BDU-Fachverbandes Personalberatung auf ein umfangreiches Kontaktnetz des Verbandes zu Journalisten, Redakteuren und Medienvertretern zurückgreifen.

Organisatorisch und inhaltlich wird der BDU-Fachverband Personalberatung in der BDU-Geschäftsstelle von *Jörg Murmann* betreut (eMail J.Murmann-BDU@t-online.de).

Autorenverzeichnis

Brenner, Doris, 1960, Dipl.-Betriebswirtin (BA)
Fach- und Führungserfahrung in Linienfunktionen in der Industrie; langjährige
Tätigkeit im Bereich Personalwesen; 1996/97 einjähriger USA-Aufenthalt; Zu-
sammenarbeit mit amerikanischen Personalberatungs- und Trainingsunterneh-
men in Kundenprojekten; als Senior Consultant bei der Staufenbiel Personalbe-
ratung im Bereich Recruiting von Führungsnachwuchskräften tätig.
Zahlreiche Publikationen zu den Themenbereichen Bewerbung. Testverfahren,
Assessment-Center, Berufsplanung, Arbeitstechniken.

De Bock, Antonius, 1953, B.A. in Marketing Technology
nach einer internationalen Linienkarriere im Vertrieb nunmehr geschäftsführender Gesellschafter der DCO CONSULTING, De Bock & Partner GmbH.

Domke, Regine, 1962, MA
Organisation und Betreuung von Fortbildungsmaßnahmen auf internationaler
Ebene, Carl Duisberg Gesellschaft, Köln; Researchberaterin Porges, Siklossy &
Partner, Bonn; Personalberaterin und Mitglied der Geschäftsleitung Dr. Gawlitta
& Partner, Bonn.

Dudek-Marschaus, Susanne, 1953, Diplom-Soziologin
siebenjährige Tätigkeit in einem Handelskonzern, Tätigkeitsschwerpunkte:
Arbeitswissenschaftliche Untersuchungen und Personalentwicklung;
zehnjährige Beratungstätigkeit in der Kienbaum Personalberatung GmbH, Tätigkeitsschwerpunkte: Personalentwicklung, Organisationsentwicklung und Per-
sonalrekrutierung;
seit 1997 selbständige Managementberaterin der SDM Managementberatung,
Egelsbach, Beratungsschwerpunkte: Personalentwicklung und Organisationsentwicklung.

Evers, Heinz, 1941, Dr., Diplom-Ökonom
Nach wirtschaftswissenschaftlichem Studium und Promotion über die Top-
Manager-Auslese in deutschen Großunternehmen tätig in der Unternehmens-
und Personalberatung; 1974 Aufbau und Leitung der Kienbaum Vergütungsberatung; Schwerpunkte der Tätigkeit: Vergütungsgestaltung für Top-Manager,
Entwicklung und Einführung von Leistungsanreizsystemen, zudem Herausgeber
der jährlichen Vergütungsstudien; 1982 Geschäftsführer der Kienbaum Personalberatung GmbH; seit 1989 Gesellschafter der Beratungsholding Kienbaum
und Partner GmbH.

Fischer, Malte, 1947, Diplom-Ingenieur, Diplom-Wirtschaftsingenieur
1972 Geschäftsführender Gesellschafter in einem Unternehmen mit 350 Mitarbeitern und DM 60 Mio. Gruppenumsatz;
1977 Gründungsgeschäftsführer und Gesellschafter einer Kooperation von mehreren Unternehmen;
1982 Freiberuflich tätig in der Unternehmens- und Personalberatung;

Firmenentwicklung: September 1984 Gründung der **Malte Fischer Team Beratung und Management für Unternehmen;**
März 1990 Umfirmierung und Spezialisierung auf: **Malte Fischer Team Konzipierte, ganzheitliche Personallösungen.**

Gawlitta, Wolfgang, 1951, Dr. rer. nat.
1980 wiss. Mitarbeiter Max-Planck-Institut für biophysikalische Chemie;
1982 Leybold-Heraeus GmbH, Projektleiter und Gesamtentwicklungsleiter;
1985 Personalberatung, Mitglied der Geschäftsleitung und Mitgesellschafter;
1989 Lucas-Nülle GmbH Entwicklungs- und Marketingleiter mit Prokura;
1992 Personalberatung s.o.
1994 Personalberatung Dr. Gawlitta & Partner GmbH Geschäftsführender Gesellschafter.

Harris, Michael W., 48 J., Industriekaufmann
Personalleiter in der Baumaschinenindustrie sowie HKS; 1983 Berater und Geschäftsführer einer internationalen Personalberatung und seit 1994 geschäftsführender Gesellschafter der eigenen Personalberatung; ehrenamtliche Führungstätigkeit in einer internationalen Hilfsorganisation und im sozialen Bereich.

Heimeier, Lothar, 1940, Dr. phil.
Wirtschaftswissenschaftliches Studium an der Universität zu Köln und Promotion zum Dr. phil. in Aix-en-Provence;
10 Jahre Leiter Personal- und Sozialwesen in einer süddeutschen Unternehmensgruppe der Bauzulieferindustrie;
10 Jahre Geschäftsführer und Leiter des Geschäftsbereichs Personalberatung einer führenden deutschen Consulting-Gesellschaft; 1989 Gründer und seither geschäftsführender Gesellschafter von Dr. Heimeier & Partner

Hossiep, Rüdiger, 1959, Dr. phil., Dipl.-Psych.
Nach Studium der Psychologie sowie Wirtschafts- und Sozialwissenschaften an der Ruhr-Universität Bochum zunächst wissenschaftlicher Mitarbeiter an der Fakultät für Psychologie der Ruhr-Universität Bochum; 1985/86 Personalberater bei der Unternehmensberatung Dieter Schröder & Partner, Düsseldorf (Suche und Auswahl von Führungskräften); 1986–1990 Betriebspsychologe in der Zentralen Personalabteilung der Deutsche Bank AG, Frankfurt; seit 1990 erneut Wissenschaftlicher Mitarbeiter (ab 1995 Wissenschaftlicher Assistent) an der Fakultät für Psychologie der Ruhr-Universität Bochum; derzeitige Tätigkeitsschwerpunkte: wirtschaftsbezogene Auswahlverfahren und Führungsverhaltensmodifikation.

Hufschmidt, Günter, 1955, Dipl.-Ing.
Zwölf Jahre Industrieerfahrung, davon sechs Jahre in leitender Position im Bereich Produktmarketing für technische Investitionsgüter; seit vier Jahren Partner der Personalberatung Dr. Gawlitta & Partner GmbH, Bonn/Berlin.

Ibelgaufts, Renate, 1949, Diplom-Pädagogin
Geschäftsführende Gesellschafterin bei Heimeier und Partner, Niederlassung Frankfurt; insgesamt 24 Jahre berufliche Praxis, davon knapp 10jährige Tätigkeit bei zwei internationalen Wirtschaftsprüfungs-, Steuerberatungs- und Unter-

nehmensberatungsgesellschaften in verschiedenen Positionen, mit der gesamten Bandbreite der beratenden Personalarbeit betraut von der Rekrutierung und Auswahl über die Instrumente der Personalentwicklung im Rahmen maßgeschneiderter Konzepte für mittelständische Unternehmen bis zur Outplacementberatung; zweijährige intensive Tätigkeit in Ostdeutschland kurz nach der Wende, befaßt mit komplexen Restrukturierungs- und Aufbauarbeiten; derzeitiger Schwerpunkt seit 3¹/₂ Jahren: Suche und Auswahl von Fach- und Führungskräften sowie Management Audits; mehrere Publikationen (bisher 7 Bücher und zahlreiche Artikel).

Kuck, Dieter, 1958, Diplom-Kaufmann
1985–1989 Nixdorf Computer AG Kaufmännischer Geschäftsbereichsleiter; 1990–1992 Euro Play Toys GmbH Kaufmännische Geschäftsleitung; seit November 1992 Weiser & Partner GmbH Partner und Geschäftsführer.

Lichius, Wolfgang, 1946, Diplom-Kaufmann, Dr. rer.pol.
9¹/₂ Jahre in Großunternehmen der Investitionsgüterindustrie als Referent Marktforschung und Vertriebsplanung, als Leiter strategische Unternehmensplanung sowie als Marketing- und Vertriebsleiter; 4 Jahre kleinere Unternehmensberatung als Prokurist und Leiter Personalberatung; seit 13 Jahren Kienbaum Personalberatung, zunächst als Bereichsleiter und dann als Mitglied der Geschäftsleitung und Partner.

Murmann, Jörg, 1968, Diplom-Volkswirt
Gelernter Bankkaufmann; nach einjähriger Berufsausübung Studium der Volkswirtschaftslehre in Bonn; seit April 1996 Referententätigkeit beim Bundesverband Deutscher Unternehmensberater BDU e.V., hier u. a. zuständig für die inhaltliche und organisatorische Betreuung der Fachbereiche Personalberatung, Personalentwicklung und Outplacementberatung, die Durchführung von Marktstudien, die Akquirierung von Neumitgliedern sowie die Projektleitung.

Paschen, Michael, 1969, Diplom-Psychologe
Fachberater und Projektleiter bei Kienbaum Management Consultants in Gummersbach, Projektschwerpunkte und -erfahrungen liegen in den folgenden Bereichen: Nationale und internationale Assessment Center Projekte, Einzel-Assessments, Entwicklung und Implementierung von Personalauswahlsystemen, Training und Coaching von Personalfachleuten im Bereich der Personalauswahl, Einführung von Zielvereinbarungssystemen, Entwicklung und Umsetzung von Personalentwicklungskonzeptionen, verschiedene Trainingsprojekte.

Quiring, Andreas, 1955, Dr. jur.
Studium (Recht und BWL), Referendariat und Promotion in München; 1981–1985 wiss. Mitarbeit am Max-Planck-Institut für ausländisches und internationales Patent-, Urheber- und Wettbewerbsrecht, München; seit 1985 selbständiger Rechtsanwalt in München; ab 1991 als Partner der Anwaltssozietät *Quiring · Simon · Frick;* Beratung und Vertretung von Unternehmen und Unternehmern; Publikationen zum Arbeits-, Gesellschafts-, Vertrags- und Wettbewerbsrecht; Leitung von Seminaren zu Rechtsfragen für Unternehmen, Verbände und Deutsche Junioren-Akademie; Lehrbeauftragter der *Fachhochschule Ludwigshafen/Rhein* für den Weiterbildungsstudiengang Internationale Unternehmensberatung.

Rückle, Horst, 1939
Vorsitzender der Geschäftsführung der Horst Rückle Team GmbH, Böblingen
Als Coach, Berater und Trainer entwickelt und begleitet er mit seinem Team
Maßnahmen der Unternehmens- und Personalentwicklung in zahlreichen Unternehmen aller Branchen. Er coacht Unternehmer, Manager, aber auch Politiker,
Fernsehmoderatoren und Freiberufler. Außerdem unterrichtet er an verschiedenen Universitäten und Fachhochschulen zu den Themen Körpersprache und Mitarbeiterführung; Autor und Herausgeber zahlreicher Fachveröffentlichungen
und Gast in Fernseh- und Rundfunksendungen.

Rumohr, Joachim von, 1950, Diplom-Betriebswirt (EBS)
High School Abschluß in den USA; neusprachliches Abitur; kaufmännische Lehre; anschließend wirtschaftswissenschaftliches Studium in Deutschland, England
und Frankreich; 1979–1984 Kommunikationsberatung als Account Director bei
den US-Gesellschaften Grey und Campbell-Ewald in Düsseldorf; 1984–1987
verantwortlich für das internationale Marketing von adidas Sportschuhfabriken
in Herzogenaurach; 1987 Gründung der Rumohr Management Consulting
GmbH, tätig als geschäftsführender Gesellschafter.

von Rundstedt, Eberhard, 1940, Volljurist
studierte Jura in Berlin und Freiburg; zugelassener Rechtsanwalt;
nach dem Examen für namhafte nationale und internationale Unternehmen in
leitender Funktion tätig, u.a. für Arthur Young, MAN AG, Feldmühle AG,
Ruhrgas AG;
1985 Gründung der v. Rundstedt & Partner GmbH, Düsseldorf;
Partner der weltweit größten Outplacement-Beratung DBM Inc.
1996 Ausweitung der Geschäftstätigkeit um die Geschäftsfelder Potentialermittlung und Personalsuche;
1997 Erweiterung der Geschäftstätigkeit um das Geschäftsfeld Personalstrategie-Beratung;
bis 1998 Gründung von 8 Niederlassungen in Deutschland mit insgesamt 61
Mitarbeitern, darunter 40 Berater wovon 9 Diplom-Psychologen sind.

Ruppert, Matthias, 1955, Diplom-Ingenieur
1973–77 Universität Rostock; 1987–88 postgraduales Studium im Rahmen
eines EU-Stipendiums; ETP VII-Executive Training Programme; Tokio
1977–84 verschiedene Fach- und Führungsfunktionen in Kombinaten der ehemaligen DDR;
1984–89 Projektleiter Schichau-Unterweser Werft AG (ab 1988 Schichau-Seebeck Werft AG der Bremer Vulkan AG); 1989–92 Heidrick & Struggles International Inc., Düsseldorf Principal; 1992–1999 Roland Berger & Partner GmbH,
Düsseldorf Partner; seit 1999 Spencer Stuart & Associates, Düsseldorf Director,
Partner

Sattelberger, Thomas, 1949, Diplom-Betriebswirt (Berufsakademie)
1975–1981 *Daimler-Benz AG:* Leiter Abiturientenausbildung/Nachwuchsgruppen sowie Leiter des Trainingsdienstes Mitarbeiterführung;
1982–1988 *MTU Motoren- und Turbinen-Union GmbH München/Friedrichshafen:* Leitung der Abteilung Betriebliches Bildungswesen *sowie* Leitung der
Führungskräfte-Entwicklung der MTU-Gr;

1989 *Mercedes-Benz AG Internationale Vertriebsorganisation:* Leitung der Hauptabteilung Management Development, Training & Betreuungsqualität;
1990–1994 *Daimler Benz Aerospace AG, München (früher: Deutsche Aerospace AG):* Leitung des Fachbereichs Management Development & Education;
seit 1994 *Deutsche Lufthansa AG:* Bereichsleiter Konzernführungskräfte und Personalentwicklung;
zusätzliche Aufgaben: Vice President der European Foundation for Management Development (efmd) Brüssel,
Chairman des International Advisory Council der London Business School,
Mitglied im Board of Directors der China-Europe International Business School (CEIBS), Shanghai.

von Stosch, Hans-Christian, 1943, Rechtsanwalt
Jura-Studium mit Assessor-Examen; 15 Jahre Führungserfahrung im Personalmanagement eines internationalen Konzerns der Fahrzeugindustrie und im filialisierten Einzelhandel;
5 Jahre Personalberater in einer renommierten deutschen Unternehmensberatung;
seit 1991 Partner/geschäftsführender Gesellschafter von Dr. Heimeier & Partner, Stuttgart.

Wiegmann, Volker T., 1945, Dipl. oec. publ.
studierte Wirtschafts- u. Sozialwissenschaften, als Vorstandsmitglied und späterer Generalsekretär der AIESEC in Brüssel; 1972–1974 für den internationalen Praktikantenaustausch von Wirtschaftsstudenten in Industrie- und Dienstleistungsunternehmen verantwortlich; nach Auslandsprojekten für Dun & Bradstreet in Südostasien 1974 als Unternehmensberater zu McKinsey & Co., wo er bis 1976 u. a. für die Rekrutierung/Einsatzleitung des deutschen Beraterstammes und die weltweite Praxisgruppe „Human Resource Management" Verantwortung trug; von 1986–1991 im Executive Committee und Board of Directors der euro-amerikanischen Personalberatung Carré Orban & Paul Ray International neben der Leitung der deutschen Büros für die Dienstleistungsprogramme „Management Audit" und „Executive Resource Management" zuständig; seit 1992 führt er als Partner in Personalunion gemeinsam mit Herrn Berger die Personalberatungsgesellschaft der Roland Berger & Partner-Gruppe; Aufgabengebiete: Personalwirtschaft und Führungskräftepolitik sowie Strategie- und Organisationsthemen, strategie-gekoppelte Führungskräftepolitik, Management Audit und Executive Search.

Stichwortregister